개정판

생활지도와 상담

김영봉 · 권순희 · 장성화 · 황인호 저

서현사

서 문

과학기술의 진보나 경제활동의 발전은 사회에 다양한 변화 즉 직업세계의 변화, 가족구조 및 생활양식의 변화, 가치관 및 태도의 변화를 가져왔으며 사람들의 생활이나 살아가는 방식을 변화시켰다. 이러한 급격한 사회변화와 지식위주의 교육환경은 아동·학생들의 가출, 약물남용, 성폭력, 등교거부, 집단따돌림, 교내폭력, 심리적 스트레스 등과 같은 다양한 부적응 행동을 증가시키는 하나의 사회적 요인으로 작용하고 있다. 또한 오늘날 우리 사회는 물질적으로 풍요하며 의식주에서도 거의 풍족하게 살고 있으며, 정보화·사이버 시대에 살아온 학생들도 편리함을 추구하는 생활에 습관화되어 있다. 텔레비전, 인터넷, 게임, 비디오 등 주변에서 쉽게 접할 수 있으며 학생들의 생활로부터 주체적인 학습시간을 빼앗아 가버렸다. 그리고 컴퓨터, 휴대폰이나 PDA폰은 시간이나 장소의 제약을 넘어서 언제 어디서든 다양한 정보처리를 가능하게 하고 있으며 학생들의 생활에 커다란 비중을 차지하고 있다. 이러한 편리함도 있지만 인간형성에 악영향을 미치는 도구도 된다. 이러한 사회의 변화는 멈출줄 모르고 학생들의 생활환경을 변화시키고 부적응 현상을 초래하여 학생들의 인터넷 중독이나 휴대폰 중독과 같은 문제행동이 계속 증가되고 있으며. 학생들의 정신건강이 크게 위협받고 있는 실정이다. 오늘날은 그 어느때보다도 생활지도의 중요성이 점점 더 강조되는 시대라고 할 수 있다.

이처럼 시대의 격심한 변화에 수반되어 학생들이 인간관계를 배우며 성장과정에서 여러 가지 스트레스를 받으며 자기형성을 꾀하는 것이 점점 더 곤란하게 되었다. 교사도 어떻게 학생들을 지도하면 좋을까? 하는 고민은 피할 수 없을 것이다. 학생들의 이러한 문제들을 예방하고 정신적으로나 심리적으로 건강하게 더욱 성장·발달할 수 있도록 조력하기 위해서는 무엇보다도 가정·학교·사회에서 올바른 생활지도가 우선시 되어야 한다.

본서는 교직을 목표로 하는 학생들에게 생활지도와 상담을 이해하는데 조금이나마 도움을 주고자 만들었다. 생활지도의 기본은 학교생활이나 학습활동에 관련된 지식이나 이해를 심화시키는 것이다. 그리고 학생의 인간형성을 어떻게 지도해나갈 것인가와 교사가 해야 할 태도나 방법을 익히는데 있다. 따라서 이 책의 구성은 총 14장으로 구성되었다. 제1장 생활지도의 이해, 제2장 생활지도의 영역과 제 활동, 제3장 학생이해활동, 제4장 진로정보활동, 제5장 상담활동, 제6장 정치활동 및 추수활동, 제7장 상담이론, 제8장 집단상담, 제9장 학습상담, 제10장 진로상담, 제11장 인터넷 중독, 제12장 휴대폰 중독, 제13장 사이버상담, 제14장 성격상담으로 구성하였다.

본서를 만들면서 필자들의 능력의 한계와 시간의 부족으로 보완할 점이 많은 줄로 안다. 부족한 점에 대해서는 독자 여러분의 지도와 편달을 부탁드리며 여러분의 의견을 토대로 수정할 것을 약속하는 바이다. 끝으로 부족한 원고를 출판하도록 도와주신 서현사 조재성 사장님과 편집부 여러분께도 감사의 말을 전한다.

2013년 7월 5일

대표 김영봉

차 례

제4장 진로정보활동 / 53

제5장 상담활동 / 65

제6장 정치활동 및 추수활동 / 95

제7장 상담이론 / 103

제8장 집단상담 / 171

제12장 휴대폰 중독 / 287

제13장 사이버상담 / 309

제14장 성격상담 / 337

제 01 장

생활지도의 이해

학습개요

학교교육의 궁극적 목적은 학생들의 학업성취뿐만 아니라 모든 면에서 건강한 성장과 발달을 촉진하는 데 있다. 이를 위해 필요한 교육방법 중 하나가 생활지도이다. 생활지도는 학생들이 사회의 일원으로서 학교와 사회에서 잘 적응하고 행복한 삶을 영위하며 미래를 준비하도록 지도하는 기능을 가지고 있기 때문에 학교교육에서 생활지도의 활동은 매우 중요하다. 따라서 이 장에서는 생활지도의 개념과 발달과정, 필요성, 목표와 기본방향 및 원리에 대해 살펴보기로 한다.

학습목표

1. 생활지도의 개념과 필요성에 대해서 설명할 수 있다.
2. 생활지도의 발달과정과 발달모형에 대해서 설명할 수 있다.
3. 생활지도의 목표와 기본방향 및 원리에 대해서 설명할 수 있다.

1. 생활지도의 개념

생활지도는 guidance를 우리말로 번역한 것이다. 어원적으로 guidance는 '안내한다, 인도한다, 교도한다, 지시한다, 방향을 가리키다' 등의 뜻을 가진 동사 guide에서 유래했다. 따라서 생활지도는 학생들의 성장과 발달, 성숙을 바람직한 방향으로 안내하고, 지도하고 이끌어준다는 뜻을 가지고 있는 용어라 할 수 있다.

Arbuckle(1966), Peters와 Farwell(1966)은 생활지도가 하나의 지적 의미를 가진 개념, 지적 통합체로서의 교육적 구성요소, 학생의 요구에 부응하기 위해 이루어지는 활동으로서의 교육활동을 나타낸다고 하였다. 즉 생활지도는 하나의 개념으로서는 개인을 돕기 위한 관점으로 이용된다. 교육적 구성요소로서는 학생들 자신을 이해하는 데 도움이 되는 경험의 제공을 의미하며, 교육적 활동으로서는 조력관계를 형성하기 위해 이루어지는 체계적인 절차와 과정을 의미한다. 결국 생활지도는 학생들이 자신을 이해하는 데 필요한 경험들을 제공하고, 조력관계를 형성하여 이루어지는 체계적인 절차의 생활지도라고 할 수 있다.

그러면 생활지도란 무엇인가? 생활지도에 대한 정의는 학자들에 따라 다양하게 제시되고 있는데, 그들의 정의를 살펴보면 다음과 같다.

Jones(1970)는 생활지도는 개인이 일상생활에서 당면하는 여러 문제를 해결해 나갈 수 있도록 도와주는 것이라고 하였으며, Shertzer와 Stone(1981)은 생활지도를 개인들이 자기 자신과 자신의 세계를 이해할 수 있도록 도와주는 과정이라고 하였다. 황응연 · 윤희준(1983)은 생활지도를 학생 개인의 성장 · 발달을 극대화시키고 잠재능력을 계발해서 현재는 물론 장차 어떠한 난관에 봉착하더라도 자기문제를 자신의 힘으로 유효적절하게 해결해 나가도록 힘을 길러주는 것이라고 하면서, 일상생활에서 당면하는 문제 즉 가정적 · 교육적 · 직업적 · 신체적 · 정서적 · 성격적인 여러 문제를 자력으로 해결할 수 있도록 지도하기 위한 조력적인 활동이라고 하였다. 이영덕 · 정원식(1986)은 생활지도를 모든 아동이 그들이 일상생활에서 당면하는 여러 문제를 자력으로 해결함으로써 스스로 건전하게 성장 · 발달할 수 있도록 도와주는 봉사활동의 과정으로, 이재창(2005)은 개인으로 하여금 자기 자신과 주위 세계를 잘 이해해서 현명한 선택과 적응을 하여 건전한 사회 일원으로서 성장 · 발달할 수 있도록 하는 일련의 지속적인 조력과정이라 하였다. 또한 박성수(2002)는 생활지도란 인간 개개인의 인지적 · 정의적 · 신체적 특성과 잠재 가능성을 바르게 이해하고 발달시켜서 개인이 교육적 · 직업적 · 사회적 · 심리적 발달을 최고 수준까지 도달할 수 있도록 원조하는, 즉 봉사활동에 관한 학문적 이론과 실제적 연구의 총체로서, 이 봉사활동의 과정과 절차를 모두 가리키며 또한 그런 목적을 달성하기 위해서 제공하는 모든 교육적 경험을 포함한다고 하였다.

생활지도에 관한 여러 학자들의 개념 정의를 종합하면, 생활지도란 모든 개인의 문제해결과 성장을 위해 아동 스스로가 자신이 처해 있는 생활이나 사회를 이해하고 해결할 수 있도록 인지적 · 정의적 · 신체적 특성 등의 전인적 특성을 성장 · 발달시키며, 더 나아가 아동들이 직면한 문제, 즉 교육적 · 가정적 · 사회적 · 신체적 · 도덕적 · 정서적 등의 문제를 스스로의 힘으로 해결할 수 있는 능력을 함양하도록 도와주는 과정이라고 할 수 있다. 또한 개념적으로 보면 생활지도는 하나의 과정이며 조력활동이고 개인에 관심을 갖고 있으며 또한 자기 자신과 환경의 올바른 적응과 이해를 돕는 것을 특징으로 하고 있다.

2. 생활지도의 발달

1) 미국 생활지도의 배경

생활지도 운동은 Parsons가 1907년 보스턴에 직업교육국을 개설하면서 비롯되었다. 19세기 말부터 시작된 산업발달에 의해 직업의 기회가 증가하고 직업을 얻기 위한 전문기술의 습득 같은 직업선택에 관한 문제가 발생하자 Parsons는 개인이 자신의 장단점을 이해하여 직업을 선택할 수 있도록 도와주는 일에 관심을 두었다. Parsons의 직업지도관은 개인에 대한 분석과 직업에 대한 분석 그리고 개인과 직업을 종합하여 직업을 선택하는 것이었다. 이를 계기로 미국 각지로 이러한 직업지도 운동이 확대되었고, 1913년 보스턴 교육위원에 직업정보과를 설치하면서부터 생활지도 운동이 학교 안으로 들어오게 되었다.

미국에서 생활지도 운동은 다섯 가지 요인을 통해 생활지도의 개념과 발전에 중요한 영향을 끼쳤다(이현림, 2007; 이현림 · 김영숙, 2008). 첫째, 생활지도 운동에 가장 오랜 동안 영향을 미친 것은 인류의 복지를 중요시하는 인도주의와 박애주의이다. 인도주의자와 박애주의자들은 생활 속에서 발견되는 여러 가지 불합리한 점들을 발견하고, 특히 인간의 직업에 관한 문제에 대해서 진로선택의 부적응을 감소시키거나 없애기 위해 인간은 아주 어린 시절에 지도를 잘 받아야 하며 이것이 학교가 담당해야 할 일이라고 강조하였다. 둘째, 생활지도 운동에 크게 영향을 가져다 준 것은 종교이다. 종교적 지도단체의 영향은 생활지도 운동에 새로운 방향을 제시하였다. 셋째, 생활지도 운동을 촉진한 분야는 정신위생운동이다. 이는 오늘날 상담심리학, 임상심리학 혹은 정신의학으로 간주되며 개인의 정신건강 문제가 관심의 대상이 되었다. 정신위생운동은 인간은 어릴 때부터 솔직하고 정직하며 당당하게 살아가면서 부딪히는 어려운 문제들에 대해 이상적이고 도피적인 행동을 하지 않고 자신의 문제와 맞서 정정당당하게 일을 처리할 수 있게 된다고 보았다. 넷째, 생활지도 운동에 또 하나의 촉진적인 역할을 한 것은 사회경제적 변화이다. 1930년대 미국의 경제공황은 수많은 실업자를 초래하였지만 19세기 말부터 미국의 급진적인 경제성장과 사회변화는 직업의 분업화와 전문화뿐 아니라 새로운 직종을 만들어냄으로써 생활지도 운동을 촉진시켰다. 다섯째, 생활지도 운동에 발전을 가져온 중요한 영향은 교육에 있어서 심리측정운동의 발달이다. 인간에 대한 과학적인 이해를 위해 발전한 심리측정운동은 개인에 대한 과학적이고 객관적인 자료를 제공하였고 이를 근거로 생활지도 운동이 촉진되었다.

이러한 생활지도 운동의 촉진요인을 근거로 이현림(2007)은 생활지도의 발달을 초기, 전환기, 발전기, 상담심리 분리기로 구분하고 있다. 직업지도의 조직적인 생활지도 운동의 초기는 Parsons가 1907년 미국 보스턴에서 직업지도 운동을 시작하여 조직적인 생활지도 운동이 실시된 시기이다. 이때에는 직업지도와 학업지도를 포함한 진로지도가 중심이었다. 나중에 하버드대학의 직업국으로 바뀐 보스턴 직업국이 개설된 해에 처음으로 직업지도(vocational guidance)와 직업상담(vocational counselor)라는 용어가 사용되었고, Parsons의 운동은 미국 전역으로 확대되었다. 전환기인 정신위생의 도입기에는 1929년 경제공황 이래 환경에 대한 적응 문제와 정신위생이나 사회적 적응의 문제가 생활지도에서 중요한 위치를 차지함으로써 생활지도에 큰 변혁이 일어났던 시기이다. 1930년대부터 집단지도를 중시한 발전기에는 종전의 개별지도나 상담의 방법에서 탈피하여 협동적 인간상의 요구에 부응하기 위해 집단지도 방법을 중시하기 시작했다. 상담심리 분리기는 제2차 세계대전 이후 전문 과학으로 자리매김을 한 상담심리학이 생활지도의 일반기능으로부터 독자적인 영역으로 분리됨으로써 생활지도가 전문성을 띠게 되었다

2) 우리나라 생활지도의 발달

우리나라의 생활지도 운동은 해방 후 미국의 영향을 받아 민주주의 교육사조가 도입되고 아동에 대한 이해를 중시하면서 시작되었다. 이를 5단계로 나누어 설명하면 다음과 같다(이재창, 2005; 조붕환 · 임경희, 2007; 윤운성 · 김홍운, 2001).

(1) 도입과 혼란기의 시기

1945년 해방과 더불어 John Dewey의 진보주의 아동중심 교육사상의 영향을 받은 새교육운동이 보급되면서 생활지도의 개념이 들어왔다. 아동중심 교육의 영향으로 아동 복지, 인간성 존중, 청소년들의 개인적 · 정서적 · 사회적 적응과 발달을 중요시하게 되었다. 1950년대 초기에 심리측정운동이 도입되었으며, 1955년 정범모에 의한 중 · 고등학교용 간편지능검사의 표준화는 측정 및 평가뿐 아니라 생활지도의 발전에 획기적인 계기가 되었다. 그러나 이 시기에 심리검사에 대한 과신은 후에 심리검사와 생활지도를 거의 동일시하는 혼란을 초래하기도 하였다.

1957년에는 서울특별시 교육위원회가 카운슬러 강습회를 개최해 40명의 교사들에게 전문적인 상담교사교육을 실시하였는데, 이것이 우리나라에 실시된 최초의 생활지도와 카운슬링 운동이다. 그 후에 서울시 교육위원회가 1961년 12월까지 5차에 걸친 단기강습을 통해 연 170명의 교사에게 상담자 훈련을 교육했고, 1958~1959년 2회에 걸쳐 문교부와 중앙교육연구소가 182명의 상담교사를 배출하였다. 이 시기에 비지시적 상담이론이 도입되어 심리측정과 더불어 청소년의 문제를 해결하고 성장을 돕는 데 큰 공헌을 하였다. 비지시적 상담이론의 도입은 1960년대 교도교사 자격규정의 시행과 대학의 학생지도 연구소 설립에도 영향을 미쳤다.

(2) 개념의 모색기

1960년대 중반부터 카운슬링의 토착화를 위한 노력이 대학의 전문가와 중고등학교의 교도교사에 의해 시작되었다. 이러한 토착화 · 개념화를 촉진시킨 사건은 4 · 19학생혁명이었다. 1962년 서울대학교에 학생지도연구소가 설립되었으며 이후 각 대학(교)에 학생생활(지도)연구소가 설되었다. 1963년에 전국 중 · 고등학교 상담교사들과 대학교의 생활지도 담당교수들이 모여 한국카운슬러협회를 창설하였고, 1964년에 서울특별시와 각도에서 한국카운슬러협회의 지회가 발족되었다. 1964년 공무원법에 중 · 고등학교 교도교사 자격규정이 포함되면서 처음으로 전담교도교사제도가 법제화되었다.

(3) 전문적 확립의 노력기

1970년대 들어오면서 인본주의, 정신분석, 행동주의 상담에 대한 연수회와 감수성훈련, 집단상담, 진로상담에 대한 참여와 연구 등이 활발히 이루어졌다. 1973년에 교육법시행령을 개정하여 교도교사제도가 법제화되고 18학급 이상의 중 · 고등학교에 교도주임을 둔다는 규정을 만들어 학교업무에서 전문직으로서 그 기능을 수행하기에 이르렀다. 특히 1978년 이후에는 진로교육에 관심이 높아지기 시작하여 이에 대한 연구와 개발이 활발해졌으며, 1979년에 한국카운슬러협회가 상담자 윤리강령을 채택함으로써 전문성을 확립하는 계기가 되었다.

(4) 확산기

1980년대 학교를 비롯한 각 분야에서 생활지도 및 상담의 저변 확대가 이루어진 시기이다. 1982년부터 실시된 중 · 고등학생들의 교복 및 두발 자율화 이후 학교와 정부, 학부모, 일반대중들의 생활지도와 상담에 대한 관심이 높아졌고 생활지도를 담당하는 전문적인 상담교사의 수요도 급증하였다. 1985년에는 서울특별시 교육연구원에서 상담자원 봉사자 연수를 통해 부족한 상담자를 보충하여 각급 학교에서 상담업무에 종사하게 하였다. 그리고 정부기관이나 사회단체에서도 상담에 관심을 갖고 한국청소년연맹, 한국청소년선도회, 가출청소년찾기본부, 사랑의 전화 같은 상담실을 개설하였다. 또한 상담전문가들의 전문적인 학술활동도 활발하게 진행되었다. 1987년에는 한국심리학회 산하에 상담심리 및 심리치료학회(현 한국상담심리학회)가 발족되어 상담자의 자질향상에 기여하였다.

(5) 제도적 확립기와 성장

1990년대 이후부터 현재까지의 시기로, 전문상담교사양성제도와 상담 관련 학회의 창립, 청소년상담사 양성제도 등 괄목할 만한 특징이 나타나는 시기이다. 1990년 4월 각 시도 교육위원회에 진로교육연구부가 개설되어 교사들의 진로지도 및 상담활동에 큰 기여를 하였으며, 제6차 교육과정에 일반 선택으로 진로직업교과가 개설되는 결과를 가져왔다. 1990년대 초에 교도교사의 명칭이 진로상담교사로 바뀌었는데, 이는 당시 교육계에 불었던 진로교육 및 진로지도 운동과 관련되어 있다. 1998년에 전문상담교사양성에 대한 시행령이 통과되면서 1999년 진로상담교사는 전문상담교사(1급)로 명칭이 바뀌었다. 초등학교나 중학교 2급 정교사 이상의 자격을 가지고 3년 이상의 교직경력을 가진 교사를 대상으로 교육대학원에서 1년 과정의 전문상담교사양성과정(1년, 18학점 과목 이수, 40시간의 실습)을 이수하면 전문상담교사 1급 자격을 부여하였다. 단기간 연수과정의 문제점을 보완하여 전문적인 상담연수에 초점을 두어 이수과목이 표준화되었다는 점과 전문상담양성과정에 초등과정을 설치함으로써 초등학교 상담이 활성화될 수 있는 계기와 실질적 근거를 마련했다는 데 의의를 찾을 수 있다.

또한 이 시기에는 학교상담 관련 학회들이 계속적으로 창립되어 차원높은 학교상담이 이루어질 수 있는 기반을 마련하였다. 한국심리학회 산하 상담심리 및 심리치료학회가 발족되어 1996년에는 상담 및 심리치료학회로 그리고 2004년에는 한국상담심리학회로 그 명칭이 변경되었다. 그리고 한국진로상담학회와 한국집단상담학회가 창립되었고, 2000년에는 한국상담학회가 창립되었다.

1990년대 들어서부터는 청소년들이 도움을 받을 수 있는 상담기관이 많이 등장하였다. 각 시와 군에 청소년 상담실이 설치되었고, 각종 사회단체에서도 청소년 상담에 많은 노력을 기울였다. 정부 차원의 체육청소년부가 설립되었고, 1993년에 청소년 대화의 광장(현재 한국청소년 상담원) 같은 상담기관이 생겨났다. 2000년대 들어오면서 청소년 상담활동의 체계 확립과 전문인력 확보를 위해 청소년기본법 22조 1항에 의거하여 청소년상담사 자격제도가 실시되어 청소년상담활동의 구심점을 마련하였다. 2004년에는 학교폭력 예방 및 대책에 관한 법률이 제정 · 공포됨에 따라 전문상담교사의 배치와 상담실의 설치가 의무화되었다.

2005년에는 전문상담교사 자격제도를 전문상담교사 1급(기존의 전문상담교사)과 전문상담교사 2급(신설)으로 나누고 또한 전문상담순회교사를 신설하여 운영하도록 변경하였다. 그리고 2009년에는 교육복지 정부대책의 일환으로 학교안정통합시스템 즉 WEE 프로젝트(WEE는 We(우리들), Education(교육), Emotion(감성)의 머리글자를 딴 용어이다)를 구축하였다. 즉 상담업무를 전담하는 전문상담교사를 두고있는 학교를 중심으로 Wee Class를 설치하여 학교생활에 부적응하는 학생들을 돕기 위한 체계를 운영하기 시작하였으며, 지역 교육청에서는 전문가의 지속적인 관리가 필요한 학생을 위한 Wee Center를, 시 · 도 교육청에는 고위험군 학생의 상담과 치유를 위한 기숙형 장기위탁 교육기관인 Wee School을 설치 · 운영하도록 하였다.

생활지도가 효율적으로 이루어지기 위해서는 생활지도의 당면 문제들 즉 생활지도 인식의 문제, 생활지도 교사의 전문성과 자질의 문제, 생활지도 활동의 여건의 문제, 행정적 · 재정적 지원의 문제 등에 대한 해결 방안과 더불어 전문상담교사양성과정의 전문화와 보수교육 및 연수기회의 확대, 그리고 학교폭력, 자살, 집단따돌림 등의 복잡한 문제를 다룰수 있는 실무교육과 슈퍼비전의 제공 및 이를 담당할 전담교사의 양성과 인적자원의 확보 등이 이루어져야 할 것이다.

3. 생활지도 모형의 발달

생활지도 활동은 시대적 상황과 사회적 필요에 따라 다양한 모형으로 제시되면서 학생들을 조력하는 데 기여하여 왔다. Pietrofesa 등(1980)이 제시하는 생활지도의 역사적 발전과정과 시대별로 제시된 생활지도 모형들의 특징을 살펴보면 다음과 같다(김충기 · 김성곤, 2007, 85-92).

1) Parsons 모형

Parsons의 생활지도 모형은 초기의 생활지도이론 모형으로 Frank Parsons가 직업지도운동을 전개한 후부터 시작되었다. Parsons는 생활지도가 개인과 직업을 짝

지어주는 것이라고 생각하여 개인의 진단과 사례연구를 직무분석에 적용하는 데 초점을 두었다. Parsons 모형의 장점은 직업선택에 문제가 있는 사람들에게 좀 더 성숙하고 경험 있는 사람들이 도움을 줄 수 있다는 것이다. 그리고 Parsons 모형의 가장 큰 공헌은 심리학적 기법을 사용한 개인의 특성 분석이 직업선택에 선행되어야 한다는 것이다. 하지만 Parsons 모형의 단점은 생활지도가 곧 직업지도라 할 정도로 직업지도에 초점을 두었다.

2) 교육으로서의 생활지도

교육과 생활지도를 동일한 것으로 보는 관점이다. Brewer가 1932년에 생활지도로서의 교육이란 책을 출판한 데서 기인한다. 학교는 학생의 학업발달에 주력해야 한다는 이 모형은 교육이란 개인이 보다 의미 깊은 생활을 하는 데 도움을 주도록 고안되었고, 물론 생활지도는 모든 것을 포함해야 한다는 것이다. 따라서 당시의 교육목표는 건강, 기초적 정신건강, 가족구성원, 직업 시민정신, 여가선용, 윤리적 책임 등 기본원리를 수행하는 수단으로서 생활지도를 교육과 동일시하고 있다. 이 모형 이후 생활지도 개념은 광범위한 영역의 활동으로 확장되어 오늘날 고등학교에서 성교육, 가치관, 직업, 홈룸(homeroom), 건강, 도덕, 시민생활 등을 교과목으로 채택하게 되었다.

3) 배치와 적응으로서의 생활지도

생활지도는 학생으로 하여금 학교생활과 일상생활에서 잘 적응하도록 도와주는 중재적 역할이라는 관점이다. 이 모형은 직업지도와 교육지도에 대한 관심이 증대되면서 제시된 모형으로 학생 자신의 능력과 흥미와 목표에 적합한 학교의 교과목, 과외활동, 대학, 직업 등 적절한 선택을 하도록 배치와 적응의 과정을 강조한다. 적절한 배치는 개인의 적응에 필수적인 요인이다.

4) 임상적 과정으로서의 생활지도

생활지도의 모든 활동을 하나의 임상과정으로 간주하는 모형이다. 임상과정으로서의 생활지도는 개인차 연구에 검사와 측정을 통한 심리검사 등의 분석적 진단을 사용하여 인간의 내면적 심리문제를 인간 외부에서 해결하려고 하였는데, 이를 위하여서는 심리학적이고 임상적인 절차 등에 관한 지식이 요구된다. 따라서 임상적 과정의 생활지도는 과학적인 자료와 수집과정을 필요로 한다.

임상적 과정을 지시적으로 보기 때문에 문제해결 과정이 과학적이고 구체적인 자료를 제시하고 있다. 또한 객관적인 방법을 강조하기 때문에 이 모형에서 강조하는 것은 분석적이고 심리학연구 통계, 임상적 절차 등에 관한 충분한 지식을 가지고 있어야 한다.

5) 의사결정 과정으로서의 생활지도

생활지도 과정에서 개인의 중요성을 강조함으로써 민주주의 사회에서 개인의 의사결정에 초점을 두었다. 개인으로 하여금 의사결정에 참여하도록 하였고 미래생활의 요구에 대한 기반을 구축하도록 하였다. 즉 선택의 과정이 개인의 발달을 가져오게 한다는 것이다. 이 모형은 개인의 선택에 필요한 정보를 제공하고 개인이 합리적인 의사결정을 할 수 있도록 돕는 것을 목표로 한다.

6) 절충적 봉사로서의 생활지도

오늘날 미국의 초 · 중 · 고등학교에서 일반적으로 활용되고 있는 모형으로, 생활지도의 활동이 학교의 핵심적 프로그램이 되어야 하며 교사와 교육행정가, 상담교사 사이의 협동을 강조한다. 또한 학생 자신과 환경, 그리고 자신의 문제에 대한 이해를 증진시키며 문제해결에 도움이 되는 전문가에 의해 주기적인 도움을 받도록 권장한다. 이 이론에서는 지각, 발달, 학습, 성격 등에 관련된 지식으로부터 특정한 문제와 특정한 개인에게 가장 적합한 원리를 끌어내어 활용한다.

7) 발달과정으로서의 생활지도

생활지도를 학생의 직업과 교육, 개인적 · 사회적 경험 같은 모든 분야에 걸친 발달을 돕는 것으로 간주하고 학생뿐만 아니라 인간의 전 생애에 걸쳐 발달을 도와야 한다고 하는 모형이다. 즉 생활지도는 유아교육에서 성인교육에 이르기까지 지속되어야 하고, 모든 학교활동을 포함할 수 있도록 포괄적이어야 하며, 동시에 구체적인 활동과 절차에 대해서 분명해야 한다. 결국 발달적 생활지도는 자신에 대한 지식, 자신의 주위환경의 인식, 자신과 환경 관계의 습득, 개인적인 가치와 사회적인 가치의 이해 등을 통해서 개인의 적합성과 효율성을 성취할 수 있도록 하는 활동이다(이재창, 2005).

8) 사회적 조정으로서의 생활지도

생활지도를 사회 재구성으로 보는 입장은 Shoben에 의해 주창되었으며, 생활지도가 특별한 가치를 무의식적으로 제공하는 기능을 하고 있다고 하였다. 그에 의하면 교사의 기능이 학생들을 사회구조에 적응시키는 것인 데 반해, 상담자의 역할은 개인의 특성과 잠재적 능력에 기초하여 학생 개개인의 개성을 신장시킬 수 있도록 필요한 정보, 자극, 추천을 제공하는 것이다. 따라서 상담은 행동과학에 대한 기초지식과 학생 개인에 대한 관심으로 사회나 학교의 문화를 재구성함으로써 사회조정을 수행한다(이재창, 2005).

9) 심리교육으로서의 생활지도

정의교육(affective education)이라고도 하는 심리교육은 1960년대 말 학교교육에 대한 비판이 제기되는 시기에 대두하였다. 이 모형은 인간발달과 가치명료화를 포함한 정의적 교육에 더욱 관심을 갖고 있다. 심리교육의 궁극적 목적은 개인의 목적적이고 계획적인 생활을 하는 것이며, 다양한 경험의 대안을 예상하는 능력과 바라는 목적을 선택하고 달성할 수 있는 심리적 특성을 기르는 것이다. 또한 심리교육의 내용으로는 자아개념의 긍정적 변화를 위한 교육, 감정의 통제와 표현을 위한 교육, 자기주장 훈련, 개인 신념과 가치관의 변화를 위한 교육, 인간관계의 향상을 위한 교육, 효율적 의사소통을 위한 교육 등이 포함된다.

종합적으로 생활지도 활동은 초기의 Parsons 모형으로부터 최근에 이르기까지 계속적으로 발전하여 왔으며, 이들 모형들은 각 시대별로 강조하는 내용의 차이점을 보이며 시대 상황의 현실적 요구에 적절하게 대응하고 있음을 알 수 있다. 지금까지 생활지도 모형의 발전과정을 요약하면 〈표 1-1〉과 같다.

표 1-1 생활지도 모형의 발전과정

모형	대표자	주제	연대
Parsons의 모형	Frank Parsons Meyer Bloomfield Hugo Munsterberg	직업지도와 배치	1900-1920
교육으로서의 생활지도	John Brewer William Proctor	생활지도의 교육으로의 통합	1915-1930
배치와 적응으로서의 생활지도	Leonard Koss Grayson Kefauver	학생배치와 직업적응	1925-1940
임상적 과정으로서의 생활지도	D. G. Patterson E. G. Williamson C. Rogers	개인차 연구	1930-1945 1940-1970
의사결정 과정으로서의 생활지도	Authur Jones George Myers	개인의 의사결정지도	1949-1960
절충적 봉사로서의 생활지도	Ruth Strong Arthur Tarxler Clifford Froehlich John Darley Frederick Throne Kenneth Hoyt	훈련, 다면적 접근, 일련의 봉사활동으로서의 생활지도	1950-현재
발달적 과정으로서의 생활지도	Herman Peters Gail Farwell Robert Mathewson	전 생애에 걸친 생활지도	1955-현재
사회적 조정으로의 생활지도	Edward Shoeben	사회적 · 문화적 재건주의자로서의 상담가 역할	1960-현재
심리교육으로서의 생활지도	Norm Sprinthall Eric Berne Allen Ivey R. Mosher	심리교육을 통한 자아발달	1970-현재

출처: 김충기 · 김성곤, 2007.

4. 생활지도의 필요성

학생들의 전인적 발달을 위해서 생활지도는 꼭 필요한 교육활동이다. 복잡한 현대사회에서 학생들은 여러 문제에 부딪치고 있으며, 이러한 문제들은 학생들의 전인적 발달을 저해하고 왜곡시키는 힘으로 작용하기도 한다. 따라서 학생들이 스스로 문제를 해결하고 건전한 발달을 할 수 있도록 도와주기 위해 생활지도가 필요한 것이다. 이러한 필요성을 개인적 측면과 사회적 측면에서 살펴보면 다음과 같다(이형행, 2004; 이현림, 2007).

1) 개인적 측면

학생이 가지고 있는 발달적 · 심리적 특성 및 학생 개개인의 욕구를 충분히 반영한 교육을 위해 생활지도가 필요하며 생활지도의 개인적 필요성은 다음과 같다.

- 전인적 존재로서 인격완성을 위해 필요하다.
- 학생이 당면한 문제를 효과적으로 해결할 수 있도록 도와줄 필요가 있다.
- 학생의 문제행동을 올바르게 시정해줌으로써 건전한 삶을 누리게 도와줄 필요가 있다.
- 학생 개개인의 부적응을 예방하고 적극적인 이해를 통해서 학습자의 성장 및 발달을 촉진시킬 필요가 있다.
- 학생들에게 급격한 변화로 부딪치는 문제들을 스스로 해결할 수 있는 능력을 갖추도록 해주기 위해 필요하다.
- 개방된 사회에서 다양한 문화를 이해하도록 하는 것이다. 폭넓은 현실적 경험을 학생들이 갖도록 해줌으로써 학생들이 자신의 세계를 올바르게 이해하도록 도와주는 생활지도가 필요하다.
- 개인의 잠재능력을 최대로 개발하여 자아를 실현할 수 있도록 해주기 위해 생활지도가 필요하다.

2) 사회적 측면

생활지도의 사회적 필요성은 다음과 같다.

- 학교교육의 팽창에서 기인되는 사회적 부적응을 예방하고 지도할 필요가 있다.
- 민주시민으로서 태도 함양을 위해서 생활지도가 필요하다.
- 직업적 기회의 증가로 인한 적성의 발견과 직업선택의 지도가 필요하다.
- 가족제도의 변천과 더불어 가정문제에 기인한 부적응을 지도할 필요가 있다.
- 정신건강을 유지하고 증대시키기 위해 정신적인 장애를 예방하고 지도할 필요가 있다.
- 인터넷 중독이나 학교폭력, 자살, 미혼모 등 청소년 문제의 급증에 따라 생활지도가 더욱 필요하다.
- 늘어난 여가시간을 제대로 활용하여 자기를 계발하고 삶의 질을 높일 수 있는 다양한 활동을 할 수 있도록 하는 지도가 필요하다.

5. 생활지도의 목표

생활지도가 학생들의 자율적 성장을 돕는 과정이며 봉사로서의 의미를 가지는 제 활동이기 때문에 학생과 학생의 행동에 직결하는 직접적인 목표와 교사를 돕고 학교계획에 영향을 줌으로써 학생들의 성장과 발달을 도모하는 입장에서의 간접적인 목표로 나누어 살펴볼 수 있다(이영덕 · 정원식, 1994, 31-35; 이재창, 2005, 50-54).

1) 학생과 관련된 직접적인 목표

- 학생 개개인이 자기 자신을 정확하게 이해하도록 돕는다.
- 학생 개개인이 가능한 한 자신의 노력으로 자기가 지닌 능력과 소질을 발견하여 이를 최대한으로 발달시키도록 돕는다.
- 학생 자신이 당면한 문제를 정확히 파악하여 자신의 문제는 스스로 해결할 수 있도록 돕는다.

• 복잡하고 다양한 환경 속에서 현명한 선택과 적응을 할 수 있도록 돕는다.
• 보다 건전하고 성숙된 적응을 할 수 있는 계속적인 기초를 닦을 수 있도록 돕는다.
• 개인의 신체적 · 지적 · 정서적 · 사회적 모든 면을 조화되고 통합된 인생을 즐길 수 있도록 돕는다.
• 학생 본인이 속한 사회를 위해서 자기 나름대로 공헌할 수 있도록 돕는다.

2) 학교 및 교사와 관련된 간접적인 목표

생활지도의 간접적인 목표는 교사나 상담자로 하여금 생활지도 활동을 원활하게 수립할 수 있도록 함으로써 생활지도의 직접적인 목표를 달성하는 데 도움을 주는 것을 말한다. 이를 열거하여 보면 다음과 같다.

• 교사로 하여금 학생을 보다 정확하게 이해하도록 돕는다.
• 여러 형태의 현직 교육활동을 통하여 교사에게 필요한 생활지도의 태도와 기능을 가지도록 돕는다.
• 생활지도 프로그램은 교육계획의 수립이나 지도에 있어서 교육행정가나 교사의 상의에 응하고 필요에 따라서는 학급교사의 능력을 벗어나는 특정한 지도의 문제를 위임받는 전문적 봉사를 한다.

이러한 학교의 생활지도의 직접적인 목표와 간접적인 목표를 기초로 해서 종합적인 생활지도의 목표를 제시하면 다음과 같다.

• **전인적 발달** : 성장과정에 있는 학생들이 지적 · 정서적 · 사회적으로 통합된 발달을 이루도록 돕는다.
• **자기이해 및 능력의 발견** : 학생들의 성격과 흥미, 적성 등을 평가함으로써 자신의 존재를 정확하게 이해하고 현재의 능력과 잠재능력을 최대한 계발하도록 돕는다.
• **자기지도를 통한 문제해결 능력 신장** : 다원화되고 복잡한 산업사회에서 직면하는 다양한 문제를 스스로 해결할 수 있도록 자기 통제능력을 기르도록 돕는다.

- 자율적이고 현명한 선택과 적응 : 끊임없이 변화하는 사회와 삶 속에서 학생들은 한 개인으로서뿐만 아니라 가정과 학교, 사회의 일원으로서 끊임없는 선택을 하며 살아간다. 따라서 타인에 의해 강요된 적응이 아니라 자율적으로 현명하게 선택을 하여 사회에 보다 만족스럽게 적응할 수 있도록 돕는다.
- 민주시민 육성 : 사회의 일원으로서 건강한 성격과 원만한 대인관계를 통해 개인이 지닌 자질과 역량을 발휘하여 그 사회에 기여할 수 있도록 돕는다.

6. 생활지도의 기본 방향 및 원리

1) 생활지도의 기본 방향

효율적인 생활지도를 위해서는 먼저 생활지도 활동에 적용되는 기본적인 방향을 잘 알고 있어야 한다. 이러한 방향은 생활지도 활동의 철학적 준거를 형성하고 생활지도를 효율적으로 수행하도록 하는 지침이 된다. 생활지도 활동을 어떠한 방향으로 구체화시켜야 할 것인지에 대한 학자들의 견해는 다양하지만 이를 종합적으로 요약하면 다음과 같다(이재창, 2005, 54-57; 김충기 · 김성곤, 2007, 55-58; 이현림, 2007, 12-15).

(1) 생활지도는 모든 학생을 그 대상으로 한다.

생활지도는 개인의 잠재 가능성을 계발시키는 교육적인 활동의 일부이므로 그 대상이 되는 문제아나 부적응아, 고립아 등 주로 상담과 도움을 필요로 하는 학생들을 모두 포함하고 정상적인 학생들도 생활지도의 대상이 되어야 한다. 일반적으로 교육현장에서 생활지도가 마치 문제아만을 도와주는 기관으로 착각하고 있는 학생들이 많기 때문에 생활지도의 의미와 필요성을 더욱 강조하고 적극적으로 홍보해야 할 필요가 있다. 교육이 모든 학생을 대상으로 하듯이 생활지도 또한 모든 학생을 대상으로 해야 한다. 생활지도는 문제학생 중심의 일부 학생을 대상으로 하는 편협한 입장에서 탈피하여 모든 학생의 필요와 요구를 충족시킬 수 있도록 발전되어야 한다.

(2) 생활지도는 모든 연령층의 학생을 대상으로 한다.

어떤 학부모나 교사, 행정가, 카운슬러들은 생활지도를 오직 중등학교 내의 활동으로 생각하는 경향이 있다. 이는 생활지도의 의미를 제대로 인식하지 못한 결과이다. 생활지도의 주목표가 개인의 성장과 발달을 도모하는 것이기 때문에 어느 시기, 즉 연령을 제한하는 것은 옳지 않다. 또한 생활지도는 교육의 일부이기 때문에 형식적인 교육이 시작되는 초등학교에서부터 중 · 고등학교와 대학교에 이르기까지 전 연령층을 대상으로 해야 한다.

(3) 생활지도는 주로 개인의 존엄성과 개성발달에 초점을 둔다.

Chris Kehas는 자아에 대한 지성을 계발하기 위하여 조직적인 개인 탐색을 이용하는 것에 개성발달의 주안점을 두어야 한다고 했다. Kehas는 교육을 학습의 관여로서 정의되어야 한다고 주장하고 있으며, 또한 개성발달을 주로 가이던스 지도자들의 주요 관점이 되어야 한다 하고, 지적 발달에 대해서는 교사들의 주요 관심을 가져야 한다고 말하고 있다. 그러면 생활지도 프로그램의 성격은 학생들로 하여금 자아에 대한 지식을 습득하고 그들의 경험을 이해하도록 도와주어야 하는 데 있다.

현대 민주사회의 특징 중 하나는 개인의 권리를 인정하는 것인데, 이는 인간의 존엄성과 개성을 인정하는 것을 의미한다. 즉 개인은 하나의 인간으로서 존재가치를 갖는 동시에 모든 인간이 나름대로 가지고 있는 자기만의 특성이 있다. 이러한 개성이 인정되고 계발되고 존중되어야 하는 것이다. 이는 인간을 보는 기본자세이기도 한다. 따라서 생활지도는 우선 개인의 인간으로서 존재가치를 인정하고, 다음에는 각자 가지고 있는 고유한 특성을 인정하고 이를 개발해서 자생적인 인간으로서 기능하도록 조력하는 것이다.

(4) 생활지도는 강제가 아니라 협동적으로 이루어져야 하며 학교교육 계획의 통합된 일부가 되어야 한다.

학생은 생활지도 활동에 응할 수 없다. 개인을 포함한 상호승낙에 의해 이루어지는 생활지도는 강제나 압력보다는 내적 동기나 자발적인 변화를 일으키는 데 주안점을 둔다. 또한 생활지도는 교과지도와 아울러 학교교육의 필수적인 부분이다. 따라서 학교의 특별활동이나 독립된 과목으로 교육과정에 반영되는 것이 바람직하다. 또한 생활지도 활동은 학교계획 프로그램 속에 필수적인 것이 되어야 한다. 따라서 학교의 책임을 맡고 있는 학교행정가나 교사와 카운슬러는 학교행정의 뒷받침을 받아 원활한 활동을 계발시켜야 한다. 생활지도는 카운슬러를 중심으로 학교와 가정, 지역사회의 협동으로 이루어져야 한다.

(5) 생활지도는 자아발견과 자기발전을 북돋아주고 자율적인 지도능력을 기본으로 삼는다.

학생은 자기 자신만이 가지고 있는 양식과 행동유형을 선택할 자유와 권리를 가지고 있다. 그러므로 생활지도는 학생들에게 자기 행동을 이해하고 변화를 가져오도록 돕는 역할을 해야 한다. 생활지도 과정에서 단계적 관여를 통하여 점차적으로 학생들이 자아를 이해하는 데 숙달됨으로써 재능계발과 문제해결에 이러한 지식을 적용하게 된다. 이런 의미에서 생활지도 전문가가 전문적인 도움을 주는 과정에서 효과적으로 손을 뗄 수 있어야 한다. 생활지도는 민주주의라는 테두리를 벗어날 수 없다. 민주사회에서 요구하는 공민적 자질의 하나는 자율성이다. 이러한 자율성을 이룰 수 있도록 점진적 조언을 통해 스스로 해결하는 능력을 키워주도록 생활지도는 전문적인 지도로서 자율적인 방향을 모색하는 데 커다란 길잡이가 되도록 유도하는 것이다. 현재 초 · 중 · 고등학교에서 자율학습과 자기주도적 학습을 강조하고 있는데 생활지도 영역에 책임감있게 자기 교육력을 키울 수 있는 기본원리를 제시하고 있는 것임을 명심해야 한다.

(6) 생활지도는 치료나 교정보다 예방에 역점을 두어야 한다.

학생의 문제를 치료하는 데 생활지도의 비중을 두기보다는 예방적 지도에 중점을 두어야 한다. 그런데도 문제가 발생한 뒤에 비로소 관심을 갖는 것이 종전의 경향이었다. 학교에서 발생하는 학생들의 문제를 보면 예방적 지도를 조금만 일찍 했더라면 발생하지 않을 수 있었던 문제가 많다. 예방적 지도는 문제가 발생한 후에 치료하는 것에 비해 시간과 노력을 훨씬 절약할 수 있다. 또한 치료의 결과는 불분명하나 예방의 결과는 분명하며, 치료 효과 또한 개인적이지만 예방적 효과는 집단적이다. 따라서 효율적인 생활지도는 치료를 요하는 문제 발견보다는 예방을 필요로 하는 문제의 발견에 주력해야 한다.

(7) 생활지도는 과학적 근거에 기초한 판단에 역점을 두고 있다.

생활지도는 학생의 올바른 이해와 행동의 객관적이고 구체적인 지료에 기초를 두고 시작해야 한다. 학생의 이해와 진단의 정보를 얻기 위해서는 객관성이 높은 과학적인 방법을 이용해야 자료의 신빙성도 높고 믿을 수 있을 것이며 학생을 위한 정보활동 등도 최신의 기술을 활용해야 한다. 물론 주관적이고 상식적인 판단에 의존하는 경향이 있으나 이러한 판단은 많은 시간과 노력이 필요할 뿐만 아니라 큰 착오를 가져올 가능성이 있다. 그러므로 생활지도는 보다 정확한 판단을 얻기 위하여 객관적이고 과학적인 자료와 근거를 기초로 삼아야 한다.

(8) 생활지도는 참되고 진정한 사랑에 기초한 지도를 중시한다.

생활지도는 교육의 핵심적 요소로서 교육의 방향을 사랑으로 지도해야 그 효과를 올릴 수 있는 것과 마찬가지로 사랑의 바탕이 없이는 충실한 지도를 기대하기 어렵다. 변화하는 사회 속에서 창의적으로 사고하고 행동하는 적응력이 지적 교육과 창의적 교육을 통하여 길러져야 하고 적응력의 신장은 사랑의 바탕에 기초한 잠재력을 키워나갈 수 있다.

(9) 생활지도는 처벌보다 선도 또는 지도가 선행되어야 한다.

많은 교사나 학부모, 행정가들은 아직도 생활지도를 문제학생을 처벌하는 것으로 인식하고 있다. 이러한 생활지도에 대한 부정적인 태도가 학생들로 하여금 생활지도를 잘못 이해해서 기피하게 하는 결과를 가져왔다고 할 수 있다. 생활지도의 주안점은 성장과 발달을 촉진하는 것이다. 처벌이나 억압을 통해서는 우리가 원하는 개인의 행동변화를 가져오기 어렵다. 이는 또한 개인의 존엄성을 무시한 처사이기도 하다. 따라서 생활지도는 학생을 처벌하기보다는 성장을 촉진하는 적극적인 활동이 되어야 한다. 즉 억압보다는 이해를, 처벌보다는 지도하는 방향으로 이끌어야 한다.

생활지도에서 처벌이 전혀 불필요하다는 것은 아니다. 다만 학생 스스로가 자신이 저지른 행동에 대하여 처벌을 받을 만한 행동이었다는 것을 인정하도록 한 후에 처벌이 가해져야 한다는 것이다. 옳지 못한 행동을 찾아내어 처벌하기 위한 생활지도가 아니라 보다 적극적인 의미에서 학생들의 옳고 바람직한 행동을 찾아내어 그것을 북돋아주고 이끌어주는 생활지도가 되어야 할 것이다.

2) 생활지도의 원리

생활지도가 궁극적으로 아동과 학생이 개인의 문제를 스스로 발견하여 해결하며 사회생활에 적응해 나갈 수 있도록 도와주는 활동이라면, 아동과 학생이 한 개인으로서 자아실현을 위한 가능성에 대한 신념을 가지고 임해야 한다. 생활지도란 학생으로 하여금 자신의 능력과 흥미 및 소질을 스스로 이해함으로써 자신의 주위환경에 보다 잘 적응할 수 있도록 도와주어 성숙한 자기지도에 도달하도록 이끄는 조력적인 교육활동이다. 이러한 교육활동을 효율적으로 수행하기 위한 지침으로서 알아야 할 원리에는 기본원리와 실천원리로 나눌 수 있다(김영봉 외 4인, 2007; 이현림, 2007; 이경숙 · 정찬기오, 2009; 신재흡, 2008).

(1) 생활지도의 기본원리

먼저 생활지도의 기본원리를 살펴보면 다음과 같다.

① 개인의 존엄과 수용의 원리

생활지도는 기본적으로 개인의 존엄성을 인정하고 모든 개인이 한 인간으로서 존중받아야 한다는 민주적 이념에서 출발해야 한다. 개인을 사회의 중요한 일원으로 수용하며 학생의 존엄성과 개성발달을 존중하고 인간적인 존재로 인정하여 그들 나름대로 발달할 수 있는 기회를 만들어야 한다. 모든 개인은 선천적으로 성장 가능성을 가지고 있기 때문에 개인의 가능성은 충분히 계발되고 성장되어야 한다. 이에 생활지도는 지적 · 정의적 · 사회적 · 도덕적 측면에서 성장 가능성이 풍부하다는 신념 아래서 성립될 수 있는 것이다. 따라서 한 개인은 사회의 중요한 일원으로 존중되고 수용되어야 한다.

② 자율성 존중의 원리

생활지도는 개인의 자율성을 존중하는 것을 기반으로 한다. 생활지도는 모든 개인이 정상적으로 발달하도록 지원하고 도와주는 조력의 과정이다. 이처럼 생활지도는 조력을 목적으로 하는 것이기 때문에 생활지도에서는 어떤 문제의 해결에 있어서 개인이 스스로 문제의 핵심을 파악하고 가능한 방안을 탐색하여 자신이 최종적으로 선택 · 결정을 하도록 하는 자율적인 능력과 태도를 존중해야 한다. 즉 생활지도를 통해 자아발견과 자기발전을 북돋우며 자율적인 자기지도를 할 수 있는 능력을 가지도록 조력할 수 있어야 한다.

③ 적응력 신장의 원리

생활지도는 개인이 처한 사태나 생활에 잘 대처해 나갈 수 있는 적응력을 키울 수 있도록 도와주어야 한다. 적응력은 개인의 능력과 인성 형성에 있어서 능동적일 때 발휘될 수 있다. 특히, 적응력의 결여는 자신에 대한 현실적인 이해와 통찰의 부족에서 오기 때문에 자신에 대한 이해를 통해 긍정적인 자아개념 형성에 도움을 줄 수 있도록 지도해야 한다.

④ 인간관계 형성의 원리

생활지도는 태도형성이나 가치관 형성 같은 정의적 행동변화에 관련이 깊다. 이러한 정의적 행동변화는 교사와 학생 또는 학생과 학생 간의 진실한 인간관계, 즉 감정이 교류하는 관계가 형성될 때 가능해지며 학습이 촉진된다. 발달과정에 있는 학생들의 경우 많은 인간관계를 맺거나 제대로 맺지 못해 어려움을 겪는다. 마음이 교류하는 인간적 관계의 경험은 학습을 촉진시킬 뿐 아니라 정신건강에도 도움이 된다. 따라서 태도, 가치관, 인성 같은 정의적 학습에 도움을 주는 생활지도가 필요하므로 생활지도 담당자와 생활지도 대상자인 학생들 간의 인간관계의 양과 질은 삶에 영향을 끼친다.

⑤ 자아실현 추구의 원리

생활지도의 궁극적인 목적은 모든 개인이 사회적 존재로서 자아실현을 할 수 있도록 돕는 것이다. 즉 개인이 자신의 모든 잠재능력을 최대한 발휘할 수 있도록 도와주는 것이 생활지도의 목적이다. 자아실현을 하기에 충분한 조건을 구비한 인간으로 발달할 수 있도록 개인적인 문제를 해결하고 새로운 장래를 설계하여 학교생활에 건전하게 적응할 수 있도록 조력하면 학생들은 자기 나름의 완성을 향해 나아가게 된다. 생활지도는 개인의 전인적 발달에 초점을 두고 모든 학생을 대상으로 자기 나름대로 인격을 완성할 수 있도록 조력해야 한다.

(2) 생활지도의 실천원리

생활지도의 실천원리는 다음과 같다.

첫째, 계속성의 원리이다. 생활지도는 종합적 계획 아래 계속적으로 관심을 가져야 할 과정이다. 생활지도는 한번으로 끝나는 것이 아니라 입학 후 진학, 취직 및 이에 대한 정치활동에서부터 졸업 후의 추수활동에 이르기까지 계속적인 과정이다.

둘째, 통합성의 원리 혹은 전인적 원리이다. 생활지도는 개인의 특수한 생활영역이나 기능 등의 일부분만을 다루는 것이 아니라 개인의 전체적인 면을 다루며 지도하는 것이다. 그리하여 모든 학생들이 조화로운 인간성을 갖추도록 해야 한다. 즉 생활지도는 전인적인 입장에서 다루어져야 한다.

셋째, 균등의 원리이다. 생활지도는 학생 개개인의 가능성을 최대한 발휘하도록 도와주는 것이기 때문에 문제 학생이나 부적응 학생뿐만 아니라 전체 학생을 대상으로 이들의 잠재적 가능성을 최대로 발달시켜야 한다.

넷째, 협동의 원리이다. 생활지도는 담임교사와 상담교사뿐만 아니라 학교 구성원 전체 상호간의 협동은 물론 학교와 가정 또는 지역사회 인사들의 협동없이는 그 효과를 극대화할 수 없다.

다섯째, 구체적 조직의 원리이다. 생활지도는 상담교사를 중심으로 구체적 조직기구의 필요성을 갖고 있다. 왜냐하면 생활지도의 조직체제와 조직활동은 목표달성의 효율적인 수단이 되기 때문이다.

여섯째, 과학적 기초의 원리이다. 생활지도는 학생에 관한 객관적이고 구체적인 자료에 의한 과학적 자료에서 시작되어야 하며, 인간의 학력과 지능, 적성, 흥미, 성격 등을 측정할 수 있는 각종 표준화 검사가 해당된다.

일곱째, 적극성의 원리이다. 생활지도는 문제가 발생한 후에 잘못된 행동을 찾아내어 처벌하기 위한 활동이 아니라 문제가 발생하기 전에 학생들의 바람직한 행동을 찾아 격려하고 이끌어주기 위한 예방차원에서 실시되는 활동이다. 즉 문제가 발생한 후의 처벌이나 지시보다 문제가 근본적으로 일어나지 않도록 하는 예방적인 지도에 중점을 두어야 한다.

제 **02** 장

생활지도의 영역과 제 활동

학습개요

₩학교교육은 교과교육만 치중하여 왔으며 생활지도는 등한시하여 왔다. 종래의 학교교육에서 이루어졌던 생활지도는 개인의 성적이나 품행에 중점을 둔 활동이었으나 이제는 그 범위를 넘어서 학생 개인 및 학교생활 전반에 걸친 생활지도가 필요하게 되었다. 따라서 이 장에서는 초 · 중 · 고등학교에서 일반적으로 다루어지는 생활지도의 내용 즉 생활지도에서 다루는 영역들은 무엇이며 또한 생활지도의 활동 영역은 무엇인지에 대해서 간단히 살펴보기로 한다.

학습목표

1. 생활지도의 영역에 대해서 설명할 수 있다.
2. 생활지도의 활동에 대해서 설명할 수 있다.

1. 생활지도의 영역

생활지도는 처음에 직업지도에서부터 시작되었다. 사회의 변화에 따라 그 범위를 넓혀 생활전반에 걸친 영역으로 확대되어 왔다. 이러한 생활지도의 영역은 학자에 따라 여러 가지로 분류하고 있다. 생활지도 활동에서 문제의 내용에 따라 분류하면 다음과 같다(김영봉 외 8인, 2007; 김청자 · 정진선, 2006).

1) 교육지도(educational guidance)

교육지도는 학과와 학교의 선택을 지도하는 것과 학교생활에 효과적으로 적응시키기 위한 일체의 지도를 포함하고 있다. 또한 교육지도는 학업지도를 포함하는 학생들의 개성을 충분히 고려하여 그들이 가장 현명하게 학업계획을 세워 효과적으로 성공할 수 있도록 도와주는 과정이다. 교육지도에는 신입생 오리엔테이션, 학업지도, 진학 및 진로지도, 학습방법지도, 독서지도 등이 포함된다.

2) 직업지도(vocational guidance)

직업지도는 개인으로 하여금 올바른 직업관을 가지도록 지도하고 직업선택을 위한 도움을 주려는 교육활동이다. 즉 장래 직업의 선정, 준비, 도입을 지도하는 과정을 말한다. 개인의 직업 선정은 각 개인이 전 생애를 통해 해야 하는 가장 중요한 결정 중 하나다. 이러한 결정에 도움을 주기 위하여 학생에게 직업에 관한 정보를 제공하며 적성검사를 실시하고, 취업희망조사와 각종 직업에 관한 자료를 수집하여 학생들이 각종 직업에 대한 기본적 지식과 기능을 갖도록 지도한다. 또한 직업적성의 발견과 준비교육, 취직알선, 진로지도 등도 이에 속한다.

직업지도가 성공하기 위해서는 학생 개개인의 능력에 대한 올바른 이해, 직업 자체에 대한 정확한 이해, 개인의 적성과 직업 간의 상호관련성에 대한 합리적이고 현실적인 판단이 이루어져야 한다.

3) 인성지도(personal guidance)

인성지도는 인격지도, 성격지도라고도 하며 개인의 정서적 안정 및 바람직한 품성을 형성하도록 도움을 주는 교육활동이다. 즉 학생들이 건강하게 학교생활과 사회생활에 잘 적응할 수 있는 성격을 형성하고 발달할 수 있도록 지도해 나가는 과정이다. 따라서 올바른 인격형성에 장애가 되는 욕구불만, 지나친 우월감과 열등감, 공격적 태도, 정서불안, 신경과민 등을 제거해줌으로써 올바른 성격을 형성하도록 지도한다. 그리고 모든 개인적 · 사회적 부적응 문제에 대해서는 전문적 지도가 포함되어야 하며, 이런 문제들은 개인을 대상으로 생활지도를 하는 것이 바람직하기 때문에 개별적인 생활지도 활동이 요구된다.

4) 사회성지도(social guidance)

사회성지도는 각 개인 혹은 학생의 교양, 도덕적 윤리관, 인간 존중의 습관 형성, 의사전달의 합리적인 방법, 관용과 이해의 선택, 이성과의 교제, 집단에서의 대인관계 등 원만한 인간관계를 유지하며 협동과 봉사의 정신으로 생활할 수 있도록 하는 사회성 개발에 대한 지도로 교과지도 못지않게 매우 중요한 생활지도 영역이다.

5) 건강지도(health guidance)

건강지도는 개인이 자신의 신체적 · 정신적 건강을 유지할 수 있도록 신체적 · 정신적 발달에 관해 적절한 조언과 조력을 함으로써 개인이 건전하게 성장할 수 있도록 지도하는 것이다. 학교에서 건강지도는 학생들의 학교생활 측면, 건강서비스 측면, 건강교수 측면 세 영역으로 나눈다. 학교생활 측면에는 급식, 급수, 채광, 휴식공간, 학교건물, 정신위생적 건강, 신체적 건강 등이며, 건강서비스 측면에는 건강진단, 신체검사, 질환이나 영양 결함자에 대한 치료 등이고, 건강교수 측면에는 건강교육에 필요한 기초적인 원리와 지식을 이해시키고 스스로의 건강을 관리할 수 있도록 하는 것이다.

6) 여가선용지도(leisure-time guidance)

여가의 활용은 정신건강의 증진뿐만 아니라 공부의 능률 향상을 위해서도 필요한 것이므로 그 중요성이 점진적으로 인식되고 있다. 여가선용지도는 학교나 사회에서 개인이 자유로운 시간을 유효적절하게 이용할 수 있도록 지도 조언을 하는 것이다. 즉 학생들은 여가시간에 취미생활, 오락활동, 감상활동, 창작활동, 봉사활동 등을 통하여 개인의 교양을 향상시킬 뿐만 아니라 신체적으로나 정신적으로 새로운 활력을 얻고 심신의 향상을 기하고 건전하고 행복한 생활을 하도록 지도해야 한다. 따라서 건강한 여가활동을 통해 자기 성장과 새로운 경험을 할 수 있도록 개인적 · 집단적 지도를 해야 한다.

7) 가정생활지도(family guidance)

오늘날 가정교육은 그 교육적 기능이 약화되어 학교에서 가정의 교육역할을 대신하는 지도가 필요함으로써 가정교육 기능의 일부를 교사가 맡아야 한다. 따라서 교사는 가정의 부모와 유기적인 관계를 유지하며 협조하여 학생들이 가족 구성원으로서 원만한 가정생활을 영위할 수 있도록 지도해야 한다. 즉 학생들에게 가정에서 자신의 중요성을 인식하게 하고 부모와 원만한 관계를 맺고 유지하도록 지도해야 한다. 그리고 가정적인 문제로 고민하거나 가정생활에서의 갈등으로 인하여 부적응 상태에 있는 학생을 대상으로 가정생활에 적응할 수 있도록 전문적인 상담과 지도를 해야 한다.

8) 도덕성지도(moral guidance)

건전한 도덕관이나 가치관 지도, 정서의 순화, 질서의식 함양 및 자율적이고 바람직한 민주시민으로서 지켜야 할 공중도덕과 윤리, 가치관을 확립하도록 도와주는 활동이다. 생활지도에서 다루어야 할 문제로는 도덕성 발달에 관한 원리와 자율성에 이르기까지 관심을 두고 지도해야 할 것이다. 최근 산업사회의 발전과 경제적 성장으로 풍요로움을 느끼고 있지만 부정부패가 만연하고 도덕성이 타락되어 사회적으로 매우 심각하다. 그러므로 도덕성지도야말로 생활지도에서 큰 비중을 두어 중요성을 더욱 강조해야 한다.

9) 종교지도(religious guidance)

건실한 종교관을 확립하도록 도와주는 동시에 경건한 종교생활을 할 수 있도록 조언 · 봉사하는 지도영역이다. 현대사회에는 종교의 다양성과 혼란 등으로 학생들의 신앙적 갈등과 종교이해에 어려움을 가지고 있다. 이러한 종교적인 문제로 고민하고 갈등을 하고 있는 학생들의 문제를 적절히 지도해야 할 것이다.

10) 성에 관한 지도(sexuality guidance)

성에 대한 지도는 남성 및 여성의 심리적 관계와 육체적인 관계를 건강하게 갖도록 지도하는 활동이다. 성교육의 목적은 자신의 신체와 성에 대한 올바른 인식과 태도를 갖춤으로써 발달과정에서 경험할 수 있는 여러 가지 성관련 문제들에 대한 적절한 적응방법을 가르치는 것이다. 여기에는 성교육, 가족계획, 성폭력, 성희롱 예방교육, 양성평등 문제, 성상담에 관한 지도 등이 포함된다.

2. 생활지도의 활동

생활지도 활동은 학생조사활동, 정보활동, 상담활동, 자문활동, 진로계획 · 정치 · 추수활동, 평가활동으로 분류하기도 하고, 개인조사와 개인상담, 집단지도와 상담, 직업과 교육에 관한 정보, 정치 및 추수지도로 나누어지기도 한다. 김태호(2004)는 생활지도 활동을 학생조사활동, 진로정보제공활동, 상담활동, 정치활동, 추수지도, 교사 및 관련 인사를 위한 봉사활동으로 구분하였으며, 김계현 등(2009)은 학생조사활동, 정보제공활동, 진로지도활동, 상담활동으로 제시하였다. 김충기(2001)는 학생조사활동, 진로정보활동, 상담활동, 정치활동, 추수활동으로 분류하였다. 여기서는 김충기와 김성곤(2007)이 분류한 다섯 가지 주요 활동에 대해서 살펴보기로 한다.

1) 학생조사활동(Student Inventory Service)

학생조사활동은 학생이해활동, 학생평가활동이라고도 하며, 학생들의 현재나 미래의 활동에 대한 정확한 판단을 목적으로 학생에 관한 정보를 수집하는 과정이다.

생활지도에서 가장 중요한 것은 학생에 대하여 보다 과학적이고 정확한 실제를 파악하는 것이다. 심리검사를 통해서 각 학생에 관한 정보를 수집한다. 심리검사에는 표준화 검사와 비표준화 검사로 구분하며, 표준화 검사에는 지능검사, 적성검사, 흥미검사, 성격검사 등이 있으며 비표준화 검사에는 관찰법, 질문지법, 기록법(누가기록법, 일화기록법), 평정법, 자서전법, 면접법, 사회성측정법, 사례연구법 등이 있다. 생활지도 활동에서 가장 기초가 되며 상담의 기초 자료로 쓰인다. 학생조사활동에서 유의해야 할 점은 다음과 같다.

- 검사 또는 조사는 객관적이고 신뢰도가 높은 방법을 사용한다.
- 생활지도의 목적에 부합되거나 일치해야 한다.
- 여러 가지 가능한 방법이나 기법을 종합적으로 활용해야 한다.
- 조사결과는 기록 · 정리 · 보관하여 실제 지도에 활용될 수 있도록 해야 하며, 필요에 따라 상담활동으로 전개될 수 있어야 한다.

2) 진로정보활동(Information Service)

진로정보활동은 정보활동이라고도 하며, 학생들이 바라고 원하는 각종 정보 및 자료를 제공하여 학생들의 발달과 적응을 돕는 활동이다.

생활지도 목표 가운데 하나는 학생 자신의 이해와 그를 둘러싼 환경 및 조건에 대한 이해에 있다. 학생들의 생활을 둘러싸고 있는 직 · 간접적 환경과 아울러 그들의 문제해결에 관련된 여러 가지 정보를 학생이 정확히 파악한다는 것은 학생 자신의 자율적 성장과 발달을 돕는 것으로 생활지도에서 무엇보다도 중요한 활동이 된다. 그러므로 필요한 정보를 광범위하고 풍부하게 수집하고 이를 활용함으로써 학생들의 문제해결에 최대한 도움이 될 수 있어야 한다.

학생들에게 제공되는 정보는 교육정보, 직업정보, 개인적 · 사회적 정보 세 영역으로 구분할 수 있다.

- 교육정보(educational information) : 학생들이 학습활동에 필요한 정보를 말하는 것으로 일반적인 학교생활에 관한 정보, 상급학교 진학에 관한 정보, 장학금에 관한 정보, 학습방법 및 전략에 관한 정보, 과외활동에 관한 정보, 도서관 이용방법에 관한 정보 등이다.
- 직업정보(occupational information) : 직업에 관련된 문제를 합리적으로 계획하고 타당한 직업선택을 할 수 있도록 도움을 주는 유용한 자료를 말한다. 직업, 지위, 직장 등에 관련된 정보로 직업군 또는 직업의 종류에 관한 정보, 직업에서 요구되는 기능이나 적성에 관한 정보, 직업교육 참여에 관한 정보, 직업선택 방법에 관한 정보, 직업 조건 및 전망에 관한 정보 등으로 보수와 승진, 근무시간, 신분보장, 충원계획 등도 포함된다.
- 개인적 · 사회적 정보(personal-social information) : 자기 자신이나 타인에 관련된 이해를 증진하기 위한 정보로 자기이해에 관한 정보, 타인 이해에 관한 정보, 인간관계 및 프로그램 참여에 관한 정보, 지역사회 기관 이용에 관한 정보, 가족관계에 관한 정보, 성교육에 관한 정보, 성취동기 및 욕구에 관한 정보, 가치관, 예의범절, 종교관 등에 관한 정보 등이다.

이러한 정보는 학교자체에서 조사하거나 각종 인쇄물을 통하여 수집 · 정리 · 보관하여 개인 또는 집단에게 게시, 유인물, 서고 열람 등의 방법으로 제공한다. 그러나 정보의 제공은 그 자체가 교육적 과정이라는 사실을 유념하여 통념적이거나 관행적으로 되어서는 안 되며, 학생들의 성취도나 요구 및 홍미를 충분히 고려하는 합리적이고 타당한 정보로서 제공되어야 한다.

3) 상담활동(Counseling Service)

상담활동은 생활지도 활동의 중심적인 활동이라 할 수 있다. 상담활동은 위에서 전개된 객관적인 학생조사활동과 각종 정보제공활동을 통해 수집한 종합적인 자료와 정보를 근거로 상담자와 내담자의 친밀한 관계 속에서 전문적인 대화가 진행되는 것이다. 즉 상담활동은 내담자에게 충분한 도움을 줄 수 있는 전문적인 자격을 갖춘 상담자(counselor)와 도움을 필요로 하는 내담자(counselee)의 만남을 통해서 내담자의 문제해결을 돕는 활동을 말한다. 상담활동의 목표는 학생들이 최대한으로 자율적인 발달, 즉 책임감과 독립심을 키우고 현실적인 자기이해를 성취할 수 있도록 돕는 데에 있다. 상담활동은 개인상담이나 집단상담을 통하여 자기이해와 자기발전을 촉진시키는 것이다. 여기에는 여러 가지 상담이론과 상담과정과 상담방법을 활용하여 학생에게 도움을 주는 활동이 전개된다.

4) 정치활동(Placement Service)

정치활동이란 상담의 결과로 학생들을 적재적소에 배치하는 활동이다. 즉 취업지도, 부직알선지도, 진학지도, 진급지도, 교과지도 등에서 자신과 진로를 정확하게 이해하여 자기 자신의 정치(placement)를 현명하게 선택하도록 조력하는 활동이다. 정치활동에는 교육적 정치활동과 직업적 정치활동으로 구분할 수 있다. 교육적 정치활동은 진학, 진급, 학과목 선택, 특별활동 선택, 홈룸이나 서클 활동 부서의 선택 등이며, 직업적 정치활동은 직업선정 및 알선, 진로선택, 부직 알선 등이다. 이와 같은 정치활동은 개인과 사회의 필요에 따라 이루어지기 때문에 각종 조사활동이나 정보활동에서 얻은 자료를 근거로 해야만 합리적인 정치활동을 기대할 수 있다. 특히, 직업정치에서는 학교와 지역사회가 공공의 이익을 전제로 학교의 조직적 정치활동을 통해서 많은 재학생이나 중퇴생, 졸업생이 만족스러운 직업을 얻을 수 있도록 하고, 취업 후에도 사회적 · 교육적 · 직업적으로 잘 대응해 나갈 수 있도록 도와주어야 한다. 그러기 위해서는 정치센터 같은 체계적인 정치활동 조직을 마련하여 교직원들이 통합적 노력을 체계적이며 효과적으로 발휘할 수 있도록 마련하는 일이 중요하다.

5) 추수활동(Follow-Up Service)

추수활동 또는 사후지도는 정치활동의 결과 학생들이 적재적소에서 잘 적응하고 있는가를 살피면서 부적응에 대한 조력과 보다 나은 적응활동을 위해 재배치하는 조직적인 봉사활동이다. 즉 학생이 자율적으로 성장 · 발달할 수 있도록 계속적으로 지도하는 사후의 점검활동인 것이다. 만약 부적응한다면 그 원인을 분석하고 확인하여 원만하게 적응할 수 있도록 재배치 혹은 배정하는 것이다. 추수지도의 대상은 재학생, 중퇴생 및 제적생, 졸업생 등을 포함한다. 추수활동의 목적은 상담 또는 생활지도의 효과성, 즉 학생들의 발전 상태를 지속적으로 점검하여 문제 재발을 예방하고 계속적인 성장 · 발달을 촉진시키는 데 있다. 또한 추수지도활동의 중요한 교육적 의의는 추수지도를 통하여 학교의 생활지도 계획 및 지도방법을 반성 · 평가하고 그 개선을 도모하는 자료로 활용될 수 있다는 것이다.

제 03 장
학생이해활동

학습개요

생활지도 활동(학생이해활동, 정보제공활동, 상담활동, 정치활동, 추수활동) 중에서 생활지도의 기초가 되는 것은 학생이해활동이라고 할 수 있다. 학생들에 대한 이해가 우선되지 않고서는 생활지도자가 도움을 주기 불가능하다. 따라서 학생에 대한 구체적인 이해가 이루어져야 비로소 다음 활동들(정보제공활동, 상담활동, 정치활동, 추수활동)을 무리없이 실행할 수 있다. 이 장에서는 학생이해활동의 개념, 원리 목표 및 학생이해의 방법적인 측면에 대해서 살펴보기로 한다.

학습목표

1. 학생이해활동의 개념과 원리에 대해서 설명할 수 있다.
2. 학생이해활동의 목표에 대해서 설명할 수 있다.
3. 학생이해 방법의 종류에 대해서 설명할 수 있다.

1. 학생이해활동의 개념

학생이해활동(student appraisal service)은 학생조사활동(student inventory service), 학생평가활동(student evaluation sevvice)이라고도 하며, 영어의 appraisal을 그대로 직역하여 학생사정활동이라고도 한다. 학생이해활동은 학생의 미래 활동에 대한 정확한 판단을 목적으로 학생에 관한 정보를 수집하여 이를 기록 · 조직 · 해석하는 활동으로 생활지도 활동 중에서 가장 기초가 되며 상담의 기초자료로 사용된다.

상담을 조직적이고 체계적인 활동으로 전개하기 위해서는 학생들의 여러 가지 인적사항, 학업성취, 가정환경, 교우관계, 성격, 행동발달상황, 흥미, 적성, 장래의 진로 등을 정확히 알아야 한다. 이를 위해서는 올바른 조사, 평가, 이해활동을 통해 바르게 지도할 수 있는 방법을 찾아야 한다. 즉 생활지도의 목적을 달성하기 위하여 지도대상인 학생들을 정확히 이해하려면 무엇을 어떤 방법으로 이해하고 정보를 수집하느냐 하는 것이다.

학생을 이해하기 위해서는 능력, 인성, 건강, 교육적 · 직업적 흥미, 가정환경, 장래에 대한 희망과 계획이 포함되어야 한다. Traxler와 North(1966)는 학생을 이해하는 데 필요한 자료를 얻기 위하여 실시하는 조사활동의 범위를 가정배경, 학교경험과 학급성적에 관한 정보, 지적능력이나 학업적성, 다른 학업 분야의 성취도와 성장, 건강, 과외활동, 학생개인의 교육 및 직업적 흥미, 특수 적성(예술, 문학, 음악 등), 인성, 장래의 희망 등 열 가지로 분류하고 있다. 이러한 이해의 측면은 모두가 중요한 의미를 지니며, 여기서 얻어진 정보는 학생들의 개인적인 문제해결과 건전한 성장 발달을 촉진시키기 위한 지도에 필요한 자료가 된다(김충기 · 김성곤, 2007).

학생이해활동 혹은 개인조사활동의 기본적인 전제는 각 개인은 유사성이 있는 반면에 상이성이 있다는 것이다. 따라서 학생이해활동은 각 학생의 개별성을 밝혀주는 자료 제공에 관심을 갖게 된다. 즉 다른 학생과 비교해서 개인의 뚜렷한 특징을 형성하도록 하는 것이다. 따라서 조사 자료는 한 학생이 얼마나 다른 학생과 비슷하고 또 다른가를 설명해준다(이재창, 2005). 학생이해활동은 교육적 결정을 내리는 사람에게 정보를 제공하기 위해서 사용되는 과정이다. 이러한 조사활동을 통해서 얻어진 정보는 학생의 인지적 · 정의적 발달을 촉진시키기 위한 교육적 경험을 형성하는 기초자료가 된다.

학생이해활동의 주요 목적은 학생이 자신을 이해하고 의미있는 의사결정을 내릴 수 있도록 학생에 관한 정보를 수집하는 것이다. 사실 학생은 자신의 능력이나 자질 및 장 · 단점 등을 알지 못하고 있는 경우가 많다. 학생 자신에 관한 바른 정보를 제공함으로써 학생이 자신을 이해하고 자신을 위한 결정을 스스로 내리고 이에 따라 행동을 하게 하는 것이 바람직한 일이다(이재창, 2005).

2. 학생이해의 원리

학생들의 특성을 알기 위한 사정활동에서 상담자나 교사가 알아야 할 몇 가지 원리가 있다. 이러한 원리나 지침은 때로는 개인 사정을 효과적이고 전문적으로 수행할 수 있는 기준을 제공한다. 이재창(2005)이 제시한 학생이해활동의 원리는 다음과 같다.

첫째, 학생사정활동은 학생 개인의 궁극적인 이익을 위해서 수행되어야 한다. 교사나 학교당국을 위해서 실시하는 것이 아니라 학생을 위해서 하는 것이다.

둘째, 각 개인의 독특성이 인정되어야 한다. 학생에 관한 정보수집은 학생들의 공통점보다는 학생을 다른 사람과 구별하는 고유성을 찾는 데 있다.

셋째, 모든 학생들에게 같은 시기에 같은 양이나 정도를 조사할 필요는 없다. 조사활동은 모든 학생에게 일괄적으로 하는 것보다 학생의 필요에 따라 실시하는 것이 바람직하다.

넷째, 정확한 학생사정은 도구나 인력에 의해서 제한을 받고 있다. 인간의 특성은 다양하고 복잡하기 때문에 이를 정확하게 밝히는 데는 한계가 있다. 또한 개발된 도구들은 인간의 속성이나 특성을 정확하게 밝혀낼 수 있을 정도로 완벽하지 못하다. 따라서 상담자는 이러한 한계를 염두에 두고 조사하고 결과를 해석해야 한다.

다섯째, 학생이해활동은 개인의 긍정적인 면을 수용한다. 인적자원에 관한 평가의 목표는 개인의 잠재력을 발견해내는 데 있다. 즉 학생의 잠재력을 발견하고 내재된 특별한 가치를 밝혀내 긍정적으로 수용해야 한다.

여섯째, 학생이해활동의 근본적인 목적은 학생들의 자기이해와 현명한 의사결정을 증진하는 것이다. 학생의 각 자료가 의미하는 것이 무엇인지 정확하게 이해할 수 있도록 하며 현명한 의사결정을 도와야 한다.

일곱째, 학생이해활동은 학생 자신과 학생이 속해 있는 환경을 함께 고려해야 한다. 조사의 범위가 학생이 속한 환경적 배경까지 확대되어야 한다.

여덟째, 인간사정(평가)은 전문적인 윤리지침을 준수해야 한다. 상담자를 비롯한 학생조사활동에 참여한 모든 사람들은 자신이 다루고 있는 대상이 인간이라는 사실을 인식해야 한다. 따라서 인간의 존엄성을 유지하기 위한 여러 가지 윤리강령들을 준수해야 한다. 따라서 적절한 조사방법과 절차에 따라야 하며, 아울러 내담자의 권익을 보호하기 위한 사생활과 비밀보장에 대해서도 각별히 유의해야 한다.

3. 학생이해활동의 목표

학생이해활동의 목표를 보면 다음과 같다.

첫째, 자신의 능력, 적성과 흥미 등을 확인할 수 있도록 돕는다.

둘째, 자신의 잠재적 가능성과 관련시켜 자신의 성취를 이해할 수 있도록 돕는다.

셋째, 장래 직업적 계획과 관련시켜 자신의 취미, 사회적 능력, 직업적 흥미 등을 확인할 수 있도록 돕는다.

넷째, 졸업 후 적절한 진로 교육프로그램을 계획할 수 있도록 돕는다.

다섯째, 자신의 학업적 성취를 방해하는 문제들을 확인할 수 있도록 돕는다.

4. 학생이해 방법

학생을 과학적으로 이해하기 위한 학생이해활동에서 필요한 자료를 수집하는 방법들에는 관찰법, 질문지법, 기록법, 평정법, 자서전법, 면접법, 투사법, 사회성측정법, 사례연구법, 심리적 검사법 등이 있다.

1) 관찰법

아동의 행동을 이해하기 위한 가장 기본적 방법 중 하나는 직접 아동의 행동을 살펴보는 것이다. 즉 아동의 행동을 관찰하여 그 내용을 정확하게 기록하는 방법이다.

관찰은 인간이 사용하는 측정방법 중 가장 오래된 방법으로, 인간의 심리적 행동과 신체적 증상을 대상으로 하는 심리학과 의학에서는 이 관찰법을 가장 중요시 한다. 그것은 아무리 고도로 발달된 측정도구나 진단기구가 갖추어졌더라도 최종적인 판단은 역시 정밀한 판단에 의해서 이루어지기 때문이다. 관찰법의 유형으로는 자연적 관찰법, 전기적 관찰법, 행동요약법, 시간표집법, 장면표집법, 참가관찰법, 실험적 관찰법 등이 있다.

2) 질문지법

질문지란 어떤 문제나 사물의 필요한 사항을 알아보기 위하여 만든 일련의 문항을 체계적으로 조직하여 제시하고, 응답자가 대답을 기술하게 하는 방법으로 1891년 Hall이 가장 먼저 제시하였다.

질문지법은 피험자 스스로가 어떤 양식의 조사용지에 해당사항을 기입하는 자기보고식의 질문지로써 조사방법중 가장 대표적인 방법이다. 질문지법은 묻는 내용에 따라 첫째, 객관적인 사실을 알아보기 위한 질문과 둘째, 응답자가 갖고 있는 의견이나 태도 등 자아관여가 작용하는 내용을 조사하기 위한 질문이 있다. 또 그 형식으로 보아 구조적(폐쇄형) 질문지와 비구조적(개방형) 질문지로 나눌 수 있다. 전자는 선택지를 체계적으로 제시하고 그 중에서 선택하거나 서열을 매기도록 하는 방법으로, 결과처리가 용이하고 상호비교도 가능하지만 주어진 답지 내에서만 답을 하게 되므로 응답에 제한이 있을 수 있다. 후자는 질문에 대하여 응답자가 비교적 자유롭게 반응할 수 있도록 만든 형식이다. 응답자가 창의적으로 답할 수 있고 응답의 폭이 넓으나 결과처리가 어렵고 무성의한 반응이 나올 수 있다.

질문지의 유형으로는 자유반응형, 선택형, 체크리스트형, 유목분류형, 등위형, 평정척도법, 조합비교법 등이 있다.

질문지법은 일반적으로 쉽게 접근하여 사용하기 쉬운 반면 남용하기 쉬우며 또한 시간과 경비가 적게 들고, 집단의 경향성 파악이 쉬우며, 조사 대상자가 부담을 덜 수 있고, 연구자의 영향을 일률적으로 통제할 수 있는 장점이 있다. 그러나 응답자의 언어능력에 의존해야 하므로 언어능력에 문제가 있는 대상자에게 사용하기 어렵고, 반응의 신뢰성을 확인하기도 어렵다. 그리고 응답시 응답자의 심리적 · 정서적 상태를 고려할 수 없는 등의 단점이 있으므로 유의해야 한다(유효순, 지성애, 2002).

3) 기록법

- 누가기록법 : 누가기록은 다른 학생과 구별되는 한 학생의 조직적이고 지속적인 정보의 기록이다. 누가기록에 수록된 자료는 모든 학생들에게 공통된 것이나 개인에게만 특별한 자료를 포함하도록 신축성을 허용한다. 누가기록은 학교생활지도 프로그램의 행정적인 핵심이며, 상담자나 학급교사 또는 학교행정가, 부모, 학생 자신을 위해서 실제적인 가치와 그 범위를 보여주고 있다.
- 일화기록법 : 일화기록은 특정 상황에서 개인의 행동을 상세하게 기록하는 것이며, 교사나 관찰자가 학생의 중요한 행동사례를 비형식적으로 보고하는 형태이다. 일화기록은 주어진 상황에서의 행동표본을 서술하며, 학생의 행동이 긍정적이거나 부정적으로 서술될 수 있으나 행동에 대한 관찰자의 해석을 서술해서는 안 된다. 그리고 한 개인을 그 사람의 개성적인 입장에 서서 구체적인 사태 혹은 사건을 관찰함으로써 절대적 · 개성적 · 질적으로 기술하려는 것이 이 방법의 특징이다.

4) 평정법

학생의 정보를 얻기 위한 방법으로 행동을 일정한 평정척도에 옮겨 검사하는 방법이다. 타인에 의한 행동평정은 신뢰도나 타당도를 높이기 위해서 한 학생에 대해 여러 사람이 평정한 것을 종합하는 것이 바람직하다. 각 평정의 단계는 상 · 중 · 하의 3단계나 수 · 우 · 미 · 양 · 가와 같은 5단계로 나누어 척도를 만들어 숫자를 표시하거나 체크를 하여 등급을 매기는 방법을 사용한다. 평정법의 유형으로는 유목평정척도, 숫자평정척도, 도식평정척도, 체크리스트 평정척도, 강제선택 평정척도가 있다.

5) 자서전법

자서전은 학생들이 자기가 살아온 생활사를 간단히 기록함으로써 조직적인 생활의 모습을 알고 그의 행동의 실마리를 알게 하는 방법이다. 자서전 속에 포함시켜야 할 영역으로는 가장 어렸을 때의 일과 가정배경, 건강기록, 지금까지의 학교생활, 흥미와 여가활동, 친구관계, 여행경험, 중요한 작업경험, 교육적 · 직업적 계획, 결혼 및 가정에 대한 희망을 들 수 있으며, 학년에 따라서 취사선택할 수 있다.

6) 면접법

면접법이란 면접인의 훈련된 수법으로 피험자의 모든 면을 조사하는 방법으로 주로 언어적 수단을 매개로 이루어진다. 면접이란 어떤 정보나 자료를 얻기 위하여 면접자와 피면접자가 직접 대면하는 대화방법으로 최근에는 치료적 가치를 인정받고 있다. 면접은 선발을 위한 면접(입학, 취직 등)과 학생을 이해하고 지도하는 방법으로도 사용된다. 면접은 조사면접과 상담면접으로 구분할 수 있다. 조사면접이란 자료수집을 말하며, 상담면접이란 장래계획이나 부적응의 증상을 조사하거나 치료할 목적으로 면접하는 방법을 말한다.

7) 투사법

투사법은 어떤 대상에 투영된 내용을 검토하여 그 사람의 경험, 성격적 특성, 정신적 내부의 상태를 파악하는 방법이다. 특별한 긴장이나 경계심을 일으키지 않고 자유로운 반응을 나타내게 하여 개인의 욕구, 관심, 감정, 성격 등을 측정하려는 방법이다. 그 사용방법이나 성격에 따라 언어적 자극을 통하여 표현하게 하는 방법으로 단어연상법과 문장완성검사가 있으며, 시각적 자극을 통하여 표현하는 방법으로는 로르샤하 잉크반점검사, 주제통각검사, 존디검사, 로젠츠바이크의 그림좌절 검사 등이 있다. 이외에 유희를 사용하는 것, 연극을 시키는 것, 손가락으로 그림을 그리게 하는 것, 나무토막을 쌓게 하는 것, 사람의 생김새를 그리게 하는 것 등이 있다.

8) 사회성측정법

정신의학자 Moreno가 집단 내 동료에 의해서 각 개인의 수락의 정도 및 사회적 적응을 평가하기 위해 고안한 방법으로, 수용성 검사 혹은 교우관계 조사법이라고도 한다. 학급 내의 인간관계와 고립된 학생과 집단의 지도자 학생들의 사회적 구조를 통한 교우관계를 파악할 수 있으며, 각 개인의 사회적 수락 등을 알아볼 수 있는 방법이다. 집단 내의 대인관계를 도표화한 것이 사회도 또는 교우관계도(sociogram)이다(그림 3-1 참조). 사회도의 유형으로는 인기형, 연쇄형, 삼각형, 단짝형(상호선택형), 배척형, 고립형 등이 있다. 〈그림 3-1〉에서처럼 가장 많은 학생

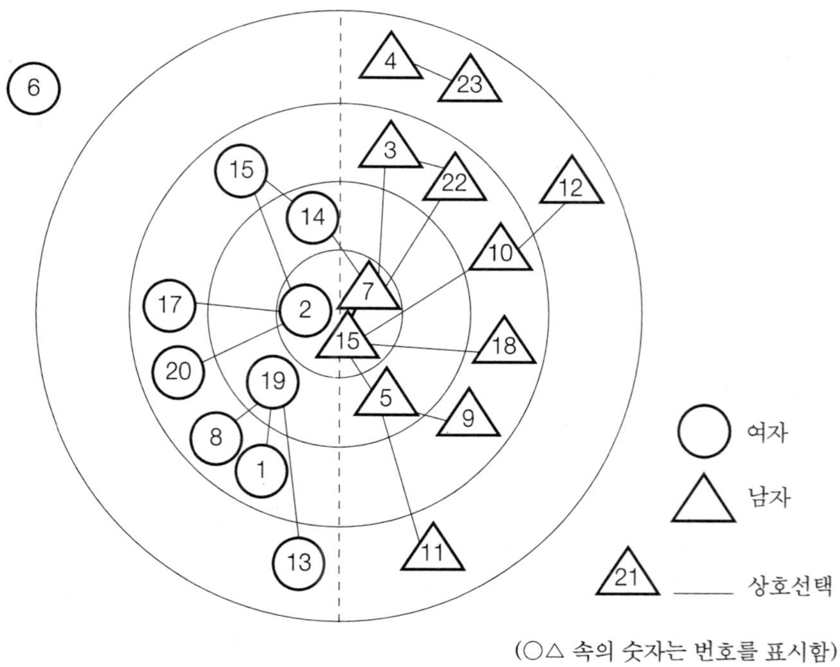

〈그림 3-1〉 교우관계도

들이 선택한 학생을 인기아라 하며, 한 번도 선택되지 않은 학생을 고립아라고 한다. 인기아는 그 성원의 인기를 한 몸에 모으고 지지를 받으면서 주위에 영향이 큰 것에 비해 고립아는 집단의 냉담한 거부나 명백한 적의, 노골적인 혐오 속에 갇히게 된다.

9) 사례연구법

사례연구법은 아동 및 학생의 문제행동의 특성과 원인을 찾아 교육적 대책 또는 치료적 대책을 강구하기 위한 방법이다. 특정 아동이나 학생의 문제행동의 소재를 밝혀내기 위해 출생에서 지금까지의 생활사를 기초로 하여 다양한 면에서 여러 가지 수단으로 자료를 종합적 · 조직적으로 수집하고 연구하는 방법이다.

10) 심리적 검사법

학생이해를 위한 측정 및 검사활동은 그 검사 영역으로서 지능 혹은 학생능력을 측정하기 위한 검사, 학생의 각 교과의 성적을 측정하기 위한 검사, 학생의 흥미와 적성을 측정하기 위한 검사, 학생의 인성 혹은 적응상태를 측정하기 위한 검사 등으로 구별한다.

제 04 장

진로정보활동

학습개요

학생 개인의 객관적 자료를 토대로 학생의 이해 및 조사활동을 통하여 자료를 수집하는 것도 중요하지만 관련된 정보를 적절히 제공해주는 것도 중요하다. 학생이해활동을 통해서 얻은 정보를 토대로 복잡한 사회속에서 바람직한 적응과 자아실현을 할 수 있도록 정보를 제공해야 한다. 또한 교사나 학교상담자는 학생이 필요로 하는 정보 제공에 대한 구체적인 파악이 이루어지면 대부분의 경우에 문제를 예방하거나 문제를 해결하는 과정에 이르게 된다. 이 장에서는 진로정보활동에 대한 개념과 목표, 정보활동의 영역, 정보제공센터의 기능 및 정보전달방법에 대해서 살펴보기로 한다.

학습목표

1. 진로정보활동의 개념과 목표에 대해서 설명할 수 있다.
2. 진로정보활동의 영역에 대해서 설명할 수 있다.
3. 진로정보센터의 개념, 기능 및 정보전달방법에 대해서 설명할 수 있다.

1. 진로정보활동의 개념

진로정보활동은 학생들이 다양한 문제에 직면하였을 때 이를 보다 손쉽게 이해하고, 장래 계획이나 진로를 결정할 때 자기와 자기를 둘러싼 환경을 보다 적극적으로 이해하는 데 필요한 사실과 자료를 수집해서 제공해주는 활동을 의미한다(김충기 · 김성곤, 2007). 즉 학생들이 당면하는 여러 문제들을 현명하게 결정하고 바르게 이해하기 위해서는 자기 자신과 자신의 환경조건을 정확히 이해하고 관계되는 여러 조건들을 정확하게 평가할 수 있어야 하는 것이다(이재창, 2005). 따라서 이러한 상황에 처한 학생들에게 필요한 정보를 마련하고 제공해주는 일은 생활지도 활동에서 중요한 위치를 차지한다.

정보는 학생들이 성장하는 과정에서 자신의 주변 환경을 이해하고 장래 계획을 세우는 데 필요한 자료가 된다. 모든 일을 결정할 때는 주어진 환경에 대한 여건을 정확히 파악하여 미래에 나타날 사태를 전망해야 한다. 이때 필요한 것이 정보로서 미래를 준비하는 학생들은 자신의 문제를 해결하며 장래의 계획을 세우기 위해서 필수적인 자료가 된다(윤운성 · 김홍운, 2003). 따라서 학교장면에서 정보가 지니는 의미는 중요하다. 학교가 학생에게 생활지도를 통해 봉사하기 위해서는 학생 자신에 관한 정보와 학생 주위 환경에 대한 정보를 학생이해활동을 통해 수집해야 한다. 학생 자신과 주변에 대한 정보를 수집하고 수집된 정보를 분석하고 분류하여 다시 학생들에게 필요한 정보를 제공해주어야 한다.

Shertzer와 Stone(1980)은 생활지도에서 정보활동이 차지하는 역할로 다음의 세 가지를 제시하였다.

첫째, 진로정보활동은 학생들이 진학문제, 직업선택, 성격문제 같은 당면한 문제를 해결하는 데 필요한 지식을 제공하는 역할을 한다.

둘째, 진로정보활동은 학생들의 자율성을 신장시키는 데 중요한 역할을 한다.

셋째, 진로정보활동은 학생들의 발달과 관련된 문제를 탐색해서 인식하도록 하는 데 필수적이다.

2. 진로정보활동의 목적

정보활동은 학생들이 생활과정에서 접하는 우연적인 환경적 요소들을 이해하고 평가할 수 있도록 돕는 데 목적이 있다. 정보활동의 목적은 크게 공통목적과 초등학교와 중등학교 수준에서의 목적으로 나누어 살펴볼 수 있다(이재창, 2005, 207-208; 김충기 · 김성곤, 2007, 136-137).

1) 초 · 중등학교 수준의 공통적인 목적

- 모든 훈련단계에서 인생의 기회와 관련된 문제들을 광범위하고 사실적인 견해로 발전시킨다.
- 정확하고 뚜렷한 직업적 · 교육적 · 개인사회적 정보에 대해서 욕구의 인식과 적극적인 욕망을 기르도록 한다.
- 관련된 넓은 범주의 활동에 비추어서 교육적 · 직업적 · 사회적 활동에 대한 넓은 범위를 이해하도록 한다.
- 진보적인 자기지향을 위한 정보를 얻고 설명할 수 있는 기술정보를 얻도록 도와준다.
- 개인 만족과 효과를 올리기 위해 생산적인 선택과 적응을 하도록 돕는 태도와 습관을 마련한다.
- 적성, 능력, 흥미에 적합하고 명확한 의사결정에 타당하도록 돕는 태도와 습관을 마련한다.

2) 초등학교에서의 정보활동의 목적

- 아동들에게 직업의 분야를 탐색하고 그들의 능력을 발전시킬 수 있는 장점과 흥미를 평가하도록 돕는다.
- 여러 형태의 직업들, 특히 자기 지역에서 일하고 있는 사람들을 알 수 있도록 풍부한 경험을 마련한다.

- 아동들에게 여러 분야의 일의 상호관계를 알도록 돕는다.
- 아동들에게 여러 유형의 사람들과 일하는 방법을 배우게 하고 바람직한 습관을 기르도록 돕는다.
- 아동들에게 사회적으로 유능한 모든 종류의 직업에 적합한 적성을 발전시키도록 돕는다.
- 아동들에게 직업선택에 관계되는 문제를 알게 한다.
- 아동들이 이용할 수 있는 교육시설과 계획에 관련되는 문제들을 알려주어 장차 보다 훌륭한 교육을 받을 수 있는 계획, 즉 상급학교의 선택, 교육과정, 장래직업 등을 선택할 수 있도록 돕는다.
- 중등학교에 진학하지 못하는 학생들이 명확한 정보를 토대로 해서 취업할 수 있도록 돕는다.

3) 중등학교에서의 정보활동의 목적

- 직업에 관련된 넓은 분야의 이해를 돕는다.
- 학생들이 몇 개의 선정된 직업이나 교육시설을 중심적으로 연구할 수 있는 수단을 발전시킨다.
- 지역사회에서 직업 및 교육기회를 충분히 알게 한다.
- 충분한 자기 연구를 토대로 하여 직업적 · 교육적 계획을 세우도록 한다.
- 학교를 중퇴하거나 떠난 학생들, 즉 취직하거나 진학하거나 가정을 갖게 된 사람들이 당면한 욕구를 충족시킬 수 있는 특정 기술을 제시한다.

3. 진로정보활동의 영역

진로정보활동은 교육정보(educational information), 직업정보(vocational information) 그리고 개인적 · 사회적 정보(personal-social information) 등 세 가지 영역으로 나눌 수 있다.

1) 교육정보

교육적 기획에 관한 모든 유형의 정보자료들을 일컫는다. 이를테면 새로 입학한 학교에 관한 여러 가지 정보, 학생들이 선택한 여러 교과에 관한 정보, 장학금 및 기타 재정적 보조에 관한 정보, 상급학교 및 학과에 관한 정보 등을 의미한다. 그 밖에도 효과적인 학습방법에 관한 정보, 도서관 사용법에 관한 정보 등 직접적으로 학생들의 학습활동에 도움이 되는 정보도 교육정보에 포함된다(이영덕 · 정원식, 1982). 학생들에게 교육정보를 제공해주는 이유는 교육정보를 토대로 자신의 교육계획을 수립하여 학습의 기회를 최대한 활용하기 위해서이다. 학생과 교사, 학부모가 알아두어야 할 교육에 관한 정보들은 다음과 같다(이재창, 2005, 209-210).

- 학교생활 시간과 규칙
- 교육과정 및 교과
- 학교의 동아리 활동과 사회적 활동
- 학교의 교육가치관
- 고등학교의 단위, 성적, 전공, 부전공
- 현존하는 고등학교 졸업 후의 교육프로그램
- 대학이나 다른 고등교육기관에 진학하는 데 필요한 과목
- 고등교육기관에 진학하는 데 필요한 요건
- 대학이나 다른 고등교육기관 진학에 필요한 비용
- 다른 직업에 요구되는 교육 및 훈련
- 대학 및 기타 교육프로그램의 특성
- 학습습관과 기술
- 대학교육에 대한 장학제도, 학비융자 및 다른 재정지원
- 교육프로그램의 자격기준
- 통신학교
- 현직훈련 기회와 프로그램
- 대학 교육프로그램에서 학생의 사회생활과 문화행사

일반적으로 학생들에게 제시해주어야 할 구체적인 교육정보는 다음과 같다(이현

림, 2005, 60-61; 김충기 · 김성곤, 2007, 139-140).

- 학교생활을 규제하는 모든 규칙
- 각급학교의 교육과정 및 교과활동에 관한 자료
- 교과와 직업, 교과와 흥미, 교과와 적성 등의 관계에 관한 정보
- 학교 내에 존재하는 클럽과 사회적 활동
- 해당 학교에서 중요시하는 교육적 가치 및 교육관에 관한 정보
- 상급학교(일반계 · 실업계 고등학교, 대학 등)의 안내를 위한 자료
- 진학에 필요한 비용 등 경제적 조건을 제시하는 자료
- 상급학교 진학자를 위한 과정과 비진학자를 위한 과정
- 진학에 필요한 비용 등 경제적 조건을 제시하는 자료
- 학교가 갖고 있는 면학을 위한 시설과 설비
- 학습습관과 기술에 관련된 자료
- 특정한 과정의 학습요령과 방법
- 학교도서관의 이용법과 기타 시설의 사용법
- 장학제도 및 기타 학비조달에 관한 정보
- 가정과 학교와의 통신방법
- 졸업 후 진학에 대한 편의제공의 방법
- 현직 훈련에 대한 기회와 계획
- 상급학교 교육프로그램에 관한 안내
- 일하면서 공부하는 것을 계획하고 있는 학생들을 위한 야간학교, 통신교육제도, 각종 전문기술학교에 대한 정보
- 가정학습 프로그램을 위한 정보
- 생활지도에 관련된 문제영역에 대한 지도 자료
- 기타 교육활동에 관련된 정보

2) 직업정보

직업정보는 직무와 취업에 필요한 자격요건, 작업조건, 보수, 승진유형, 현재와 미래에 있어서 인력의 수요와 공급, 그리고 더 필요한 정보의 원천 등을 포함하는 직무, 직위, 직업에 관한 타당하고 유용한 자료를 말한다. 이러한 직업정보는 학교단위로 수집하고 이용하는 데에 많은 노력과 경비 그리고 시간이 요구된다. 그러므로 다양한 직업정보의 활용을 위해서는 학교단위별 직업정보실이나 진로정보실이 각급학교에 마련되어야 하고, 교육과학기술부나 각 시도교육청 등에 진로정보센터가 설치 · 운영되어 각급학교를 지원해주어야 한다.

학교에서 종합적으로 준비되어야 할 직업정보의 내용은 다음과 같다(김충기 · 김성곤, 2007, 140-141).

- 국가의 인력 수급계획에 관한 자료(직업구조 및 노동력 인구조사 통계, 지역별 성별 직종별 인구분포, 매월 근로조사 통계 등)
- 산업분류 및 직업분류 자료(직업의 종류와 변화 추세 및 산업구조의 변화, 취직률과 실직률 및 장래 전망 등의 취업경향 등)
- 진로선택을 위한 이해 자료(작업조건 및 자격, 사업자의 작업환경, 직업의 전망 및 보수규정, 인간관계, 일의 내용, 심리적 보상 등)
- 노동시장의 구인 · 구직 정보(신규 채용에 따른 구인 · 구직정보, 노동과 취업을 다루는 기관, 노동시장의 변화추세 등)
- 졸업생의 취직현황에 관한 정보(졸업연도별 취직 및 이직 경향, 졸업생들의 근무평정에 관한 정보, 취직 후 적응에 관계되는 정보 등)

이러한 직업정보에 관한 사항을 열거하면 다음과 같다.

- 인력에 관한 것 : 인원, 지역 및 성별 분석, 직종별 분석
- 직업구조 : 주요 직업 집단, 직업군의 분류
- 취업의 경향 : 취직과 실직률, 앞으로의 전망
- 직업분류와 직종
- 각종 직업에서의 의무와 업무의 성질, 신분보장
- 취업자격 및 취업시기

- 각종 직업에 취업하기 위한 자격
- 승진에 필요한 방법과 지식
- 각종 직업에서의 작업조건
- 직업연구에 필요한 정보의 원천
- 기술고시 및 기술자 등록에 관한 사항
- 직업정보를 평가하기 위한 기준
- 고용과 취업을 담당하고 있는 기관에 관련된 정보

3) 개인적 · 사회적 정보

개인적 · 사회적 정보는 자기 자신과 타인의 이해를 위해서 다루는 정보이다. 개인과 대인관계에 작용하는 인간적 · 물리적 환경의 기회와 영향에 관한 타당하고 유용한 정보를 의미한다. 즉 학생 자신이 자기를 잘 이해하고 타인과의 관계에서 조화롭게 적응하여 예의범절, 여가활동, 외모와 복장, 사교술, 가정 내 인간관계, 건강생활, 성취동기, 처세술, 가치관, 이데올로기, 종교관, 경제활동 같은 광범위한 영역을 포함한다(이재창, 2005). 김충기 · 김성곤(2007)은 개인적 · 사회적 정보의 종류로 신체발달에 관한 정보, 기본적 욕구 및 행동에 관한 정보, 개인의 정서에 관한 정보, 인성 및 정신위생에 관한 정보, 사회적 관계에 관한 정보, 남녀의 역할 및 성에 관한 정보로 분류하여 제시하고 있다.

초 · 중고등학교 학생들의 개인적 · 사회적 정보활동의 내용은 다음과 같다.

- 자기이해와 자기통찰의 성취
- 이성 또는 동성과 성숙된 관계 형성
- 남성적 또는 여성적 역할의 이해
- 건전한 인격(성격, 품성, 기질 등)의 발달
- 개인의 행동과 특성 및 개인차의 이해
- 가정의 조건과 부모의 기대에 대한 이해와 적응 및 수용
- 이성관계, 성 및 결혼에 대한 책임
- 정신적 · 신체적 건강과 발달의 성취
- 외모, 예의와 에티켓

• 사회적 기술, 여가생활의 건전한 활용, 용돈의 조달

4. 진로정보센터

진로정보센터는 각종 진로정보자료를 수집 · 보관 · 열람하도록 일정한 장소를 마련하여 정보를 원하는 학생들에게 보급하는 곳을 말한다. 그리고 진로정보센터는 학생들에게 가능한 한 효과적으로 진로정보를 제공해주기 위한 다양한 정보를 제시하여 개인의 학습, 진학, 취업, 사회적 활동 등의 발전을 향상시켜주는 촉매제 역할을 해야 한다.

진로정보센터는 다음과 같은 내용의 정보를 보유해야 한다. 첫째, 직업에 관한 정보, 둘째, 진로의사결정에 관한 정보, 셋째, 교육 및 진학, 유학, 학습방법 등에 관한 정보, 넷째, 구직에 관한 정보, 다섯째, 직업 및 자기평가 도구, 표준화검사와 도구에 관한 정보, 여섯째, 학교의 과외활동, 교과활동 등 교육과정과 전문 직원을 위한 참고자료, 일곱째, 개인적 · 사회적 정보자료 같은 내용의 진로정보를 보유해야 한다.

5. 진로정보센터의 기능과 전달방법

1) 진로정보센터의 기능

진로정보센터는 각종의 정보자료를 각 단계별로 분류 · 보관 · 열람할 수 있도록 해야 하며, 학생들이 손쉽게 이용할 수 있는 편리한 장소에 배치해야 한다. 또한 최신의 자료를 중심으로 제공되어야 한다.

진로정보센터가 갖는 기능은 다음 아홉 가지로 요약할 수 있다(김충기 · 김성곤, 2007).

• 진로정보와 자료를 수집 · 분석 · 보관한다.

• 진로정보 및 자료의 보충과 보급에 힘쓴다.

- 자료는 상담 및 개인평가에 이용한다.
- 적재적소에 알맞은 정치활동에 이용한다.
- 산학협동체제 속에서 학교와 산업기관의 유기적인 관계를 맺어줄 수 있다.
- 진로와 관련된 교육과정을 발전시키고 개발하는 데 도움을 준다.
- 간접적인 교사의 역할을 대신해준다.
- 정보센터는 지역사회 자원으로 합리적인 장소를 제공해줄 수 있다.
- 지역사회의 자원인사의 도움을 받을 수 있다. 그 밖에 각종 심리검사 및 제반 조사활동, 진로정보의 안내, 진로지도 보급 프로그램, 진로지도 담당자의 연수 등의 기능을 수행하기도 한다.

2) 진로정보 전달방법

진로정보를 전달하는 방법을 제시하면 다음과 같다(이현림, 2005, 63-65).

- 인쇄매체를 이용하는 방법 : 직업정보를 수록한 직업사전이나 직업의 안내를 위한 각종 인쇄물(포스터, 선전광고 등)을 통하여 학생들에게 진로정보를 제공할 수 있다.
- 기타 매체를 이용하는 방법 : 게시판이나 전시(회), 교육용이나 상업용 TV나 VTR, 슬라이드, 영화, 마이크로필름 등 각종 시청각 매체를 통하여 직업 인식에 필요한 직업의 종류와 내용을 소개하고 필요하다면 직업적 행동을 길러줄 수 있다.
- 집회활동을 이용한 방법 : 강연회, 토론회, 진로의 날 또는 교과수업 시간에 각종 직업에 대한 인식이나 태도형성을 위한 진로 내용을 강조한다.
- 면담이나 상담을 통한 방법 : 전문상담가나 진로상담교사와의 대화를 통해 학생들이 궁금해 하는 직업의 구체적인 내용과 미지의 세계에 대한 탐색활동을 이해시킨다. 교사나 상담자는 학생 개인이 지닌 잠재 가능성과 흥미와 능력을 객관적으로 평가할 수 있는 개인정보자료를 토대로 학생들이 알고자 하는 정보를 교환하고 적합한 내용의 참고자료를 제시해줌으로써 궁금증을 풀어줄 수 있다.
- 모델에 의한 방법 : 게임이나 역할극 등의 탐색활동을 통해 다양한 직업에 대한

간접 경험을 제공함으로써 직업에 대한 인식을 새롭게 하고 자기의 능력이나 적성에 적합한지를 깨달을 수 있다.

- 견학에 의한 방법 : 학교현장에서 할 수 없는 직업교육을 공장이나 회사, 기업체 등 사업기관을 돌아보면서 직접 필요한 직업정보나 교육정보를 얻게 하고 직업의 다양성과 중요성을 인식하도록 유도한다.
- 교육과정을 이용한 방법 : 유치원부터 고등학교에 이르기까지 학생들의 발달단계에 맞게 단계별로 직업의 세계를 이해하도록 한다. 특히 진로교육시간에는 직업의 성질, 작업조건, 직업에 필요한 교육 정도, 보수, 장래에 대한 전망, 승진관계, 특정 직업의 준비를 위한 참고자료를 찾아보기 위해서 인쇄된 자료를 접할 수 있도록 체계적으로 지도한다.
- 현장실습을 통한 방법 : 학생들은 진로시간에 배운 직업군 중에서 자신의 흥미와 적성에 알맞은 직종을 선택해 작업현장에서 직접 실습해봄으로써 일에 대한 구체적인 정보를 획득할 수 있다. 일에 대한 실제적인 경험을 쌓도록 특별한 계획과 절차를 마련하여 실습목적에 차질이 없도록 치밀한 연구와 배려가 필요하다.

제 05 장

상담활동

학습개요

상담은 생활지도 활동 중에서 가장 핵심적이고 중추적이며 전문적인 활동이라고 할 수 있다. 이는 대부분의 생활지도 활동이 상담활동을 통해서 이루어지기 때문이다. 상담은 생활지도와 혼동하여 사용하는 경향이 있으나 상담은 생활지도와는 구분되는 개념이다. 이 장에서는 상담의 의미, 상담목표, 상담조건, 상담원리, 상담의 유형과 기능, 상담과정, 상담자의 역할과 자질에 대해서 살펴보기로 한다.

학습목표

1. 상담의 개념과 유사용어들의 관계에 대해서 설명할 수 있다.
2. 상담의 목표와 기본원리에 대해서 설명할 수 있다.
3. 상담관계의 의미와 상담의 기본조건에 대해서 설명할 수 있다.
4. 상담의 유형과 기능에 대해서 설명할 수 있다.
5. 상담과정의 4단계와 상담기술의 종류에 대해서 설명할 수 있다.

1. 상담의 의미

1) 상담의 정의

상담(counseling)이란 라틴어 consulere에서 유래된 것으로 '충고하다, 권고하다, 고려하다, 반성하다, 숙고하다, 조언을 받다, 조언을 구하다' 등의 뜻을 포함하고 있다. 즉 상담에는 심사, 숙고, 문의, 조언 등의 활동이 포함되어 있다는 것이다. 오늘날 사용하는 상담이란 용어는 Williamson의 《학생상담의 방법 How to Counsel Students》(1939)에서 처음 사용되었으며, 그 전에는 치료, 처치 등으로 사용되었다.

상담에 대한 일부 학자들의 개념 정의를 살펴보면 다음과 같다.

Burks와 Stefflre(1979)는 상담을 상담자가 내담자의 행동을 바람직한 방향으로 변화시키기 위한 전문적인 조력과정으로 정의하고 있다. 즉 상담이란 도움을 필요로 하는 사람(내담자)이 전문적인 훈련을 받은 사람(상담자)과의 대면관계에서 당면한 문제의 해결과 지적 · 정의적 측면의 인간적 성장을 위해 노력하는 학습과정이란 점을 강조하고 있다. Shertzer와 Stone(1980)은 상담은 자기와 환경에 대한 의미 있는 이해를 촉진시키고 장래 행동의 목표나 가치관을 확립해서 명료화하도록 하는 상호작용의 과정이다. Osipow 등(1980)은 상담이란 상담자로 하여금 여러 문제를 해결하도록 하거나 자신의 능력을 효과적으로 활용하는 방법을 발견하도록 하거나 중요한 생의 결정을 하도록 돕기 위하여 이루어지는 상담전문가와 내담자 간의 일대일 상호작용이다. 이재창(2005)은 상담을 전문적인 훈련을 받은 상담자가 도움을 필요로 하는 내담자에게 자신과 주위 환경에 대한 이해를 촉진시킴으로써 적응과 발달을 할 수 있도록 행동의 변화를 가져오게 하는 상호작용의 학습과정으로 정의하였다. 박성수(2002)는 상담이란 내담자와 상담자 간의 수용적이고 구조화된 관계를 형성하고, 이 관계 속에서 내담자가 자기 자신과 환경에 대해 의미 있는 이해를 증진하도록 함으로써 내담자 스스로가 효율적으로 의사결정을 하고 여러 심리적인 특성을 긍정적인 방향으로 변화시키도록 원조하여 결과적으로 내담자의 성장과 발전을 촉진하는 심리적인 조력의 과정이라고 하였다. 홍경자(2001)는 상담이란 상담자가 내담자와의 관계에서 촉진적인 의사소통을 통하여 내담자가 개인적인 문제에 대한 자기이해와 자기 지도력을 터득하도록 도와주는 과정이다. 그리하여 현재의 문제를 효과적으로 해결하고 앞으로 일어날 수 있는 문제에 대한 조망과 해결능력을 갖게 되어 자기효능감과 자존감을 느끼도록 인도하는 일련의 학습과정이다. 이장호(2005)는 상담이란 도움을 필요로 하는 사람(피상담자)이 전문적 훈련을 받은 사람(상담자)과의 대면관계에서 생활과제의 해결과 사고, 행동 및 감정 측면의 인간적 성장을 위해 노력하는 학습과정이다. 노안영(2005)은 상담은 전문적 훈련을 받은 상담자와 조력을 필요로 하는 내담자가 상담활동의 공동주체로서 내담자의 자각확장을 통해 문제예방, 발달과 성장, 문제해결을 달성함으로써 그의 삶의 질을 향상하기 위해 함께 노력하는 조력과정이라고 하였다.

이러한 정의들을 정리하면, 상담이란 구조적이면서 허용적인 분위기에서 전문적 훈련을 받은 상담자와 도움을 필요로 하는 내담자 간의 상호작용을 통해서 내담자가 자신의 문제를 스스로 인식하고 해결해갈 수 있도록 조력하는 것으로, 궁극적으로 내담자의 성장과 발달을 촉진하고 도모하는 과정이라고 정의할 수 있다.

상담의 개념을 살펴보면 다음과 같은 주요 특징들을 가지고 있다(김헌수 · 김태호, 2005, 17-18). 첫째, 상담은 개인 대 개인관계, 즉 상담자와 내담자가 얼굴을 맞대고 대화하는 대면관계이다. 즉 상담은 인간관계인 것이다. 둘째, 상담은 언어적 수단에 의한 역동적인 상호작용이다. 상담자와 내담자가 얼굴을 마주하고 직접 말을 하는 음성적 커뮤니케이션뿐만 아니라 얼굴 표정, 몸짓 등의 신체언어를 포함한다. 셋째, 상담은 전문적인 조력이다. 넷째, 상담의 궁극적 목적은 내담자의 자기 성장이다.

Patterson(1977)은 상담이 지니고 있는 특징을 다음과 같이 제시하였다(김충기 · 김성곤, 2007, 166).

- 상담은 내담자의 자발적인 행동변화에 영향을 미친다.
- 상담의 목적은 내담자에게 자발적인 변화를 촉진시키는 조건들을 제공하는 것이다.
- 모든 관계와 마찬가지로 내담자에게 한계가 주어진다.
- 행동변화를 촉진시키는 조건이 면접을 통해서 제공된다.
- 경청이 상담에서 수반되지만 모든 경청이 상담은 아니다.

- 상담자는 내담자를 이해한다.
- 사적인 상황에서 이루어지는 상담 내용은 비밀이 보장된다.
- 상담자는 심리적 문제를 가지고 있는 내담자와 더불어 문제를 해결하는 기술을 가지고 있다.

미국심리학회(APA: American Psychological Association)는 상담의 특성을 다음과 같이 제시해 이해를 돕는다.

- 상담은 전문적인 활동이다.
- 상담은 개인적이고 사회적이며 직업적인 능력 강화와 교육적인 관심사 등을 다룬다.
- 상담은 '정상적인 범주' 내에서 생활하는 사람을 대상으로 이루어진다.
- 상담은 이론 중심적이고 구조화된 환경속에서 이루어진다.
- 상담은 내담자가 의사 결정하는 것과 새로운 방식으로 행동하고 느끼고 생각하는 방식을 고려해보는 과정이다.
- 상담은 다양한 하위 전문영역을 포함한다.

2) 상담 · 생활지도 · 심리치료의 비교

상담은 생활지도(guidance)와 심리치료(psychotherapy)라는 용어와 혼동하거나 중복되어 사용한다. 상담, 생활지도, 심리치료가 하는 일을 분명하게 구분하는 것은 어려운 일이며 서로 상호 교류적이며 제 각기 특성이 조금씩 다르다. 이들의 차이점을 비교해 보면 다음과 같다(김충기 · 강봉규, 2001; 김청자 · 정진선, 2004; 김충기 · 김성곤, 2007).

먼저 생활지도와 상담을 살펴보면, 생활지도는 전체 학생을 대상으로 일상의 전반적인 문제에 관심을 갖는 학교장면에서 사용하는 교육적 용어이며, 주로 교사(또는 상담교사나 교도교사), 교장 및 교감 등 전교직원이 동원되어 지도한다. 그리고 교육의 목적을 달성하기 위한 방법으로 학생 각자가 지니고 있는 발달 가능성을 발견하여 이를 최대한으로 개발할 수 있도록 도와주고 사회적으로 현명한 선택과 적응, 가치판단과 자기지도를 할 수 있도록 돕는 과정으로, 상담보다 포괄적이며 단순한 문제를 다루는 활동이다. 상담은 생활지도 영역 중에 대화를 통해 보다 치료적인 의미를 지니고 있는 것으로, 학교나 일상생활에서 어떤 역할을 수행하면서 갈등이 일어났을 때 행해지는 도움의 과정이다.

상담과 심리치료의 차이는 어떤 사람에 의해서 누구를 대상으로 무엇을 목표로 하느냐에 따라 구분될 수 있다. 첫째, 상담은 상담자가 교육적 · 상황적 문제를 해결하기 위해 정상인을 대상으로 학교 부적응이나 정서적 어려움으로 일상에 지장을 초래하는 내담자의 자아가 발달할 수 있도록 조력하는 과정이다. 즉 내담자가 직면하는 현실적 문제나 내담자가 의식하고 있는 문제를 주로 다루며, 성장과 발달을 촉진하며 예방하는 데 목표를 둔다. 반면, 심리치료는 인간문제를 정신병리의 관점에서 접근하는 치료적 용어로 임상치료기관이나 병원에서 환자를 대상으로 무의식적 동기와 증상을 다루는 심층적 · 분석적 문제해결과 자각, 통찰에 초점을 두고 성격을 재구성해야 할 경우 이루어지는 활동으로 환자의 정신건강을 회복하도록 하는데 목적을 둔다.

둘째, 상담은 정서, 행동양식, 대인관계 같은 일상의 문제를 다루며 주로 학교, 대학, 상담소, 교회 등에서 단기간에 이루어진다. 심리치료는 개인의 내적인 갈등, 즉 성격적인 문제나 무의식의 문제, 지속적이고 반복적인 심한 정서적 갈등을 다루며 장애를 제거하거나 완화시키는 것으로 치료와 교정에 역점을 두고 있으므로 장기간이 소요된다.

셋째, 상담은 무의식의 세계를 표현하지 않고 주로 의식세계를 다루고, 심리치료는 무의식의 세계를 파고들어 심리적 갈등을 해결하는 방법을 사용한다. 그리고 상담은 생각과 의견을 주로 다루는 인지적인 방법을 적용하는 데 반해 심리치료는 증오, 애정, 충동 같은 감정이나 본능을 주로 다루는 정서적인 방법에 의존한다.

아울러 상담과 심리치료의 차이점을 대상, 장소, 형태, 문제의식, 방법, 자료, 시간, 전문가, 비용 등을 중심으로 비교하면 〈표 5-1〉과 같으며, 생활지도, 상담 및 심리치료의 관계를 그림으로 제시하면 〈그림 5-1〉과 같다.

표 5-1 상담과 심리치료의 비교표

	상담	심리치료
대상	정상적인 학생, 내담자	개인 환자, 내부적 갈등
장소	학교, 지역사회, 봉사기관	환자 가정, 병원, 진료기관
형태	교육적 · 상황적 의식내용의 지각에 주력	재구성적 · 심층분석적 문제해결, 무의식적 동기의 지각(통찰)에 역점
문제의식	당면한 문제의 선택, 결정 그리고 해결, 적응문제	신경증 같은 정서적인 장애나 심각한 이상행동에 관여하여 인성의 변화촉진
방법	일시적인 욕구불만이나 갈등의 해결, 적응문제	정신장애자의 치료와 교정
자료	현재적 · 의식적 치료	과거의 역사적 사실과 무의식적 자료
시간	단시간 소요 1-20회	최장시간 소요 20-100회
전문가	카운슬러 상담심리전문가	정신과 의사, 임상심리 전문가
기타비용	무료	유료

출처: 김충기 · 김성곤, 2007, 169.

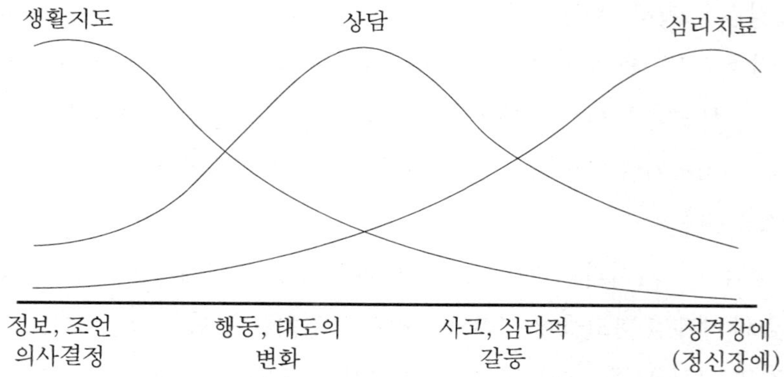

〈그림 5-1〉 생활지도, 상담, 심리치료 영역

출처: 이장호, 2005, 7.

2. 상담의 목표

상담의 목표는 상담이론이나 적용 분야에 따라 큰 차이가 있다. 상담의 목표에는 소극적 목표와 적극적 목표로 나누어 살펴볼 수 있으나, 이 두 가지는 상담의 목표로서 상호 모순이라기보다는 상호 보완적인 관계에 있다.

1) 소극적 목표

어떤 문제행동을 제거하거나 감소시킴으로써 달성될 수 있는 것으로 문제해결, 적응, 치료, 예방, 갈등해소 등이 있다.

- 문제해결 : 인간의 삶은 언제나 문제와 씨름하면서 늘 새로운 문제에 직면하고 해결하는 것의 연속이다. 상담의 목표를 문제해결로 할 경우 상담은 이러한 문제해결의 계속적 과정을 강조한다.
- 적응 : 장기적인 안목과 깊은 배려 속에서 후속상황에 더 잘 적응할 수 있도록 지원하는 것이다. 개인의 욕구와 환경 사이에 갈등이 생기면 적응에 문제가 생기게 된다. 개인의 다양한 내적 욕구 사이에서 생기는 갈등과 대립을 해소하는 것도 포함된다.
- 치료 : 치료가 상담의 목표가 되는 것은 신체적 질병이나 정신적 질환을 치유하는 것보다 마음속의 상처(불안, 갈등, 스트레스 등)가 주는 고통이 매우 크며 인간에게 광범위한 영향을 주기 때문이다.
- 예방 : 예방은 교육, 직업, 결혼, 여가 등 광범위한 삶의 문제를 장기적으로 예견하고 발달과정에 제기되는 문제를 사전에 대비하여 장애나 문제를 극복하면서 성장할 수 있도록 하는 것이다. 상담이 바라는 예방은 성격장애, 범죄나 비행, 신경증, 정신병 같은 이상심리 내지 정신병리를 사전에 예방하는 것이다.
- 갈등해소 : 가정, 학교, 직장, 지역사회 등 일상생활에서 인간관계의 갈등을 해소하는 것이다.

2) 적극적 목표

상담의 목표는 내담자의 성장과 발달을 촉진시키고 도모하는 데 있다. 즉 내담자가 자신의 문제를 인식하고 그 문제를 해결할 수 있는 능력을 키우도록 하는 것이다. Shertzer와 Stone(1974)은 이러한 내담자의 성장과 발달을 위한 구체적인 목표로 행동변화, 정신건강의 증진, 문제의 해결, 개인적 효율성의 향상, 의사결정 등을 제시하고 있다(박성수, 2002, 212-218).

(1) 행동변화

상담은 개인이 보다 생산적이고 행복한 생활을 하는 데 방해가 되는 행동을 감소 · 제거시키고, 개인이 만족하고 성공적인 생각을 하는 데 도움이 되는 행동을 형성하거나 증가시키는 것을 목적으로 한다. 구체적인 행동변화로는 타인과의 관계 형성 및 개선, 가족 구성원 간의 원만한 관계형성, 학업성취도의 향상, 직업 및 진로의 준비 활동, 규범적인 일상생활 습관 기르기 등을 들 수 있다.

(2) 정신건강의 증진

개인은 정신이 건강해야 성격적인 통합을 이루게 되고, 의욕적으로 적응하면서 보다 건전한 인간관계를 형성할 수 있다. 따라서 상담은 단순히 부적응 행동의 치료에 그치기보다는 좀 더 적극적으로 정신건강을 촉진하는 것을 목표로 한다. 정신건강에 관련된 문제영역으로는 성격적 문제, 신경증적 문제, 정신병적 문제 등이 있다. 정신건강의 증진이란 모든 사람이 성격적으로 보다 현실적이고 합리적이며 생산적인 활동을 하도록 하는 것이다.

(3) 문제의 해결

상담자는 내담자의 문제가 무엇인지를 정확히 파악하고, 그 문제해결을 위해 적극적인 노력을 기울여야 한다. 그리고 문제해결의 주체는 내담자 스스로라는 것을 주지시켜야 한다. 그러므로 상담자의 역할은 문제해결의 도움자이며 봉사자인 것이다. 그러나 대부분의 내담자는 자신의 문제를 쉽게 파악하지 못할 뿐 아니라 문제를 스스로 해결하는 것에 어려움을 느끼고 있다. 따라서 상담자는 내담자가 문제를 정확하게 인식하고 해결할 수 있도록 상담 상황을 허용적으로 부드럽게 유도하면서 문제의 핵심을 분명하고 명료하게 해주어야 한다. 또한 문제해결 기미가 보이면 놓치지 말고 격려하면서 계속적으로 문제해결의 명료성을 유도해야 한다.

(4) 개인적 효율성의 향상

상담자는 내담자의 사고, 행동, 의사결정의 효율성 향상을 도모해야 한다. Blocher (1966)는 효율적인 인간은 경제적 · 심리적 · 신체적 모험을 구상하고 이를 위해 시간과 정력을 투자하기 위해 자신을 헌신할 수 있으며, 그러한 모험을 기꺼이 감당할 수 있다고 하였다. 따라서 상담은 내담자의 생산적인 사고를 증진시키고 적응적인 인간관계를 형성하며, 다양한 문제상황에 효과적으로 대처하는 능력을 기르는 것에 초점을 두어야 한다.

(5) 의사결정

상담자는 가능한 한 어떤 결정을 먼저 하지 말고 내담자 스스로가 의사결정을 하도록 도와주어야 한다. 상담은 여러 문제를 내담자 스스로 효율적이고 합리적인 의사결정을 할 수 있도록 도와주는 것이다. 한편 내담자는 우선적으로 선택의 결과를 위해 개인에게 요구되는 시간, 노력, 모험 등에 대해 이해하고 있어야 한다. 그러므로 상담자는 개인의 선택과 결정에 도움이 될 수 있는 다양한 정보제공과 함께 문제해결을 위한 노력의 유형과 상황들을 제시할 수 있어야 한다. 이것은 마치 백화점에 다양한 물건을 진열해놓는 것과 같다. 여기에서 내담자는 자신의 필요에 따라 구미에 맞는 물건을 고르는 것이다. 따라서 상담에서 내담자는 선택과 결정의 필요를 인식하여 이에 요구되는 정보를 수집 · 평가하고 선택하는 인지적 기능을 증진시키는 노력이 필요하며, 관련된 정서적 태도 함양을 증진시키기 위해 노력해야 할 것이다.

3. 상담의 기본 원리

상담은 개인이 가진 문제를 해결하고 적응활동을 증진시킴으로써 건전한 자아형성을 통한 성장을 돕는 것이다. 전문적인 상담자는 상담을 진행할 때는 반드시 일정한 원리에 바탕을 두고 진행해야 한다. 상담의 기본원리는 김홍규(1984)가 제시한 Biestek의 이론을 요약하면 다음과 같다.

1) 개별화의 원리

인간은 개인차가 있으므로 개인의 욕구충족에 따르는 행동의 권리를 갖고 의무를 다하는 개인을 존중하는 데 의미가 있다. 상담자는 개인의 개성과 개인차를 인정하는 범위 내에서 상담이 전개되어야 한다. 이 원리를 지키려면, 첫째 상담자는 편견이나 선입관으로부터 탈피해야 하며, 둘째 인간행동의 유형과 원리에 대해 전문적으로 이해하려고 할 것이며, 셋째 내담자의 말을 경청하고 세밀히 관찰해야 하며, 넷째 내담자의 보조에 맞추어 진행할 수 있어야 하며, 다섯째 인간의 감정변화를 민감하게 포착해야 하며, 여섯째 내담자와 견해차가 있을 때 앞을 내다보는 능력을 갖고 적절한 선택을 해야 할 것이다.

2) 의도적 감정표현의 원리

사람은 누구나 정당하고 잘한 일에 대해서는 떳떳하게 표현할 수 있다. 따라서 의사표현이 자유스러워야 하며, 내담자는 자기감정이나 부정적 감정을 자유롭게 표현할 수 있어야 한다. 이러한 기본적인 원리 속에서 상담자는 자유롭게 의도적 표현을 보장받도록 온화한 분위기를 조성해야 한다. 이를 위하여 상담자는 내담자와 친밀한 관계를 형성하고 감정이입적인 자세로 임해야 한다.

3) 통제된 정서 관여의 원리

상담은 주로 정서면에 큰 비중을 두고 있으며, 내담자가 그의 감정을 표현하도록 권고한다. 내담자의 감정에 대한 상담자의 민감성과 감정이 의미하는 것의 이해와 내담자의 감정에 대한 의도적이고 적당한 반응이 필요하다. (내담자의 통제된 감정에 대한 상담자의 이해와 적절한 반응을 통해 내담자로 하여금 표현하게 한다.) 즉 상담자는 내담자의 정서의 변화에 민감하게 반응하여 이해하고 적절한 대응책을 마련할 태세를 갖추고 적극적인 관여가 필요하다.

4) 수용의 원리

상담자는 내담자에게 따뜻하고 명랑하며 친절하면서 수용적이어야 한다. 내담자를 하나의 인격체로서 존중하고 말이나 행동으로 특히 비언어적 단서인 얼굴표정에 잘 전달하여야 한다. 상담자는 내담자의 의견에 동의하지 못할 경우에는 그 사실을 분명히 전달하면서 표현이나 자세는 온화해야 한다. 그러므로 내담자의 장단점, 바람직한 성격과 그렇지 못한 성격, 긍정적 · 부정적 감정, 건설적 · 파괴적 태도나 행동 등을 있는 그대로 이해하고, 그 인격의 가치에 대한 존중의 태도를 유지해야 한다. 만약 상담자가 권위적이거나 강압적인 자세를 보이면 상담관계는 깨어지고 만다. 따라서 내담자 중심으로 그들의 진정한 욕구와 권리를 존중하며 감정이나 태도를 적극적으로 이해할 수 있어야 한다.

5) 비심판적 태도의 원리

내담자는 자기의 잘못이나 문제에 대해 질책하거나 책임을 추궁하는 것을 두려워한다. 그들은 죄책감, 열등감, 불만감, 고독감 등을 가지고 있기 때문에 타인의 비판에 예민한 자신들을 방어하여 안전을 추구하려는 것이다. 따라서 상담자는 내담자를 객관적으로 그의 행동과 태도, 가치관 등을 평가해야 하며, 어떠한 문제에 대해 '유죄이다, 무죄이다, 책임져야 한다, 나쁘다' 같은 과격한 언어로 다루어서는 안 된다. 즉 상담자가 내담자의 문제에 대하여 옳다 그르다 등의 판단을 내리지 말라는 것이다.

6) 자기결정의 원리

상담은 내담자 개인의 가치와 존엄성을 존중하고 자기 힘으로 문제를 해결해 나갈 수 있다는 신념에서 시작되어야 한다. 그리고 어떠한 지도와 충고가 있더라도 내담자는 무조건 응하기보다는 자기 판단을 토대로 자기 방향과 태도를 결정하여야 한다.

7) 비밀 보장의 원리

상담과정 중 가장 중요하게 명심해야 할 사실은 상담자가 내담자의 대화 내용을 아무에게나 이야기하는 습관을 버리고 반드시 비밀을 지켜야 한다. 상담은 본질적으로 내담자가 상담자를 신뢰하고 믿는 데에서 이루어진다. 따라서 어떠한 문제라도 개인의 명예훼손이나 누를 끼치는 일을 이야기해서는 안 된다. 상담자는 비밀을 지켜줄 윤리적 의무가 있다.

4. 상담관계와 상담의 기본조건

상담활동에 앞서 상담의 의미와 목표를 정확히 함으로써 상담의 교육적 의미를 올바르게 인식할 수 있고, 올바른 상담의 방향을 설정할 수 있다. 그러므로 그에 따른 상담활동의 전개가 가능해진다. 상담활동의 선행조건으로 내담자와 관계에서 심리적 조력관계 및 상담관계의 기본조건에 대한 이해가 요구된다.

1) 심리적 조력관계

상담관계는 전문적 지식과 기능을 배경으로 하는 심리적인 조력 과정이기 때문에 단순히 교사와 학생의 관계처럼 무엇을 가르치고 배우는 관계가 아니라, 학생의 문제해결이나 학생의 정상적이고 효과적인 적응을 돕는 의미에서의 관계를 말한다. 심리적 조력관계에 관해 박성수(2002)가 제시하는 상담을 위한 심리적 조력관계의 특징을 인용하면 다음과 같다.

첫째, 심리적 조력관계는 의미 있고 가치 있는 관계이다. 상담은 심리적인 세계를 심층적이고 과학적으로 다루기 때문에 의미 있고 가치 있는 관계로 볼 수 있다. 상담자나 내담자 모두가 의미 있게 문제의 해결을 위해 노력하는 헌신적인 태도를 취하는 것이 특징이다.

둘째, 심리적 조력관계에서는 정의(情意)가 두드러지게 나타나고 명백히 드러난다. 심리적 조력의 과정에서는 자아를 노출하고 자아에 몰입되며 내담자의 정서와 심리적인 동기에 예민하게 반응한다. 상담에서는 개인의 주관적인 지각, 정보, 태도 등이 아무리 독특하고 예민한 것이라도 어떤 식으로든 표현이 이루어지기 때문에 심리적인 긴장과 불안이 생기게 마련이다. 물론 인지적 내용도 다루어지나 상담을 포함한 심리적 조력관계에서는 정의적인 요소에 더 초점을 두는 것이 특징이다.

셋째, 심리적 조력관계에서는 인간의 통합이 강조된다. 심리적인 조력의 과정에 참여하고 있는 상담자와 내담자 서로가 지적 · 정서적으로 솔직해진다. 이는 모든 사람이 서로 인간으로서 존경되는 관계를 말하는 것이다. 상담은 심리적 조력관계를 통하여 인지적 · 정의적 · 행동적 측면 모두를 하나의 전체 속에서 균형 있게 다루는 것이 특징이다.

넷째, 심리적 조력관계는 관련된 사람들의 상호 동의가 이루어짐으로써 형성되고 유지된다. 동의는 문화나 전통 또는 습관이나 필요에 따라 묵시적으로 이루어질 수도 있고 명백한 대화에 의해서 이루어질 수도 있다. 그러나 이러한 동의를 위해서 내담자에게 강요하거나 억지로 조력을 받으라고 해서는 안 된다. 왜냐하면 내담자가 동의 자체를 수용하지 못할 수도 있기 때문이다. 그러므로 인내를 갖고 합의를 전제로 하는 동의를 유도해갈 필요가 있다.

다섯째, 심리적 조력관계는 내담자가 조력자로부터 정보, 교수, 충고, 원조, 이해, 치료 등을 필요로 하기 때문에 형성되는 것이다. 문제해결을 바라는 내담자는 지식이나 기능이 부족하다고 생각하거나 불안, 무능감, 부적응감, 갈등 등을 느끼고 있기 때문에 도움을 줄 수 있는 사람을 찾는 것이다. 상담자는 전문적 지식과 기능을 겸비하여 내담자의 요구를 명백히 지각하고 내담자의 문제해결에 도움을 줄 수 있어야 한다. 결과적으로 이러한 조력을 통하여 내담자의 문제해결 및 성장과 발달을 촉진할 수 있다.

여섯째, 심리적 조력관계는 커뮤니케이션과 상호작용을 통해서 이루어지고 유지된다. 상담과정에서 상담자나 내담자 모두는 서로의 흥미와 관심에 민감하게 반응한다. 이러한 상호작용에서는 언어적인 표현뿐만 아니라 몸짓이나 얼굴표정 같은 비언어적인 표현으로도 가능하다. 따라서 심리적 조력관계에서는 커뮤니케이션과 상호작용에 관계되는 인지적 · 정의적 · 행동적 표현 모두가 포함되는 것이 특징이다.

일곱째, 심리적 조력관계에는 명백한 구조를 필요로 한다. 심리적 조력관계에서는 무엇이 다루어지며, 상담자와 내담자가 어떠한 자극과 반응을 기대할 수 있는지를 분명히 할 필요가 있다. 또한 심리적 조력의 결과로 무엇이 획득될 수 있으며 어떠한 책임과 한계가 따르는 것인지도 명료히 해야 한다.

여덟째, 협동적인 노력은 심리적 조력관계의 한 특징이다. 상담자나 내담자 모두가 정해진 목표를 향하여 노력하는 것이 심리적 조력의 공통점이다. 상담은 상담자가 내담자 자신의 관점과 견해를 가지고 자신의 문제를 해결할 수 있도록 돕는 것이며, 어떠한 심리적 조력에서도 상담자 자신의 가치나 신념을 내담자에게 주입시키거나 강요할 수 없는 것이다. 그러므로 심리적 조력관계에서는 상담자와 내담자의 견해와 가치수준이 충분히 고려되면서 공통의 목표를 향하여 협동적인 노력을 하고 있는 것이라고 할 수 있다.

아홉째, 상담자는 정서적으로 안정되어 있어야 하며, 하나의 인간으로서 접근이 가능한 존재로 인식되어야 한다. 상담자는 다른 사람들이 늘 자유스럽게 가까이할 수 있다는 점에서 접촉이 용이하여야 한다. 따라서 상담자는 수용적이고 허용적인 태도가 필요하며 공포, 의심, 불안 등의 부정적 정서상태에 있어서는 안 된다.

열번째, 심리적 조력관계는 결과적으로 내담자의 변화를 목적으로 하는 것이 특징이다. 내담자의 변화는 사고나 신념의 변화일 수도 있고, 증오나 불안의 감소일 수도 있으며, 버릇이나 습관의 변화나 수정일 수도 있다. 즉 심리적 조력은 내담자로 하여금 긍정적인 방향으로의 변화를 촉진하는 것을 목표로 하는 것이다.

2) 상담의 기본조건

상담은 상담자와 내담자 상호간 수용적인 구조적 관계형성을 기본으로 하고 있다. 구조적 관계란 내담자로 하여금 자기 자신과 환경 및 조건에 대해 의미 있는 이해를 증진하도록 하여 내담자 스스로가 효율적으로 문제를 발견하고 의사를 결정하도록 하는 여러 가지 심리적인 특성을 긍정적으로 변화시키도록 원조하는 체계를 말한다. 결과적으로 이러한 관계에서 내담자는 문제해결과 성장 · 발달을 촉진할 수 있는 것이다.

상담이 효과적인 조력관계가 되려면 몇 가지 조건이 있다. Rogers(1942)는 무조건적 긍정적 존중, 공감적 이해, 진지성을, Tyler(1969)는 수용, 감정이입적 이해, 진지성을, 그리고 이재창(2005)은 신뢰, 수용, 공감적 이해, 긍정적 존중, 진실성을 상담의 기본요소로 제시하고 있다. 이러한 학자들의 견해를 종합해 일반적으로 상담 장면에서 중요하게 여기는 조건들을 설명하면 다음과 같다.

(1) 신뢰(trust)

상담과정에서 무엇보다 중요한 것은 상담자와 내담자 간의 신뢰이다. 내담자가 상담자를 불신하면 내담자는 자신의 사고, 감정, 갈등이나 문제 등 모든 것을 솔직하게 표현하는 진지한 대화가 이루어질 수 없으므로 효과적인 상담을 기대할 수 없다. 따라서 내담자가 상담자의 모든 면을 믿고 의지할 수 있는 태도를 보여야 한다. 상담자가 솔직하고 믿음직한 감정과 태도를 보이거나 인내와 협동으로 명랑하고 온순한 태도와 감정을 솔직히 털어놓는 개방적이어야 내담자도 신뢰하여 자신을 개방하고 적극적인 상담이 가능해진다. 상담자가 인간적인 신뢰를 바탕으로 내담자의 모든 면을 이해하고 수용할 때 상담효과의 극대화를 기할 수 있다.

(2) 수용(acceptance)

수용은 인간의 가치와 존엄성에 대한 인식에서 출발한다. 수용이란 상담자가 편견이나 판단 없이 내담자의 견해, 태도, 존재가치를 인정하고 하나의 존귀한 인간으로서 내담자를 받아주고 인정하는 것을 말한다. 즉 상담자는 내담자를 무비판적으로 있는 현재 그대로를 받아주는 것을 말한다. Rogers는 이를 무조건적 긍정적 존중이라고 한다. 내담자를 수용한다는 것은, 첫째 존재 그 자체를 수용하고, 둘째 인간의 제 특성을 수용하며, 셋째 인간의 구체적인 행동을 수용하는 것이다.

(3) 긍정적 존중(positive regard)

긍정적 존중은 상담자가 내담자에 대해 따뜻한 배려의 태도를 갖는 것을 말한다, 이때의 배려는 비소유적인 태도로서 내담자의 특징 행동을 조건으로 하지 않고 내담자를 한 인간으로서 인정하여 존중하는 것이다. 즉 내담자를 하나의 독립된 인간으로 수용하여 그로 하여금 자신의 감정을 느끼고 주체적으로 자신의 경험을 가질 수 있고, 거기에서 자기 나름대로 고유한 의미를 발견하도록 허용하는 태도를 말한다.

(4) 공감적 이해(empathy understanding)

공감적 이해를 감정이입적 이해 또는 내적 준거체제의 이해라고도 한다. 공감적 이해는 내담자의 입장이 되어 내담자의 눈으로 사물을 바라보는 것이다. 즉 상담자는 내담자가 가진 감정과 경험, 신념, 사고, 고민, 갈등 등을 가지고 그가 처해 있는 여러 상황에서 보는 것이다. 그리고 상담자는 내담자가 하는 말에 표현된 내용과 언어적 의미뿐만 아니라 그 이면에 내포된 감정적 의미, 내담자의 비언어적 표현에 담긴 의미와 감정까지도 이해하여야 한다.

Patterson(1977)은 공감적 이해는 다음 세 단계를 포함한다고 하였다. 첫째, 내담자는 상담자가 자신의 사적인 세계로 들어오는 것을 기꺼이 허용하고 자신의 지각과 감정을 그대로를 상담자에게 표현하면 상담자는 이에 주의를 기울여야 한다. 둘째, 상담자는 내담자가 표현하는 것을 내담자의 내적 준거체제의 관점에서 왜곡 없이 정확하게 이해해야 한다. 셋째, 상담자는 내담자의 감정과 지각을 있는 그대로 이해하였다는 것을 내담자에게 의사소통을 통해서 전달해야 한다.

(5) 일치성(genuiness)

일치성이라는 말은 흔히 진지성, 명료성, 순수성, 성실성 등으로 불리기도 한다. 상담자가 내담자에게 꾸준히 성실하고 일관되게, 그리고 진실하고 솔직하게 가식이나 왜곡없이 대하는 것을 말한다. 즉 진실하고 솔직한 태도를 말한다. 따라서 상담자의 진솔성은 어느 정도 상담자의 인격적 성숙을 전제로 한다.

Rogers(1951)는 일치를 상담자가 자유스럽고 아주 깊은 뜻에서 자기 자신이 되며, 자기 자신에 관한 자신의 인식을 정확하게 표현하는 실제적인 경험을 지니고 있는 것이라고 정의하였다. 상담자의 내면적인 경험과 경험에 대한 인식, 인식된 경험의 표현 등이 모두 일치되어야 한다는 것이다.

이러한 다섯 가지 상담조건은 올바른 상담관계를 형성하기 위한 주요 요인이기도 하며 상담자에게 필요한 인격적 요인이라고도 볼 수 있다. 한편 내담자와 상담자 사이의 친근하고 따뜻한 협력관계로, 상담과정의 중요한 요인이며 상담의 조건은 아니지만 상담자의 기술인 래포 형성이 있다. 래포(rapport)는 상담과정에서 상담자와 피상담자 간의 어떤 문제든지 거리낌 없이 허심탄회하게 말할 수 있는 허용적인 분위기나 관계를 말한다. 래포는 상담에서 필수적인 조건이자 기술로 상담의 성공을 유도하고 결정하는 원동력이 된다. 래포를 형성하기 위해서는 면접의 시작과 함께 긴장을 풀고 우호적인 분위기를 조성한다. 이를 위해 가벼운 화제나 우호적인 표정, 동정적 표현, 유머, 확신, 개인 사례의 제시 등 여러 가지 방법을 구사할 수 있으나 내담자의 특성과 문제유형에 따라 적절히 선택해야 한다.

5. 상담의 유형

상담은 상담방식, 상담형태, 상담의 문제, 내담자의 연령, 활동사태 등에 따라 여러 가지로 분류할 수 있다. 상담자와 내담자가 만나는 방식에 따라서 대면상담과 통신상담으로 구분하고, 상담자와 내담자가 만나는 상담형태에 따라 개인상담과 집단상담, 가족상담으로 구분한다(김계현 외 6인, 2009). 상담문제 유형에 따라 학습문제상담, 성문제상담, 비행청소년상담, 직업 및 진로상담으로 구분하며, 내담자의 연령에 따라 취학 전 아동상담, 초등학생상담, 중등학생 상담, 장 · 노년상담으로 구분할 수 있으며, 활동상태에 따라서 가족상담, 부부상담, 위기상담, 전화상담, 목회상담, 산업상담, 여성상담으로 구분할 수 있다(이장호, 2005). 그리고 내담자의 문제, 심리방식, 특성이나 성격, 또는 상담자의 상담방법을 어떻게 선택하느냐에 따라 위기상담, 촉진상담, 예방상담, 발달상담의 네 가지 유형으로 구분할 수 있다(Pietrofesa et al., 1978). 여기서는 이에 대하여 살펴본다.

1) 위기상담(crisis counseling)

위기상담은 즉시 도움을 받아야 할 정도로 위급한 내담자를 상담하는 경우다. 가족이나 배우자의 사망, 이혼, 약물남용, 자녀의 비행, 실직 등으로 인해 파괴적 정서에 휩싸이면 자신 또는 남을 해칠 수 있으므로 즉각적인 조치가 필요하다. 위기상담은 개별상담의 형태가 효율적이다.

2) 촉진상담(facilitation counseling)

촉진상담은 장래에 다가올 문제에 적응적으로 대처할 수 있도록 내담자를 도와주는 경우다. 이러한 문제는 위기는 아니지만 개인에게는 문제가 되는 경우이다.

예를 들면 학업문제, 진학문제, 이성문제 등 여러 문제에 대하여 스스로 선택하고 대응해 나갈 수 있는 능력을 촉진해주는 것이다. 이러한 상담은 집단상담의 형태로 하는 것이 더 효율적이다.

3) 예방상담(preventive counseling)

예방상담은 미래에 일어날 것으로 예상되는 문제를 사전에 필요한 조치를 취함으로써 곤란을 겪지 않도록 하는 상담이다. 예방상담은 계획적이고 특정한 문제에 관심을 집중한다. 예를 들면 약물교육(필로폰, 마약중독 등)과 성교육 프로그램은 앞으로 이런 문제가 발생할 것을 예방하기 위한 시도로 교육현장에서 지도되어야 한다. 예방상담에서는 상담자는 학생집단에게 정보를 제공하거나 적합한 프로그램에 개인을 의뢰할 수도 있다. 또한 상담자는 내담자와 개별적으로 집단이나 면대면으로 상담을 계속할 수 있다. 생활지도는 치료보다는 예방에 목표를 두고 있기 때문에 예방상담에 특히 주의해야 할 필요가 있다.

4) 발달상담(developmental couseling)

발달상담은 개인의 전 생애를 통해서 행해지는 상담이다. 상담자는 각 연령층에 속하는 내담자로 하여금 이완하고 압력이나 위기를 느끼지 않는 상황에서 내담자의 개인적 성장이 일어나도록 돕는다. 생활지도는 모든 연령층의 개인과 발달단계상의 문제를 다루고 성장을 추구하는 것이기 때문에 발달상담은 예방상담과 아울러 생활지도의 핵심이 되는 상담형태라고 할 수 있다. 중고등학교 시절에는 자아정체감의 확립과 직업선택을 다룰 수 있고, 성인의 경우에는 직업문제, 가족문제, 건강문제, 인생목표 등을 다룰 수 있다. 발달상담은 위기상황에서 이루어지는 것이 아니라 편안한 분위기에서 이루어진다는 점에서 위기상담과는 다르다.

6. 상담의 기능

상담의 기능에는 교육기능, 진단 및 예방기능, 교정기능, 치료기능이 있다(김충기 · 강봉규, 2001).

1) 교육기능

교육기능은 내담자의 행동을 바람직한 방향으로 변화시키기 위한 전문적 조력작용이다. 교육은 바람직한 인간행동으로의 변화이다. 상담 또한 내담자의 행동을 바람직한 방향으로 변화시키기 위하여 노력한다는 점에서 교육기능을 하고 있다. 상담을 학습과정, 재교육과정, 사회화과정으로 보는 입장에서는 이러한 기능이 더욱 강조된다고 할 수 있다.

2) 진단 및 예방기능

내담자의 적응력과 성장 가능성을 촉진하기 위해서는 내담자가 가지고 있는 부적응 행동의 원인을 진단하고 그것을 제거하기 위하여 적절한 상담기법을 적용한다. 상담기법은 부적응 행동의 원인을 보는 관점에 따라 달라지기 때문에 상담의 진단 및 예방기능은 상담에서 당연히 요구되는 기능이다.

3) 교정기능

상담의 목표 중 하나는 행동의 변화이다. 이 변화의 방향은 바람직하지 못하거나 적응적이지 못한 행동에서 바람직하고 적응적 행동으로 바꾸는 것을 말한다. 이러한 교정기능은 상담의 기초적 기능이다. 예를 들면 생각바꾸기나 마음고쳐먹기 등이다.

4) 치료기능

상담은 내담자가 안고 있는 문제나 증상을 제거하거나 완화해주는 일이 주요한 과제 중 하나이다. 상담의 목표에서 보듯이 내담자의 잠재능력을 계발하고 대인관계 능력을 신장시키는 장기적이고 간접적인 목표도 중요하지만, 당장 내담자가 고통을 겪는 증상을 제거해주는 단기적이고 직접적인 목표가 더 중요하다. 예를 들면 친구관계에서 고통을 겪는 내담자가 있다면 친구관계 능력을 신장시키는 데에도 관심을 가져야 하지만, 당장 현재 겪고 있는 고통을 해소하도록 도와주어야 하는 것이 더 급선무이다.

7. 상담과정과 상담기술

1) 상담과정

상담은 목표를 가지고 있고 이를 달성하기 위하여 여러 번의 면접을 통한 일련의 과정을 거치게 된다. 상담의 진행과정은 공통된 흐름이 있게 마련이지만 상담자의 상담방식이나 이론적 배경, 다루는 문제의 성격이나 상황에 따라 다를 수도 있다.

Rogers(1942)는 상담과정을 상담의 시작, 상담 상황의 정의, 감정표현, 내담자 감정의 수용과 정리, 긍정적 감정 출현, 긍정적 감정 수용, 내담자의 자기이해와 수용 및 통찰, 대안 탐색, 긍정적 행동화, 심화된 통찰과 성장, 긍정적 행동의 증가, 상담의 종결 등 12단계로 제시하였다. Brammer(1973)는 8단계에 맞춰 준비와 시작, 명료화, 구조화, 관계심화, 탐색, 견고화, 계획, 종료 등으로 제시하였으며, Peterson과 Nisenbolz(1999)는 도입 및 준비단계, 탐색단계, 이해단계, 행동단계, 종결단계의 5단계로 제시하였다. 이장호(2005)는 상담과정을 문제의 제시 및 상담의 필요성에 대한 인식단계, 촉진적 관계의 형성단계, 목표설정과 구조화 단계, 문제해결의 노력단계, 자각과 합리적 사고의 촉진단계, 실천행동의 계획단계, 실천결과의 평가와 종결단계인 7단계로 제시하고 있다. 김계현 등(2009)은 이를 크게 4단계로, 첫째 문제를 이해하고 촉진적 관계를 형성하는 단계, 둘째 목표를 설정하고 그 목표를 달성하기 위하여 노력하는 단계, 셋째 합리적 사고를 촉진하고 실천하는 단계, 넷째 그동안의 과정을 평가하고 상담을 종결하는 단계 등으로 구분하여 설명하고 있다. 여기서는 김계현 등(2009)이 제시한 4단계에 대해서 살펴보기로 한다.

(1) 제1단계: 문제 이해와 촉진적 관계의 형성

내담자가 상담자를 찾아온 이유를 설명하고, 상담자와 내담자 사이에 솔직하고 신뢰관계를 형성하는 시기다.

① 내담자의 문제제시 및 상담 필요성 인식

내담자는 자신의 문제와 상담을 받기 위해 찾아온 이유를 말한다. 만약 타인에 의해 이끌려온 경우 상담의 필요성을 인식하지 못하는 경우가 있다. 문제의 배경 및 관계 요인을 토의한 후 내담자가 상담과정에 적극적으로 참여하도록 돕는 것이 중요하다. 상담자는 내담자의 문제를 이해하기 위하여 내담자의 진술에 주의하면서 그의 비언어적인 행동을 면밀히 관찰해야 한다.

② 촉진적 관계의 형성

상담자와 내담자 사이의 신뢰관계를 형성해야 한다. 촉진적 관계가 형성되어야 문제해결을 위한 다음 단계로 진입이 가능하다. 이를 위해 상담자는 내담자를 이해하고 무조건적으로 존중하며, 상담자 스스로 솔직하고 진지한 태도를 견지해야 한다. 또한 내담자가 언어적 · 비언어적으로 표현하는 감정과 사고를 적극적으로 경청하는 것이 필요하다. 촉진적인 관계가 형성되어야만 문제해결을 위한 다음 단계로 진입할 수 있다.

(2) 제2단계: 목표설정과 문제해결의 노력

목표를 설정하고 그 목표를 달성하기 위해 노력하는 단계이다. 이 단계에서는 상담과정의 방향과 목표를 분명히 하고 현재의 문제행동과 바람직한 목표행동에 대한 내담자의 자각과 문제해결 과정에서의 실제적인 노력을 촉진한다.

① 목표설정과 구조화

상담과정을 통하여 이루고 싶은 것, 변화하고 싶은 것 등 나아갈 방향을 설정하고 이를 목표로 제시한다. 상담의 목표는 상담의 방향성을 잡아주고 상담에 대한 동기를 높여준다. 그리고 상담 진행과정에 대한 궁금증을 줄이고 상담 효과를 높이기 위해 내담자에게 상담의 기본성격, 상담자 및 내담자의 역할한계, 바람직한 태도 등을 설명하고 인식시켜 구조화 작업을 한다. 이후에도 필요한 경우 이러한 구조화는 반복하여 실시할 수 있다.

② 문제해결의 노력

문제해결의 시작은 내담자가 자신의 문제를 말하고 그것과 관련된 정서를 표현하는 것이다. 이장호(2005)는 문제해결 과정을 다음과 같이 제시하였다.

- 문제를 명확히 정의한다.
- 문제해결을 위한 방향과 가능한 방안을 정한다.
- 문제해결 방안에 관련된 정보를 수집한다.
- 수집된 자료를 바탕으로 대처 행동을 의논한다.
- 검사와 심리진단 자료 등을 참고로 바람직한 행동절차 및 의사소통의 실제 계획을 수립한다.
- 계획된 것을 실제 생활에서 실천해 본다.
- 실천결과를 평가하고 행동계획을 수정 보완한다.

(3) 제3단계: 합리적 사고의 촉진 및 실천행동의 계획

합리적 사고를 촉진하고 실천행동을 계획하는 단계이다. 상담자는 내담자가 자기이해와 합리적 사고를 갖출 때까지 적극적으로 상담에 임하도록 도와주며, 내담자의 새로운 견해나 인식이 실생활에서 실현될 수 있도록 내담자의 의사결정이나 행동계획을 돕는다.

① 지각과 합리적 사고의 촉진

내담자가 자신의 모습과 중요한 사람들과의 관계, 그리고 과거의 주요 경험 등을 새로운 시각에서 볼 수 있게 되고, 세상을 보는 시야가 넓어지는 단계이다. 과거의 비합리적 사고에서 벗어나 합리적 사고로 변화되고, 왜곡된 관점과 정형화된 시야에서 분명하고 통합된 시야를 가짐으로써 내담자는 새로운 세상을 경험하고 과거와는 다른 자유로움을 경험한다. 일상생활에서도 이러한 경험을 할 수 있게 하는 것이 상담의 중간목표이다. 자기를 탐색하고 사고방식을 변화시키는 것이 내담자에게 힘들고 심리적으로 부담을 주기 때문에, 내담자가 상담을 도중에 그만두려고 하거나 직간접적인 저항을 보일 수 있다는 점에 상담자는 주의를 해야 할 것이다.

② 실천행동의 계획

합리적 사고의 달성으로 상담이 끝나는 것은 아니다. 즉 상담 상황과 실제 상황은 서로 다르므로 이 단계에서의 목표를 일상생활에서도 실천할 수 있도록 내담자의 구체적인 행동절차를 협의하고 세부적인 행동계획을 작성한다.

(4) 제4단계: 평가 및 종결

상담의 성취를 평가하여 목표가 달성되었다고 판단될 때 상담을 종결하는 단계이다. 목표에 도달되지 않았을 때는 그 원인을 살펴보고 상담을 지속할 수 있다. 상담의 진행이 지루하고 효과가 나타나지 않을 경우에 상담자는 종결을 권유할 수도 있다. 상담의 종결은 종결되기 2~3회기 전에 내담자에게 알려주는 것이 좋다. 종결을 준비하면서 내담자가 자신의 적응 정도를 스스로 확인하도록 하여 상담효과를 인식하도록 한다. 내담자와 상담 종결에 대한 생각과 감정 등을 나누고 장래 계획을 이야기함으로써 내담자 스스로 홀로서기를 준비하는 기회를 제공한다. 그리고 내담자에게 문제가 생기면 언제나 다시 찾아올 수 있도록 추후 상담의 가능성도 제시해야 한다.

2) 상담기술

상담은 인간관계를 통하여 심리적으로 조력하는 과정이라고 할 수 있는데, 이러한 심리적 조력에도 여러 기술이 필요하다. 여러 가지 상담기술 가운데 많이 사용되는 몇 가지만 설명하면 다음과 같다(김충기 · 김성곤, 2007; 김환 · 이장호, 2006; 이재창, 2005; 이현림, 2008; 조봉환 · 임경희, 2007).

(1) 수용

내담자가 이야기한 것을 이해하고 받아들이는 것을 표현하면서 내담자의 사고의 흐름을 방해하지 않는 것이다. 따뜻하고 친밀한 태도로 이야기하는 것이 수용의 기초가 된다.

(2) 명료화

내담자가 자신의 느낌이나 생각을 분명히 할 수 있게 하는 기술이다. 이는 내담자가 산만하고 막연하게 말한 것 중에서 분명한 것을 신중하고 간결하게, 그리고 정확하게 말해줌으로써 내담자 자신의 문제나 생각 또는 감정을 이해할 수 있게 한다.

(3) 요약

내담자가 요령 없이 이것저것 늘어놓은 말을 간결하게 하는 것이다. 이때 상담자는 새로운 개념을 도입하지 않게 하여 화제가 상담자에 의해 지배되지 않도록 한다.

(4) 발언의 핵심에 대한 반응

내담자가 편안한 마음으로 이야기를 계속하면 상담자는 그 핵심을 파악하여 이에 적절하게 반응해주어야 한다. 그러기 위해서는 상담자는 상담내용보다도 내담자에게 정신을 집중시켜야 한다. 상담자 자신의 관심사나 대화의 맨 끝말에 주의를 집중하여 반응하면 핵심을 잃어버리기 쉽다. 핵심을 파악하려면 대화 속에 내포되어 있는 감정과 자주 대두되는 말, 즉 주제에 주목을 해야 한다.

(5) 인도(leading)

내담자가 이야기하고 있을 때 이를 촉진하거나 더 계속하거나 화제를 바꿀 때 사용되는 기술이다. 이것은 요약을 넘어서서 새로운 화제를 유도할 때도 사용된다.

(6) 직면(맞닥뜨림)

내담자가 내면에 지니고 있는 자신에 대한 그릇된 감정, 특히 현실의 경험과 일치되지 않는 감정을 드러내며 스스로 인지하도록 하는 기술이다. 그래서 내담자가 자신의 감정을 받아들이고 행동에 책임을 지게 한다. 상담자는 직면하는 이유와 직면을 통해 성취하려는 것이 무엇인지 상담자가 분명히 알고 직접적이고 쉬운 언어로 직면할 수 있어야 한다.

(7) 해석

내담자가 직접 진술하지 않은 내용이나 개념을 그의 과거 경험이나 진술을 토대로 하여 추론해서 말하는 것이다. 즉 내담자의 행동이나 발언에 근거하여 그의 성장에 도움이 되는 새로운 개념이나 관계를 제시하는 것이다. 이런 점에서 해석은 재구조화(reframing)라고도 한다.

(8) 경청

내담자가 말하는 흐름을 잘 따라가며 듣는 것을 말한다. 상담자가 상대적으로 더 비중을 두어야 할 내담자의 말과 행동을 선택하여 주목하는 것이다. 이때 내담자의 말을 적극적으로 듣는 것만으로 그쳐서는 안 되고 내담자의 말에 주목하고 있다는 것을 전달해줄 필요가 있다. 이를 위해서 적절하게 고개를 끄덕이거나 적절한 질문을 하거나 단순한 음성 반응을 보이거나 내담자가 한 말을 재진술하는 것이 필요하다.

(9) 반영

반영이란 의사전달의 핵심내용을 그대로 비추어주는 기법이다. 내담자의 행동, 생각, 감정 등을 상담자는 거울에 비추어 상담자 자신의 말로 되돌려 표현하는 기법을 말한다. 내담자의 말을 그대로 되풀이하는 것이 아니라 그 내용의 밑바탕에 흐르고 있는 감정을 파악하는 것이 중요하다. 반영에는 언어적 반영, 감정반영, 행동반영이 있다.

(10) 공감

공감이란 내담자의 입장에서 그들의 내면세계를 이해하는 것이다. 상대방의 경험, 감정, 사고, 신념 등을 상대방의 입장과 관점에서 듣고 이해하고, 이해한 사실을 상대방이 알 수 있도록 표현해주는 것이다. 반영기법 중 감정에 대한 반영과 유사하다. 공감은 상담자가 자신의 정체성을 그대로 유지한 채 마치 자신이 내담자인 것처럼 내담자의 내면 경험을 대리체험한 후 그 경험을 내담자와 나눔으로써 내담자의 정서와 함께 한다는 것을 알려주는 것이라 할 수 있다. 예를 들면, 엄마가 제 방을 청소한다는 구실로 책상서랍을 열어보고 책가방을 막 뒤져보는 것을 보면 정말 열을 안 받을 수가 없어요. 이 문장을 상담자의 공감적 반응으로 바꾸면, 다른 사람도 아닌 엄마한테만은 정당한 대우를 받고 싶었을 텐데, 책상서랍과 가방조사를 하면서까지 너를 못 믿는다는 것이 너를 화나게 만들었구나.

(11) 즉시적 반응(즉시성)

현재 내담자와 대화를 하며 상담자가 내적으로 경험하는 것을 현재 이루어지고 있는 상호작용에 바로 활용하여 피드백을 주는 것을 의미한다. 현재 내담자와 상담자가 맺는 관계에서 부적응적 특성이 반복되어 나타날 때 그 점에 초점을 맞추어 개입하는 것을 의미한다. 즉시성은 상담이 방향을 잃었거나 별 진전이 없을 때, 상담자와 내담자 간에 긴장이 흐를 때, 사회적 계층이나 대인관계 양식이 달라 상담자와 내담자 간의 거리가 생겼을 때, 상담자와 내담자 간의 의존성과 호감이 상담을 방해할 때 효과적으로 사용할 수 있다.

(12) 재진술

내담자가 한 말이나 행동에 나타난 주요한 내용(지적인 부분)을 상담자가 다른 참신한 말로 부연해주는 것이다.

(13) 질문

질문기법은 내담자에 대한 자료와 정보를 수집하고 내담자를 탐색하며 내담자의 이야기 내용을 명료화시키거나 주제에 초점을 맞추기 위해서 사용한다. 질문에는 폐쇄형 질문과 개방형 질문, 직접질문과 간접질문, 이중질문, '왜' 로 시작하는 질문, 대처질문, 관계질문, 질문공세 등이 있다.

(14) 정보제공

내담자가 필요한 정보를 제공하거나 잘못된 정보를 수정하는 것을 모두 포함한다. 적절한 정보제공은 내담자를 크게 지지할 뿐만 아니라 탐색의 여지를 주게 된다.

(15) 격려와 재보증

상담자는 학생들이 자신감과 적극적인 생활태도를 갖도록 하고 바람직하다고 생각되는 주요 행동과 노력을 격려한다. 재보증은 학생의 행동과 감정에 대하여 스트레스를 감소시키고 자신감을 세워주고 장래 보상에 대한 기대를 증진시키는 기법이다. 이 기법은 결과를 예언하거나 실제적인 확신을 주기 위해서 사용된다.

8. 상담자의 역할과 자질

1) 상담자의 역할

상담자는 주로 내담자의 일상생활에서 나타나는 문제와 심리적인 문제를 해결하고 지원하며, 자기통제력을 가지고 자율적인 태도로 현실생활에 적응하도록 돕는 주된 역할을 갖는다. 상담자의 역할은 상담의 성공 여부를 결정지을 만큼 중요하다. 김청자 · 정진선(2004)은 상담자의 역할을 다섯 가지로 나누어 제시하고 있다.

(1) 치료자로서의 역할

내담자가 자신에 대한 탐색과 이해를 통해서 자신을 존중하고 수용할 수 있으며, 내적인 자신의 힘을 발견하고 성장시켜가는 부분에 대한 책임을 수용하여 내담자가 스스로를 돕는 방법을 찾도록 지원하는 것이다.

(2) 교육자로서의 역할

상담자는 내담자와의 상담을 통해 치료적인 측면뿐만 아니라 교육을 통해 발달 및 생활적응에도 도움을 줄 수 있다. 문제발생 후에 처치를 하는 차원으로 문제해결을 돕기도 하지만 예방적인 차원에서 문제해결 방법을 배울 수 있도록 돕는 것이다.

(3) 연구자로서의 역할

상담자가 경험하고 있는 문제가 내담자에게 삶의 어떤 측면을 성장하게 하는지,

그리고 성장을 방해하는 측면은 어떤지와 내담자의 자원을 어떻게 활용할 수 있는지 등에 대한 연구가 선행되어야 내담자를 더 잘 도울 수 있다. 그리고 상담자는 자신의 내적 · 외적 성장을 가져올 수 있도록 지속적인 노력이 필요하다. 이는 전문가로서의 책임 있는 행동이다.

(4) 자문자로서의 역할

상담자는 학문적 · 실제적 경험과 이를 통해서 얻어진 연구결과를 토대로 인접 분야의 전문가들과 협력해서 자문을 제공할 수 있다. 자문자로서의 상담자 역할수행이 원활해질 때 질적인 삶을 현실 속에서 발견하게 될 것이다. 전문가로서의 상담자는 개인의 변화뿐만 아니라 사회 전반적인 변화를 가져오는데 전문가로서의 책임을 수행하게 된다.

(5) 지역사회 개발 지원자로서의 역할

상담의 특성 중 하나는 인간 삶의 질적인 변화를 가져오도록 돕는 것이다. 그래서 상담자가 개인을 돕는 것은 지역사회의 발전을 돕는 것이기도 하다. 상담자의 개인 및 집단을 대상으로 한 활발한 상담활동은 곧 지역사회의 인적자원의 개발 및 변화를 지원하는 역할을 수행하는 것이다.

2) 상담자의 자질

상담자의 자질은 전문적 자질과 인간적 자질로 나눌 수 있다(김청자 · 정진선, 2004; 이장호 외 2인, 2005).

(1) 전문적 자질

첫째, 상담자는 전문가로서 상담이론들을 숙달하여야 한다. 상담이론은 인간에 대한 기본 관점, 이상행동과 정신병리의 발달과정, 변화를 일으키는 구체적인 방법에 관한 내용을 담고 있으며, 이는 내담자가 호소하는 문제를 잘 이해할 수 있도록 하고 체계적이며 효율적인 상담진행을 가능하도록 한다.

둘째, 상담자는 다양한 상담방법에 대해 이해하고 있어야 한다. 내담자의 연령이나 내담자가 호소하는 문제에 따라 적절한 상담방법을 선택할 수 있어야 한다.

셋째, 상담진행단계인 초기, 중기, 종결 과정에 대해 숙지하고 있어야 한다. 상담진행과정에서 각 단계의 목표와 과제를 알고 내담자와 협의하여 한 단계 한 단계를 잘 진행하여 상담의 성과를 얻을 수 있어야 한다.

넷째, 다양한 상담기법에 대해 숙지하고 있어야 한다. 내담자의 신체적 · 정서적 상태에 따라 같은 문제일지라도 접근기법을 다양화할 수 있어야 한다.

다섯째, 상담자는 반드시 전문가로부터 상담실습 경험과 훈련을 받아야 한다. 상담한 내용을 비디오에 담거나 축어록을 작성하여 슈퍼비전을 받을 필요가 있다. 이러한 경험과 훈련은 상담에 대한 자신감뿐만 아니라 상담장면에서 놓치기 쉬운 내담자에 대한 배려나 자신의 모습을 발견하게 한다.

(2) 인간적 자질

첫째, 상담자는 문제와 인간에 대한 이해를 할 수 있어야 한다. 상담자는 기본적으로 어떤 이론을 적용할지라도 인간을 잊어서는 안 된다.

둘째, 상담자는 본보기가 되어야 한다. 상담과정에서 보여주는 상담자의 수용적이고 공감적인 태도는 내담자에게 모델이 되어 어느 순간 내담자 또한 수용적이고 공감적인 인간으로 변화될 수 있기 때문이다.

셋째, 상담자는 자신을 하나의 치료적 도구로 활용할 수 있어야 한다. 상담장면에서 지시하고 조언하는 내담자 위에 있는 상담자가 아니라 함께 생각하고 아파하며 자신을 상담장면에 과감하게 내던져 때로는 내담자의 전이 대상이 되기도 하는 치료도구로 활용할 수 있어야 한다.

넷째, 상담자 또한 인간이므로 완전하지 않은 존재이다. 그렇기 때문에 상담자는 늘 자신에게 깨어 있어야 한다.

다섯째, 상담자는 자신에 대한 개방성뿐만 아니라 타인에 대해 열린 마음을 가지고 있어야 한다. 타인에 대한 개방성은 타인에 대한 편견에서 벗어날 수 있으며 내담자를 한 인간으로 만날 수 있도록 해준다.

여섯째, 상담자는 삶에 대한 진지함과 변화에 대한 용기를 가지고 있어야 한다. 항상 변화하는 삶에 깨어 있고, 이러한 삶을 살아가는 진지한 용기야말로 내담자에게 본보기가 되는 상담자의 자질일 것이다.

Brammer(1973)는 상담자가 갖추어야 할 인격적 특징을 다음과 같이 설명하였다.

첫째, 자신의 가치관과 의식에 대해 자각하고 있어야 하며, 상담자로서 자신의 가치관과 의식이 내담자와 상담에 미치는 영향에 대해서도 자각하여야 한다.

둘째, 상담자는 자신의 욕구와 감정에 대해 잘 인식하여 역전이가 일어날 수 있는 상황에 대비하여야 하며, 자신의 정서적 문제를 잘 처리할 수 있어야 한다.

셋째, 내담자에게 모델이 되고 있다는 것을 의식하여 개인적으로도 만족한 사생활을 영위하여야 한다.

넷째, 상담자는 인간에 대해 관심이 있고, 인간의 긍정적 변화에 관심과 흥미를 느껴야 한다.

결국 상담자는 상담에 대한 전문적 자질과 인간적 자질을 겸비함으로써 상담에 효과적으로 적응할 수 있다.

제 06 장

정치활동 및 추수활동

학습개요

생활지도의 마지막 단계는 정치활동과 추수활동이라고 할 수 있다. 전체 생활지도 체제에서 정치활동과 추수활동은 진로지도와 진로교육의 성패에 절대적인 영향을 미친다. 학생이 진로를 결정하며 후속되는 생애계획을 하는 데 적응할 수 있도록 도와주어야 한다. 이 장에서는 정치활동의 개념과 필요성, 유형과 내용, 추수활동의 개념과 목적, 형태와 내용, 단계에 대해서 살펴보기로 한다.

학습목표

1. 정치활동의 개념과 필요성에 대해서 설명할 수 있다.
2. 정치활동의 유형과 내용에 대해서 설명할 수 있다.
3. 추수활동의 개념과 특성 및 유형에 대해서 설명할 수 있다.

1. 정치활동의 개념과 필요성

정치란 한 개인의 위치를 찾아 적재적소에 알맞게 배치하는 활동을 말한다. 즉 정치활동은 자기이해, 정보 및 상담의 과정을 통해서 얻어진 결과에 의해 보다 나은 적응과 성장 또는 문제해결을 위해 다음 단계에서 무엇을 어떻게 해야 될 것인가를 선택하고 결정하도록 돕고 그 결정에 따라 잘 적응하도록 도와주는 일련의 활동을 말한다(김충기 · 김성곤 2009). 이러한 정치활동에 대한 지도는 현대사회에서 더욱 요청되고 있다. 현대사회처럼 복잡 다양한 산업사회에서 사회가 분화되면서 여러 직업이 등장함으로써 학생들이 어떠한 위치를 선택할 것인가에 대한 갈등과 혼란을 경험하기 때문이다. 이러한 갈등과 혼란을 해결해주고 나아가서 학생들이 올바른 선택을 할 수 있도록 도움을 주는 것이 정치활동이다. 이 정치활동은 생활지도에서 교육과정의 한 영역으로, 최종 결과를 잘 취급하고 정리하는 데 있다. 학교나 카운슬러는 정치활동에 신중한 배려와 관심이 있어야 한다. 학생들이 학교생활을 잘 할 수 있고 앞으로 적합한 성인생활을 유지할 수 있도록 적극적으로 준비시키고 지원해주는 역할을 해야 할 것이며 여러 가지 활동의 책임이 부수적으로 따라야 할 것이다.

정치활동은 학생이 학교에서 갖는 일련의 경험과정에서 한 단계로부터 다음 단계로 넘어가서 무엇을 할 것인가를 결정짓거나 그에 잘 적응하도록 도와주는 일련의 조력활동을 말한다. 이러한 정치활동에 포함되는 구체적인 내용을 소개하면 다음과 같다(황응연 · 윤희준, 1983, 204).

- 학생들이 일정 수준의 능력에 도달할 수 있도록 학급이나 학년 내에서 학생들을 소집단으로 분단하는 일
- 학생이 진급, 진학 또는 월반을 돕는 일
- 교육과정 또는 학과를 자기 나름대로 선택하도록 돕는 일
- 특별활동의 반을 선택하는 것을 돕는 일
- 방학 동안이나 평상시에 자기능력에 맞는 부직을 구하도록 돕는 일
- 상급학교와 직업을 선택하도록 돕는 일
- 졸업생이 항구적인 직업을 정하도록 돕는 일

2. 정치활동의 유형과 내용

정치활동은 보는 관점에 따라 다른 형태로 구분된다. 교과활동에 대한 정치, 교과 외 활동에 대한 정치, 훈련에 대한 정치 등으로 또 진로정치, 교육적 정치, 개인 발달을 위한 정치, 환경적 정치 등으로 구분할 수 있다(윤운성 · 김홍운, 2001). 여기서는 학교 내 정치활동과 학교 외 정치활동으로 구분하여 살펴본다.

1) 학교 내 정치활동

학교 내 정치활동(in-school-placement)은 학생들이 교육과정에서 교과, 특별활동, 특별집단이나 특별학급 등을 선택할 수 있도록 도와주는 활동으로 구성되어 있다. 여기에는 황응연과 윤희준(1983)의 교과활동에 대한 정치와 교과 외 활동에 대한 정치, 그리고 Gibson과 Mitchell(1999)의 교육적 정치와 개인 발달을 위한 정치가 포함된다.

일반적으로 교육적 정치는 학생의 특성과 자질을 진학할 학교나 특정한 프로그램의 자격요건과 연결시키는 조직된 노력을 의미한다. 즉 상급학교의 입시요강, 경비, 학교의 특징, 프로그램의 내용 등에 관한 정보를 제공함으로써 학생들이 합리적인 의사결정을 할 수 있도록 하는 것이다. 학교 내 정치는 학생들을 개인적인 발달을 촉진시킬 수 있는 교과 외 생활에 배치시키는 일도 포함한다. 이러한 교과 외 생활에 대한 정치는 학생의 사회적 발달, 사회참여, 그리고 개인 성장에 대한 욕구를 충족시키기 위한 활동을 포함한다. 즉 각급활동과 정규과정으로 참가하는 특별활동과 학생들이 자유롭게 참가하는 과외활동과 집단활동이 포함된다.

사실상 정치활동은 진학이나 진로 등의 교육적 정치활동만을 의미하는 것이 아니다. 넓은 의미로는 필요한 경험을 통해 도움을 받을 수 있고 만족할 만한 적응을 하고 유용한 정보를 얻고 나아가서는 개인의 전체 발달을 가능하게 하는 자기정치(self-placement)를 촉진시키는 활동이라고 할 수 있다(Gibson & Mitchell, 1999). 이러한 넓은 의미의 정치의 한 예가 개인으로 하여금 다양한 역할과 환경을 경험하도록 하는 것이다. 이러한 역할정치는 서로 다른, 그리고 의미 있는 역할을 경험하는 것이 개인의 발달을 위해서 중요하다고 가정하고 있다. 여기에서는 지도자, 집단성원, 성취자, 권위자, 의사결정자, 봉사자 등의 역할을 수행해보도록 하는 것이다. 어떤 사람들은 이러한 역할을 계획 없이 자연스럽게 수행할 수 있지만 대부분의 사람들은 특별히 계획된 활동을 하지 않고서는 경험할 기회가 없다. 상담자와 담임교사가 협동적으로 수업과 개인발달을 동시에 촉진시킬 수 있는 의미 있는 경험을 계획해야 한다. 또한 학교 내 정치활동은 학생들이 자신에게 적합한 특별학급을 선택하도록 도와주는 일을 포함한다. 예를 들면 학생들이 자신의 능력에 비해 낮은 학급을 택하거나 혹은 부모의 강요에 의해 너무 높은 학급을 택하는 것을 지양하고 학생 각자의 능력에 적합한 특별학급을 선택하는 것이다.

2) 학교 외 정치활동

학교 외 정치활동(out-of-school-placement)은 시간제 부업이나 방학 동안의 부업, 졸업 후의 직업 또는 상급학교로의 진학이나 훈련 등에 학생들을 적절히 배치하는 것을 의미한다. 학교 내 정치활동이 주로 학생들을 학교 안에서의 교과활동이나 특별활동에 적절히 배치하는 것에 중점을 두는 데 비해, 학교 외 정치활동은 주로 학교장면 밖으로 학생들을 배치하는 데 중점을 둔다.

황응연과 윤희준(1983)의 직업에 대한 정치와 훈련에 대한 정치, 그리고 Gibson과 Mitchell(1981)의 환경적 정치와 진로정치가 학교 외 정치에 속한다. 환경적 정치는 개인 발달의 한 활동으로서, 이는 학생에게 자신이 속한 환경과 다른 환경을 경험할 기회를 제공하기 위해서 배치한 것이다. 예를 들면 얼마 동안 도시 학생들이 농촌에서, 그리고 농촌 학생들이 도시에서 생활할 수 있도록 기회를 만들어주는 것이다. 학생들의 역할배치는 학급이나 학교에서 다른 역할을 경험함으로써 개인의 발달을 촉진하는 것인 데 비해, 환경적 정치는 학교 밖의 새로운 환경을 접함으로써 학생의 개인적 발달을 증진시키는 것이다. 훈련에 대한 정치는 실습 같은 특정한 훈련경험에 학생을 배치하는 것이다. 다시 말해 공업학교 학생들은 공장에서 실습을 하거나 교사를 희망하는 학생들은 교생실습을 할 수 있도록 하는 것이다. 경우에 따라서는 방학 동안에 현장에 나가서 학교에서 배운 이론을 실제 경험하는 것 또한 모두 훈련에 대한 정치라고 할 수 있다(이재창, 2005).

결국 정치활동이란 모든 학년에 걸쳐서 학생들이 그들 나름의 필요를 충족시키기 위해 다음 단계의 계획과 새로운 위치를 정하여 전진하도록 돕는 일체의 활동이라고 할 수 있다. 이러한 활동에 포함되는 구체적인 내용들은 다음과 같다(윤운성 · 김홍은, 2001).

- 학생을 일정 수준의 능력에 도달하게 하기 위하여 능력별로 배치하는 일
- 교육과정이나 교과목을 학생 개개인의 수준에 맞게 선택하도록 돕는 일
- 교과 외의 활동도 선택하도록 돕는 일
- 자기능력과 사정에 맞는 부업을 구하도록 돕는 일
- 상급학교와 직업선택을 현명하게 하도록 돕는 일
- 졸업생이 영구적인 직업을 정하도록 돕는 일

3. 추수지도활동

1) 추수지도활동의 의미와 목적

추수지도활동(follow-up service)은 추후지도 또는 사후지도라고도 불리며, 이 활동은 주로 학생들에 대한 사후점검을 통하여 지도를 받은 학생이 건전하게 적응하고 있는가를 살펴보고 그 대책을 강구하는 데 의미가 있다. 추수지도활동은 졸업자와 중도 퇴학자를 돕기 위하여, 학생의 과거 경험에 대한 정보를 얻기 위하여, 과거 전체 학교교육프로그램을 증진하는 데 있어서 유용한 정보를 얻기 위하여 실시된다. 즉 추수지도활동이란 학교를 중퇴하거나 졸업한 학생의 결과를 평가하는 기술인 것이다.

추수지도활동은 상담이나 사례연구가 끝난 후 내담자의 적응여부를 알아보기 위해서 계속해서 지도하는 좁은 의미의 추수지도활동과 교육의 전체적인 성과나 생활지도의 성과를 체계적으로 계속 확인하는 넓은 의미의 추수지도활동으로 구분되는데, 추수활동의 범위를 좁게 보든 넓게 보든 학생들을 지도한 후 그 성과를 확인하면서 체계적으로 계속 지도하는 활동을 추수지도활동이라고 한다. 이렇게 볼 때 이미 지도받은 모든 사람이 다 추수지도의 대상이 될 수 있다. 그러나 현실적으로

모든 학생을 추수지도의 대상으로 삼을 수 없기 때문에 재학생, 졸업생, 중퇴생 가운데서 특히 체계적인 지도를 필요로 하는 학생을 대상으로 하는 것이 상례이다. 추수지도활동의 목적은 한 마디로 말해서 이미 지도를 받았던 사람의 계속적인 성장과 발달을 도우려는 것이다.

황응연과 윤희준(1983, 205-206)은 추수지도활동의 목적을 다음과 같이 제시하고 있다.

- 학교를 떠났거나 과거에 지도를 받았던 학생에게 계속해서 그가 당면한 상황에 대한 정보를 주는 일이다.
- 이전에 지도를 받았던 학생에게 계속해서 자기를 평가하고 이해할 수 있는 정보를 제공하는 일이다.
- 이전에 지도를 받았던 학생이 그 이후에 얼마나 적응된 생활을 하고 있는지를 확인하는 일이다.
- 졸업생이나 중퇴생들과 계속적으로 접촉하여 친화감을 유지하면서 교육적인 영향력을 발휘하는 일이다.
- 학생, 학교, 지역사회 간의 유대를 긴밀하게 하는 일이다.
- 현재 지도하고 있는 학생들에게 도움이 될 만한 정보와 자료를 제공하는 일이다.
- 과거에 지도했던 학생들에게 현재 지도하는 학생이나 학교교육 활동에 도움이 되는 건설적인 의견을 듣는 일이다.
- 과거에 지도했던 학생들을 위해 계속적으로 상담활동을 하는 일이다

2) 추수지도활동의 형태

추수지도활동의 형태는 졸업반 학생과 졸업생을 대상으로 하는 것으로 구분한다. 먼저 졸업반 학생들에게 추수지도활동이 필요한 이유는 학생들의 장래계획 수립에 도움을 줄 수 있으며 학교 자체의 생활지도 계획을 위해서 필요한 것이다. 또한 졸업 예정자들은 졸업을 앞두고 진학계획이나 직업계획을 세우는 문제로 상담자의 도움이 필요하기 때문이다. 그러므로 상담자는 졸업을 앞둔 학생들에게 제공할 추수지도활동 계획을 확고하게 세워야만 한다.

학교를 졸업한 후에 상급학교 진학이나 또는 취직을 하였을 때 졸업생이 새로운 환경에 어떻게 적응하고 있는가를 알아보기 위해 추수지도활동이 필요하다. 졸업생에 대해서 추수활동을 하는 이유는 얻어지는 정보가 졸업생의 성취를 나타내주는데, 그 같은 성취는 졸업생들이 받았던 교육과 그의 이용 관계를 알 수 있어 각급 학교의 교육계획을 평가할 수 있기 때문이다. 또한 졸업생들의 정보를 통해 상담자와 생활지도위원회에서는 그들을 위한 추수지도활동 계획을 수립할 수 있기 때문이다.

Traxler(1987)는 추수지도활동의 형태를 다음과 같이 제시하고 있다.

첫째, 우발적인 추수지도활동으로서 상담자나 교사들은 그들의 정상적인 활동의 일부분으로 추수지도를 하고 있다. 즉 상담자나 교사가 때때로 학생들에게 준 조언의 경과를 알아보는 경우와 필요한 추가적인 정보를 얻기 위해 추수지도 하는 형태이다.

둘째, 사례연구의 대상이 되었거나 집중적으로 교정적인 도움을 받았던 학생에 관한 추수지도활동 형태이다. 사례연구의 대상이었던 학생들의 미래 활동은 그 자체가 사례연구의 평가정보로 작용될 수 있다. 미래 활동의 결과는 다음의 사례연구 및 추수지도활동에 중요한 지침 또는 자료로 활용될 수 있다.

셋째, 졸업생이나 중퇴생들에 관한 추수지도활동 형태이다. 이는 학교와 사회 간의 긴밀한 협조로서 가능하다. 이들이 사회에서 잘 적응하고 있는지를 확인하고 학교는 사회에 도움을 요청할 수도 있으며, 계속적인 삶을 격려하고 원만한 사회적응을 도모해야 한다.

넷째, 졸업예정자들에 대한 것으로 직장을 얻으려고 하는 학생들이나 상급학교에 진학하고자 하는 학생들에 관한 추수지도활동 형태이다. 이를 위한 추수지도활동의 한 방법으로 동문회나 동창회 모임을 계획하고 유도하는 것도 좋을 것이다. 그들이 미래사회의 적응방법을 후배들에게 심어줄 수 있는 기회가 되기 때문이다. 한편 이러한 추수지도는 장차 출신학교에 대한 인식과 출신학교의 발전에 도움이 될 수 있다.

일반적으로 추수지도활동에 이용되는 방법으로는 면접법, 질문지법, 관찰법, 검사법, 서신, 전화, 개별방문 등이 있다.

제 07 장 상담이론

학습개요

상담이론은 그것이 지향하는 철학적 관점, 인간관, 성격이론, 심리적 문제를 보는 시각 등에 따라서 상담자마다 각기 다르다. 상담자가 학생의 문제에 접근하는 방식은 자신의 이론적 틀에 따라 달라질 수밖에 없다. 상담자는 이론적 틀에 따라 상담목표를 정하고 상담을 진행하며 치료방법을 강구한다. 따라서 유능한 상담자가 되려면 상담자의 치료적 성격에 맞고 내담자의 문제와 특성에 맞는 이론적 모델을 찾아 접근해야 한다. 그리고 여러 가지 이론적 내용을 이해함으로써 다양한 학생들의 문제를 다양한 각도에서 살펴볼 수 있는 통찰력을 갖게 될 것이다. 이 장에서는 다양한 상담이론들의 기본관점, 상담목표, 상담과정, 상담기법 등에 대해서 살펴보기로 한다.

학습목표

1. 특성요인 상담이론과 인간중심 상담이론에 대해서 설명할 수 있다.
2. 정신분석적 상담이론과 행동주의 상담이론에 대해서 설명할 수 있다.
3. 합리적 · 정서적 · 행동적 상담이론과 의사교류분석 상담이론에 대해서 설명할 수 있다.
4. 현실치료 상담이론과 형태주의 상담이론에 대해서 설명할 수 있다.

1. 특성요인 상담이론

특성요인 상담(trait and factor theory)은 지시적 상담(directive counseling), 상담자 중심 상담, 의사결정적 상담, 이성적 · 지시적 상담이라고도 불리는데 미네소타 학파의 Williamson이 그 창시자이다. 특성요인 상담은 주로 교육과 직업문제에 있어서 적응을 강조하는 직업상담에서 발전하였다. 개인의 전체적 발달을 상담의 목표로 삼고 있으며(Burks & Steffle, 1979), 각 개인의 특성과 요인을 중시하였다.

1) 기본 관점

Williamson은 상담의 목적을 학생의 지적 훈련뿐만 아니라 타고난 가능성의 범위 내에서 사회적 · 문화적 · 정서적 성장 수준을 높이는 데 도움을 주는 것이라고 하였다(Patterson, 1980). 즉 상담을 통해 개인의 지적 훈련뿐 아니라 전인적 인간으로서의 최적의 발달을 도모하는 것이다. 그는 인간의 본성에 대하여 다섯 가지 가정을 제시하고 있다.

첫째, 인간은 선과 악의 잠재력을 모두 지니고 있다. 그러므로 인간이 자기능력을 사용하는 방법을 학습하면 자기문제를 해결하는 방법을 학습할 수 있다. 둘째, 인간은 선을 실현하는 과정에서 타인의 도움을 필요로 하는 존재이다. 즉 인간이 자신의 가능성을 충분히 실현하기 위해서는 무엇보다 타인의 도움을 필요로 한다. 따라서 인간의 자아는 공동체 속에서 생기며 이를 떠나서는 존재할 수 없다. 상담자는 내담자의 문제행동을 하나의 주제로 다루는 교사와 같다. 셋째, 인간의 선한 생활을 결정하는 것은 자기 자신이다. 넷째, 선의 본질은 자아의 완전한 실현이다. 따라서 상담자는 개인의 최상의 발달을 도모해야 한다. 다섯째, 우주와 인간의 관계, 즉 세계관은 개인적인 것으로 각자 자기 자신의 개념이나 개인적인 우주관을 정립해야 한다.

결국 특성요인 상담의 기본 가정은 상담을 통하여 내담자의 이성적 문제를 해결하는 것이지만 궁극적으로는 탁월성을 추구하는 목적적 노력을 하는 인간을 만드는 것이다.

2) 상담의 목표

특성요인 상담의 목표는 삶의 모든 면에서 탁월성을 촉진하는 것이다. 이를 위해 상담은 사회적으로 자각된 자기이해와 자기지도능력(self direction)을 획득하고, 또 재획득한 기술을 발달시키는 개별적이고 인격적이며 허용적인 도움이 되어야 한다(Williamson, 1950). 특성요인 상담에서 상담자는 내담자의 발달에 적극적으로 작용한다. 상담자는 기본적으로 인간의 발달에 낙관적이어야 하고, 내담자가 자신의 능력을 활용할 수 있도록 배우기만 하면 그들도 자신의 문제를 해결하도록 배울 수 있다는 신념을 가져야 한다. 그리하여 내담자로 하여금 자신의 특성을 효율적으로 평가하고, 이러한 자기 평가를 사회적 · 심리적 준거와 비교 고찰하는 데 도움을 줌으로써 효과적인 의사결정 기술을 가르치는 것이다. 결국 상담의 목표는 자기이해를 넓히고 삶속에서 적절한 목표를 선택하며 합리적인 문제해결 방안을 활용하여 자신의 발달을 도모함으로써 행복한 삶을 추구하는 것이다(김계현 외 6인, 2009).

3) 상담과정

Williamson(1950)은 상담과정을 다음의 여섯 단계로 제시하였다. 그 중 네 단계는 상담자 혼자서 처리하는 과정이며 나머지 두 단계에서 내담자가 참여하게 된다.

(1) 분석

내담자를 이해하기 위해 내담자의 태도, 흥미, 가족 배경, 지식, 교육 정도, 적성 등에 대한 정보를 주관적 · 객관적으로 수집하는 것이다. 정보수집에는 누가기록, 면접, 시간할당표, 자서전, 일화기록, 심리검사 등의 도구가 이용된다. 상담을 성공적으로 이끌기 위해서 상담자는 내담자와의 짧은 면접에서 받은 인상에만 의존하지 않는다.

(2) 종합

내담자의 특성을 이해하기 위하여 수집된 자료를 분류하고 유의미하게 요약하고 조직하는 것이다.

(3) 진단

내담자의 두드러진 특징과 문제를 기술하고, 내담자의 문제 원인과 특성에 대하여 상담자 나름대로 결론을 내리는 것이다. 진단은 문제의 확인, 원인의 발견, 예후의 단계를 거친다.

(4) 예후

상담자가 내담자의 장래 발전이나 진단의 의미를 예언하는 것이다.

(5) 상담

내담자가 최상의 적응을 하도록 상담자가 도와주는 과정이다. 이 과정에는 자기 이해를 위한 안내된 학습관계, 생활에 적응하고 개인적 목표를 달성하는 데 필요한 재교육 또는 재학습, 원리와 기법을 적용시킬 기술 숙달에 상담자가 주는 도움, 치료효과를 가져올 수 있는 기법 또는 관계 등이 포함된다. 또 어떤 형태의 재교육은 치료에 의해 카타르시스가 일어날 때 자연스럽게 이루어진다. 이처럼 상담은 치료 이상의 것이며 생활에 적응하기 위한 일반화된 방법이다(Williamson, 1950).

(6) 추후지도

상담이 종료된 후 내담자가 새롭게 발생하거나 재발하는 문제를 다룰 수 있도록 상담자가 도와주거나 상담효과를 평가할 수 있도록 해주는 것이다.

4) 상담 기법

Williamson(1950)은 상담 기법을 다음의 다섯 가지로 제시하고 있다.

(1) 래포의 형성

대화의 촉진적 관계, 원만한 인간관계, 서로 믿고 의지하는 관계를 형성하여 내담자와 상담자 사이에 신뢰관계를 만드는 것이다. 이를 형성하는 데 중요한 요인은 상담자가 보이는 개인적인 온화함과 내담자를 이해하려는 마음이다.

(2) 자기이해의 증진

상담자는 내담자가 자기 자신을 이해하도록 돕기 위해 앞으로 무엇을 해야 하며 어떤 계획을 수립해야 할지 조언한다.

(3) 조언이나 활동계획의 수립

상담자는 내담자의 선택, 목표, 견해 또는 태도의 진단에서 나온 자료를 해석해 주고, 상담자가 지지 또는 반대하는 증거를 제시하며 충고한다.

(4) 계획의 실행

내담자가 선택이나 결정을 실천할 수 있도록 직접 또는 간접으로 도와줄 수 있다.

(5) 다른 전문가에게 의뢰

상담자의 능력을 벗어난 경우에는 다른 전문가에게 의뢰하는 것이 좋다.

Williamson의 상담은 이성적 · 지시적이며 상담자의 역할이 교사, 지도자이지만 내담자에게 설득이나 훈계는 하지 않는다(Williamson, 1958). 상담자가 내담자의 자기이해뿐 아니라 문제해결까지도 도울 수 있어야 한다는 점을 강조한다.

2. 인간중심 상담이론

인간중심 상담은 Carl Rogers에 의해 창안된 것으로, 비지시적 상담(nondirective counseling)과 내담자 중심상담(client-centered counseling)으로 불리다가 1970년대 이후 인간중심 상담으로 부르게 되었다. 또한 현상학적 접근 혹은 자아개념을 중시하는 현상학적 심리학에 기초를 두고 있기 때문에 자아이론적 접근이라고도 한다. 인간중심 상담에서는 모든 내담자가 자기 자신의 중요한 일들을 스스로 결정하고 해결할 수 있는 능력을 가지고 있음을 강조하며, 인간의 기본적인 동기로서 성장동기를 강조한다. 환자를 대상으로 한 정신분석학과 과학적인 명제에 지나치게 집착하여 실험실 속의 엄격한 통제를 강조한 행동주의보다 건강한 인간에 대해 더 연구하고 그 특성을 밝히고자 했다.

1) 기본 관점

(1) 인간관

Rogers는 근본적으로 인간을 전진적 · 건설적 · 긍정적 · 독립적 · 수용적 · 현실적이며 신뢰할만한 선한 존재로 보았다. 또한 사회적이고 미래지향적인 존재이며 자아실현의 의지와 아울러 선한 마음을 갖고 태어난다고 본다. 인간중심상담은 인간을 결정론적 존재로 보는 Freud의 입장을 비판하고 인간은 스스로 자신의 문제를 해결하고 이해할수 있는 능력을 가지고 있으며 또한 인간의 발달은 고정된 것이 아니라 발달되어가는 진행중인(becoming) 단계로 보고 있다(김형태, 2005). Rogers는 인간은 어느 순간에 결정되는 존재가 아니라 끊임없이 변하는 존재이기 때문에 자신을 발전시키기 위한 기본적 동기와 함께 자아실현의 의지를 가지고 있다고 하였다. 즉 인간은 기본적으로 실현경향성의 잠재력을 갖고 태어나 자신을 성장시킬수 있다는 것이다. 그러나 인간이 부정적이고 악하게 된 것은 외부적인 영향을 부모나 사회에서 가하는 가치의 조건화(condition of worth)에 의해 이러한 실현경향성이 방해받기 때문인 것으로 본다(이장호, 2005). 따라서 상담자는 이러한 유기체의 경향성을 발휘할수 있도록 촉진된 환경을 제공하는데 역점을 두어야 한다는 것이다.

(2) 현상학적 장

현상학적 장이란 경험적 세계 또는 주관적 경험이라고 불리는 개념으로 특정 순간에 개인이 지각하고 경험하는 모든 것을 의미한다. 개인이 경험하거나 지각한 장은 그 개인의 사적이고 주관적인 경험의 세계이다. Rogers는 이 경험적 혹은 현상학적인 장을 그 개인이 실제세계로 보고 있다. 이러한 현상학적 장에는 개인이 의식적으로 지각한 것과 지각하지 못하는 것 까지도 포함되지만 개인은 객관적 현실이 아닌 자신의 현상학적 장에 재구성된 현실에 반응한다.

(3) 유기체

유기체는 각 개인의 사고, 감정, 행동, 신체적 존재 모두를 포함하는 전체로서의 한 개인을 말한다. 유기체인 개인은 자신이 그 세계 속에서 경험하고 지각한 장에 대하여 반응한다.

(4) 자아

자아(자기, self)는 현상학적 장에서 개인이 인식하는 경험의 세계에서 분화된 부분으로 자기에 대한 개념이다. 즉 자신에 대해 갖고 있는 조직적이고 지속적인 인식을 말한다. 이것은 인간중심상담이론의 가장 중심적인 구성 개념이다.

(5) 자아개념

자아개념은 현재 자신이 어떤 존재인가에 대한 개인의 개념으로서 자신에 대한 자기상(self image)이다. 자아개념에는 현재 자기 자신의 모습에 대한 인식인 현실적 자아(real self)와 앞으로 자신이 어떤 존재가 되어야 하며 어떤 존재가 되기를 원하는지에 대한 이상적 자아(ideal self)로 구분된다.

(6) 자아실현 경향성

Rogers의 자아실현 경향성은 유기체를 유지하고 증진시키려는 방향으로 모든 능력을 발달시키는 유기체의 선천적 경향에 따라 형성된다(조현춘 · 조현제,2003). 인간은 선천적으로 자기자신이 되고자 하는 경향성을 가지고 태어났으며 그 무엇도 될 수 있는 가능성과 잠재력을실현하려는 경향성이 있는데 이를 실현경향성이라 한다. 이는 유기체의 성장, 향상, 발달을 촉진시키는 경향성이자 추구이다.

(7) 자아일치

자아일치란 있는 그대로의 나(현실적인 나)와 되고 싶은 모습의 나(이상적인 나)가 일치되는 것을 말한다

(8) 적응과 부적응

적응이란 자아와 유기체의 경험간의 일치를 말하며, 경험에 개방적인 특성을 지

니고 있으며 충분히 기능을 발휘할수 있는 상태라고 할수 있다. 부적응이란 자아와 유기체의 경험간의 불일치를 말하며 방어적인 특성을 가지고 있다(이현림, 2008).

(9) 가치의 조건화

가치의 조건화는 의미있는 타인들로부터 긍정적인 관심을 받고자 하는 욕구로 인해 부모 등으로 부터 애정과 관심을 받는데 도움이 되는 가치를 마치 진정한 자신의 것으로 채택하게 되는 것을 말한다. 이러한 가치의 조건화 과정을 통해 인간은 자신의 욕구에 따라 살지 못하고 다른 사람의 관심과 애정을 받기 위해 그들의 기준이나 욕구에 맞추어 살아가게 된다(이장호 외 2인, 2011). 의미있는 대상으로부터 주입된 가치의 조건화는 아동의 주관적 경험을 왜곡 또는 부정하기 때문에 실현경향성의 성취를 방해하고 내적 경험과의 불일치를 가져오고 개방적 경험에 의한 성장을 방해하며 불안, 갈등, 공포, 두려움과 같은 부정적인 정서를 유발시킨다.

(10) 충분히 기능하는 사람

충분히 기능하는 사람(the fully functioning person)은 만족한 역할 수행자라고도 하며, 자신의 유기체를 사랑하고 경험에 개방적이며 창의적이고 매 순간 충실한 실존적 삶을 살며 제약이나 억제없이 선택의 자유를 가지는 사람으로서 자기와 경험과의 일치를 통해 자기 자신을 실현하는 사람이다(이경숙 · 정찬기오, 2009). Rogers는 충분히 기능하는 사람의 특징으로 ① 경험에 대한 개방성, ② 실존적 삶, ③ 자신의 유기체에 대한 신뢰, ④ 자유감, ⑤ 창조성을 들고 있다.

2) 상담의 특징

인간중심 상담의 특징을 살펴보면 다음과 같다(이현림, 2008, 58).

- 상담자 중심이 아니라 내담자 중심의 상담이다. 즉 문제해결을 위한 최종적인 선택을 내담자에게 부여한다.
- 내담자의 문제를 중요시하기보다는 개인 그 자체를 중요시한다.
- 지적인 면보다는 정의적인 면을 더 강조한다.
- 공감이 기본이 되며, 따라서 상담자는 내담자가 느끼고 있는 것을 느끼는 것이

아니라 내담자의 마음상태를 이해하여야 하므로 래포는 필수조건이 된다.

- 내담자가 상담자보다 문제와 문제의 해결방법을 더 잘 알 수 있다고 보며 각종 심리검사, 기록, 사례사들도 필요한 것이기는 하지만 때로는 문제해결에 방해 요소로 작용한다고 본다.
- 개인의 과거 경험보다는 현재 상태를 중요시한다.
- 진단을 중요시하지 않고 배제한다.

3) 상담의 목표

인간중심 상담의 목표는 개인으로 하여금 방어적인 행동을 하는 가치조건들의 해제를 돕고, 유기체적 경험의 개방성을 돕는다. 또한 그 결과를 자아 혹은 자아개념과 경험 간의 일치 정도를 높일 수 있도록 도움으로서 충분히 제 기능을 다하는 사람이 되도록 하는 것이다. 이렇게 함으로써 능력과 개성을 최대한 발휘하는 자아실현을 촉진하게 된다.

자아실현을 이룬 사람의 특징은 첫째, 자기방어를 위해 현실을 왜곡하지 않는다. 둘째, 자기 자신에 대한 올바른 이해에 바탕을 둔 신뢰감과 융통성있는 마음의 자세를 갖추고 있다. 셋째, 실존문제에 대한 해답을 자신의 내부에서 찾으려 하며, 인간적인 성숙이 지속되는 과정임을 알고 있다(이현림, 2008, 58).

4) 상담의 과정

Rogers는 《상담과 심리치료》에서 상담을 12단계로 구분하여 상담과정을 설명하고 있다. 상담과정 및 그에 따른 활동을 제시하면 다음과 같다(김영봉 외 4인, 2007).

1단계 : 내담자는 도움을 받기 위하여 방문한 것이다.

내담자는 도움을 받기 위하여 상담자를 찾은 것이다. 이런 의미에서 스스로 책임있는 행동을 개시한 것이다. 따라서 내담자의 최초 표현이 다소 타의에 의해서 왔다고 할 수도 있지만, 이러한 표현을 자신의 의도에서 찾게 되었다는 것을 변환시키려는 노력이 필요하다. 처음에는 내담자 자신의 문제에 대해 책임지려 하지 않지만 내담자의 최초의 표현을 인정하면서, 예를 들어 '타의에 의해서 상담을 하게 되었지만 자신도 방문의 필요성을 느끼게 되었군' 과 같은 유도를 통하여 자신의 문제를 인정하고 그 문제에 대한 자신의 책임을 확신시키는 것이다.

2단계 : 상담이라는 상황을 분명히 한다.

상담을 통한 문제해결은 1회적이거나 짧은 시간 동안에 해결되는 것이 아니라 많은 시간과 노력에 의해서 가능하다는 것을 인식시켜야 한다. 약속시간을 정확히 지킨다든지, 상담과정은 진지해야 한다든지, 상담은 상담자와 내담자의 협력으로 가능하다든지 등의 상담의 기본 정의를 분명히 인식시킬 필요가 있다. 또한 상담에 소요되는 시간, 장소, 상담비, 상담에 요구되는 내담자의 태도나 자료 등에 대해서도 명확히 해야 한다.

3단계 : 상담자는 내담자가 문제에 대한 감정표현을 자유롭게 할 수 있도록 유도한다.

내담자는 문제의 성격에 따라서 격앙된 목소리, 흐느낌, 불안과 초조의 상태, 죄책감 등을 나타낼 수 있다. 상담자는 이러한 내담자의 표현을 제지하기보다는 내담자가 직면하고 있는 문제의 양상을 정확히 파악하기 위해서 호의적이고 감정이입적이며, 수용적이고 허용적인 태도를 취해야 한다. 상담자는 이와 같은 태도를 취함으로써 내담자의 심층적 상태를 정확히 파악할 수 있는 것이다.

4단계 : 상담자는 표출되는 부정적 감정표현을 수용하고 인정하며 그것을 정리해 주어야 한다.

상담자는 내담자의 문제에 따른 감정적 표현을 있는 그대로 받아들이면서 그러한 표현을 하는 이유들을 정리해줄 수 있어야 한다. '그 사람이 정말로 미웠겠군', '그 일을 혼자만이 알고 있기란 정말 힘들었겠군', '마음이 퍽 상했겠군', '그것을 참기가 정말로 힘들었겠군' 등의 대답으로 내담자의 부정적 감정표현들을 인정하면서 정리할 필요가 있다. 이렇게 내담자의 감정을 인정하고 그 감정의 이유들을 정리하는 것은 차후 문제해결의 실마리로 작용될 수 있다. 이 과정에서 내담자가 표현하지 않은 감정을 상담자가 앞질러 말해서는 안 된다.

5단계 : 부정적 감정을 완전히 표현할 수 있게 된 후에는 성격 성장에 보탬이 되는 어느 정도의 긍정적 감정이 나타나기 시작한다는 것을 알아야 한다.

내담자의 부정적 감정을 인정하고 수용하는 만큼 내담자는 그와 상반되는 긍정적 감정의 가치를 느낄 수 있다. 따라서 상담자는 '미워하는 마음보다는 사랑하는 마음을 가지면 좋을 텐데', '마음을 터놓고 지냈으면 좋을 텐데', '항상 편안한 마음을 가졌으면 좋을 텐데' 같은 긍정적 감정을 대치시켜줌으로써 내담자로 하여금 긍정적 감정의 가치를 수용하고 표현하도록 유도해야 한다.

6단계 : 상담자는 내담자의 부정적 감정을 받아들인 것과 마찬가지로 긍정적 감정을 인정하고 받아들인다.

상담자는 내담자의 부정적 감정과 긍정적 감정에 대한 구별적인 수용을 해서는 안 되고, 두 감정 모두를 받아들여야 한다. 내담자의 부정적 감정은 나름대로의 이유가 있고, 긍정적 감정의 표현도 나름대로의 이유가 있기 때문이다. 이렇게 두 감정을 모두 인정해야 하는 이유는 내담자 자신이 부정적 감정을 가질 수밖에 없었다는 사실을 인정하게 되어 결과적으로 긍정적 감정을 가지고 싶다는 것도 자연적으로 유도되어 표현될 수 있기 때문이다.

7단계 : 부정적 감정과 긍정적 감정을 경험하면 자기이해와 자기수용, 즉 통찰이 나타난다.

내담자는 감정으로 인해 바르게 볼 수 없었던 현실이나 진실을 볼 수 있게 된다. 통찰을 통해서 새로운 차원의 의미를 알게 되는 것이다. 즉 내담자는 감정이 제거되고 현실을 통찰할 수 있게 된다. 지금까지 부정적 감정의 결과가 반복적인 상황을 초래할 뿐이었다는 것을 알게 되고, 오히려 긍정적 감정의 표현을 통해서 새로운 차원에서의 자신을 발견하게 된다. 비로소 자신에게서도 긍정적 감정의 표현이 부족했다는 것을 인정하고, 자신의 문제 원인이 타인과 외부의 상황에만 있는 것이 아니라 자기 자신 내의 긍정적인 감정의 부족에 있었다는 것을 깨닫게 된다.

8단계 : 통찰과 뒤섞여 여러 가지 의사결정을 할 수 있는 실마리가 선명하게 보인다.

문제의 핵심을 보게 되면 내담자는 여러 가지 해결의 실마리를 찾게 된다. 문제해결 방법은 유일한 하나의 방법으로만이 아니라 다양한 방법이 있을 수 있다. 따라서 이 정도의 과정에서도 문제해결의 갈림길을 인정하고 내담자가 느끼는 아직까지의 불안과 주저함도 인정하며 좀 더 시간을 갖고 다양한 해결방안들을 경험하거나 찾아보자는 격려도 필요하다.

9단계 : 이제 내담자는 서서히 긍정적 행동을 보이기 시작한다.

이 단계에 이르러 비로소 내담자에게 행동의 변화가 나타나기 시작한다. 이제는 내담자가 스스로 무엇을 해야겠다는 언어적 또는 비언어적 표현을 나타내기 시작한다. 물론 이 단계의 시초에는 아직 행동으로 옮기기에는 어려움이 있지만, 이 단계의 말쯤에는 이제는 친구의 초청에 응하는 행동을 보이기도 하고, 친구와의 만남에서도 만족을 느끼기도 한다. 이때 상담자는 보람을 느끼며 이를 계기로 상담자는 내담자를 격려하고 계속적인 행동의 변화를 유도해야 한다.

10단계 : 보다 깊은 통찰과 성장이 이루어지는 단계이다.

일단 내담자가 상당한 정도로 통찰을 달성하고, 아직은 완성적인 긍정적 행동을 수월하게 보이지는 않지만 긍정적인 태도를 취하기 시작했다는 것은 커다란 성장이 온 것이다. 이제는 좀 더 통찰이 잘 일어날 뿐만 아니라 자신의 언동을 더 깊이 보면서 완전하고 정확한 자기이해를 할 수 있게 된다.

11단계 : 내담자가 보다 적극적인 긍정적 행동을 취하는 단계이다.

이 단계에서 상담자와 내담자의 상호적 유대가 가장 긴밀해진다. 또한 내담자는 상담자에게 자신의 생각이나 표현을 부담 없이 하며 상담과정에 대한 두려움이나 불안이 거의 보이지 않는다. 따라서 내담자는 자신의 요구와 필요, 그리고 자신의 행동적 결정을 제시하곤 한다.

12단계 : 마지막 단계에 오면 내담자는 비로소 이제는 더 이상 상담자의 도움을 받을 필요성을 덜 느끼고, 자신의 문제와 그 해결의 실마리를 찾고 자신의 노력에 정진할 것을 내심 다짐하는 단계에 이르렀기 때문에 이제는 상담을 종결해도 된다는 생각을 하게 된다. 상담의 종결은 앞서의 단계로부터 최종적인 단계에 이르면서 자연적으로 상담의 종결을 맛보게 된다. 이제는 오히려 상담의 여운을 남기면서도 홀가분한 마음으로 상담을 종결하는 데 기꺼이 동의하며 상담의 고마움을 느끼게 된다.

이러한 일련의 단계를 엄격하게 구분짓기는 어렵다. 상황에 따라 어떤 단계는 생략되거나 중첩될 수도 있다. 다만 앞에 제시된 과정은 일반적인 단계를 제시한 것이다. 이러한 단계에 따라 상담을 전개할 때 반드시 염두에 두어야 할 것은 전 과정을 가식없이 내담자의 문제를 사실 그대로 수용하고 다룰 수 있을 때 상담자와 내담자 모두가 통찰을 기초로 변화를 가져올 수 있는 것이다.

5) 상담기법

인간중심 상담은 기법이나 기술보다 상담관계를 더 중요시한다. 상담자와 내담자 사이에 안전한 신뢰관계가 형성되면 촉진적 관계로 발전할 수 있다. 즉 내담자에게 도움이 되는 것은 인지적이거나 지적인 것이 아닌 관계성의 변화와 성숙을 통한 자기능력 계발과 발견에 있는 것이다. 따라서 인간중심 상담에서는 상담관계의 조건을 강조한다. 상담의 관계 또는 조건은 순수성(genuineness), 무조건적 긍정적 관심(unconditional positive regard) 및 공감적 이해(empathic understanding)이다.

(1) 진솔성

진솔성이란 진실성, 솔직성, 순수성, 일치성으로 표현되며, 상담자가 내담자를 대할 때 가식이나 왜곡 또는 겉치레가 없이 진실하고 솔직한 것을 말한다. 상담자는 자신의 경험과 외적 표현이 일치하며 내담자와의 관계에서 일어나는 감정이나 태도를 진지하고 솔직하게 표현해야 한다.

(2) 무조건적 긍정적 존중

무조건적 긍정적 존중은 내담자를 한 인간으로서 존중하고 배려하는 것이다. 이는 무조건적 긍정적 관심, 비소유적 온정, 배려, 수용과 같은 용어로 불리기도 하는데, 상담자가 내담자를 비교하거나 선택하거나 비평하는 것이 아니라 한 인간 그 자체로서 있는 그대로를 받아들이고 존중하는 태도이다.

(3) 공감적 이해

상담과정에서 민감하고 정확하게 내담자를 이해하려는 노력을 말한다. 이러한 노력을 통하여 내담자의 내적 감정이나 경험을 내담자의 입장에서 이해하고 공감한다는 것을 뜻한다. 공감적 이해가 이루어지면 내담자와 상담자는 같은 감정을 공유할 수 있고, 동일한 반응을 할 수 있게 된다.

3. 정신분석 상담이론

정신분석 상담이론은 Sigmund Freud에 의해 연구되고 체계화되기 시작했다. 이후 Adler, Jung, Rank 등에 의해 수정 · 보완되어 오다가 1940년대 이후 Sullivan 등이 등장하여 대폭 수정을 가함으로써 신프로이트학파를 형성하게 되었다. Freud의 정신분석이론은 인간의 성격발달에 관한 본성이론을 제시하였으며 오늘날 상담과 심리치료의 기초가 되고 있다. 정신분석학이란 인간의 마음과 행동이 어렸을 때의 경험에 의해 크게 좌우되며 또한 무의식에 의해 강하게 영향을 받고 있다는 관점을 가지고 있으며, 인간의 마음과 행동이 어떻게 무의식에 지배되고 있는지 그 방법을 규명하는 이론이다.

1) 기본 관점

(1) 인간관

정신분석 상담이론은 인간의 정신을 탐구하는 하나의 방법인 동시에 인간의 정신을 치료하는 치료기법이며, 인간에 대해 결정론과 무의식이라는 기본적인 두 가지 개념에서 시작되었다. 인간은 비합리적이고 결정론적인 존재이다. 인간의 행동은 기본적인 생물학적 충동과 본능을 만족시키려는 욕망에 의해 동기화된다. 또한 정신결정론적 관점에서 보면 사람들이 겪는 심리적 문제는 내부에 존재하는 어떤 정신적 원인이 작용한 결과이다. 따라서 인간은 현재의 자신의 행위를 결정하는 주체적 존재라기보다는 과거 어린 시절, 즉 출생 후 다섯 살까지의 경험에 의해서 결정되는 존재로 보고 있다. 인간은 무의식 속에 있는 어린 시절의 심리성적인 사건들에 의하여 결정된다.

(2) 의식수준

인간의 정신생활은 의식, 전의식, 무의식의 세 가지 차원에서 일어난다.

① 의식

의식은 개인이 주의를 기울이는 순간, 즉 각성하고 있을 때 알아차릴 수 있는 정신영역으로 자아가 여기에 속한다. 우리가 다른 사람의 이야기를 듣고 이해하며, 사물을 보고 지각하고 반응하는 것은 다른 사람의 이야기를 의식하고 사물을 의식하기 때문에 가능한 것이다.

② 전의식

전의식은 흔히 '이용 가능한 기억'이라고 불리며, 의식의 부분은 아니지만 조금만 노력하면 의식 속으로 떠올릴 수 있는 생각이나 감정을 포함하고 있다. 노력하거나 자극을 받아서 연상되고 기억될 수 있는 정신세계로 자아영역이 여기에 속한다. 즉 자극이 있거나 의식하기 위하여 노력한 결과 의식되는 정신세계를 말한다. 전의식은 정신세계에서 의식과 무의식의 영역을 연결해준다.

③ 무의식

평소에는 전혀 자각하지 못하는 정신영역으로 원초아와 초자아가 여기에 속한다. 무의식은 마음 깊은 곳에 감춰져 있어 의식되지는 않지만 인간의 행동, 감정, 정신을 지배하는 부분으로 우리의 심적 내용의 대부분을 차지한다. 무의식은 지각할 수 없으며 용납될 수 없는 감정이나 생각, 충동들이 억압되어 있다. 무의식의 과정은 신경증적 증후와 행동의 근원이다.

(3) 성격구조

Freud는 인간을 복합적인 에너지 체계로 보고, 그 성격구조를 원초아(id), 자아

(ego), 초자아(superego) 세 가지로 설명했다. 원초아는 생득적인 것으로 생물학적 반사 및 충동, 그리고 본능 등을 포함하며 여기에서 자아와 초자아가 분화된다.

① 원초아(원본능)

생득적인 것으로 기본적인 생물학적 반사 및 충동, 본능을 포함하고 있다. 여기서 자아와 초자아가 분화되어 나오며, 쾌락의 원리에 의해 지배된다. 원초아는 쾌락을 얻기 위한 방법으로서 생리적인 자동적 반응들을 포함하는 반사작용과 긴장을 제거해주는 대상의 영상을 떠올림으로써 긴장을 해소하려는 일차적 과정이 있다.

② 자아

자신의 마음속의 것과 외계의 것과를 구별할 줄 알고 현실의 원리에 입각하여 욕구 충족을 위해 적합한 대상이 발견될 때까지 긴장해소를 보류할 수도 있다. 원초아가 맹목적으로 욕구충족을 꾀하는 데 비해 자아는 주관적 욕구와 외부의 현실을 구별할 줄 아는 현실검증능력을 가지고 있다.

③ 초자아

사회의 전통적 가치와 이상의 내적 기준이다. 초자아는 현실보다는 이상을 대표하며 쾌락보다는 완성을 추구한다. 그리고 본능의 충동을 억제하고 자아가 현실적인 목표 대신에 이상적인 목표를 갖고 완전성을 위해 정진하도록 설득하는 기능을 갖고 있다.

(4) 성격의 역동성

Freud는 인간 유기체를 복잡한 에너지 체계로 보고 정신적 에너지를 가정했다. 정신적 에너지는 신체적 에너지로 변환될 수 있는데, 삶의 본능과 죽음의 본능이라는 두 종류의 에너지를 본능이란 개념으로 설명한다.

① 삶의 본능(eros)

생식본능과 성본능처럼 개체의 보존과 종족번식의 목적에 관계하는 본능으로 그 승화된 모습이 건설적 행위나 이타적 행위이다. Freud는 삶의 본능을 리비도

(Libido: 성적원동력)라는 개념으로 불렀으며, 이 리비도가 집중적으로 모이는 곳이 성감대이다.

② 죽음의 본능(thanatos)

죽음의 본능은 자기 파괴적이고 공격적인 행동을 나타낸다. 공격성은 자기 파괴적 본능이 외부의 타인에게 돌려진 것이다. 제1차 세계대전을 목격한 Freud는 공격본능이 성욕만큼 강한 동기라고 보았다.

(5) 불안

불안은 동기를 유발하는 긴장상태로 생체의 안전을 위협하는 모든 상황에 대해 불안을 일으킨다. 불안은 심리적인 에너지를 통제할 수 없을 때 발생하는 것으로 원초아와 자아, 그리고 초자아 간의 갈등이다. 불안에는 신경증적 불안, 현실적 불안, 도덕적 불안이 있다.

① 신경증적 불안

현실을 고려하여 작동하는 자아와 본능에 의해 작동되는 원초아 간의 갈등에서 비롯되는 불안이다. 원욕 속에 포함하고 있는 억압된 욕구나 충동(특히 성적 충동과 공격적 충동)들을 자아가 적절하게 조절할 수 없어서 벌을 받게 될 어떤 일을 저지르게 되지나 않을까 하는 불안이다.

② 현실적 불안

자아가 현실을 지각하여 두려움을 느끼는 불안이다. 즉 현실적 근거가 있는 일종의 객관적 불안이라 할 수 있는 것으로 외부세계에서 오는 실제적 위협에 대한 현실적 반응을 갖는 불안이다.

③ 도덕적 불안

원초아와 초자아 간의 갈등에서 비롯된 불안으로 자신의 양심에 대한 두려움이다. 즉 도덕률에 위배되는 일을 하거나 죄의식을 느끼고 불안을 경험하는 도덕적 불안을 말한다.

(6) 방어기제

사람은 출생하면서부터 자신의 내적 욕망과 사람, 사회적 압력 등 외적 압력 사이에서 갈등을 경험한다. 또한 자기 내부에서 상반되고 모순된 여러 가지 힘의 영향을 동시에 받음으로써 정신내부 간의 갈등도 경험하게 된다. 이러한 정신내부 간의 갈등은 원초아, 자아, 초자아 세 가지 심적 에너지 작용의 관계에서 나타나며, 이 세 가지 구조가 균형을 이룰 때 정신건강이 유지되는 것으로 본다.

정신건강이 유지되지 못하고 갈등적인 내용이 의식되거나 사회적으로 용납될 수 없는 내용이 있을 때 인간은 이를 억압하여 무의식 속에 저장한다. 이러한 충동과 갈등이 점차 증대되고 억압되면 자아를 보호하기 위하여 정서적 장애나 신경증 같은 질환으로 발전하거나 상징적 대상에 대한 공격적 행동 등이 나타나게 된다. 이렇듯 당면하는 장애나 정신적 갈등이 항상 합리적이고 현실적으로 타당하게 해결되는 것이 아니다. 비현실적 방법으로 자아를 보호하는 것을 방어기제(defence mechanism)라고 한다. 방어기제는 순간적으로 상호갈등적인 힘과 힘 사이를 조정하기도 하지만 지나치거나 습관화되면 부적응의 원인이 되기도 한다.

방어기제에 관해 살펴보면 다음과 같다.

① 억압

사회적으로 용납될 수 없다고 생각되는 욕구나 충동, 사고 등을 자신의 무의식 속으로 밀어 넣어버리는 것을 말한다. 신경증적 행동의 근본 원인이 된다. 예를 들면 동생을 때릴 때 처벌받은 경험으로 생긴 부모에 대한 적대감이 의식되지 못하는 것이나 증오하는 사람의 이름을 기억하지 못하는 것이다.

② 억제

마음속으로 상황을 판단해서 욕구의 표출을 참는 의식적인 행동이다. 억압은 무의식적으로 나타나는 데 반해 억제는 의식적인 행동이다. 즉 의도적으로 위협적이거나 불안을 야기하는 상황이나 사건을 무의식의 영역으로 배제하는 것을 말한다. 실연당한 사람이 과거의 기억들을 잊으려고 머리를 흔들거나 다른 생각을 의도적으로 하여 무의식의 세계로 밀어내는 것이다.

③ 반동형성

자아가 실제의 욕구나 충동 등과 반대되는 행동을 나타냄으로써 금지된 욕구나 충동의 표출로 갖게 될 불안으로부터 자신을 보호하려는 것이다. 미운 자식 떡 하나 더 준다는 속담의 상황이다. 예를 들면 미운 아내에게 자신의 증오가 표현될까 바 지나치게 애정을 표현하는 것이나 성적 충동이 강한 사람이 포르노를 맹렬히 비난하는 운동가로 활동하는 것이다.

④ 투사

자신이 스스로 받아들일 수 없는 충동이나 태도 등을 무의식적으로 타인이나 환경의 탓으로 돌리는 것이다. 예를 들면 내가 시어머니를 미워하는 것이 아니라 시어머니가 나를 미워한다고 생각하는 것이다.

⑤ 합리화

그럴듯한 이유나 설명을 통해 잘못된 행동을 정당화하는 것이다. 합리화에는 신포도형 합리화와 달콤한 레몬형 합리화가 있다. 신포도형 합리화는 이솝우화의 여우와 신포도 이야기를 들 수 있다. 달콤한 레몬형 합리화는 시골로 좌천된 공무원이 자신의 좌천을 정당화하기 위해 시골의 전원생활은 도심과 달리 아주 공기가 맑아 심신의 건강에 좋을 것이라고 생각하는 것을 말한다.

⑥ 부인

고통을 주는 사실이나 경험을 인정하지 않고 부정해버리는 것이다. 너무 고통스럽고 힘든 사건이 일어났을 때 현실에서 그런 일이 일어나지 않았다고 생각한다. 부인은 자신을 스트레스로부터 방어하는 데 사용되어 현실과 일상생활에서 직면하는 문제들을 가로막는다. 예를 들면 사랑하는 사람의 죽음이나 애인의 배신 같은 사실을 믿지 못하는 것이다.

⑦ 승화

용납할 수 없는 공격성이나 성적 충동을 사회적으로 인정받을 수 있는 방향으로 표현하는 것이다. 이를테면 공격성이 강한 사람이 축구를 한다든가, 억누를 수 없

분노를 소설로 표현하여 소설가가 되는 것이다.

⑧ 대치

치환 또는 대리형성이라고도 하며, 이는 감정을 원래 대상과 유사점이 있거나 보다 덜 중요하고 덜 위협적인 다른 대체물에 돌리는 것으로서, 어떤 대상에 대해 느낀 소망, 욕구, 감정을 받아들여질 수 있는 보다 안전한 다른 대체물에 돌리는 것을 말한다. 즉 원래의 대상 또는 사람에게 에너지를 향하기 어려울 때 다른 대상이나 다른 사람에게로 향하는 것이다. 꿩 대신 닭이라는 속담이 잘 표현하고 있다. 예를 들면 세발자전거를 갖고 싶은 욕구가 좌절됐을 때 장난감 자전거를 갖고 만족해 하는 경우나 오빠에게 매력을 느끼는 여동생이 오빠와 비슷한 외모를 가진 오빠의 친구와 사귀는 경우이다.

⑨ 전위(전치)

어떤 사람이나 대상에 대한 불안이나 적개심 또는 억압된 충동이나 감정을 전혀 다른 대상에게로 대체하여 그 대체된 대상에게 표현하는 방어기제이다. 대치는 대체물이 되는 대상 자체를 강조하며 전위는 대상에 대한 감정에 강조점을 두는 차이가 있다. 한강에서 뺨맞고 종로에서 화풀이 한다는 속담에 맞는 상황으로 예를 들면 엄마에게 꾸중을 들은 아이가 애매한 동생이나 개한테 화풀이를 하는 것, 출근길에 아내와 다투어 화가 난 남편이 직장에서 자기보다 아랫사람에게 화풀이를 하는 것이다.

⑩ 퇴행

잠재적 위험이나 실패를 내포하는 상황 속에 뛰어들었을 때 겪는 어려움을 피하기 위해 초기 발달단계나 양식으로 후퇴하는 것이다. 예를 들면 동생이 태어났을 때 대소변을 가리지 못하거나 우유병을 달라고 칭얼거리는 것이다.

⑪ 동일시

자기보다 우월하다고 생각되는 다른 사람의 성격, 태도, 가치 그리고 행동을 무의식적으로 자신의 것으로 채택하는 것이다. 자신의 무능력이나 나약함을 회피하는 것이며. 자기가치감을 고양시키고 자기 실패감으로부터 자신을 보호하기도 한다. 또한 자신의 욕구나 갈등을 대리적으로 해결할수 있게 하는 작용을 하기도 한다.

⑫ 보상

자신의 성격, 지능, 외모 등과 같은 이미지의 결점을 메우려는 무의식적인 노력을 말한다. 즉 심리적으로 어떤 약점이나 제한점이 있는 사람이 이를 보상받기 위하여 다른 어떤 것에 몰두하는 경우를 들수 있다. 작은 고추가 맵다는 속담이 이에 해당한다. 예를 들면 몸이 허약한 아이가 태권도 운동선수가 되거나 말더듬는 사람이 웅변가가 되는 것이다.

⑬ 해리

마음을 편치않게 하는 성격의 일부가 그 사람의 지배를 벗어나 하나의 독립된 성격인 것처럼 행동하는 경우로 성격의 부분들간에 의사소통이 잘 이뤄지지 않을 때, 괴롭고 갈등을 느끼는 성격의 일부분을 다른 부분과 분리시키는 기제이다. 예를 들면 지킬박사와 하이드가 좋은 예이다. 몽유병, 이중인격자, 잠꼬대, 건망증 등이 이에 해당된다(김진원, 2009).

⑭ 지성화

지성화는 감정을 생생하게 표현하는 것이 두려울때 추상화시키거나 유식하게 표현하는 것으로 주지화 또는 지식화라고도 한다. 예를 들면 이성에 대한 좋은 감정을 표현하기가 어렵고 두려울때 자신이 읽은 책 내용을 화제로 삼는 것과 같은 것이다.

⑮ 신체화

신체화는 심리적 갈등이나 불안을 신체적 증상으로 전환되어 나타나는 현상으로 원인을 갖기 위해 온갖 검사를 하지만 원인 불명인 경우가 많다. 예를 들면 사촌이 논을 사면 배가 아픈 경우, 학교에 가기 싫은 학생이 갑자기 머리가 아프다거나 다리에 마비현상이 일어나는 증상이다.

(7) 발달단계

Freud는 삶의 본능인 리비도가 집중되는 성감대에 따라 발달단계를 구강기, 항문기, 남근기, 잠복기, 생식기(성기기)의 4단계로 나누었다. 각 단계의 욕구는 충족되어야 하며, 그렇지 못한 경우 다음 단계로 이행하기 어려운 고착(fixation)현상이 생긴다.

① 구강기(oral stage, 0~1세경)

이 시기에는 입, 혀, 입술을 통하여 젖을 빠는 데에서 쾌감을 느껴 성적 욕구를 충족시킨다. 이 욕구가 제대로 충족되지 않으면 고착현상이 생긴다. 구강기 고착현상은 손가락 빨기, 손가락 깨물기, 과식이나 과음, 지나친 흡연, 침 뱉기, 지나친 비판 등의 특징을 보이며, 구강기 욕구가 원만하게 충족되면 낙천적이고 먹는 것을 즐기는 성격이 된다.

② 항문기(anal stage, 1~3세경)

배설물을 참고 보유하거나 배출하는 데에서 쾌감을 얻는다. 즉 괄약근의 이완과 긴장에 따른 쾌감을 얻는다. 이 시기에 배변훈련이 이루어지는데, 이것은 외부로부터 최초로 주어지는 통제경험이 된다. 이때 부모가 대소변 통제를 엄격히 하면 항문기 고착현상(항문기적 현상)으로 결벽증 또는 완벽주의가 나타난다. 반면에 대변 보유의 쾌감에 고착되면 수전노처럼 인색한 성격이 되고, 배설의 쾌감에 고착되면 무절제한 성격이 될 수 있다. 따라서 부모의 적절한 대소변 통제가 필요한 시기이다.

③ 남근기(phallic stage, 3~5세경)

성감대가 성기로 옮겨간다. 성기 자위행위가 생기고 출산이나 성에 관한 질문을 많이 한다. 특히 가족 로맨스가 생긴다. 즉 남아의 경우 어머니에게는 애정을 느끼면서 아버지를 적대하는 오이디푸스 콤플렉스(Oedipus complex)가 나타난다. 이때 남아는 아버지를 경쟁자로 인식하여 느끼는 거세불안(castration)을 감소하기 위해 어머니에 대한 성적 욕망과 아버지에 대한 적대감을 억압하며 어머니의 인정을 얻고, 아버지를 동일시하여 성역할 정체감을 형성한다. 여아의 경우에는 엘렉트라 콤플렉스(Electra complex)가 나타내는데 아버지에게 성적 애착을 갖고 남근선망

(penis envy)을 갖게 된다. 남근기의 고착현상은 남아의 경우 과시적이고 공격적이 되며, 여아의 경우에는 겉으로 순진하고 결백해 보이지만 유혹적이고 경박한 여성이 된다. 또 동일시에 실패하면 동성애나 이성부모를 동일시하기도 한다. 그리하여 동성애자나 여성스러운 남자아이 또는 남자 같은 여자아이 형태가 나타나기도 한다.

④ 잠복기(latent stage, 6~11세경)

성적으로 평온한 시기로, 성적으로 억압되어 충동, 상상, 욕구 등이 잠재되어 있다. 그러나 단지 성적으로 침체되어 있을 뿐 역할배우기, 운동능력 배양, 논리적인 사고가 배양되는 시기이다.

⑤ 생식기(genital stage, 11세 이후)

잠복기 이전에는 자신의 신체에서 성적 쾌감을 추구하는 자기애(narcissism)적 경향이 나타나지만 사춘기가 되면 이성에게서 만족을 얻으려 한다. 이 시기에 제2의 오이디푸스 콤플렉스 경향이 나타나고(딸이 아버지를, 아들이 엄마 닮은 배우자를 찾는 경향), 성기 성숙, 내분비선의 호르몬 분비로 인한 제2의 성징이 나타난다. 이 시기에 고착이 되면 이성과 성숙한 사랑이 어렵고, 이성에 대한 적응 곤란, 권위에 반항 등이 나타난다. 반면에 원만하게 발달하면 이타적이고 성숙한 성격의 소유자가 되어 이성과의 사랑에서 만족감을 느끼고 책임감 있는 성인이 된다.

Freud 이론을 보면 성격형성에 있어서 인생의 초기단계가 결정적인 영향을 끼침을 알 수 있다. 즉 출생에서 유아기까지 경험이 성격형성의 결정적 시기가 된다.

2) 상담의 목표

개인의 원만한 적응을 방해하는 것은 무의식 속에 들어 있는 억압된 충동들이다. 그러므로 무의식 속의 내용을 의식화하는 과정을 통하여 내담자는 자신의 현재 행동의 적절성과 부적절성을 탐색할 수 있다. 또한 자신의 문제행동의 원인을 통찰하여 새로운 행동을 할 수 있다. 따라서 정신분석 상담의 목표는 무의식을 의식화함으로써 개인의 성격구조를 수정하고 보다 현실적으로 행동하고 본능적 충동에 따르지 않도록 자아를 강화시키는 것이다. Freud는 치료적 목적을 자아가 원초아의 부분들을 새롭게 의식하는 것이라고 보았다. 이를 위해서는 첫째, 자아를 강화하고, 둘째 자아를 원초아와 초자아에 덜 의존적이 되도록 하며, 셋째 자아의 자각을 확대하고, 넷째 자아의 조직을 재구성해야 한다고 하였다. 이 네 가지를 요약하면 결국 원초아가 자아가 되는 것이다(정용부 외 2인, 2001).

3) 상담과정

정신분석 상담과정은 상담자의 접근방식이나 내담자의 문제에 따라 다르게 나타날 수 있다. 정신분석 상담에서 상담자는 익명으로 남아 있고, 내담자는 상담자에 대해서 투사를 키워나간다. 상담자가 거울의 역할을 함으로써 내담자는 상담자에 대하여 전이현상을 일으키고, 이 전이를 발달시켜 그것을 다루고 해결해 나간다. Arlow(1979)는 정신분석 상담과정을 다음 네 단계로 설명하였다.

(1) 초기시작 단계

이 단계는 두 부분으로 구성된다. 먼저 두세번의 면접을 통해 내담자의 문제가 결정되며, 이것이 정신분석 방법에 적절한가에 대한 결정이 이루어진다. 분석상황의 구조가 설명되고 상담자와 내담자의 역할과 책임 한계를 이해시킨다. 다음에는 자유연상을 통해 내담자의 무의식적 갈등의 내면적 역동에 대해 상담자가 점차 이해하게 된다.

(2) 전이의 발달

내담자는 과거 그의 생활에서 의미있는 사람에게 가졌던 감정을 상담자에게 투사한다. 즉 상담자가 거울 역할을 함으로써 내담자는 상담자에 대해 전이를 발달시킨다. 상담자에게 전이되어 나타난 감정을 통해 현재 생활에 나타나는 감정에 영향을 미치는 무의식이 드러난다. 과거의 감정이 현재 행동에 영향을 미치는 모습을 이해함으로써 내담자는 보다 덜 경직된 방식의 행동을 선택할 수 있게 된다.

(3) 전이의 훈습

전이를 다루어 나가는 것, 즉 훈습은 내담자가 과거와 현재의 경험 사이의 유사점들을 탐구하는 것이다. 전이에 대한 훈습을 통해 의미 있는 문제들을 다시 떠올리고, 지금까지보다 더 깊은 수준에서 자신의 무의식적 심리역동에 대한 통찰이 일어나며 심화되는 과정이다.

(4) 전이의 해결

상담자와 내담자가 내담자의 주요 갈등이 해소되었다고 믿을 때가 종결시간이다. 상담자에 대한 내담자의 신경증적인 애착도 해결되어야 한다. 내담자의 자아가 강화됨으로써 스스로 자신의 문제를 무의식적 갈등의 측면에서 이해할 수 있으며 해결할 수 있게 된다.

4) 상담기법

상담자가 사용할 수 있는 주요 기법들은 다음과 같다.

(1) 전이의 분석

전이란 과거에 주요한 타인에게 경험했던 감정, 욕망, 기대 등을 현재의 상담자에게 옮기는 것이다. 정신분석 상담과정에서는 이러한 전이를 어떻게 이해하고 다루느냐에 따라 성공 여부가 결정된다. 상담을 통해 전이 감정이 해소되어 과거의 영향으로부터 벗어난다면 정서적으로 성숙한 인간이 될 수 있다.

(2) 자유연상법

내담자의 무의식을 다루기 위해 정신분석 상담의 기본적인 방법으로 자유연상을 사용한다. 자유연상은 내담자로 하여금 무엇이든 머리에 떠오르는 생각을 솔직하게 즉시 말하도록 하는 방법이다. 이 과정을 통해 정서적 문제에 대한 무의식적 동기나 원인이 되는 단서를 찾을 수 있다.

(3) 꿈의 분석

꿈은 무의식의 보고로, 꿈의 분석을 통해 무의식적으로 억압된 욕구를 찾아내고 문제에 대한 통찰력을 얻을 수 있다. 잠자는 동안은 방어가 다소 약해져서 억압된 감정들이 표출되기 쉽다. 내담자는 꿈에 대해 말함으로써 꿈의 요소에 대해 자유연상을 하며, 새로운 느낌으로 회상하도록 격려받게 된다. 꿈은 억압된 내용이기 때문에 꿈속이더라도 사실 그대로 나타나지 않는다. 그래서 꿈을 분석할 때는 꿈의 내용보다 꿈에 상징적으로 나타나 있는 동기와 갈등에 초점을 둔다.

(4) 저항

저항이란 상담과정에서 자신의 갈등을 의식화하기 싫어서 반대되거나 억압된 행동을 하는 것으로 상담의 발전을 저해하고 내담자의 무의식적 표출을 방해하게 된다. 상담 약속시간을 어긴다거나 특정한 생각이나 감정 등을 털어놓지 않는 행동 등도 저항의 모습이다. 상담자는 이러한 저항을 지적하되, 인내를 가지고 수용하고 관심을 가지고 다루어야 한다.

(5) 훈습

자신의 무의식적 갈등 내용에 대한 통찰이 이루어져서 실생활에서도 자신의 사고와 행동을 수정하고 적용 방법을 실행해 나가는 과정이다. 훈습단계에서는 통찰을 지속적인 활동과정을 통해서 공고히하게 되는데 이 훈습과정은 반복, 정교화, 확대로 구성되어 있다.

(6) 해석

해석은 내담자의 생각이나 느낌 또는 행동에 대해 상담자가 그 의미를 설명하고 지적하는 것이다. 해석은 의식의 표면적 내용부터 점차 내담자가 받아들일 수 있는 수준까지 상담의 진전 정도에 따라 심층적으로 해나간다.

4. 행동주의 상담이론

행동주의 상담이론은 인간의 모든 행동을 학습된 것으로 파악한다. 그러므로 지속적인 환경의 특성을 알면 행동을 예견할 수 있고, 나아가 통제도 가능하다고 본다. 행동주의 이론이 상담에 응용된 것은 Dollard와 Miller(1950), Pepinsky 부부(1954) 등이 기존의 상담이론을 행동적 개념에 맞추려 한 것이다. 그 이후 Bandura, Lazarus, Wolpe, Skinner, Thoresen, Krumboltz 등에 의해 발전되었다. 행동주의 상담의 이론적 기초는 Pavlov(1960)와 Hull(1943) 등의 고전적 조건화 또는 반응적 조건화, Skinner(1953)의 조작적 조건화 이론 및 최근의 인지적 행동치료 등을 들 수 있다.

1) 기본 관점

행동주의 인간관은 환경에 반응하는 수동적이며 기계론적이고 결정론적인 입장이다. 인간은 외부 자극에 단순히 반응하는 중립수동적 존재이며 인간의 행동은 유전과 환경의 상호작용의 소산이다. 인간의 행동을 설명하기 위해 내적인 면보다 외적으로 드러나는 행동 자체를 중요시한다. 그리고 모든 행동은 학습의 결과이며, 학습된 모든 행동은 교정될 수 있다는 가정을 한다. 따라서 상담자는 관찰 가능한 인간의 행동에 초점을 두고, 새로운 학습을 통해 행동을 변화시키려고 하며 상담, 결과 또한 외적 행동에 의거하여 평가하게 된다.

전통적 행동주의에서는 강화와 소거에 의해 행동의 변화를 꾀하지만, 최근 대두된 인지행동적 접근에서는 부적응 행동을 유발시키는 인지적 결함을 수정하여 행동의 변화를 유도한다. 그러나 어떤 접근이든 행동주의 접근의 궁극적 목적은 행동의 변화이다.

2) 상담의 목표

부적응 행동을 제거하고 바람직한 새로운 행동을 강화시켜 유지하도록 하는 것이 행동주의 상담의 주요 목표이다. 내담자의 구체적 문제에 따라 달라질 수 있으나 행동주의 상담에서 제시되는 일반적 목표는 다음과 같다(George & Cristiani, 1995).

- 내담자의 부적응 행동을 변화시킨다.
- 내담자를 도와 보다 효율적인 의사결정 과정을 학습하게 한다.
- 문제 발생을 예방한다.
- 내담자가 요구하는 구체적인 행동상 문제를 해결한다.
- 일상생활에 전이될 수 있는 행동변화를 이룩한다.

이와 같은 상담목표의 설정은 상담자와 내담자의 합의가 있어야 한다. 그래야만 내담자의 상담에 대한 동기가 유지되어 상담 효과를 높일 수 있다.

3) 상담과정

상담과정은 개개인에게 적합한 개별 목표를 가지므로 일률적으로 제시하기는 어려우나, 부적응 행동을 제거하고 바람직한 새로운 행동을 학습시키기 위해서는 일반적으로 다음 과정을 거치게 된다(안창일, 1991).

① 변화시킬 행동을 밝혀내고 이를 행동용어로 서술한다.

상담자와 내담자는 변화시킬 행동적 목표를 설정하여 서술한다. 이 행동 목표는 측정 가능한 것이어야 하며, 상담회기 중 성취 가능해야 하고, 바람직하고 긍정적인 것이어야 한다.

② 원하는 목표행동의 기초선을 정한다.

상담자가 개입하기 전에 문제행동의 빈도를 확인하여 상담의 출발점으로 삼는 것이다. 이것은 문제행동의 빈도를 미리 알아 변화 정도를 확인하기 위한 것이다.

③ 목표행동이 일어날 수 있도록 상황을 배열한다.

목표가 설정되고 문제행동의 구체적인 내용이 확인되면 바람직한 행동이 나타날 수 있도록 환경을 조성한다. 즉 문제행동이 나타날 수 있는 환경을 피하고 목표로 하는 행동이 나타날 수 있는 환경을 제공하며, 목표로 하는 행동이 나타날 때는 이를 강화한다.

④ 내담자에게 강화가 될 수 있는 자극과 사건들을 밝혀낸다.

내담자에 따라 효과를 나타내는 강화물이 다를 수 있으므로 내담자에게 적합한 자극과 사건들을 확인해야 한다. 강화가 될 수 있는 자극은 내담자의 행동을 관찰하여 찾을 수도 있으나 내담자에게 직접 강화 자극 목록을 보여주고 선택하게 할 수도 있다.

⑤ 원하는 목표행동이나 그 행동에 접근하는 행동을 강화한다.

원하는 목표행동이 나타나면 그 행동이 만족할 만한 수준에 이를 때까지 즉각적이고 일관성 있게 강화할 필요가 있다.

⑥ 목표행동으로의 변화를 기록함으로써 치료절차의 효과를 평가한다.

목표로 하는 행동을 강화하면서 문제행동의 감소와 바람직한 행동의 증가를 기록한다. 결국 기록된 행동의 변화는 기초선에 비추어 변화의 정도를 확인하고 목표도달 여부를 평가하게 된다.

4) 상담기법

상담자는 내담자가 자신의 문제를 구체적으로 정의하도록 돕고 상담과정을 통제하며, 전 과정을 진행하는 책임을 진다. 이 과정에서 행동주의 내에서도 고전적 조건형성에 기초한 기법(주장훈련, 이완훈련, 체계적 둔감법 등), 조작적 조건화와 행동수정이론에 기초한 기법(행동계약법, 혐오요법, 모방학습 등) 같은 여러 기법들이 사용된다. 행동주의에서 일반적으로 사용되는 기법을 크게 내적 행동의 변화와 외적 행동의 변화를 촉진시키기 위한 기법으로 나누어 살펴보면 다음과 같다.

(1) 내적 행동 변화를 촉진하기 위한 기법

① 이완훈련(relaxation training)

말 그대로 근육을 이완시키도록 내담자를 훈련하는 것이다. 체계적으로 근육을 이완하면 우리 몸의 근육구조의 긴장이 이완된다. 이는 근육상태의 이완이 긴장을 일으키는 불안과 양립될 수 없다는 데 기초한다. 즉 근육이 이완된 상태에서는 정신적 긴장이 일어날 수 없다는 가정이다. 이것은 일종의 역조건 형성으로 상호제지 또는 역제지이다. 이 기법은 긴장이나 스트레스가 심한 내담자에게 주로 적용되며, 체계적 둔감법과 함께 사용되는 경우가 많다.

② 체계적 둔감법(systematic desensitization)

이 기법은 내담자가 불안을 느끼는 상황을 조사하여 가장 낮은 불안을 유발하는 상황부터 가장 큰 불안을 나타내는 상황까지 위계표를 만들어 한 단계씩 적응시켜 해결해 나가는 방법이다. 불안 위계표가 만들어지면 내담자에게 근육이완 훈련을 실시한 뒤 위계상 가장 낮은 것부터 하나씩 제시한다. 이러한 과정을 통해 불안을 유발하는 사태에 대해 이완된 반응을 하도록 조건 형성시키는 것이다. 긴장과 이완의 역조건 형성 과정을 통해 부적절한 반응을 보다 새롭고 적절한 반응으로 대체시키는 기법이다. 불합리한 공포를 제거하는 데 자주 활용된다.

③ 정서적 심상법(emotive imagery)

실제 장면이나 행동에 대한 느낌을 마음속으로 생생하게 상상해보도록 하여 불안에 대처하도록 하는 것이다. 예컨대 누군가가 자기를 항상 돕고 있다는 상상을 하도록 한 뒤, 실제 불안상황에서 누군가 자기를 항상 돕고 있다는 사실을 상기하며 그 불안상황을 극복하게 하는 것이다.

④ 사고중지법(thoughts stopping)

원하지 않는 생각을 억제하기 위한 방법이다. 상담자는 내담자에게 원하지 않는 생각을 떠올리고 집중한 뒤, '그만' 이라고 소리치도록 연습시킨다. 이렇게 원하지 않는 생각이 날 때마다 항상 방해를 받으면 결국 그러한 생각이 사라진다는 것이다. 부정적인 생각을 제거하고 자기 패배적인 사고와 심상을 통제하도록 도와주기 위해 사용되는 기법이다.

⑤ 내적 모델링과 인지적 모델링(covert modeling & cognitive modeling)

내적 모델링은 상담자의 지시에 따라 내담자가 어떤 과제를 수행하는 모델을 마음속으로 상상하는 것이다. 인지적 모델링은 내담자 자신이 과제 수행을 직접 역할연기로 해보거나 독백을 사용하기도 한다. 상담자는 먼저 적절한 목표행동의 시범을 보이면서 무엇을 해야 하고 왜 해야 하며 올바르게 그 행동을 수행하기 위해서 어떻게 느껴야 하는지 단계적으로 설명한다. 내담자는 상담자의 지시를 들으며 목표행동을 실시해본다. 다음에는 목표행동을 말로 반복한다. 더 작은 소리로 중얼거리며 반복하다가 나중에는 마음으로 되뇌면서 그 행동을 연습한다.

⑥ 인지적 재구성법(cognitive restructuring)

부정적이고 자기 패배적인 내담자의 사고를 좀 더 현실적이고 긍정적으로 만드는 체계적인 방법이다. 우선 자신의 인지를 확인하고 자신의 부정적인 사고 때문에 일어나는 부정적 영향을 이해하도록 하여 적절한 사고로 대치하게 만든다. 이것은 자기 패배적 행동이 비합리적인 사고나 자기 패배적 진술로부터 나온다고 보고, 이러한 진술이 기초하고 있는 그 사람의 인지 또는 관점을 변화시키면 행동도 달라질 수 있다는 가정에 근거를 둔 방법이다.

⑦ 스트레스 접종(stress inoculation)

예상되는 정신적 · 신체적 긴장을 약화시켜 내담자가 다룰 수 있도록 준비시키는데 사용하는 방법이다. 이는 마치 질병에 대처하기 위해 의료적인 예방접종을 실시하는 것과 유사하다.

(2) 외적 행동 변화를 촉진하기 위한 기법

① 행동계약(behavior contraction)

상담자와 내담자가 미리 정해진 구체적인 반응이나 목표를 달성하겠다고 계약을 체결하는 방법이다. 행동계약법을 효과적으로 사용하기 위해서는 계약 이행에 따른 보상의 크기, 보상시기와 목적 달성의 기준, 계약 미이행시 받게 될 벌 등을 합의하여 계약서에 명시해야 한다.

② 모델링(modeling)

내담자에게 가능한 행동대안들을 시범적으로 보여주는 것이다. 영화, 비디오, 녹음된 테이프 등이 사용될 수 있다. 모델은 성, 연령, 인종 및 태도 등에서 내담자와 유사한 경우가 좋다.

③ 역할연기(role playing)

내담자에게 특정 인물의 역할을 경험시키고 시연시킴으로써 이상행동을 적응행동으로 바꾸는 방법이다.

④ 주장훈련(assertive training)

불안을 역제지하는 한 방법으로, 특히 대인관계에서 오는 불안을 제거하는 데 많이 이용된다. 보통 내담자가 일상적으로 경험하는 수동적이거나 공격적인 행동을 주장적인 행동으로 역할연기를 하거나 모델링하는 것으로 이루어진다.

⑤ 행동시연(behavior rehearsal)

내담자가 상담자의 행동시연을 보고 반복 연습하여 일반화된 반응으로 발전시키는 방법이다. 모델링은 상담자가 여러 대안을 시범으로 보여주는 것이지만 행동시연에서는 이미 바람직한 것으로 결정된 행동을 반복해서 시연한다.

⑥ 혐오치료(aversion therapy)

바람직하지 않은 행동이 제거될 때까지 바람직하지 않은 행동과 혐오적인 자극을 연관시키는 방법이다. 예를 들어 알코올중독자의 경우 구토제가 든 술을 줌으로써 마실 때마다 구토를 하게 해 술을 멀리하게 만든다.

⑦ 포화(satiation)

바람직하지 않은 강화물을 과도하게 제공해 그 효과를 상실하게 만드는 방법이다. 예를 들어 오락에 몰두하는 아동에게 매일 강제적으로 오락실에 가도록 요구하면 일정기간 후에는 싫증이 나서 오히려 가지 않게 해달라고 요청하게 된다.

⑧ 홍수법(flooding)

상담자와 내담자가 함께 장시간 공포를 유발하는 자극에 실제로 또는 심상의 형태로 노출됨으로써 아무 일도 일어나지 않는다는 사실을 경험하게 한다. 그럼으로써 자신의 공포가 불합리하다는 사실을 깨닫게 하는 방법이다. 예를 들어 동물에 대한 공포를 갖고 있는 유아의 경우 교사가 유아와 함께 동물을 반복해서 만져보고 아무런 일이 없으면 동물에 대한 유아의 공포감이 줄어들게 된다.

이와 유사한 방법이 과민성 제거법(implosive therapy)인데 이는 내담자에게 강화 없이 한가지 자극을 계속 주면 그 자극이 유발하는 반응은 약화될 것이라는 원리를 이용한다. 즉 잔소리가 심한 어머니의 잔소리를 녹음한 후 여러번 반복해서 들으면 자신의 행동에 대한 거부감이 생기게 되고 잔소리에 대한 반응이 무뎌지게 된다.

⑨ 상표제도(token economy)

행동주의적 기법 중에 광범위하게 사용되고 있는 기법의 하나인 상표제도는 토큰경제라고도 하는데, Skinner의 강화원리를 포함하여 조건형성의 원리를 적용시킨 것으로 직접적으로 강화인자를 쓰는 대신 후에 내담자가 원하는 다양한 물건과 교환할 수 있는 상표를 보상으로 제공하는 것이다. 즉, 바람직한 행동을 했을 때 종이나 특정한 상징물로 만든 토큰을 강화물로 주고, 이 토큰으로 나중에 어떤 특권이나 가치 있는 물건과 교환할 수 있도록 하는 체계적인 기법이다.

⑩ 바이오피드백(biofeedback)

내담자의 생리적 활동에 대한 정보를 제공해주고, 동시에 스스로 생리적 활동을 통제하도록 하는 방법이다. 혈압, 두통, 심장박동, 전기피부반응 등에 대한 정보제공을 하고 이를 스스로 통제하도록 한다.

⑪ 자기관리(self management)

상담의 책임을 내담자에게 더 많이 부여함으로써 능동성을 촉진하는 방법이다. 자기 강화기법을 학습하고 이를 활용하여 스스로 행동을 변화시키는 방법이다.

5. 합리적 · 정서적 · 행동적 상담이론

1950년대 임상심리학자 Albert Ellis에 의해 제시된 합리적 · 정서적 · 행동적 상담(REBT: Rational Emotive Behavior Therapy)은 내담자의 사고과정을 교정하여 비합리적인 사고를 합리적인 사고로 대치시킴으로써 정신건강을 유지하도록 돕고자 하였다. 어떤 사실에 접하여 경험하는 정서는 경험한 어떤 사실 그 자체에 의해서라기보다 그 사실에 대하여 어떻게 생각하느냐에 따라 달라진다는 것이다. 비합리적인 생각이 부적절한 정서로 이어지고 또한 부적절한 정서는 결국 부적절한 행동으로 이어지므로 합리적인 생각을 하도록 하여 그것이 적절한 정서와 행동으로 바뀌도록 하는 것이 REBT 상담의 핵심이다(김청자 · 정진선, 2004). 처음에 Ellis는 합리적 상담(Rational therapy, 1955)으로 명명하였는데, 나중에 합리적 · 정서적 상담(Rational-emotive therapy, 1962)으로 그리고 최근에는 행동을 중시하여 다시 합리적 · 정서적 · 행동적 상담으로 개칭하였다.

1) 기본 관점

(1) 인간관

REBT는 인간이 합리적이고 올바른 사고를 할 수 있고, 비합리적이고 왜곡된 사고를 할 수도 있다는 가정에 기초를 두고 있다. REBT의 인간관을 요약하면 다음과 같다(이형득, 1994). 첫째, 인간은 외부의 어떤 조건보다도 자기 스스로 정서적 혼란을 일으키는 여건을 만든다. 즉 정서적 혼란을 가져오는 신념을 스스로 만들고, 그 신념에 따라 정서적 혼란을 초래하는 경향이 있다. 둘째, 인간은 사실을 왜곡하고 불필요한 정서적 혼란을 일으키는 생득적 · 문화적 경향성을 가지고 있다. 셋째, 인간은 동시에 사고하고 느끼고 행동하며 서로 중대한 영향을 주고받는다. 넷째, 인간은 자신의 인지, 정서 그리고 행동의 과정을 바꿀 수 있는 능력이 있고, 자신이 늘 사용하던 형태와 다른 형태의 반응을 선택할 수 있다. 또한 자신의 정서적 혼란을 그대로 방치하지 않을 수 있고 여생을 편안한 마음으로 살아가기 위해 스스로를 훈련시킬 수 있다.

(2) 상담의 기본원리

REBT에서 주장하는 여섯 가지의 기본원리는 다음과 같다(이현림, 2008).

첫째, 인지는 인간의 정서를 결정하는 가장 중요한 요소이다. 즉 우리가 생각하는 것을 느낀다는 의미이다. 다른 사람들이 우리의 기분을 좋게 또는 나쁘게 만드는 것이 아니라 우리 스스로 인지적으로 그렇게 만든다. 그러므로 과거나 현재의 외적인 사건이 직접적으로 정서와 관련이 있는 것이 아니다. 오히려 인간의 내적인 사건, 특히 이러한 지각에 대한 평가가 인간의 정서적 반응에 대해 더욱 직접적이고 강한 영향을 주는 원천이다.

둘째, 역기능적 사고는 정서장애의 중요한 결정요인이다. 역기능적 정서상태나 정신병리의 많은 부분들은 역기능적 사고과정의 결과이다. 이러한 역기능적 사고는 과장, 지나친 일반화나 단순화, 잘못된 추론, 그리고 절대적 사고 등으로 나타난다.

셋째, 정서적 문제를 해결하기 위해서는 사고를 분석하는 데서 시작하는 것이 가장 효과적이다. 만약 우리가 지닌 고통이 불합리한 사고와 산물이라면 그 고통을 가장 잘 극복하는 사고를 변화시키는 것이다.

넷째, 유전적이고 환경적 영향을 포함하는 다양한 요인들은 불합리한 사고나 정신병리를 일으키는 원인이 된다. Ellis에 의하면 인간은 선천적으로 불합리하게 생각하는 경향이 있지만 환경의 영향을 받아 비합리적으로 사고할 수도 있다고 한다.

다섯째, 다른 상담이론들과 마찬가지로 REBT도 행동에 대한 과거의 영향보다는 현재에 초점을 둔다.

여섯째, 반드시 이루어진다고 생각하지는 않지만 신념은 변화한다고 믿는다. 특히 불합리한 신념은 적극적이고 계속적인 노력에 의해 변화될 수 있다.

(3) 비합리적 신념의 유형

Ellis는 인간의 정서적 장애가 자신에 대한 타인의 생각에 과도하게 민감하거나 타인이 자신을 좋게 볼 경우에만 자신을 긍정적으로 수용하는 비합리적인 신념에서 비롯된다고 본다. Ellis(1962)의 14가지 비합리적 신념을 보면 다음과 같다.

① 인간은 중요한 모든 사람들로부터 사랑받고 인정을 받고 이해받아야 가치 있는 사람이다. 만약 그렇지 않다면 이는 끔찍한 일이다.

② 자신이 가치 있다고 인정받으려면 모든 영역에서 완벽한 능력이 있고 성공을

해야만 한다.

③ 어떤 사람은 나쁘고 사악하기 때문에 반드시 비난과 처벌을 받아야만 한다.

④ 일이 뜻대로 이루어지지 않는다면 무시무시하고 끔찍한 일이다.

⑤ 불행은 외적 사건과 환경에서 일어나기 때문이며 사람의 힘으로는 통제할 수 없다.

⑥ 만약 어떤 사람에게 위험하거나 두려운 일이 일어날 가능성이 있다면 그는 그 일에 대해 걱정해야 하고 그것이 일어날 가능성에 대해 늘 생각하고 있어야 한다.

⑦ 어떤 어려움에 부딪힐 때에는 책임있게 해결하기보다는 피해가는 것이 편하다.

⑧ 사람은 타인에게 의존해야 하므로 의지할 만한 더 강한 사람이 있어야 한다.

⑨ 과거 경험과 사건은 현재 행동을 결정하는 가장 중요한 요인이기 때문에 과거에서 결코 벗어날 수 없다.

⑩ 다른 사람의 문제와 어려움에 대하여 자신이 함께 괴로워하고 속상해야 한다.

⑪ 인간의 문제에는 완전한 해결책이 있으며 그 해결책을 발견하지 못하면 끔찍한 일이다.

⑫ 세상은 반드시 공평해야 하며 정의는 반드시 승리해야 한다.

⑬ 항상 고통없이 편안해야 한다.

⑭ 나는 아마 미쳐가고 있는지도 모른다. 그러나 미쳐서는 안 된다. 왜냐하면 그것을 견딜 수 없기 때문이다.

Ellis는 비합리적 신념들 자체보다는 비합리적 신념이 가지고 있는 특성을 중심으로 비합리적 신념을 규정하면서, 비합리적 신념의 4가지 차원 즉 ① 당위적 사고 ② 과장 ③ 자기비하 ④ 부족한 인내심 등을 제시하였다. 4가지 차원을 보면 다음과 같다(이현림, 2008).

비합리적 사고의 첫째 요소는 당위적 사고이다. 당위적 사고란 '반드시 … 해야 한다' 는 사고로 강한 요구가 포함돼 있으며 경직된 사고이며, 자신에 대한 당위적 사고가 이루어지지 않을 때 파멸이라고 생각하는 사고이다. '나는 반드시 훌륭한 사람이 되어야 한다.' '나는 절대 실수해서는 안된다.' '나는 반드시 성공해야 한다 ' 등이다.

비합리적 사고의 둘째 요소는 과장이다. 이것을 과장화 또는 재앙화라고 하는데 '…하면 끔찍하다.' 또는 '…하면 큰일이다' 등의 표현으로 나타난다. 예를 들면 그녀가 나를 거절하면 큰일이다. 결코 그런 끔찍한 일은 생각할 수도 없다. 시험에 떨어진다는 것은 곧 세상의 종말을 뜻한다. 결코 그런 끔찍한 일은 있을수 없다 등이 이에 속한다.

비합리적 사고의 셋째 요소는 자기비하 또는 타인비하이다. 이것은 자신이나 타인, 또는 상황에 대한 극도의 비하, 파멸적 사고를 의미한다. Ellis는 이것을 파멸적 사고라고 했으며 '… 하면(한 것을 보니) 나(그)는 무가치한 사람이다'가 이에 속한다. 이것은 자신이나 타인 또는 상황적 조건 중에서 한가지 부정적인 면을 기초로 전체를 부정적인 것으로 생각해 버리는 경향을 뜻한다. 예를 들면, 학기말 고사를 또 망쳤으니 나같은 바보 천치가 또 있을까? 와 같은 것이다.

비합리적 사고의 넷째 요소는 좌절에 대한 인내심 부족이다. 부적응적인 내담자는 원하거나 요구하는 것이 주어지지 않을 때 그 상황을 못견디거나 그 어떤 행복감도 느끼지 못하는 경향이 있다. 즉 좌절되는 상황을 견디지 못하는 경우를 말한다.

Ellis는 인간을 원래 비합리적이고 실패를 자초하는 존재로 보고 이를 〈그림 7-1〉처럼 순환적으로 생각하였다. 〈그림 7-1〉에서 보는 것처럼 비합리적 사고는 자신을 증오하게 하고 자기 파괴적인 행동을 낳는다. 결과적으로 다른 사람을 미워하게 되고, 이로 인해 다른 사람들도 자신에 대해 비합리적으로 반응한다. 결국 다시 이 순환이 반복된다는 것이다. REBT에서는 이러한 비합리적 사고가 자기언어화를 통하여 강화되어 정서적 혼란이 온다고 본다. 그러므로 비합리적 사고를 합리적인 신념으로 바꾸어 정서적 혼란을 막고자 하는 것이다.

2) 상담 목표

REBT의 목표는 내담자의 사고과정에서 나타나는 비합리적 사고를 수정하여 합리적 사고로 바꾸고 내담자의 자기 파괴적이고 비합리적인 사고를 극소화시켜, 내담자가 보다 합리적이고 현실적이며 관대한 신념과 인생관을 갖게 함으로써 더욱 융통성 있고 생산적인 삶을 살아가도록 돕는 것이다.

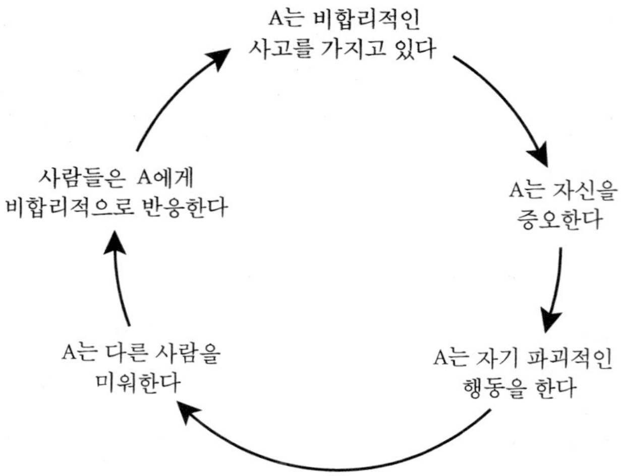

〈그림 7-1〉 비합리적 사고의 순환

3) 상담과정

Ellis는 내담자의 비합리적 신념을 합리적 신념으로 대치시키는 과정을 ABCDE 모형으로 설명하고 있으며 ABCDE 모형을 보면 〈그림 7-2〉와 같다.

REBT 상담의 절차는 ABCDE 모형으로 설명된다. A는 선행사건(activating event) 또는 문제 장면으로 내담자가 노출되었던 활동, 행동 또는 동인(agent)을 뜻한다.

B는 내담자의 신념(belief)을 나타내는데 rB(rational belief)는 합리적인 신념, iB(irrational belief)는 비합리적인 신념을 나타낸다. C는 그 사건에 의해 유발된 내담자의 정서적 · 행동적 결과(consequence)이다. C는 B에 대한 정서적 · 인지적 · 행동적 결과 또는 반응으로서 합리적 신념에 의해서 합리적 결과를 초래하기도 하고 비합리적 신념에 의해서 비합리적 결과를 초래하기도 한다. 합리적 신념을 가진 경우에는 적절한 정서적 · 행동적 반응을 나타내지만, 비합리적 신념을 가진 경우에는 부적절한 정서적 · 행동적 반응이 나타나게 되므로 문제가 된다. D는 비합리적 신념에 대한 상담자의 논박(dispute)이다. E는 효과(effects)를 의미한다. 내담자가 비합리적 정서 또는 행동적 결과를 나타내는 것은 선행사건(A)보다는 내담자의 신념(B) 때문이라는 것이다. 이때 상담자는 논박을 시도한다. 논박을 통해 인지적 · 행동적 효과가 나타나도록 시도한다.

결국 REBT에서 상담과정은 ABCDE의 과정이 된다. 내담자에게 ABC의 관계를

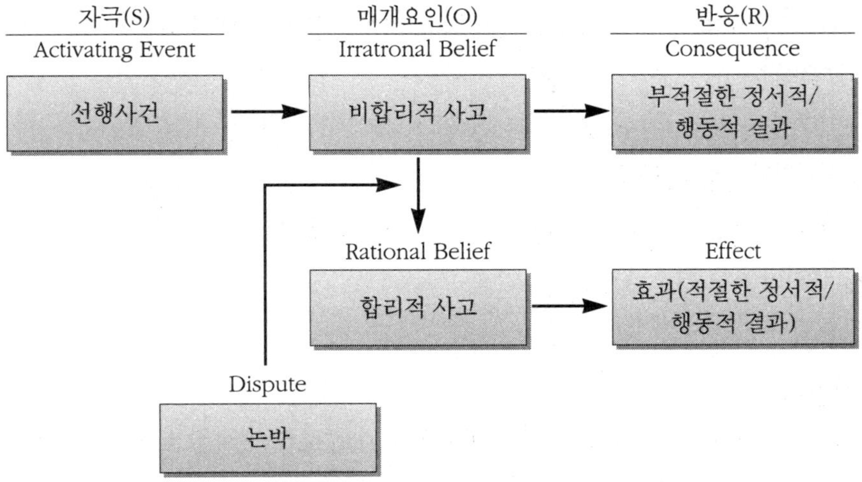

〈그림 7-2〉 Ellis의 ABCDE 모형

출처: 박경애, 2002, 197.

설명하고, B에 있어서의 비합리적 신념(iB)을 논박하여 합리적인 신념으로 인지적 재구성(E)을 하도록 돕는 것이다. 예컨대 어떤 사람이 이혼 후에 심한 우울증을 경험한다고 하면, 이혼이라는 사건 자체가 그 사람에게 우울증을 경험하게 하는 원인이 아니라 배우자를 잃은 사실에 대한 그 사람의 믿음이나 생각이 우울을 초래한다고 보는 것이다. 따라서 인간은 자신의 정서반응이나 장애를 일으키는 비합리적 생각을 어떻게 바꾸는지 그 방법을 내담자에게 제시하는 것이 REBT의 핵심이다(박경애, 2002).

4) 상담기법

REBT에서는 비합리적 신념을 최소화하고 합리적인 신념으로 대치시키기 위해 인지적 기법, 정서적 · 환기적 기법, 행동적 기법을 사용한다(이현림. 2007, 2008).

(1) 인지적 기법

① 암시

내담자는 자신이나 타인 또는 세계에 관하여 자기 스스로에게 자기패배적인 진술을 거듭하는 심각한 부정적 사고를 지닐 수 있다. 상담자가 내담자에게 부정적인 사고를 긍정적인 사고로 대체하는 방법을 보여줌으로써 내담자도 개선될 수 있음을 암시한다.

② 자기방어의 최소화

내담자가 자신의 잘못 때문에 무시나 경멸을 당할 이유가 없다는 것을 보여줌으로써 자기방어를 최소화시킨다

③ 대안 제시

내담자가 스스로 대안을 찾도록 격려한다. 내담자가 생각하는 이상의 선택이 가능하도록 모든 가능한 대안의 파악을 돕는다.

④ 기분전환하기

이완훈련, 요가, 운동처럼 신체적 기법을 통한 방법도 내담자가 자기 패배적인 생각이나 행동 대신 다른 일에 전념할 수 있기 때문에 필요할 수 있다. 상담자는 장기적으로 몰두할 관심거리를 가질 수 있도록 도와준다.

⑤ 인지적 과제

내담자에게 과제를 제시하여 내담자의 비합리적인 자기언어인 '반드시 ~을 해야 한다' '반드시 ~이어야 한다' '절대로 ~해서는 안 된다' 같은 신념체계의 제거를 돕기 위한 것이다.

⑥ 정확한 언어사용

상담자는 내담자의 언어유형에 특히 주의를 기울인다. 이는 언어가 사고를 만들고, 사고가 언어를 조형하기 때문이다. 예를 들어 절대적인 표현인 '반드시 ~해야 한다'를 절대적인 표현이 아닌 '~하고 싶다'로 대치하여 말하는 법을 학습한다.

⑦ 유추의 기법

내담자가 자신의 특성을 이해하여 잘못된 습관의 단점을 깨닫도록 하는 것으로 자신의 잘못된 습관이 어떤 행동특성 때문에 나타나는지 유추하도록 한다.

⑧ 유머의 사용

내담자의 경직되고 과장된 사고가 문제 상황으로 갈 때 이를 해결하기 위한 수단으로 유머 사용을 강조한다. 또 정서적 · 환기적 기법에서 비합리적 신념에서 오는 내담자의 불안을 감소시키기 위해 사용된다.

(2) 정서적 · 환기적 기법

내담자로 하여금 자신을 정직하게 나타내도록 하고, 자신의 부정적 경험을 인정하며 정서적 모험을 경험하여 정서적으로 개방이 되도록 여러 기법을 사용한다.

① 합리적 정서 상상

부정적 정서 상상과 긍정적 정서 상상의 두 가지 방법을 사용한다. 부정적 정서 상상은 먼저 어떤 상황에서 늘 느껴온 부적절한 정서를 느끼고 있는 자신을 상상하도록 한다. 그리고 부적절한 정서를 행동을 변화시키겠다는 결단과 같은 적절한 정서로 대치시키는 자신을 생생하게 떠올리도록 한다. 긍정적 정서 상상은 내담자가 불쾌한 장면을 상상하고 자기감정의 기초가 된 신념들에 집중하도록 한 뒤, 비합리적 사고를 포기하고 합리적 사고로 대체했을 때 자신에게 어떤 느낌이 드는지에 초점을 둔다.

② 역할연기

내담자에게 그의 비합리적인 신념이 무엇인가를 보여주고, 그것이 대인관계에서 어떤 영향을 미치는가를 깨닫게 하기 위하여 역할연기를 활용한다.

③ 수치심 제거 연습

Ellis는 정서장애의 중요한 핵심 중 하나가 수치심 혹은 자기비난이라고 보았다. 상담자는 내담자에게 그들이 부끄럽게 느끼는 행동을 하도록 과제를 준다. 이 과정은 타인이 내담자가 생각하는 만큼 남의 일에 관심이 없다는 것과 다른 사람의 비난에 지나치게 영향 받을 필요가 없다는 사실을 깨닫게 하기 위해 사용된다.

④ 감정적 언어사용

REBT 상담자는 자주 감정적인 단어, 구절 및 문장을 구사하여 내담자가 상담자에게 이것을 사용할 수 있도록 한다. Ellis는 내담자의 신념을 변화시키도록 유도할 때 강한 언어가 영향력을 미치기도 한다고 주장한다.

(3) 행동적 기법

① 강화기법

REBT에서는 행동적 기법을 사용하여 비합리적 신념을 변화시키려고 한다. 바람직한 행동을 증가시키기 위해 강화기법을 사용한다.

② 과제부과

내담자가 실제 생활에서 모험을 하고 새로운 경험을 함으로써 비기능적인 습관을 버리고 특정한 활동에 관한 철학적 변화를 가져오도록 행동적 과제를 부과한다. 과제부과에는 난이도가 점점 높아지는 체계적이고 점진적인 과제들이 포함된다.

③ 자극통제

문제행동을 일으키는 자극을 통제함으로써 역기능적 행동을 방지하기 위한 것이다. 내담자에게 특정 자극을 어떻게 통제하는지 보여줌으로써 문제행동의 발생을 줄이게 할 수 있다.

6. 의사교류분석 상담이론

의사교류분석(transactional analysis)은 미국의 정신의학자 Eric Berne에 의해서 창시된 이론으로 상호교류분석이라고도 한다. 이 이론은 인간의 행동 이면에 숨겨져서 그 행동에 동기를 부여하는 배경들과 그 배경이 나타내는 과정을 분석하는 것이다. 교류분석에 기본이 되는 것은 각자 자기 내면에 있는 세 가지 자아, 즉 부모자아, 성인자아, 아동의 자아상태 중에서 어느 한 가지의 자아상태로 의사소통을 하고 있는가를 분석하고 이해시켜 새로운 행동을 선택하여 건전한 방향으로 인간관계를 맺게 하는 데 있다. 처음에는 집단치료의 한 방법으로 시작되었으나 현재 개인상담과 집단치료의 방법으로 사용되고 있다.

1) 기본 관점

(1) 인간관

의사교류분석은 인간을 긍정적으로 보고 결정론적인 입장을 반대한다. 인간은 자기의 환경조건과 아동기의 조건을 개선할 수 있는 능력이 있으며, 또한 자신이 내린 과거의 결정을 이해하고 이에 대하여 다시 결정을 내릴 수 있는 능력이 있다는 것을 전제로 하고 있다(노안영, 2005). 즉 인간은 자신의 행동유형에서 벗어나 새로운 목표와 행동을 선택할 능력을 갖고 있다고 신뢰한다. 비록 인간이 초기의 결정과 과거의 각본에 의한 희생자일 수도 있으나, 자아 패배적인 면들을 자각함으로써 변화시킬 수 있다. 또한 인간은 스스로를 결정하고 자신을 변화시켜가며 자신의 생활을 돌볼 수 있다. 인간은 선택할 수 있고 새로운 결정을 할 수 있으며 행동할 수 있다고 가정한다.

Corey(1986)는 교류분석의 인간관은 반결정론적 철학적 관점을 가지고 있다고 하면서 다음과 같이 제시했다. 첫째, 인간은 자율적 존재이다. 둘째, 인간은 자유로운 존재이다. 셋째, 인간은 선택할 수 있는 존재이다. 넷째, 인간은 책임질 수 있는 존재이다. 자율성, 변화 가능성, 긍정성으로 설명할 수 있다. 이처럼 의사교류분석의 인간관은 인간의 자율성, 자유, 선택과 의사결정의 능력, 책임감 등을 강조하고 있다.

(2) 자아상태

Berne은 세 개의 자아상태가 인간의 인격을 이루고 있다고 보았다. 그것은 〈그림 7-3〉에서처럼 부모(어버이) 자아(P: parent), 어른(성인) 자아(A: adult), 어린이자아(C: child)이다.

P, A, C의 세 가지 자아상태 중 어린이자아가 가장 먼저 발달한다. 태어나면서부터 자신의 쾌, 불쾌를 중심으로 만족하고 유쾌한 경험에 감각적으로 반응을 보이면서 어린이의 자아상태가 발달한다. 다음으로 부모의 자아상태가 발달한다. 부모의 행동과 습관을 모방함으로써 인격을 형성하게 된다. 마지막으로 발달하는 것이 어

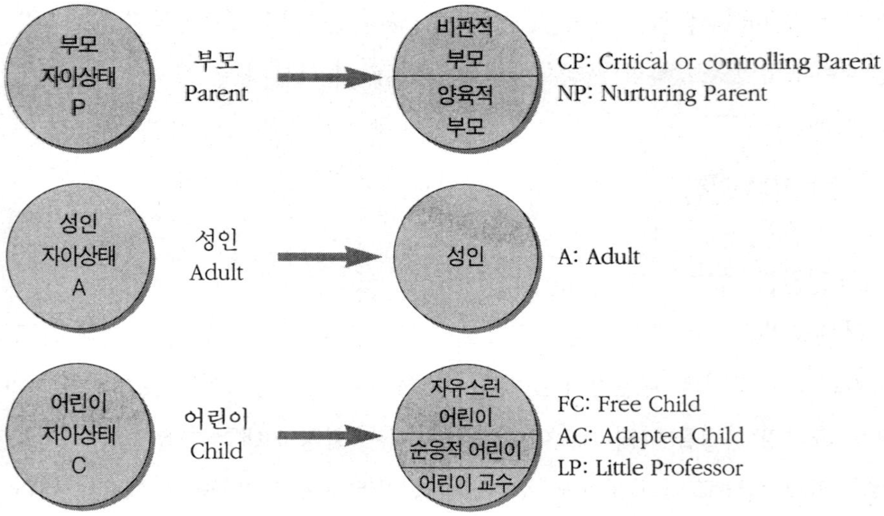

〈그림 7-3〉 세 가지 자아상태와 기능분석

른(성인)의 자아상태이다. 교류분석은 이 세 가지 중 어느 하나가 상황에 따라 한 개인의 행동을 지배한다고 보고 있다. 교류분석에 의하면, 사람은 하나의 자아상태로부터 다른 자아상태로 끊임없이 변화한다는 것이다. 그리고 그들의 행동은 항상 그 순간의 자아상태와 관련되어 있다는 것이다.

① 부모자아(P)

Freud의 초자아에 해당하며 주로 부모나 형제 혹은 정서적으로 중요한 사람들의 행동이나 태도의 영향에 의해서 형성된다. 즉 아이가 부모가 말하고 행동하는 것을 보고 듣고 모방하고 학습하여 아이 마음속의 테이프에 내용이 기록되어 내면화된 결과로 나타나는 것이 부모자아이다(천성문 외 6인, 2009). 부모자아 상태에서는 의무나 당위성을 가지며 양육적 부모자아와 비판적 부모자아를 가지고 있다. 비판적 부모자아는 부모의 윤리, 도덕, 가치판단이 내면화된 부모자아로서 이 자아가 강한 사람은 자신이 제일이라는 의식이 강하다. 양육적 부모자아는 자녀를 사랑하고 돌보는 등 자녀를 양육하는 태도, 즉 말이나 행동이 내면화된 부모자아로서 남의 고통을 자신의 고통으로 여기는 면이 많다(김청자 · 정진선, 2004).

② 어른자아(A)

개인의 현실세계와 관련해서 기능하는 성격의 부분이다. 이것은 성격의 합리적이고 객관적인 측면을 나타내며, 지금 현재 무엇이 진행되고 있는지를 아는 부분이다. 어른자아는 Freud의 에고처럼 행위에 관한 정보를 수집하고 자료를 처리하고 현실적인 가능성을 추정하는 기능을 한다.

③ 어린이자아(C)

Freud의 이드에 해당하는 어린이자아는 감정, 충동, 그리고 자연발생적인 행동들로 구성된다. 이 상태는 아동에게서 자연스럽게 일어나는 모든 충동을 포함하며, 또한 초기 경험의 기억을 포함한다. 어린이자아는 기능에 따라서 순응적 어린이자아(AC: Adapted Child), 어린이 교수자아(LP: Little Professor), 자유스런 어린이자아(FC: Free Child)로 구분된다. 순응적 어린이자아는 아동이 연장자나 권위 인물들로부터 관심이나 칭찬을 받기 위하여 눈치를 보는 행동을 취할 때 작용하는 자아상태이다. 자유스런 어린이자아는 자연스럽고 충동적이고 솔직하고 감정을 자유로이 표출하는 자아상태이다. 어린이 교수자아는 성인자아의 축소판으로서 탐구적이고 창조적이며 순간적으로 경험하는 천재적 착상이나 상대방 표정을 보고 그의 느낌을 알아차릴 수 있는 기능을 가진 자아상태이다.

④ 혼합과 배타

자아기능에 장애를 주는 대표적인 것으로 부모자아나 어린이자아가 성인의 자아의 기능에 영향을 미치는 혼합과 부모자아, 성인자아, 어린이자아의 경계가 지나치게 경직되어서 심적 에너지의 이동이 거의 불가능한 상태인 배타가 있다(김청자 · 정진선, 2004). 혼합은 지속적으로 부적응 행동을 나타내게 되는 경우, 그 개인의 자아상태들(P-A-C) 간의 경계선이 지나치게 이완되거나 혹은 지나치게 경직화된 경우로서 어른자아의 경계를 부모자아가 침식한 혼합상태를 편견이라고 하고, 어린이자아가 성인의 자아를 침식한 경우의 혼합상태를 망상이라 한다. 또한 성인자아가 부모자아와 어린이자아 둘 모두로부터 침범당한 경우를 이중 혼합이라 한다.

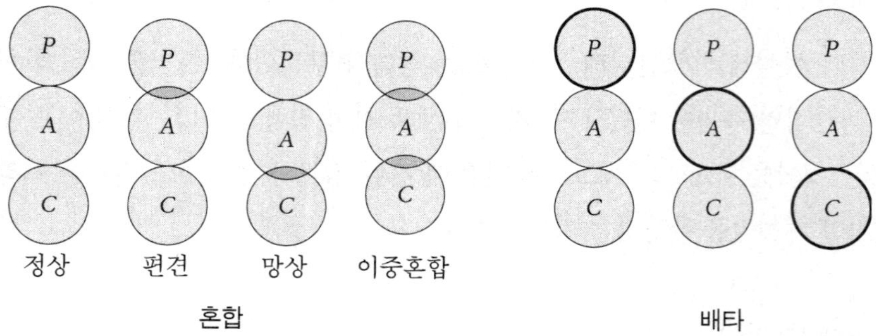

〈그림 7-4〉 혼합과 배타

2) 상담의 목표

교류분석의 상담 목적은 개인이 자신의 삶에 책임지고 스스로를 지도할 수 있는 자율성을 갖도록 하는 것이다. 그 구체적인 목표는 다음과 같다(이현림, 2008). 첫째, 혼합이 없이 어른자아가 정상적으로 기능할 수 있도록 한다. 둘째, 배타적 감정이 없이 상황에 따라 P, A, C가 적절히 기능할 수 있도록 한다. 셋째, 부모의 금지령에 따라 내린 초기결단을 각성시켜 게임에서 벗어나게 한다. 넷째, 초기결단 및 이에 근거한 생활각본을 새로운 결단에 근거한 자기긍정-타인긍정의 생활각본으로 바꾸게 한다. 결국 교류분석의 궁극적인 목표는 내담자가 부적절한 자아상태나 행동(생활각본)에서 벗어나 자기긍정으로 나아가면서 생산적인 행동으로 변화할 수 있도록 돕는 것이다(Gibson, Mitchell, & Basil, 1993).

3) 상담의 과정

교류분석의 상담과정은 상담자와 내담자의 관계형성을 위한 계약으로 이루어진다. 그리고 교류분석 상담의 핵심은 구조분석, 교류분석, 게임분석, 각본분석이다. 여기에 자신을 새롭게 하기 위한 재결단 등이 포함된다.

(1) 상담 계약

상담과정에서 상담자와 내담자 사이에 준수해야 할 사항과 구체적인 상담목표에 대하여 합의한 내용을 진술하는 것이다. 계약 내용은 내담자 간의 관계성을 명시하거나 내담자가 획득하거나 의도하는 목적을 구체적으로 진술한 것을 포함하며 내담자로 하여금 스스로 변화하도록 책임감을 요구한다.

(2) 구조분석

구조분석은 자아상태의 인지구조와 특성을 개인이 이해하는 데 도움을 주도록 설계되어 있다. 즉 자신의 부모자아, 어른자아, 어린이자아의 내용이나 기능을 이해하는 방법이라 할 수 있다. 구조분석은 내담자가 난처하거나 느끼는 것을 해결할 수 있도록 한다. 또 내담자가 자기행동의 기초가 되는 자아상태를 파악하도록 한다. 따라서 구조분석의 핵심적인 내용은 내담자의 행동특징, 갈등과 관련된 내적 대화 또는 자아기능 그래프 등을 기초로 내담자의 자아상태에 혼합이나 배타현상이 있는지 등을 분석하고 확인하는 것이다.

(3) 의사교류분석

내담자가 다른 사람과의 의사교류 과정에서 어떤 형태의 의사교류를 하고 있는지를 분석함으로써 의사소통이나 인간관계의 과정에서 문제점이 무엇인지를 확인하여 문제해결을 돕고자 하는 것이다. 의사교류는 두 사람 사이에서 이루어지는데 이때 각자의 P, A, C 중 어느 상태에서 기능하느냐에 따라 상보적 의사교류, 교차적 의사교류, 암시적 의사교류가 있다. 둘 사이에 이루어지는 교류교환은 교류적 자극(S: transactional stimulus)과 교류적 반응(R: transactional response)을 통해 이루어진다.

① 상보적 의사교류

상보적 의사교류는 보완적 의사교류라고도 하며, 발신된 메시지나 자극이 예상하고 기대했던 응답이나 반응을 듣는 교류형식이다. 즉 〈그림 7-5〉처럼 의사교류의 자극과 반응 사이에 평행선적인 관계를 이루는 의사교류이다. Berne은 PP, PA, PC, AP, AA, AC, CP, CA, CC 사이의 아홉 가지 상보적 교류가 가능하다고 하였다.

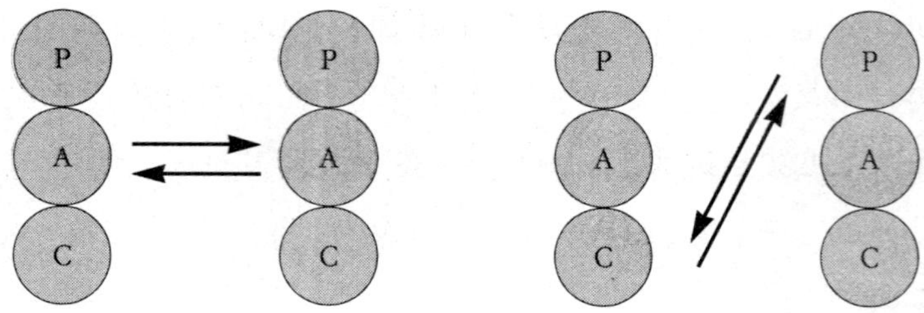

남편(A→A): 지금 몇시죠?
부인(A→A): 7시 입니다.

아이(C→P): 선생님, 저 혼자서는 매우 어렵습니다. 좀 도와주시겠어요.
교사(P→C): 그래. 내가 좀 도와주지.

〈그림 7-5〉 상보적 의사교류

② 교차적 의사교류

상보적 의사교류와 반대로 어떤 반응을 기대하여 시작한 교류에 대하여 예상 밖의 반응이 되돌아오는 경우를 말하는 것으로, 인간관계에서 고통의 근원이 된다. 이를 그림으로 제시하면 〈그림 7-6〉과 같다.

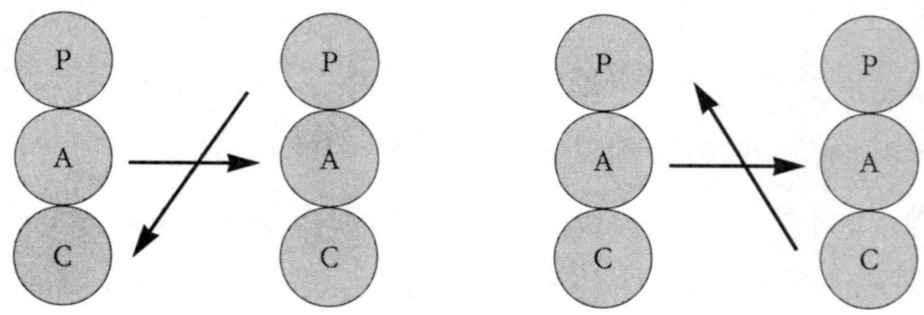

아내(A→A): 이번 주말에 친정에 다녀 왔으면 하는데요.
남편(P→C): 무슨 소리야. 나한테 한번도 상의하지 않고서.

선배(A→A): 그 일은 어느 정도 진행되었는가?
후배(C→P): 말도 마십시오. 뜻대로 안되어 죽을 지경입니다. 좀 도와주세요.

〈그림 7-6〉 교차적 의사교류

③ 암시적 의사교류

암시적 의사교류는 저의적 의사교류라고도 하며, 이차원적인 의사교류 교환으로서 하나의 자극을 가지고 두 가지 사실을 동시에 의미하는 복잡한 교류형태이다. 암시적 의사교류의 두 차원에는 사회적 차원(social level)과 심리적 차원(psychological level)이 있다. 사회적 차원은 일상생활에서 용납되는 공개적인 차원이고, 심리적 차원은 사회적 차원을 은폐물로 이용해서 표현되는 잠재적 동기이다. 암시적 의사교류에는 두 종류가 있는데, 첫째는 대각적 의사교류로서 세 개의 자아상태를 동원한다. 세 가지 자아상태가 관여하며 의사교류 자극이 상대편의 두 자아로 보내지는 의사교류로서 매우 복잡하다.

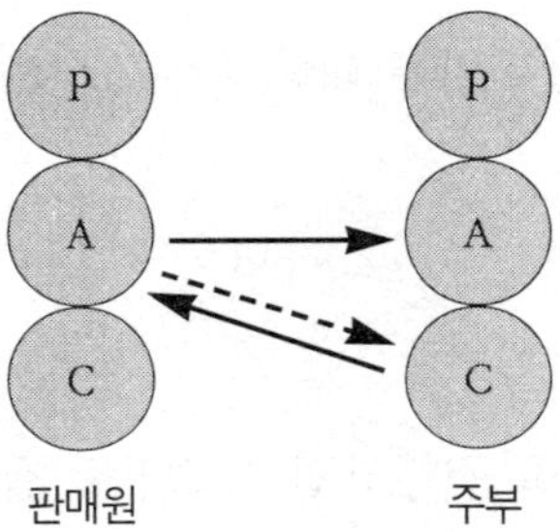

판매원(A→A: 사회적 수준): "이 물건 오늘만 팝니다."
(A→C: 심리적 수준): (빨리 사는 것이 좋을 겁니다. 오늘 사지 않으면 기회를 놓칩니다.)

주부(C→A): "지금 사겠어요."

〈그림 7-7〉 **대각적 의사교류**

둘째는 이중적 의사교류로서 네 개의 자아상태를 동시에 동원하는 교류방법이다. 의사교류의 자극과 반응이 사회적·심리적 수준으로 전달되며 네 개의 자아상태가 관여한다. 심리적 메시지는 은밀한 어른자아 대 어린이자아 간의 메시지이지만 사회적 메시지, 즉 표면으로 나타나 보이는 메시지는 어른자아 대 어른자아 간의 메시지이다.

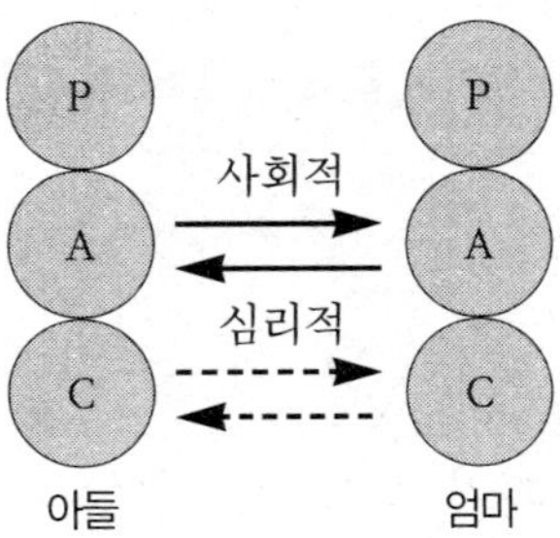

사회적 수준:
아들: 엄마, 시장에 안 가세요.
엄마: 오늘 시장 안 간다.

심리적 수준:
아들: 엄마가 없으면 즐겁게 놀 수 있는데.
엄마: 공부 안하고 놀려고? 어림도 없다.

〈그림 7-8〉 **이중적 의사교류**

(4) 게임분석(game analysis)

게임분석은 암시적 의사교류를 구체적인 게임의 종류 및 만성부정감정 유형과 관련시켜 분석하는 것이다. 게임은 숨겨져 있는 동기를 가진 세련된 보상행동으로서 일련의 암시적 혹은 이중적 의사교류이다. 따라서 게임은 숨겨진 동기를 가진 암시적 의사교류를 통해 의사교류에 관여하는 두 사람 모두 또는 적어도 한 사람에게 불쾌한 감정을 유발하는 의사교류의 형태이다. 이때의 게임은 친밀감을 저해하도록 고안된 것이며, 게임 후에 경험하는 불쾌하고 쓰라린 감정을 라켓(racket: 만성부정 감정)이라 한다. 게임은 신뢰할 수 있는 의사소통과 대인관계의 저해요소가 된다. 게임이 분석되면 상담자는 게임에서 얻은 것이 무엇인가를 내담자가 이해하도록 도와주어야 한다.

(5) 생활각본 분석(script analysis)

생활각본은 어린 시절의 신체적 욕구와 심리적 차질을 경험하면서 고정된 결단에 근거한 삶의 계획이다. 생활계획은 어린 시절에 결정되며 인간은 거의 무의식 수준에서 이 각본에 따라 살아간다. 생활각본의 형성은 어린 시절의 인정자극을 포함한 각종 활동과 부모의 허용, 금지령, 초기결단, 생활자세 같은 자세의 욕구에 의해 결정되며 삶의 입장이 되어 매사를 동일한 방식으로 해결하려고 한다. 이러한 생활각본의 입장을 Harris(1973)는 다음의 네 가지로 제시한다.

① 자기부정- 타인긍정(I' m Not OK-You' re OK)

이 생활 자세는 다른 사람과 비교해서 자신을 무능하다고 느끼는 억압된 사람의 자세이다. 이들은 타인의 도움없이는 살아갈 수 없을 것이라는 좌절감을 경험하며, 자신감이 없고 문제나 책임을 회피한다. 열등감과 죄의식에 사로잡혀 무력감을 느끼게 되고 심할 경우 자살할 수도 있다.

② 자기부정- 타인부정(I' m Not OK-You' re Not OK)

이 생활 자세는 생후 1세 전후부터 나타나는 자세로 자기 스스로도 열등하지만 타인들도 부족하고 불완전할 뿐만 아니라 나쁘기 까지 하다고 생각하는 태도이다. 초기에 기본적인 신뢰감이 형성되지 않는 경우에 생기는 생활 자세로 인생을 허무하고 무가치하다고 여기며 삶에 흥미가 없고 자신과 타인을 공격한다. 또한 이들은 인생의 목표가 없고 반항적이며 적의를 가지고 있다.

네 가지 생활 자세 중에서 가장 바람직하지 않은 자세로 이런 자세를 가진 사람들은 삶의 의미를 상실하고 정신분열 증세를 보이거나 자살 및 타살 충동을 느끼는 삶을 살아간다.

③ 자기긍정- 타인부정(I' m OK-You' re Not OK)

이 생활 자세는 2~3세경의 아이들의 경험을 통해 알 수 있다. 이런 자세를 가진 사람은 자신의 실수를 남에게 전가시키고 불평하고 비평하는 사람들의 자세이다. 이 자세가 계속 심화되면 지배감과 우월감에 차게 되어 양심부재가 되기 쉬울 뿐만 아니라 타인에 대한 불신, 비난, 증오, 살인과 같은 행동 특징을 보인다.

④ 자기긍정- 타인긍정(I' m OK-You' re OK)

가장 바람직한 생활 자세이다. 이런 생활 자세를 가진 사람은 스스로 유능하며 인생은 살아갈만한 가치가 있다고 생각하며 또한 타인도 신뢰할 수 있는 좋은 사람이라고 생각한다. 따라서 이들은 자신을 존중하고 소중하게 여기며 정신적으로나 신체적으로 건전하고 사물을 건설적으로 대하며 타인 존재의 의미를 충분히 인정하는 건설적인 인생관을 가지고 있다.

Harris(1973)는 자기부정-타인긍정, 자기부정-타인부정, 자기긍정-타인부정의 세 가지 입장이 부정적 · 병리적 생활 자세라고 보았다. 이 세 가지 자세들은 생의 초기에 형성되어 온 것으로 무의식적인데 비해 자기긍정-타인긍정의 자세는 가장 마지막에 형성되는 자세로 의식적이다.

인간이 각본에 따라 산다는 것은 자발성의 부족을 의미한다. 각본분석은 문제행동과 관련된 각본을 찾아내 이에 정확한 정보와 활력을 불어넣고 재결단을 내리도록 함으로써 자율적인 삶을 영위하도록 하는 데 목적이 있다.

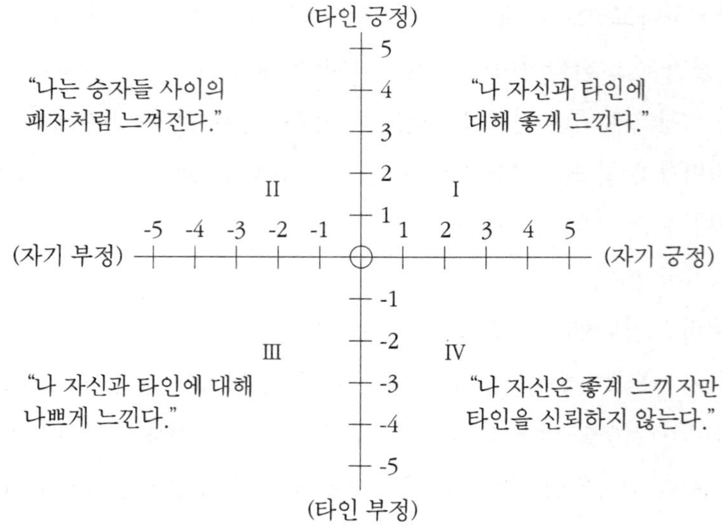

〈그림 7-9〉 인생자세

(6) 재결단

재결단은 네 가지 분석을 통해서 어른자아를 강화시키고, 생활각본에서 벗어나게 하는 치료의 마지막 단계이다. 즉 내담자가 생활각본을 변화시키는 것을 말한다. 내담자는 재결단을 통해 새로운 각본을 형성하고, 자율적인 인간으로 변화될 수 있다. 정상적인 자아를 회복하고 자기긍정-타인긍정의 긍정적인 생활자세를 취하게 되는 것이다.

4) 상담기법

교류분석에서 사용되는 기법은 상담분위기를 조성하기 위한 허용, 보호 및 잠재능력과 내담자에 대해 이루어지는 조작기법이 있다.

(1) 상담분위기 조성기법

① 허용

내담자가 가지고 있는 부모에 의한 많은 금지령을 허용해야 한다. 이러한 허용이 이루어질수록 생활자세와 각본을 선택할 수 있게 된다.

② 보호

내담자가 부모의 금지령을 버릴 수 있도록 허용하여 어른자아를 활용하면 어린이자아가 당황하게 되는 경우가 생긴다. 또한 어린이자아가 자유롭게 기능함으로써 스스로 당황할 수도 있다. 이러한 반응을 안심시키고 지지함으로써 안전하게 자아를 경험할 수 있도록 해야 한다.

③ 잠재능력

적당한 시기에 적절한 상담기법을 활용할 수 있는 상담자의 능력이다. 상담자는 구조분석을 비롯한 분석과 내담자를 변화시킬 수 있는 상담기술을 소유해야 한다.

(2) 조작기법

① 질문

내담자가 어른자아를 사용할 때 어려움을 겪으면 상담자는 내담자가 어른자아로 반응할 때까지 지속적인 질문을 한다. 이때 질문이 강압적으로 이루어지는 측면이 있으므로 신중을 기해야 한다.

② 특별 세부반응

내담자가 자신의 특별한 행동의 원인에 대한 반응을 보였을 때 그 반응에 상담자가 동의함으로써 반응을 보다 분명하게 해주기 위한 기법이다. 세 가지 자아상태의 기능을 완전히 이해할 수 있도록 돕는 데 이용한다.

③ 직면

내담자의 반응에서 불일치하거나 모순된 점이 있을 때 이를 지적하는 기법이다. 부정적인 생활자세에 대해 각성시키고, 여기에서 벗어날 수 있도록 도와준다.

④ 설명

내담자가 현실을 잘 직면하지 못할 때 효과적인 기법으로 어른자아 대 어른자아의 입장에서 내담자를 학습시키는 방법이다.

⑤ 예시

주로 직면이 이루어진 다음 일화 또는 비교 등의 방법을 이용하여 내담자의 긴장을 풀고 필요한 것을 가르쳐주는 방법이다. 유머가 포함되어 있어 어린이자아를 즐겁게 하고 어른자아는 새로운 통찰을 얻게 한다.

⑥ 확립

직면에 의해 사라졌던 내담자의 행동이 원래의 행동으로 재발될 수 있다. 이때 상담자가 내담자에게 과거 행동을 아직 완전히 제거하지 못했으므로 더욱 열심히 노력하도록 지적해주는 기법이다.

⑦ 해석

내담자의 행동 이면에 숨은 원인을 각성하도록 도와주는 것으로 정신분석의 해석 과정과 비슷하다.

⑧ 구체적 종결

내담자가 인정자극을 얻기 위하여 더 이상 연극을 하지 않고 정상적으로 행동할 수 있음을 설명해주는 것이다. 내담자의 생활자세를 성인 대 성인의 입장에서 명료화할 때 사용하는 기법이다.

7. 현실치료 상담이론

현실치료 상담은 1950년대 정신과의사인 William Glasser에 의해 창시되어 발전된 것으로 선택이론을 토대로 고안한 상담이론이다. 우리 모두가 성장할 수 있는 힘을 가지고 있으며, 이러한 힘이 우리의 환경을 통제하면서 자신의 욕구를 충족시키고 성공적인 정체감을 발전시킬 수 있다는 가정에서 출발한다. 이 이론은 현재 내담자의 행동에 초점을 두며, 상담자는 내담자로 하여금 자신이나 타인에게 피해를 주지 않으면서 자신의 욕구를 현실적인 방법으로 충족시키도록 도와 성공적인 정체감을 획득하도록 하며, 자신이 택한 행동의 결과에 대해 책임감을 갖도록 하는 것을 목표로 한다(천성문 외 6인, 2009).

1) 기본 관점

(1) 인간관

인간을 긍정적 관점에서 본 Glasser는 결정론적 입장을 반대한다. 즉 인간은 궁극적으로 자기결정을 하고 자기 삶에 책임을 진다는 입장이다. 기본적으로 인간을 자유롭고 자신의 목표를 스스로 선택하려는 자율적 특성을 지닌 유기체로 보았다(박경애, 2002). 현실치료 상담 이론의 인간관을 정리하면 다음과 같다(김형태 2006, 163-164). 첫째, 인간은 자신의 건강을 증진시키고 자신을 성장시키려는 힘을 가지고 있다. 둘째, 인간은 자기 결정이 가능한 존재이다. 셋째, 인간은 자신이나 환경을 통제할 수 있는 존재이다. 넷째, 인간은 자신의 행동을 포함한 자신에 대하여 책임질 수 있는 존재이다. 다섯째, 인간은 성공적인 정체감을 발전시킬 수 있는 존재이다. 여섯째, 인간은 기본적 욕구를 충족시키려는 존재이다.

(2) 선택이론

Glasser의 선택이론은 살아 있는 모든 유기체가 어떻게 행동하고 있는가를 설명해주는 이론이다. 중요한 점은 우리에게 무슨 일이 일어났고 현재 무엇을 하고 있든 삶의 모든 것은 선택한 것이며 그 선택에는 책임이 있다는 사실이다. 그러나 무책임한 행동에 책임을 진다고 할 때에 반드시 가족이나 친구에 의해 벌을 받거나 거부당하는 것을 의미하는 것이 아니라 내담자가 보다 책임 있는 선택도 할 수 있음을 말한다. 그리고 우리가 통제할 수 있는 것은 자신뿐이라는 점을 강조한다. 주위에서 일어나는 갖가지 사건들을 통제하는 것 역시 우리 자신을 통제함으로써 가능하다고 보는 입장이다.

선택이론에서는 인간이 행동하는 모든 것, 즉 좋은 것과 나쁜 것, 즐거운 것과 불쾌한 것, 정상적인 것과 비정상적인 것 등은 인간이 태어날 때부터 가지고 있는 기본적인 욕구를 충족하기 위한 선택이라고 보고 있다. 즉 인간은 항상 생존, 사랑과 소속, 힘, 자유, 즐거움 등 다섯 가지 욕구를 충족하기 위해서 행동하면서 삶을 영위한다는 것이다. 선택이론에서 이러한 욕구는 자신의 행동변화를 통해서만 충족시킬 수 있다고 가정한다. 따라서 우리가 책임지는 행동을 효과적으로 선택하는 것을 배운다면, 우리의 욕구를 충족시키는 동시에 다른 사람들의 욕구충족 기회를 방해하지 않으면서 자신들의 삶을 효과적으로 통제할 수 있다는 것이다.

선택이론에서는 모든 행동을 행동하기, 생각하기, 느끼기, 그리고 신체반응으로 구성된 전행동(total behavior)으로 본다. Glasser는 우리들의 욕구는 자동차의 엔진에 해당하고, 바람(want)은 핸들이 되어 전행동이라는 자동차가 되어서 가고 싶은 방향으로 간다고 한다. 자동차의 앞바퀴는 활동하기(Doing)와 생각하기(Thinking), 뒷바퀴는 느끼기(Feeling)와 신체반응(Physiology) 등 네 가지 요소로 구성되어 있다. 분리될 수 없는 이 요소들이 모여서 하나의 행동으로 나타난다.

모든 행동은 선택되는데 행동하기와 생각하기는 직접적인 통제가 가능하며, 느끼기와 신체반응은 간접적으로만 통제가 가능할 수 있다. 따라서 내담자가 기분을 변환시키려면 먼저 행동하기와 생각하기를 변화시켜야 한다(천성문 외 6인, 2009).

(3) 다섯 가지 기본욕구

① 생존에 대한 욕구(survival need)

살고자 하는 생식을 통한 자기 확장을 하고자 하는 속성이다. 이 욕구는 우리 뇌의 가장 오래된 부분으로서, 척수 바로 위에 위치한 구뇌로부터 생성된 것으로 구조가 작으며 호흡과 소화, 땀 흘리는 것, 혈압 조절 등 신체구조를 움직이고 건강하게 유지하도록 하는 중요한 과업을 수행하고 있다.

② 사랑과 소속의 욕구(love & belonging need)

사랑하고 사랑받으며 나누고 협력하고자 하는 인간의 속성을 말한다. 서로 경쟁하지 않고 서로 협조하며 함께 일하는 데 대한 생래적 결과이다. 일반적인 소속욕구의 예는 자신의 가족을 형성하기를 원하여 결혼하고 싶어 하거나 친구를 사귀고 싶어 하는 것이 있다.

③ 힘에 대한 욕구(power need)

경쟁하고 성취하고 중요한 존재이고 싶어 하는 속성이다. 힘은 지식을 받아들여 우리 인생의 질과 다른 사람들의 인생의 질을 높이기 위해 사용하는 데 대한 생래적인 보상이다.

④ 즐거움에 대한 욕구(fun need)

많은 새로운 것을 배우고 놀이를 통해서 즐기고자 하는 속성이다. 인간은 다른 동물과 다르게 즐거움에 대한 욕구가 충족되면 웃는다. 이 욕구의 충족을 위해 때로는 생명의 위험도 감수하면서 자신의 생활방식을 과감히 바꾸기도 한다. 생명을 걸고 암벽을 타거나 자동차 경주를 하는 등 위험한 활동을 택하는 것이 좋은 예다. Glasser는 즐거움에 대한 욕구충족 활동의 유형에는 놀이와 학습이라고 하였다. 이 배움은 사람들에게 생존의 특혜를 주고, 이 욕구는 우리들의 유전자 속에 자리 잡게 된 것이다.

⑤ 자유에 대한 욕구(freedom need)

이동하고 선택하는 것을 마음대로 하고 싶어 하는 속성이다. 우리가 어떤 일을 원하는가를 선택하는 데 통제력을 지님으로써 얻는 내면적인 만족이다.

(4) 상담의 원리

Wubbolding(1986)은 현실치료 상담의 원리를 다섯 가지로 설명하였다. 첫째, 인간은 자신의 욕구와 바람을 충족시하기 위해서 행동하게 된다. 둘째, 개인이 경험하는 환경으로부터 얻어진 지각현상과 자신이 원하는 것과의 차이에서 오는 좌절은 행동유발의 원인이 된다. 셋째, 활동하기, 생각하기, 느끼기, 신체반응하기로 이루어진 전행동은 목적이 있다. 넷째, 활동하기, 생각하기, 느끼기, 신체 반응하기는 분리될 수 없는 행동요인들로서 개인의 내부로부터 생성되며 대부분은 선택이다. 다섯째, 인간은 감각체계와 지각체계를 통해서 세상을 본다는 것이다.

2) 상담의 목표

현실치료 상담의 목표는 개인이 성공적인 정체감을 형성하도록 돕는 것이다. 즉 현실적으로 자신의 욕구충족 방법을 배우도록 만드는 것이다. 성공적인 정체감을 소유한 사람은 자신이 사랑을 베풀 수 있고 사랑을 받을 수 있으며 타인에게 가치 있는 존재라고 느낀다. 또한 자기 가치를 경험하고 타인에게 의존하지 않으면서도 자신의 욕구를 충족시킬 수 있다. 결국 현실상담의 치료는 개인이 바라는 인간상에 도달할 수 있다는 자기결정적 존재라는 가정 하에 패배적인 정체감을 불러일으키는 행동을 변화시키고, 성공적인 정체감을 갖도록 만드는 것이다. 또한 내담자로 하여금 개인적 자율성을 갖도록 하여 성공을 돕는 것이다.

3) 상담과정

현실치료 상담의 과정은 WDEP(Wants, Doing, Evaluation, Plan)의 네 단계로 이루어진다. 이 과정을 설명하면 다음과 같다(Glasser, 1992).

(1) 바람(wants)

욕구와 지각의 탐색으로 내담자가 바라는 것, 가지고 있는 것, 얻지 못하고 있는 것을 질문한다. 상담자의 질문을 통해서 내담자는 자신의 욕구를 만족시킬 수 있는 방법을 인식하고 정의하며, 세련되게 만든다. 상담자가 다음과 같은 질문을 할 수 있다.

- 원하는 것이 무엇인가?
- 진정으로 원하는 것이 무엇인가?
- 사람들이 당신에게 원하는 것이 무엇이라고 생각하는가?
- 어떤 시각으로 바라보는가?

(2) 현재 행동에 초점 맞추기(doing)

상담과정 초기에 내담자가 상담의 전반적인 방향이 어디로 가는지 탐색하도록 도와주는 것이다. 상담자는 계속해서 현재 행동에 초점을 맞추도록 시도한다. 과거 사건은 내담자가 현재 행동에 영향을 미치는 경우에만 관심을 둔다. 현재 행동에 초점을 두는 것은 내담자 자신의 행동에 대해 의식적인 통제를 할 수 있고 선택할 수 있으며, 삶을 변화시킬 수 있다는 사실을 가르쳐주기 때문이다. 그래서 현재의 행동을 변화시키려는 것이다.

"당신은 무엇을 하고 있습니까?" 라고 질문한다.

(3) 내담자로 하여금 자신의 행동을 평가하도록 하기(evaluation)

내담자로 하여금 자신의 현재 행동에 대해 평가하도록 하는 과정이다. 자신의 행동을 판단하지 못한다면 변화를 기대할 수가 없다. 상담자는 질문을 통해 내담자가 자신의 행동을 평가하도록 도와야 한다. 다음과 같은 질문이 유용하다.

"당신의 행동이 당신에게 도움이 됩니까? 해가 됩니까?"

"당신이 지금 하고 있는 것은 원하는 것을 얻는 데 도움이 됩니까?"

"당신이 행동하고 있는 것이 규칙에 어긋납니까?"

"당신이 원하는 것은 현실적이거나 실현 가능한 것입니까?"

"그런 식으로 보는 것이 당신에게 도움이 됩니까?"

"치료의 진행과 당신 인생의 변화에 대해 어떻게 약속을 하시겠습니까?"

"도움이 되는 계획입니까?"

(4) 계획과 활동(plan)

상담의 마무리 단계로서 내담자가 자신의 실패 행동을 성공적인 것으로 바꾸도록 구체적인 방법을 확립하게 하는 것이다. 내담자가 자신의 행동에 대해 평가를 내렸다면 상담자는 행동변화를 위한 계획을 세우도록 도와준다. 대부분의 상담기간은 계획을 세우고 그 계획이 어떻게 작용하는지 검토하는 것으로 이루어져 있다. 이때 내담자의 진정한 바람과 욕구를 충족시킬 수 있는 긍정적 행동계획을 수립하도록 한다. 효과적인 계획의 특징은 다음과 같다(Wubbolding, 1991).

- 내담자의 욕구와 밀접한 계획
- 단순한 계획, 구체적이고 측정 가능하며, 융통성이 있고 수정과 변화가 용이해야 한다.
- 현실적이고 실행 가능한 계획
- 적극적인 행동에 관한 계획
- 혼자서 실행 가능하도록 행위자에 기초한 계획
- 정기적이고 지속적으로 행할 수 있는 계획
- 즉시성, 즉 행동시행을 즉시 할 수 있도록 한 계획
- 과정 중심의 활동 포함
- 상담자로부터의 피드백

- 실행과정을 기록하게 하여 실천 가능성을 높이기
- 상담자와 내담자의 공동 노력으로 계획이 수립되면 이 계획이 실천되도록 실천을 위한 계약을 한다.

한편 이러한 일반적인 특징을 요약하여 효율적인 계획을 세울 때 고려해야 할 사항으로 SAMIC3/P로 표현하는데 여기서 분모의 P는 계획자(planner)를 뜻한다. 이것은 계획 수집과 이행에 대한 책임이 계획자인 내담자에게 있다는 것을 의미한다. SAMIC3/P의 일곱가지 내용을 보면 다음과 같다(이경숙 · 정찬기오, 2009).

- 단순성(Simple) : 계획은 복잡하면 수행할수 없으므로 단순해야 한다.
- 성취성(Attainable) : 계획은 성취가능하고 도달할수 있는 현실적인 것이어야 한다.
- 측정성(Measureable) : 계획은 구체적이고 정확하며 측정할수 있어야 한다.
- 즉각수행(Immediate) : 계획은 가능한 한 빨리 수행될수 있고 즉각적으로 실행할수 있어야 한다.
- 통제성(Control) : 계획은 타인에 의존하지 않고 자신에 의해 통제될수 있어야 한다.
- 일관성(Consistent) : 계획은 정규적 근거로 반복되는 일관성이 유지되어야 한다.
- 언약성(Committed) : 계획은 확고한 의지로 수행하기 위해 이행하겠다는 실천의 언약을 받아야 한다.

4) 상담기법

현실치료에서 제시되는 상담기법으로는 직면하기, 질문하기, 유머사용하기, 역설적 기법 등이 있다(이경숙 · 정찬기오, 2009; 강경미, 2011).

(1) 직면하기

상담자는 내담자가 현실적으로 책임지지 않는 행동을 보일 때 직면을 통해 내담자가 선택한 행동에 대해 책임을 지도록 한다. 현실상담과정에서의 직면은 내담자의 행동이 바람을 달성하도록 해주는지 여부를 따지는 활동이다. 직면을 통해 상담자는 직접적 태도를 상담자는 긍정적 태도를 유지하면서 변명을 수용하지 않고 결코 포기하지 않아야 한다. 상담자는 내담자를 비판하거나 논쟁하지 않으면서 내담자 자신의 전체 행동을 탐색해서 효과적인 계획을 수립하도록 한다. 직면을 수립할 수 있도록 조력하게 되면 내담자는 직면을 통해 책임있는 행동으로 변화가 일어나게 된다.

(2) 질문하기

상담자의 질문은 내담자의 전체 행동을 탐색하거나 바람과 현재 행동을 파악하게 하며 구체적인 계획 수립을 가능하게 한다. 또한 질문은 내담자의 내적 세계로 들어갈수 있도록 하며 정보를 주고받아 정보를 얻게하고 내담자에게 선택하게 하며 삶을 변화시키는 방법을 효과적으로 통제할수 있도록 한다. 따라서 자신을 올바르게 통제할수 있도록 도울수 있다.

(3) 유머 사용하기

현실치료 상담에서 강조하는 기본 욕구 중에는 즐거움이나 흥미에 대한 욕구가 있다. 상담자와 내담자가 농담을 공유한다는 것은 서로 동등한 입장에서 흥미 욕구를 공유함을 의미한다. 상담자가 유머를 통해 내담자와 친근한 관계를 유지할 뿐만 아니라 내담자로 하여금 소속감을 느끼게 해준다. 유머는 치료관계가 형성된 이후에 적절한 시기에 사용되어야 한다. 유머의 긍정적 효과를 이루기 위해서는 내담자가 상담자의 유머를 이해하여 공감할수 있는 상황에서 교육적 · 교정적인 목적으로 사용해야 한다.

(4) 역설적 기법

상담자는 내담자에게 모순된 요구나 지시를 주어 내담자를 곤경에 처하게 하는 기법이다. 예를 들면, 우울한 내담자에게 더 우울하여 생각하고 행동하도록 요구하거나 실수에 대한 두려움이 있는 내담자에게 일부러 실수를 하도록 하는 것이다. 역설적 기법은 강력하고 충격적인 기법이므로 충분히 훈련받은 상담자에 의해 실시되어야 한다.

이러한 기법들은 상담자와 내담자의 관계가 잘 형성되었을 때 사용할 수 있다. 반면에 상담환경의 유지를 위해 피해야 할 일들이 있다. 첫째, 내담자의 변명을 받아들이지 않고 스스로 책임감을 갖도록 돕는다. 둘째, 처벌이나 비판, 논쟁을 하지 않는다. 스스로 자신의 행동에 수반되는 결과를 경청하도록 한다. 셋째, 상담자가 쉽게 포기하지 않아야 한다. 실제로 반항적이고 냉담한 내담자에 대해 상담자는 포기하고 싶을 때가 많다.

8. 형태주의 상담이론

형태주의 상담은 정신분석에 대한 반동으로 1940년 Perls에 의해서 창안되었다. 형태주의 상담은 내담자 자신들이 지금-여기(here and now)를 완전히 경험할 수 있는 방향으로 돕고자 하는 것이다. 따라서 내용(무엇이 논의되고 있는가)보다는 과정(무엇이 일어나고 있는가)에 초점을 둔다. 즉 현재 무엇이 있는가를 강조한다(노희관, 1998). 형태주의 상담은 지금-여기와 경험의 전체성, 개인의 독립적 선택과 책임, 그리고 과정으로서의 존재를 강조한다는 점에서 실존주의적이며, 경험의 즉시성이나 객관적 사실보다는 인간의 주관적 지각이나 경험, 주관적으로 결정되는 의미를 강조한다는 점에서 현상학적이다.

형태주의 상담이론의 기본가정은 우리 모두가 성장할 수 있는 힘을 가지고 있으며, 이 힘이 우리의 환경을 통제하면서 자신의 욕구를 충족시키고 성공적인 정체감을 발전시킬 수 있다는 데 있다. 이러한 가정에 근거하여 이 이론은 현재의 자기행동에 대한 책임, 즉 현재 진행중인 행동에 초점을 맞추는 상담방법이다(김형태, 2006). 행태주의 상담이론은 형태주의 심리학의 주요 원리인 전경과 배경의 형성과 소멸에 관한 원리, 지각의 조직화 과정에 관한 원리, 형태주의의 완성을 추구하는 인간의 동기에 관한 원리 등을 상담에 적용하고 있다.

1) 기본 관점

(1) 인간관

형태주의에서는 인간을 전체적이고 현재 중심적이며 선택의 자유에 의해 잠재능력을 각성할 수 있는 존재로 본다. 인간은 스스로 선택할 수 있는 자유의지를 갖고 있으므로 자기 행동에 대해 책임을 진다. 즉 과거에 구속받기보다는 현재에 충실한 삶을 살아가는 것이다. 인간은 선천적으로 자아실현을 향한 경향성을 갖고 있다. 이는 긍정적인 인간관으로서 모든 살아 있는 자기의 잠재력을 실현하려는 방향으로 나아간다(장선철 · 문승태, 2003). 자아실현은 끝없는 과정이므로 인간은 끊임없이 되어가는(becoming) 존재이다. 자아실현 경향성은 모든 인간 행동의 동기가 되며 다른 모든 욕구들은 자아실현 경향성에 기초한다. 따라서 인간은 신체, 정서, 사고, 지각으로 이루어지는 전체이며 동시에 자기의 신체, 정서, 사고, 지각 등을 각성할 수 있다. 그리고 자기 각성을 통해 선택할 수 있고 자기의 행동에 대해 책임질 수 있다. 인간은 환경의 일부로서 단순한 반응자가 아니라 자신이 창조하고 행하는 자이다. 따라서 인간은 외부자극에 대한 자기의 반응을 스스로 결정할 수 있다. 또한 인간은 현재에서 자기를 경험할 수 있도록 본질적으로 선하지도 악하지도 않은 존재이다.

(2) 주요 개념

형태주의 심리학에서는 개인이 어떤 자극들을 접했을 때 개체는 일정한 법칙(완결, 근접성, 유사성의 법칙)에 따라 자극들을 조직하여 의미있는 전체로 지각하는 경향이 있다고 한다. 이러한 원리를 상담에 적용하면, 형태주의는 개체의 욕구나 감정이 하나의 의미있는 전체로 조직된 것을 의미한다.

① 게슈탈트

게슈탈트(Gestalt)란 전체, 형상, 형태, 모습 등의 뜻을 지닌 독일어로, 게슈탈트 심리학자들에 의하면 개체는 대상을 지각할 때 그것들을 산만한 부분들의 집합이 아니라 하나의 의미있는 전체, 즉 게슈탈트로 만들어 지각한다고 말한다. 형태주의 상담에서는 게슈탈트란 개념을 치료적인 영역으로 확장하여 사용하는데, 여기서 게슈탈트는 개체에 의해 지각된 유기체 욕구나 감정, 즉 개체가 자신의 욕구나 감정을 하나의 의미있는 전체로 조직화하여 지각한 것을 뜻한다(Thomson, 1968).

② 전경과 배경

사람이 대상을 지각할 때에는 지각의 중심에서 떠올려지는 부분과 그 뒤로 물러나는 부분이 있는데, 이때 지각의 초점이 되는 부분을 전경이라 하고 관심 밖의 부분을 배경이라고 한다. 즉 정서적 측면에 적용하면 어떤 상황에서 사람의 욕구와 필요의 초점이 되는 부분을 전경, 그 밖의 부분을 배경이라고 할 수 있다.

③ 알아차림

개체가 자신의 욕구나 감정을 지각하고 그것을 형태주의로 형성하여 전경으로 떠올리는 행위를 의미한다. 개체가 자기 조정작용을 원활히 하기 위해서는 매순간 자신의 사고나 감정, 욕구와 감각을 명확하게 알아차리는 상태를 유지하는 것이 중요하다.

④ 미해결과제

개체가 형태주의를 형성하지 못했거나 형성된 형태주의가 적절히 해소되지 못해 배경으로 남아 있으면서 계속 전경으로 떠오르려고 노력한다. 이렇게 완결되지 못한 혹은 해소되지 않은 게슈탈트를 미해결 게슈탈트 혹은 미해결 과제(unfinished business)라고 한다. Perls는 미해결 과제의 가장 중요한 근원으로 해결이나 표현되지 않은 적개심을 든다. 이러한 미해결 과제는 계속 해결을 요구하며 전경으로 떠오르려고 하면서 전경과 배경의 자연스런 교체를 방해하기 때문에 개체의 적응에 장애가 된다. 이처럼 미해결 과제가 많을수록 개체는 자신의 유기체 욕구를 효과적으로 해소하는 데 실패하게 되고 마침내 심리적 · 신체적 장애를 일으키게 된다(Perls, 1969, 1976).

⑤ 접촉

전경으로 떠오른 게슈탈트를 해소하기 위해 현재를 있는 그대로 경험하고 환경과 상호작용하는 행위를 의미한다. Perls는 개인의 성장과 발달이 이루어지기 위해서는 환경과의 적절한 접촉이 필요하다고 하였다. 이러한 접촉이 효과적으로 일어나기 위해서는 분명한 알아차림, 충분한 에너지, 자신을 표현할 수 있는 능력이 필요하다. 또한 접촉을 방해하는 것으로는 내사, 투사, 반전, 편향, 융합 등이 있다.

⑥ 여기-지금

여기-지금(here & now)은 게슈탈트 상담에서 현재의 완전한 경험과 인식의 중요성을 강조한다. 바로 지금 외에 존재하는 것은 아무것도 없다. 과거는 지나갔고 미래는 아직 오지 않았기 때문에 의미가 있는 것은 오직 현재뿐이다(Perls, 1969). 여기-지금에 있는 나를 적절하게 이해하지 못할 때 과거나 미래로 도피하려는 충동이 생긴다. 현재의 초점은 자신만이 자신의 삶을 조정할 책임이 있음을 강조한다.

2) 상담의 목표

형태주의 상담 목표를 보면 다음과 같다. 첫째, 내담자를 성숙시키고 성장시키는 것이다. 둘째, 내담자로 하여금 감성, 지각, 사고, 신체가 모두 하나의 전체로서 통합된 기능을 발휘하도록 도와주는 것이다. 셋째, 각성 없이는 내담자가 자신을 알 수 없을 뿐만 아니라 자신의 부정적인 면을 직면하고 수용할 수 없다. 그러므로 내담자로 하여금 자기의 책임을 받아들이고 자아가 제대로 기능을 발휘하도록 가르치는 것이다(김형태, 2006).

3) 상담과정

형태주의 상담과정은 일반적으로 크게 두 단계로 구분한다. 첫째는 상담자와 내담자가 진솔한 접촉에 근거한 관계형성 및 내담자로 하여금 현재 무엇이 어떻게 진행되는가를 자각하도록 촉진하는 단계이다. 둘째는 내담자의 삶을 불편하게 하는 심리적 문제를 실험과 기법을 통해 경험함으로써 통합하여 균형을 이룰 수 있도록 하는 단계이다(노안영, 2005). Polster(1987)는 발전단계, 조절단계, 동화단계의 세 단계를 상담과정으로 제안하고 있다.

4) 상담기법

형태주의 상담기법을 살펴보면 다음과 같다(이현림, 2008; 강갑원, 2004).

(1) 자각하기

자기각성을 촉진하기 위해서는 신체구조와 그 적응 및 신체부위와 기능의 작용과정을 감각, 느낌, 사고, 감정, 환상 등을 통해서 깨닫도록 한다. 내담자로 하여금 주위 환경과의 접촉을 각성시키기 위해서는 보기, 듣기, 만지기, 맛보기, 냄새맡기, 목소리 내기 등의 감각작용을 통해 자신의 환경과 어떤 접촉을 하고 있는를 각성하도록 한다. 예를 들면 '지금 당신의 손에 무엇을 느끼고 있습니까?' '화가 나면 어떻게 생각합니까?' 같은 질문을 통해 내담자의 각성을 도울 수 있다.

(2) 대화게임

환상적 대화법 또는 하인과 상전의 대화라고도 하는데 이 기법은 인정하지 않았던 성격의 측면을 수용하고 기능을 통합할수 있도록 내담자의 내면속에 있는 갈등하는 마음을 대화로 해보도록 하거나 의미있는 사람과의 대화, 상상속 인물과의 대화, 무생물과 대화하는 기법이다. 내담자 마음속에서 갈등하는 두마음 간에 대화로 하인과 상전간의 대화라고도 한다.

(3) 투사연기하기

내담자가 자기의 투사에 대해서 의식하지 못할 때 다른 사람이 잘난체한다고 비난한다면 그로 하여금 가능한 한 잘난체하는 행동을 해보도록 하는 기법이다. 이 기법은 타인에 대한 투사를 알아차리고 자신에게 책임이 있음을 수용하고 인식하도록 한다.

(4) 반대로 행동하기

내담자가 하고 있는 행동과 정반대가 되는 행동을 하게 함으로써 그 반대 행동이 새로운 행동을 하게 할 가능성이 있다는 것을 깨닫게 하는 기법이다. 예를 들면 심한 자제와 소심함으로 고통을 느끼는 사람에게 자신을 과시하는 역할을 하게 한다.

(5) 빈의자 기법

내담자로 하여금 갈등상태에 있는 어떤 감정 문제를 해결하게 하는데 도움이 되는 기법이다. 빈의자 기법은 내담자로 하여금 그가 지니고 있는 감정들을 빈의자에 투사하게 함으로써 감정을 스스로 확실히 체험하고 각성할수 있도록 하는 기법이다. 이 기법은 다른 사람에 대한 자신의 감정을 명료화시킬수 있고 또 그 사람과 역할을 바꾸어 대화해 봄으로써 상대의 시각과 감정을 공감할수 있는 장점이 있다. 이 기법을 통해 타인과의 관계뿐만 아니라 자신의 억압된 부분과도 접촉이 가능하다.

(6) 뜨거운 자리

내담자의 자기각성을 촉진시키기 위하여 많이 활용되는 기법 중의 하나로 내담자로 하여금 자기를 괴롭히는 어떤 구체적인 문제를 이야기하게 하고 그후 상담자는 그것에 대하여 직접적이고 공격적으로 맞닥뜨림 하게 하는 기법이다.

(7) 책임지기 기법

책임지기는 내담자에게 어떤 진술문을 하게 한 다음 "나는 그것에 책임지겠다." 고 말하게 함으로써 자신의 행동에 대하여 책임을 지는 태도를 강화하는 것이다. 예를 들면, "난 싫증이 났어요. 그리고 나는 그것에 책임을 지겠어요."라고 말하게 하는 것이다.

(8) 꿈작업

꿈작업은 내담자의 꿈에 나타난 사물이나 인물을 내담자와 동일시하게 함으로써 내담자가 회피해 왔던 자신의 욕구, 충동, 감정에 다시 접촉하고 통합하도록 하는 방법이다. 꿈에 나타난 인물이나 사물을 내담자에게 욕구나 충동 혹은 감정이 외부로 투사된 것으로 본다. 상담자는 내담자에게 꿈에 나타난 사람이나 사물의 행동이나 모습, 상태 등을 자신의 입장에서 현재 일어나고 있는 것처럼 상상하면서 연기해보도록 한다.

제 08 장

집단상담

학습개요

집단상담(Group counseling)은 1905년 Joseph Pratt 박사가 가정간호에 관한 정보를 환자들에게 전달하기 위해 실시한 집단교육이 그 효시가 되었다(김계현 외, 2009). 생활지도의 아버지로 불리는 Parsons 역시 진로상담시 집단을 활용했으며, 1947년에는 미국 지역사회지도자 연수원에서 T집단(training group)이 시작되었다. 이후 감수성 집단(sensitivity group), 참만남 집단(encounter group) 등이 등장했다.

집단상담은 여러 명의 내담자가 참여하므로 개인상담과는 다른 특성을 가지고 있다. 따라서 심각한 문제나 이혼같은 위기를 가진 사람뿐 아니라 자기인식을 높이고 대인관계 기술을 높이고자 하는 건강한 사람에게도 도움이 된다. 학생들은 개별상담보다 오히려 집단상담을 통해서 동료 및 상담자에게 더 쉽게 자신의 문제를 터놓기도 하고, 다른 동료들의 대안을 수용하기도 하며, 동료들을 도와주는 모범적인 모델의 역할을 하기도 한다. 이것은 청소년기의 특성상 자신들의 문제에 대한 공감도가 높을 뿐만 아니라 집단상담 과정에서 인간관계 형성을 통한 깊이있는 대화가 가능해지기 때문이다. 따라서 학교상담에서는 개별상담뿐만 아니라 집단상담을 적극적으로 활용할 필요가 있다. 이 장에서는 집단상담의 개념과 목표, 집단상담의 유형과 장단점, 변화촉진요인, 집단상담의 계획과 집단상담의 과정, 집단상담자의 역할 및 상담기법에 대해서 살펴보기로 한다.

학습목표

1. 집단상담의 개념과 목표, 개인상담과 집단상담의 차이점에 대해서 설명할 수 있다.
2. 집단상담의 형태 및 장단점에 대해서 설명할 수 있다.
3. 집단상담에서 변화촉진 요인에 대해서 설명할 수 있다.
4. 집단상담의 계획 시 고려해야 할 요소에 대해서 설명할 수 있다.
5. 집단상담의 과정 4단계와 집단상담자의 역할 및 기법에 대해서 설명할 수 있다.

1. 집단상담의 개념

집단상담이란 정상인을 대상으로 상담의 기법과 전략들을 적용하여 그들 사이에 발생하는 역동적인 상호교류 과정을 통해 문제해결이나 의사결정 또는 인간적 성장을 추구하는 과정을 말한다(강진령, 2005). 집단상담은 한 사람의 상담자가 동시에 몇 명의 내담자들을 상대로 각 내담자의 관심사, 대인관계, 사고 및 행동양식의 변화를 가져오게 하려는 노력이다. 다시 말해 집단구성원 간의 상호작용적 관계(역동적 관계)를 바탕으로 내담자 개개인의 문제해결 및 변화가 이루어지는 집단적 접근방법이다. 집단상담에서는 전문적 훈련을 받은 한 명의 상담자가 동시에 4~10명의 내담자들과 대인관계를 맺는다. 집단상담은 내담자들의 병리적 문제보다는 주로 발달의 문제를 다루거나 생활과제의 문제를 다룬다. 즉 대인관계에 관련된 태도, 정서, 의사결정과 가치문제 등에 초점이 맞추어진다. 집단상담의 일차적 목표는 개인으로 하여금 자기이해와 대인관계의 능력을 향상시키고 생활환경에 보다 건전하게 적응할 수 있도록 하는 것이다. 이 목표를 달성하기 위하여 정서적인 차원에서의 개인의 문제가 먼저 다루어진다(이장호, 2005).

최근 학교장면에서는 물론이고 기업체 등에서도 집단상담을 매우 중요하게 여기고 진행하는 경우가 많다. 집단상담이란 용어가 널리 알려지고 실제 상황에서 다양하게 정의되고 있는데도 학자에 따라 용어가 각기 다르게 쓰이고 있다. 집단상담에 관한 몇몇 학자들이 제시하고 있는 개념을 살펴보면 다음과 같다.

Mahler(1969)는 집단상담은 자기이해와 자기수용을 보다 효과적으로 하기 위해 집단의 상호작용을 적용하는 과정이다. Bates와 Johnson(1972)은 집단상담은 6~12명의 학생들이 집단지도성 훈련을 받은 한 전문가의 지도 아래 교육적 · 직업적 · 사회적 · 개인적 가치 등에 관한 그들 상호간의 의미있는 대화(multi-dialogue)를 나누는 과정이다. Hansen, Warner와 Smith(1980)는 집단상담이란 "태도와 행동을 변화시키려는 의도에서 그들 스스로와 그들의 환경을 탐색 · 조사하는 한 사람의 상담자와 두 사람 이상의 구성원들이 관련되는 대인간의 과정" 이라고 정의하고 있다. Gazada, Duncan과 Meadow(1967)는 집단상담은 의식적인 사고와 행동에 초점을 두고 허용, 현실지향, 정서적 정화, 상호신뢰 지향적인 치료기능을 이용해서 배려, 이해, 수용 및 지지하는 역동적인 대인관계의 과정이라고 한다. Cohn과 Combs 등(2002)은 집단상담은 정상적인 수준에 있는 사람들이 일종의 동료집단 내에서 전문적으로 훈련받은 상담자와 함께 그들의 태도가 변화되어 보다 능률적으로 발달상의 문제를 원활히 처리할 수 있도록 상호간의 문제와 감정을 탐색하는 역동적인 대인관계의 과정이라고 하였다.

이형득(2006)은 집단상담은 비교적 적은 수의 정상인들이 한두 사람 전문가의 지도 아래 집단 혹은 상호계성의 역할을 토대로 신뢰할 만한 수용적인 분위기속에서 개인의 태도와 행동의 변화 혹은 한층 높은 수준의 개인적 성장 및 인간관계 능력의 발달을 위해 노력하는 역동적인 대인관계의 과정이라고 정의하였다. 이장호 · 김경희(1992)는 집단상담은 생활과정상의 문제를 해결하고 바람직한 성장과 발달을 위하여 전문적으로 훈련받은 상담자의 지도와 동료들의 역동적인 상호교류를 통해서 각자의 감정, 태도, 생각 및 훈련양식 등을 탐색하고 이해하여, 보다 성숙된 수준으로 향상시키는 것이라고 하였다. 천성문 외 6인(2009)은 집단상담이란 심리적 문제가 심각하지 않은 사람들이 모여 집단을 형성하고 그들이 전문적인 상담자와 함께 서로를 신뢰하고 허용적인 분위기속에서 자기이해와 수용 및 개방을 촉진하는 상호작용을 함으로써 개인의 태도와 행동을 변화시키고 문제를 해결하며 나아가 잠재능력의 개발을 꾀하는 활동이라고 하였다.

집단상담이란 용어를 처음 사용한 사람은 R. D. Allen인데, 그는 집단교수(group instruction)라는 의미로 사용하였다. 그러나 오늘날 집단상담은 상대방을 진심으로 이해하고 염려하며 수용하고 후원하는 깊은 상호신뢰 속에서 허용적이며, 현실에 기초를 둔 치료적 기능과 의식적 사고와 행위에 초점을 둔 역동적인 대인관계의 과정이다(김충기 · 김성곤, 2007). 다시 말하면 집단구성원 간의 역동적 관계를 바탕으로 내담자 개개인의 문제해결 및 변화가 이루어지는 집단적 접근방법(이장호, 2005)이라고 볼 수 있다.

이러한 여러 학자들의 정의들을 볼 때, 집단상담의 과정에는 다음과 같은 몇 가지 공통된 요소들을 포함하고 있다(천성문 외 6인, 2009, 337).

- 집단상담은 정신병의 치료보다는 성장과 적응에 목적을 두고 실시되므로 정상범위의 적응 수준에 속하는 사람들이다.

- 집단상담 지도자는 집단상담에 대한 폭넓은 지식과 자질을 갖춘 전문적인 훈련을 받은 자이어야 한다.
- 집단상담의 분위기는 믿을 만하며 수용적이어야 한다.
- 집단상담은 집단구성원이 상호작용하는 역동적인 대인관계의 과정이다.

2. 집단상담과 개인상담의 비교

집단상담은 비슷한 문제들을 지니고 있는 학생들을 집단적으로 상담하여 문제해결의 자료나 토의의 기회를 부여하여 학생 개개인의 성장과 발달을 조력하는 것이다. 그러나 집단상담과 개인상담은 목표, 기본절차와 기법 등에서 많은 공통점을 갖고 있다. 집단상담의 성질을 보다 구체적으로 파악하기 위해서 어떤 경우에는 집단상담과 개인상담이 각각 필요하며, 두 상담의 공통점과 차이점을 살펴보면 다음과 같다(윤관현 외 2인, 2005).

1) 내담자 경험의 특성

(1) 집단상담이 필요한 경우

- 여러 사람들을 보다 잘 이해하고 다른 사람이 자기를 어떻게 보는가를 알아야 하는 것으로 판단되는 내담자
- 특히 자기와 성격, 생활배경 등이 다른 사람들에 대한 배려와 존경심을 습득해야 할 것으로 판단되는 내담자
- 다른 사람과의 대화를 포함한 사회적 기술의 습득이 필요한 내담자
- 다른 사람과의 유대감, 소속감 및 협동심의 향상이 필요한 내담자
- 자기의 관심사나 문제에 관한 다른 사람의 반응, 조언이 필요한 내담자
- 동료나 타인의 이해와 지지가 도움이 되리라고 판단되는 내담자
- 자기문제에 관한 검토와 분석을 기피하거나 유보하기를 원하고 자기노출에 관해 필요 이상의 위협을 느끼는 내담자

(2) 개인상담이 필요한 경우

- 가지고 있는 문제가 위급하고 원인과 해결방법이 복잡하다고 판단되는 내담자
- 내담자 자신과 관련 인물들의 신상을 보호할 필요가 있는 경우
- 자아개념 또는 사적인 내면세계와 관련해서 심리검사 결과를 해석해 주는 면담의 경우
- 집단에서 공개적으로 발언하는 것에 대한 심한 불안공포가 있는 내담자
- 상담집단의 동료들로부터 수용될 수 없을 정도로 대인관계(행동, 태도 등)가 좋지 못한 내담자
- 자기 자신에 대한 탐색, 통찰력이 극히 제한되어 있는 내담자
- 상담자나 다른 사람들로부터의 주목과 인정을 강박적으로 요구하는 것으로 판단되는 내담자
- 폭행이나 비정상적 성적 행동을 취할 가능성이 있는 내담자

예컨대 집단상담은 개인상담과 비교할 때 자기에 대한 타인의 지각과 반응을 알고자 하거나 알아야 할 경우와 특히 대인관계에서의 자신감과 사회적 기술의 경험이 필요한 경우에 더욱 필요하다고 볼 수 있다.

2) 개인상담과 집단상담의 공통점과 차이점

개인상담이나 집단상담이 서로 상반되는 것이라고 생각하는 경우도 있으나 실제로는 그렇지 않다. 개인상담이나 집단상담이 효과적인 상담이 되려면 상담자는 촉진적 조건을 형성해야 한다. 집단상담과 개인상담에서 공통적으로 갖추어야 할 기본적 조건들은 다음과 같다(이시용 외 3인, 2003, 279-280).

- 가치 있는 개인으로 수용이 되는 것
- 자신의 행동에 대한 책임감을 갖는 것
- 인간의 행동에 대한 이해를 심화시키는 것
- 개인의 정서적 생활의 다양성을 탐색하고 충동적 정서를 통제하는 데 있어서 전보다 더 자신을 얻을 것

• 자신의 관심과 가치를 검증하고 그 결과를 실제 생활과정과 행동계획에 통합시키는 것

그러면 집단상담과 개인상담의 유사점을 살펴보면 첫째, 집단상담이나 개인상담 모두 내담자로 하여금 자기관리, 인격의 조화로운 통합상태, 생활문제 해결 등을 달성하도록 도와주며, 자기이해를 촉진한다는 점이다. 둘째, 내담자들의 자기공개, 자기수용을 촉진하기 위해 모두 이해적이고 허용적인 상담분위기의 조성과 유지를 강조한다는 점과 내담자 스스로 선택한 일에 책임을 인정하는 면에서도 유사하다. 셋째, 상담의 기법 면에서 유사한 것이 많다. 내담자로 하여금 자기의 감정과 태도 등을 자각 · 검토하도록 유도하기 위하여 상담자의 여러 기법이 활용된다는 면에서 보면 집단상담이나 개인상담은 근본적으로 동일하다. 내담자의 감정을 명료화하고 반영하고 해석하는 상담자의 역할 면에서 똑같다고 할 수 있다. 넷째, 내담자들의 개인적 자질과 개성을 발휘하도록 하기 위해 집단상담이나 개인상담 모두 내담자의 사적인 정보의 비밀을 보장하고 있다.

그리고 집단상담과 개인상담의 차이점을 살펴보면 첫째, 개인상담에 비해 집단상담은 타인을 대하는 바람직한 태도나 행동반응을 즉각적으로 시도하고 확인할 수 있으며 타인과의 친밀감에 관한 경험을 가질 수 있다. 둘째, 집단상담에서는 개인상담과는 달리 참여자들이 다른 사람들로부터 도움을 받을 수 있을 뿐만 아니라 참여자 자신이 다른 사람을 도와주는 경험을 가질 수 있다. 셋째, 집단상담의 상담자는 개인상담에서보다 복잡한 과제를 짊어진다. 집단상담의 상담자는 집단원의 감정을 이해하고 집단원 스스로 자신을 지각할 수 있도록 유도해야 할 뿐만 아니라 한 집단원의 발언이 다른 집단원과 상담집단 전체에 어떤 영향을 미치는지를 유심히 관찰해야 한다.

3. 집단지도, 집단상담, 집단치료의 비교

집단지도, 집단상담, 그리고 집단치료는 모두 집단상황을 이용하는 것이고 집단과정을 활용하는 방법들이다. 집단상담의 성격을 분명히 하기 위해서 집단지도, 집단상담, 집단치료의 차이점을 보면 다음과 같다.

1) 집단지도(group guidance)

집단지도는 학교장면에서 학생들을 대상으로 하며, 지도자(교사)는 집단의 관리, 방향, 활동, 조직에 대한 책임을 지며 교육적 · 직업적 · 사회적 지도와 여가활동, 성격문제와 관련된 프로그램, 심리교육, 직업알선, 이성교제 등에 관한 정보를 제공하여 예후지도도 함께 하여야 한다(김충기, 2001). 학생들의 바람직하고 건전한 학습 및 생활태도를 촉진하기 하기 위해 필요한 정보와 자료를 제공하고 새로운 문제에 대한 대처방안을 전달하는 데 역점을 두는 예방적인 접근방식이라고 할 수 있다. 이것은 미리 계획되고 특정한 주제에 초점을 맞추고 있으며, 참여자 모두가 공통적인 목표를 향하고 있다. 지도방법으로는 강의, 토론, 공개좌담 및 심포지엄, 극화법 등이 있다.

2) 집단상담(group counseling)

집단상담은 한 사람의 상담자가 동시에 6~8명의 내담자들을 상대로 내담자가 개인의 관심사, 대인관계, 사고 및 행동양식의 변화를 가져오도록 하는 집단적 접근방법이다. 그 본질로 보아 집단지도와 집단치료의 중간에 속하는 것이라 할 수 있다. 집단지도에서는 토의되는 주제에 초점이 주어지는 반면, 집단상담에서는 참가자 개인에게 초점이 맞추어진다. 집단상담에서는 의식적인 감지를 토대로 하는 감정과 욕구가 강조되며, 학교와 같은 비의료기관에서 실시되는 문제 지향적인 것이다. 집단치료에 비하면 짧은 기간이 소요된다.

3) 집단치료(group therapy)

집단치료는 임상치료적인 원리에 의해 성격이상, 정신신경증, 정서적 장애나 심리적 갈등이 있는 내담자 또는 환자들이 정상적인 생활을 할 수 있도록 전문적으로 도와주는 것이다. 집단치료와 집단상담은 인간의 심리적인 문제의 해결을 돕는 과정이라는 점에서 유사하다. 집단치료가 임상적으로 비정상적인 내담자(환자)를 대상으로 하는 반면에 집단상담은 비교적 정상적인 내담자 집단을 대상으로 한다. 집단상담은 개개인의 행동변화에 초점을 두며 집단치료는 무의식적 동기에 더욱 관심을 기울인다. 집단치료는 정서적인 관여의 정도가 가장 깊고 집단지도나 집단상담에 비해 가장 긴 시간이 소요된다. 병원 같은 전문기관, 의료기관에서 자주 활용되는 활동이며 치료를 하는 사람은 임상심리학자나 정신의학자 같은 전문가들이다.

이장호(2005)는 집단치료란 한 사람의 상담자(치료자)가 동시에 4~5명 이상의 내담자(환자)들을 대상으로 심리적 갈등을 명료화하여 문제행동을 수정하는 일련의 집단면접이라고 정의한다. 집단상담에서는 더 심한 장애를 가진 사람을 대상으로 하며 보다 깊은 성격상의 문제를 다룬다.

표 8-1 집단지도, 집단상담, 집단치료의 차이

	집단지도	집단상담	집단치료
이끄는 이	교사, 특정분야 강사, 연수원 강사	상담심리전문가	임상심리전문가, 정신과 의사
목적	바람직하고 건전한 학습 및 생활태도를 촉진	개인의 행동변화	심리적 정서적 문제가 있는 환자들이 정상적 생활을 가능케 함
대상	공동목표를 지닌 학생 일반인	개인적 목표를 지닌 정상인	임상적으로 비정상적인 환자
내용	필요한 정보 제공, 문제에 대한 해결책과 방향제시	개인의 심리적 문제적응의 문제	심리장애, 이상행동
초점	진로, 공부방법 등 토의되는 주제	참여자 개인	참여 환자 본인
접근방법	지원적	예방적, 성장촉진적	교정적

출처: 윤관현 · 이장호 · 최송미, 2006, 18.

앞에서 언급한 집단상담에 해당하는 집단지도와 집단치료는 중복되는 목표와 기술을 지니고 있어 포괄적으로는 동일하게 사용되기도 하고 약간 차이가 있는 것으로 간주하기도 한다. 집단지도, 집단상담, 집단치료의 차이를 비교하면 〈표 8-1〉과 같다.

4. 집단상담의 목표

집단상담은 집단구성원 모두가 자신에 대한 새로운 이해와 통찰을 경험하고 자신의 적응력을 높이기 위해 상호 협력하는 과정이라고 할 수 있다. 집단구성원들은 정서적인 압력이나 위압감을 받지 않는 상황에서 마음의 부담을 갖지 않고 개인적인 문제를 서로 충분히 비판하고 토의할 수 있어야 한다. 이때 구성원들은 집단의 리더도 되어 보고 집단에 반항하는 대항자의 역할을 수행하게 된다. 따라서 내담자들은 자기감정을 자유롭게 표현할 수 있을 뿐만 아니라 동정과 비판을 주고받으면서 정서적 긴장을 해소하고 마음의 평정을 찾는다. 그 결과 개인은 자기 자신과 남을 이해하게 되고 자기의 문제를 통찰하여 문제해결로 나아가게 된다. 이러한 집단상담의 목표는 특수한 인간관계 경험을 통해 내담자의 일상생활 적응력을 향상시키는 데 있다. 집단상담을 통해 내담자는 자신의 욕구를 스스로 인지하여 그것을 집단속에서 충족시키는 방법을 배우게 되고 자기와 다른 사람의 문제를 이해함으로써 문제해결 능력을 기르게 되며 자신은 물론 다른 사람의 문제해결을 도와주는 방식도 배우게 된다.

집단상담의 목표는 학자에 따라 다양하게 제시되고 있다. 이혜성(1980)은 집단상담의 목적을 각자가 가지고 있는 잠재력을 키워가는 것이라며 자기긍정, 자기결정, 자기동기, 타인에 대한 이해의 확대 같은 구체적인 목적을 제시하고 있다. 이장호(2005)는 집단상담의 일차적 목표를 개인으로 하여금 자기이해를 시키고, 대인관계 능력을 향상시키고, 보다 건강하게 적응할 수 있도록 환경을 조성하는 것이라고 하였다. 강봉규(2006)는 집단상담의 일반적인 목표를 자신과 타인을 신뢰하는 법을 배우는 것, 자기수용을 증대하고 자신의 완전무결을 요구하지 않는 것을 배우는 것, 자신에게 어떤 양극성을 인식하고 수용하는 것, 친밀하게 되는 것에 대한 공포를 감소하고 가까워지고 싶은 사람을 맞아드리는 것을 배우는 것, 단순히 다른 사람의 기대에 맞추려는 데서 탈피해서 자신의 기준에 의해서 결정하는 것, 다른 사람을 배려하고 관심을 가지고 정직하고 솔직하게 직면하는 방법을 배우는 것, 다른 사람들도 고난을 당하고 있다는 것을 인식하는 것, 다른 사람에게 베푸는 방법을 배우는 것, 다른 사람의 욕구나 감정에 대해서 더 민감해지는 것으로 제시하였다.

Gazda(1989)가 제시하고 있는 집단상담의 구체적인 목표는 다음과 같다. 첫째, 학생의 중대한 발달적 요구를 충족시켜 줄 수 있다. 둘째, 학생의 동일성 추구과정을 조력할 수 있게 관계를 수립한다. 셋째, 자신에 대한 이해와 보다 효율적인 생활과 행동의 기회를 제공한다. 넷째, 학생으로 하여금 자신의 감정과 태도, 그리고 자신과 세계에 대한 개념을 점검할 수 있는 기회를 제공한다. 다섯째, 학생들이 자신의 지각으로 타인과 함께 이야기하는 방법을 익히고, 점진적으로 행동에 대한 책임을 받아들여서 자신에 대해 생각하도록 한다. 여섯째, 자기 자신 및 다른 사람들의 행동에 대하여 단순한 표면적 관찰만으로는 만족하지 않는 태도를 배우게 한다. 일곱째, 다른 성원들의 견해가 자신과 일치하지 않아도 그들의 의견과 권리를 존중하도록 도와준다.

윤관현 외 2인(2006)은 집단상담의 목표를 다음의 다섯 가지로 제시하였다. 첫째, 자기에 대한 이해를 증가시키고 개인적 성장에의 자신감을 갖도록 한다. 둘째, 개인 및 사회생활면에서의 발달과제를 해결해 나아가는 데 필요한 사회적 기술과 대인관계 능력을 발전시킨다, 셋째, 자기통제 문제해결 및 의사결정의 능력을 개발하고 이러한 능력을 직장 또는 학교, 가정 등의 다른 사회적 장면에서도 발휘할 수 있게 한다, 넷째, 타인과의 대화에서 공감적 경청자가 되는 동시에 자기가 생각하고 믿는 바를 정확하게 표현할 수 있는 의사소통능력을 향상시킨다. 다섯째, 각자가 자신에게 필요한 구체적인 행동목표를 설정하게 하고 그의 생산적인 실천과정을 촉진시킨다.

이러한 정의들을 종합하면, 집단상담의 목표는 개인(내담자)으로 하여금 자기 자신에 대한 이해와 자기관리 능력의 향상을 통한 인격적 성장 및 집단생활 능력과 대인관계 능력을 향상시키고 당면한 문제를 해결하고 보다 현명한 선택과 적응을 할 수 있는 능력을 기르려는 것이라고 볼 수 있다.

5. 집단상담의 형태

집단상담은 그 형태와 접근방식에 따라 지도집단, 상담자 집단, 치료집단, 대면집단과 감수성 집단, T집단, 자조집단 등으로 나눈다.

1) 지도집단(guidance group)

지도집단은 토론내용이 정의적이거나 심리적인 집단토의 장면을 의미한다. 이러한 지도집단은 교육적·직업적·사회적 정보 같은 학생의 개인적 요구나 관심사에 적절한 정보를 제공하는 데 사용된다. 지도집단은 학교장면, 특히 교실 상황에서 주로 이루어지며 집단의 크기는 12~40명 정도다. 지도집단이 상담집단이나 치료집단 같은 집단들과 구별되는 특징은 비교적 구조화되어 있고 논의될 주제가 일반적으로 집단지도자(상담자)에 의해 선정된다는 점이다. 그리고 심리적 문제를 치료하기보다는 문제의 예방에 중점을 두고 있다.

2) 상담집단(counseling group)

상담집단은 지도집단과 대조적으로 주제나 문제보다는 사람에게 초점을 맞추며, 지도집단에 비해 구성인원이 5~10명의 소규모이며 덜 구조화되어 있다. 집단에서 논의되는 내용은 정의적이고 개인적인 것이다. 상담자의 역할은 집단구성원들이 가정, 대인관계, 자아개념, 그리고 개인적·사회적·교육적 문제와 관련된 개인적 문제를 다룰 수 있도록 안전하고 신뢰감을 주는 분위기를 만들어내는 것이다.

3) 치료집단(therapy group)

치료집단은 치료적 목적으로 사용된 최초의 집단으로 제2차 세계대전 중에 급격히 증가되는 정신질환과 개인치료를 담당할 전문가의 부족으로 발달하게 되었다(이현림 외 2인, 2007). 치료집단은 참여자들이 상담집단의 구성원과는 달리 집중적인 심리치료를 필요로 한다. 참여자들의 문제는 뿌리깊게 박혀있는 성격장애와 관련된 내용들이 대부분이다. 집단치료는 주로 정상적으로 기능할 수 없는 사람들을 대상으로 하며, 상담집단보다 다소 적은 인원인 5~8명 정도로 구성된다. 그리고 상담집단보다 상담기간은 장기간 소요되며, 지도자도 다른 집단상담보다 더 많은 훈련을 받고 전문적인 기술을 갖고 있어야 한다.

4) 대면집단 혹은 감수성훈련집단(encounter group, sensitivity training group)

대면집단, 감수성집단, 성장집단 등은 개인의 자아의식을 확장하고 개인의 잠재력을 발전시키는 데 초점을 둔 인간잠재력 개발운동의 일부이다. 이들 집단들은 치료집단과는 반대의 연속선상에 있으며 전적으로 이질적인 사람들을 대상으로 하고 있다.

대면집단은 참만남집단이라고도 하며, 경험 과정을 통해서 개인의 심리적 성장, 개인과 개인 사이의 의사소통 및 대인관계 상황에서 인간관계에 대한 재고 및 발전과 개선을 촉진할 것을 강조하는 집단이다. 대면집단의 목적은 건강하고 잘 기능하고 있는 사람에게 자아인식과 대인관계에서 자신의 잠재력을 탐색하고 실현할 기회를 제공하는 것이다.

대면집단은 참여자들에게 주로 신뢰, 개방, 공유, 모험적인 행동으로 길러지는 집중적이고 개인적이며 친밀한 경험을 제공한다. 신체접촉이나 감각, 지각 경험 같은 비언어적인 활동이 친밀감을 촉진하기 위해서 사용된다. 대면집단은 지도자가 구조화된 경험으로 참여자들을 지도함으로써 구조화시킬 수 있다. 이러한 경험을 종종 소실험(microlabs)이라고 한다.

대면집단은 때로는 주말에 모여서 장시간 쉬지 않고 집중적인 집단경험을 하는 경우로 주말 성장집단 또는 마라톤 집단이라고도 한다. 아주 장시간 동안의 만남과정에서 나타나는 피로감을 이용해 개인의 역할이나 가면을 벗어버리고 직설적이고 정직하게 의사소통하도록 하는 것이다.

감수성 훈련집단은 대면집단과 더불어 정서적 경험의 솔직한 표현, 직관적 체험의 확대를 통한 인간적 성장에 초점을 두고 그 기능은 대면집단과 거의 같다. 감수성을 개발하고 인간관계의 개선을 위한 훈련집단일 수도 있고 만남의 집단일 수도 있다.

5) T집단(training group)

T집단은 훈련집단의 약자로 초기에 기업체에서 작업집단의 효율성과 능률성을 증진시키기 위해 집단기능의 과정을 연구하는 방법으로 사용되었다. T집단은 집단 내에서 집단구성원의 역할을 강조하고 일정한 시간에 집단 내에서 각 성원 간의 관계에 초점을 둔다.

그리고 다른 집단들과는 대조적으로 T집단은 과업 지향적이고 집단의 기능에 관심을 두어 참여자들을 더 훌륭한 성원이 되도록 교육시키는 데 관심을 둔다.

6) 자조집단(self-help group)

자조집단은 공통의 문제나 관심을 가지고 있는 사람들이 모여 문제로 인한 심리적인 스트레스를 해결하고 자신의 생활양식을 바꾸거나 효율적으로 대처해 나갈 수 있도록 동기를 갖게 하는 지지체제를 형성하는 집단을 의미한다. 지지집단을 통해 집단원들은 자신의 경험을 나누고 서로에게 충고, 조언, 정보제공, 지지 및 격려 등을 나누며 삶에 대한 희망을 가진다.

자조집단의 예로는 비만, 음주, 흡연의 통제를 위한 집단, 가족 중 도박이나 알코올 중독자가 있는 사람들을 위한 집단, 암환자 가족집단 등을 들 수 있다. 이러한 자조집단은 전문 지도자가 아니라 같은 문제로 어려움을 격고 있는 집단의 일원이 전체적인 조정을 하며, 가끔 전문가들을 초청하여 정보나 도움을 받는 형식으로 운영된다. 자조집단은 집단원들에게 서로에 대한 이해와 수용, 격려, 의지감, 문제의 보편성에 대한 인식, 희망을 통해 정서적으로 보살핌을 받는 효과를 받게 된다.

인지적 측면으로는 자신의 상황이나 문제에 대해 새롭게 통찰할 수 있는 효과를, 그리고 행동적 측면에서는 새로운 행동변화에 대한 결단, 각오, 실행을 강화해준다.

6. 집단상담의 장점과 단점

집단상담은 많은 이점을 가지고 있지만 모든 내담자에게 적합한 것은 아니다. 어떤 경우에 집단상담이 효과적인 치료방법이 될 수 있으며, 또 개인상담을 비롯한 다른 접근방법들에 비해 집단상담의 이점은 무엇인지 집단상담의 장단점을 살펴보면 다음과 같다(이시용 외 3인, 2003, 281-282).

1) 집단상담의 장점

- 짧은 시간 내에 많은 사람이 참여할 수 있어서 시간적으로 경제적이다.
- 동료집단에서 성원 상호간에 부담없이 자유스럽게 자신들의 문제를 내어놓고 취급하므로 효과적이다.
- 집단의 분위기가 친밀, 안전, 수용, 격려적 분위기이기 때문에 개인으로 하여금 아무런 거리낌없이 자신의 행동을 나타낸다.
- 집단 구성원들 간의 상호관심사나 감정들을 터놓고 대화할 수 있기 때문에 소속감과 동료의식을 발전시킬 수 있다.
- 자기만 문제를 가지고 있는 것이 아니라는 인식을 하면서 자신이나 타인을 더 이해하고 수용하려는 마음을 갖는다.
- 성장배경, 사회계층, 흥미, 문제의 종류 등이 다른 개인들과 접촉하게 되어 다양한 경험을 풍부하게 한다.
- 집단 구성원들 간에 경청, 수용, 지지, 대립, 해석 등의 상담자의 역할을 하기 때문에 개인적으로 발전된다.
- 집단의 각 구성원들은 제 문제의 논의과정에서 현실을 직시하고 동일시하여 자신의 문제를 의식하고 해결하려는 의욕을 갖는다. 따라서 개인적 성숙은 물론 친밀한 대인관계를 형성한다.
- 지나치게 방어적 · 폐쇄적 · 의존적 성격의 내담자들과 문제행동을 일으키는 특정인에게 쉽게 상담을 할 수 있게 한다.
- 집단의 규모에 관계없이 사회상황의 축소판이므로 성원들은 그 같은 사회생활

장면에서 자신의 행동과 대인관계를 점검하고 재생활할 수 있다.

2) 집단상담의 단점

- 특정인의 경우 집단경험 그 자체에 이끌려 집단상담이 지향하는 소기의 목적을 체득하지 못하는 사례가 있을 수 있다. 즉 여러 집단을 습관적으로 옮겨다닐 경우 집단상담의 경험이 오히려 바람직하지 못한 현실도피의 기회가 될 우려가 있다.
- 집단상담은 모든 사람에게 바람직하고 누구에게나 적합한 방법이 아니다. 예컨대 망상적 성격장애자처럼 의심이 많거나 지나치게 적대감정에 사로잡힌 사람, 심한 정서적 장애로 인해 대인관계의 형성이나 집단생활이 곤란한 정신병자인 사람들은 그 대상으로 적합하지 않다.
- 흔치는 않지만, 집단상담의 경험을 통해 지금까지 개인생활의 리듬을 상실하고 가치관의 변화로 현실 부적응을 일으키는 사람도 있을 수 있다.
- 전문적인 상담자가 반드시 지도해야 하며 집단의 구성이 상담의 성패를 좌우하므로 신중해야 한다.
- 도움이 필요한 특정 성원에게 개별적인 주의가 어렵다.
- 특정의 성원들은 규범을 지키려는 집단의 압력 때문에 자신의 개성을 상실할 수도 있다.

7. 집단상담에서 변화촉진 요인

집단상담은 개인상담과 그 역동이 다르고 개인상담과 구별되는 독특한 변화촉진 요인들이 있으며 학자마다 변화요인을 다르게 본다. 집단 내의 변화는 복잡한 과정이며 변화요인이라는 다양한 경험들의 상호작용을 통해 발생한다. 집단상담자나 지도자는 집단상담을 운영할 때 변화요인들이 집단에서 활성화되도록 집단을 이끌어가야 한다. 집단상담 결과에서 치료적 효과를 낼 수 있는 변화촉진 요인들을 보면 다음과 같다(김계현 외 6인, 2009, 309-310).

① 희망주입

희망주입은 집단을 통해서 뭔가 자신에게 변화가 일어날 것이라는 희망을 가지는 것을 의미한다.

② 보편성

지금까지 자신만의 문제인줄 알았던 것들이 집단상담에서 서로 터놓고 이야기함으로써 다른 사람들도 유사한 생각과 고민을 가지고 있음을 알게 되는 것을 의미한다.

③ 정보교환

집단상담에서 유사한 문제에 대해 다른 집단원들이 어떤 방식으로 그 문제를 극복했는지, 도움을 받을 곳은 어디인지 등에 대한 정보를 주고받는 것을 의미한다. 집단상담에서는 유사한 문제를 경험하고 있는 사람들로부터 정보를 직접 얻기 때문에 다양한 정보를 빠른 시간 내에 구할 수 있다.

④ 이타주의

상담이 진행되면서 각 집단원은 다른 사람에게 도움이 되는 자신을 발견할 수 있고, 이러한 경험은 개인의 자긍심을 고양시킨다.

⑤ 사회적 가족관계 재현

개인상담에서처럼 집단상담에서도 집단원들은 지도자에 대해 특별한 감정을 가지는 경우가 많다. 예컨대 집단원들은 집단지도자나 보조지도자들을 아버지나 어머니로, 집단원들을 형제자매로 여기는 경우다. 집단지도자는 이러한 현상이 일어날 때 가족관계에서 일어나는 대인관계 패턴이 집단에서도 반복되는지 관찰할 필요가 있다.

⑥ 사회화 기법 발달

개인상담과 달리 집단상담에서는 동등한 입장에 있는 다른 집단원들과 사회적 관계를 형성하면서 다양한 사회화 기법들을 체득하는데, 이를 사회화 기법이라고 한다.

⑦ 모방행동

집단원들은 집단상담을 하면서 다른 집단원이나 집단 지도자의 행동 가운데 받아들일 만한 것은 모방을 통해 습득한다.

⑧ 대인관계학습

집단원들이 많은 집단상담은 실제 대인관계에서 일어나는 문제들을 집단 내에서 집단원들과 시연함으로써 새로운 행동을 습득할 수 있다.

⑨ 집단의 응집성

집단의 응집성은 집단구성원이 다른 구성원들에 대하여 갖는 매력을 의미하며 효과적인 집단작용을 하기 위한 필수조건이다. 집단 응집성은 개인에게 소속감과 안정감을 준다.

⑩ 카타르시스

내면에 억압된 여러 감정과 생각들을 집단상담을 통해 노출하고 다른 집단원들에게 수용되며 카타르시스가 발생되면 내담자의 정서적인 변화가 생긴다.

8. 집단상담의 계획

집단과정이 효과적으로 진행되기 위해서 고려해야 할 요소들이 있다. 집단이 어떤 목적을 가지고 구성되는가를 분명히 알아야 하며, 그 목적에 따라 상담자는 안내와 설명, 접수면접, 집단구성원의 선정, 집단의 장소, 집단의 크기, 모임의 시간 및 횟수 등 집단의 형성과정에 세심한 주의를 기울여야 한다.

1) 집단상담의 안내와 설명

안내와 설명은 개별적 혹은 참가를 원하는 후보자 집단 전체를 대상으로 할 수 있다. 집단상담자가 참여 후보자에게 집단과정을 설명해주는 기회이다. 집단상담에서 도움을 얻을 수 있는 참여자를 선정하는 일반적 지침은 참여자가 반드시 도움을 받기를 원해야 하고 자기의 관심사나 문제를 기꺼이 말해야 하며 집단분위기에 잘 적응하는 참여자일수록 좋다. 참여 후보자를 한 사람씩 미리 면담하여 집단의 목표에 적절한지 확인해야 하고, 또 내담자들에게 가장 적절한 집단을 어떻게 구성할지를 결정해야 한다. 그리고 예정된 상담집단구성원의 기능이 무엇이며, 집단구성원에게 무엇을 기대하고 있는지를 알려준다. 그런 후 집단상담의 구성원이 될 것인지의 여부는 내담자 스스로 결정하게 한다.

설명과정에서 상담자는 집단상담 장면에서 무엇이 일어날 것인지를 명시하고 집단 참여의 이점을 말한다. 상담자는 상담장면이 토의 혹은 동료와의 사적인 대화와 다른 점을 명확하게 전달해야 한다. 상담자는 이전 집단에서 다루어진 내담자 문제의 구체적인 예를 들 수도 있고, 이전의 참여자가 자신의 경험을 직접 기술하게 할 수도 있다. 참여 후보자에게 비밀보장, 모임의 빈도와 길이, 출석요구사항 같은 과정에 관해 질문할 기회를 준다. 설명을 한 후에 상담자는 지원할 사람에게 선발면접 계획을 알린다.

Ohlson(1977)은 설명을 집단상담 지원자에게 치료과정에 대해 묘사하는 것이라고 정의했으며, 설명에는 두 개의 목적이 있다고 하였다. 첫째, 내담자로 하여금 집단 내에서 그들의 책임을 받아들이게 하고, 상담자는 내담자 자신의 문제를 개방적으로 정직하게 논의할 것을 기대한다고 강조한다. 둘째, 집단상담이 가지고 있는 매력을 높여준다.

2) 접수면접

집단형성에서 중요한 절차인 접수면접은 내담자를 선발하는 과정이다. 집단상담의 역동성이 미치는 영향이 매우 크므로 내담자의 선발은 집단의 결과에 크게 영향을 미친다. 접수면접 동안에 상담자는 참여 후보자가 집단상담에서 논의해야 할 구체적인 문제나 관심사를 공개하도록 경청기술을 사용한다. 접수면접의 주요 기능은 예비내담자가 문제를 공개적으로 논의할 수 있도록 도와주는 것이다. 접수면접 후 상담자는 집단을 구성하고 구조화한다. 상담자는 연령 · 성 · 성격의 분포, 집단의 크기, 모임의 길이 · 빈도 · 횟수 · 개방적 집단으로 할 것인가, 폐쇄적 집단으로 할 것인가 등을 고려한다(Mahler, 1969).

선발을 위한 면접의 주목적은 특정 후보자가 집단상담을 통하여 도움을 받을 수 있겠는가를 결정하기 위해서이다. 따라서 가능한 한 그 후보자의 가정배경, 아동기 · 청년기 및 다른 발달 영역에 대해 자세히 알아보는 것이 좋다. 그리고 상담에 응하는 동기와 관심도 및 특별히 도움을 받고자 하는 문제들에 대해 살펴보아야 한다. 일반적으로 강한 동기를 가지고 지원한 사람이 집단상담의 적합한 후보자이기 때문이다(이형득 외 4인, 2006).

3) 집단구성원 선정

집단구성원을 선정하기 위하여 지도자는 먼저 집단구성원이 되기를 원하는 내담자를 한 명씩 면담하여 집단의 목표에 적합한지를 확인해야 한다. 이때 기본적인 기준은 이 사람이 집단에 기여할 것인지 아니면 해를 끼칠 것인지 하는 것이다. 또한 성별, 연령, 과거의 배경, 성격차이 등을 고려해야 한다. 그러나 무엇보다도 중요한 것은 응집성이다. 비록 집단구성원의 배경이 이질적이라도 응집될 수 있는 사람을 선별하는 것이 좋다. 연령과 사회성숙도에서는 동질적인 편이 좋으나 성별은 발달수준을 고려하는 것이 좋다. 아동의 경우에는 남녀를 따로 모집하는 것이 좋으며 청소년기 이상에서는 남녀가 섞인 집단이 더 바람직하다. 그리고 일반적으로 직업이나 취미가 비슷한 사람들이 모여야 한다고 생각하지만 반드시 그렇지 않다. 때로는 문제의 다양성이 집단의 경험을 더 풍부하게 할 수도 있는 것이다(천성문 외 6인, 2009).

4) 집단의 장소

집단상담의 장소는 너무 크지 않으면서 심리적 안정감을 줄 수 있으면 친밀감 형성에 도움되며, 집단과정에 적극적으로 몰입하는 데 외부의 방해를 받지 않는 편한 곳이 좋다. 집단 초기에는 집단원의 어색함과 불안감을 덜어줄 수 있도록 서로 얼굴을 볼 수 있는 원형으로 앉는 것이 효과적이다. 또한 상황에 따라서 바닥에 앉아 진행하거나 등받이가 있는 의자를 사용할 수도 있다. 초기에는 원탁에서 진행하다가 어느 정도 응집력이 생기면 바닥에 앉아 진행할 수도 있다. 등받이 의자의 경우에 집단원이 자기 자리를 골라 앉도록 하는 것이 바람직하다.

5) 집단의 크기

친밀하고 수용적인 대인간의 상호작용이 집단상담의 필수불가결한 요소이기 때문에 집단상담에서 집단의 크기는 매우 중요하다. 집단의 크기는 집단의 역동 및 집단상담의 효과와 직접적으로 관련된다. 집단의 크기는 구성원의 연령이나 성격, 집단의 유형, 집단상담자의 집단상담의 경험, 다루어야 할 문제나 관심의 범위, 개입의 정도, 타인에 대한 이해의 정도 등에 따라 다양하나 일반적으로 6~8명 정도가 가장 적합하다.

연령에 따라 구성원이 다른데, 아동은 5~6명 정도의 적은 인원으로 구성하는 것이 바람직하다. 성인은 문제의 심각성의 정도에 따라 집단의 크기가 조정되는데, 문제가 심각할 때는 작은 인원이 좋고 정상적일 때는 7~8명 정도가 좋다고 전문가들이 말하고 있다.

집단의 크기가 너무 커지면, 각 구성원이 개인적인 문제를 제대로 탐색할 기회를 갖지 못하고, 지도자가 구성원과의 상호작용을 하는 데 곤란을 겪으며, 그리고 집단구성원 간의 친밀한 관계를 유지할 수 없다. 집단의 인원이 8명을 넘을 경우 공동지도자가 한명 더 필요하다. 반대로 인원이 너무 적으면 내담자들의 상호관계나 행동의 범위가 좁아지고 집단원 개개인에게 미치는 압력이 커져서 오히려 비효율적일 수 있다.

6) 모임의 시간과 횟수

적절한 집단상담 모임의 시간은 구성원의 연령이나 집단의 목적과 종류, 모임의 빈도에 따라 달라진다. 일주일에 한 번 만나는 집단이라면 60~120분 정도 좋으며 2주일에 한번 만나는 집단이라면 2시간 정도가 적당하다. 또한 청소년의 경우에는 60~120분 정도가 적당하지만 초등학교 저학년의 경우에는 20~30분 정도, 고학년의 경우에는 40~50분 정도가 적당하다. 1회의 상담시간은 준비시간을 포함하여

1시간 30분 내지 2시간을 잡는 것이 일반적이다. 시간 간격은 주 1회 내지 2회로 하는 것이 좋다.

어떤 집단은 몇 년 동안 계속하기도 하지만 1년 이상은 바람직하지 않다. 1년이 지난 후에는 대부분의 개인적 문제는 이미 다 다루어지기 때문에 집단이 그 목적을 거의 다 수행했다고 할 수 있다. 학교에서 집단상담의 경우에는 한 학기를 단위로 하는 것이 좋다. 일반적으로 집단상담의 전체 지속 횟수나 기간은 최소한 8~10회 정도로 하는 것이 바람직하다. 아동이나 청소년의 경우에는 단기간으로 5~6회로 진행되는 것이 일반적이다.

7) 개방집단과 폐쇄집단

집단의 목표에 따라 집단의 운영을 개방적으로 할 것인가 폐쇄적으로 할 것인가를 미리 정해야 한다. 집단의 구성은 개방적으로나 폐쇄적으로 운영할 수 있다. 폐쇄집단은 시작할 때 참여한 구성원들만으로 끝까지 진행을 하고 새로운 구성원은 받아들이지 않는다. 그러나 개방집단은 상담이 진행되는 동안 아무 때나 새로운 구성원을 받아들인다. 그래서 개방집단의 경우에는 집단 내의 의사소통이나 신뢰, 수용, 지지 등에서 문제가 발생할 수 있으며 집단 응집력이 약해질 수 있으므로 집단상담자는 이 점을 고려하여 집단을 구성해야 한다. 하지만 집단구성원들이 처음 그대로 유지되는 것이 아니기 때문에 중도에 탈락하더라도 적절한 인원을 유지할 수 있다는 장점이 있다. 장기집단의 경우에 유용할 수 있으며, 개인의 문제해결이 이루어져서 집단에서 탈퇴를 했을 경우 새로운 구성원으로 교체되는 경우도 유용하다고 할 수 있다(김청자, 2006).

8) 집단경험 보고서

매회기가 끝난 후 각 집단원이 그날의 집단경험에 대해 일기를 써서 다음 모임 때 제출하게 하면 많은 효과가 있다. 집단경험이 끝난 직후에 쓰는 것이 내담자의 느낌이나 생각을 있는 그대로 담을 수 있어서 효과적이다. 일기의 내용은 우선 그날 활동의 사실적인 내용에 대해 간단히 기술한다. 집단경험이 시작되기 전, 경험 중,

경험이 끝난 후 현재까지의 과정을 통해 일어났거나 일어나고 있는 일에 대한 자신의 느낌을 적는다. 그리고 그날의 집단경험을 통해 얻은 지적인 학습이나 자신 및 타인에 대해 새롭게 깨닫고 학습한 것을 적는다. 제출된 보고서는 집단상담자가 격려, 강화, 명료화, 반영 혹은 맞닥뜨림 등의 기술을 사용하여 그 집단원의 행동변화와 성장 및 발달에 도움이 될 피드백을 기록하여 되돌려준다.

9. 집단상담의 과정

집단지도자는 집단과정의 단계에 익숙해야 하고 지도하는 집단의 단계를 정확하게 파악하고 있어야 한다. 집단상담의 과정은 여러 단계로 진행된다. 집단상담의 과정에 대해 학자들의 견해가 다르지만, 여기서는 Mahler(1969)가 제시한 시작 혹은 참여단계, 과도기적 단계, 작업단계, 종결단계의 네 단계로 나누어 그 특징을 알아보기로 한다(이장호 ,2005: 이현림 외 2인, 2007).

1) 참여단계

상담자는 내담자가 집단에 참여하는 목적을 명료화시켜준다. 그리고 집단구성원과 지도자가 친숙해지는 과정을 시작한다. 처음에는 자신에 관한 구체적인 정보나 개인적인 자료를 나누는 형태를 취할 수 있고, 비형식적인 수준에서는 집단구성원은 각자의 대인관계의 유형을 관찰하고 다른 참여자와 지도자의 신뢰성을 평가한다. 참여단계에서의 중요한 과정은 참여자 간의 신뢰와 수용의 관계를 발전시키며 집단활동은 각자의 생각과 감정을 탐색하는 데 초점을 맞추어야 한다. 이 단계에서부터 문제해결을 시작하는 것은 부적합하다. 그러므로 구성원들은 자유로이 각자의 의견과 느낌을 나누도록 격려한다. 상담자는 이 단계에서 내담자 각자가 자신의 감정을 갖고 있으며, 스스로 무엇을 해야 하는지를 결정해야 하고, 상황 자체보다는 상황에 대해 어떻게 생각하고 행동하느냐를 탐색하는 것이 중요하다. 참여단계의 과업은 집단에 따라서 한 번의 모임으로 성취될 수도 있고, 경우에 따라서는 5~6번의 모임이 필요하기도 하다.

2) 과도기적 단계

과도기적 단계는 참여단계와 크게 구분되지 않는다. 즉 참여단계에서 생산적인 작업단계로 넘어가는 과도기적 과정이라고 볼 수 있다. 그리고 이 단계의 성공여부는 주로 상담자의 태도와 기술에 달려 있다. 이 단계의 집단상담에서는 집단원 각자가 자신의 위치를 확보하고자 투쟁하며 집단원과 상담자 간의 갈등이 생기며 상담자에 대한 저항이 증가된다. 과도기적 단계의 주요 과제는 집단원들이 집단에 참여하는 과정에서 일어나는 망설임, 저항, 방어 등을 자각하고 정리하도록 도와주는 것이다.

자기의 행동결과에 대한 예측은 쉬운 일이 아니다. 집단상담에서 무엇을 얻을지 잘 모르는 집단원들은 불안해하거나 다른 사람 앞에서 자기를 드러내놓기를 두려워한다. 과도기적 단계에서는 구성원들 간의 진정한 느낌이 교환되도록 격려하는 데 노력을 집중해야 한다. 개인적 느낌의 토의가 위험하지 않다는 것을 보여주어야 한다. 집단원들은 과도기적 과정에서 느낌과 자각 내용의 상호교류가 얼마나 이로운가를 배우게 된다. 진정한 느낌과 생각을 점진적으로 나누면서 다른 사람이 자기를 알도록 내버려둠으로써 비생산적인 방어를 줄일 수 있다.

과도기적 단계에서는 지도자의 기술이 특히 중요하다. Mahler는 이 단계에서 필수적인 기술로, 첫째 타이밍 즉 논의에 개입할 때를 파악하는 것, 둘째 활동유형을 포착하는 능력, 셋째 집단의 정서적 분위기를 평가할 수 있는 기술 등을 들고 있다.

3) 작업단계

상담의 가장 핵심적 단계로서 집단상담 과정의 대부분을 차지한다. 집단이 작업단계에 들어서면 집단원들은 불안감이나 저항이 줄어들고 응집력이 생기며 집단을 신뢰하면서 자기의 마음을 솔직하게 공개하기 시작한다. 그리고 참여자들은 자신의 구체적인 문제를 집단에 가져와 활발히 논의하며 바람직한 관점과 행동방안을 모색하게 된다. 이때 상담자는 구성원들이 대인관계를 분석하고 문제를 다루는 데 자신감으로 얻을 수 있도록 도와주는 촉진자의 역할을 한다.

작업단계는 사기와 소속감으로 특징지을 수 있다. 집단구성원들이 마음의 문을 열고 집단이 그들의 문제를 정리하는 장소로 사용하기 시작하면서 자신의 바람직하지 못한 행동을 변화시키는 데 초점을 두게 된다. 이 단계에서는 지도자와 집단구성원 간의 상호작용은 감소하고 구성원들 간의 상호작용이 증가한다. 집단지도자들은 참여자들 간의 상호작용을 관찰자와 촉진자로서 활동할 기회를 갖게 된다.

작업단계에서는 높은 사기와 분명한 소속감을 갖는 것이 특징이다. 집단원들은 이것이 '우리 집단'이라는 느낌을 갖는다. 이 시점에서 집단원들이 전반적으로 규칙을 알게 되고, 집단 내에서의 언행에 대해서는 스스로 책임을 가져야 한다는 것을 알게 되며 집단의 각 구성원들끼리 서로 열심히 도우려고 한다. 상담자는 이 단계에서 서로 경쟁적으로 도우려거나 명석한 통찰과 처방만을 제공하는 분위기가 되지 않도록 주의해야 한다.

작업단계에서는 통찰만으로 행동을 변화시키기가 부족하므로 집단원들에게 행동의 실천이 격려되고, 특히 어려운 행동을 실행해야만 하는 구성원에게 강력한 지지를 보내도록 한다. 집단상담이 개인상담보다 유리할 때가 이런 경우다. 즉 한 개인이 직면한 문제를 다른 동료가 이해하고 공감해주며 각자의 비슷한 경험에 비추어 문제를 같이 해결하려는 노력이 이루어지기 때문이다.

4) 종결단계

앞의 세 단계가 성공적으로 진행되면 상담자는 종결을 준비해야 한다. 내담자들은 집단 속에서 상호작용의 경험을 통해 자신의 향상된 점을 평가하고 앞으로의 목표를 세우도록 촉진된다.

종결단계가 적절히 다루어지지 못하면 집단원들은 학습한 것을 활용하는 데 지장을 받고 집단상담 자체에 대한 부정적 감정을 가지고 떠날 가능성이 크다. 이 단계에서는 집단상담자는 집단원이 학습결과를 잘 정리하여 이를 실천하겠다는 의지와 희망을 갖도록 해야 한다. 동시에 집단상담에 대한 긍정적 시각을 가지고 떠나도록 도와야 한다.

종결단계의 길이는 집단의 유형, 집단의 목적, 모임의 횟수, 집단원의 요구에 따라 다를 수 있으나 대체로 마지막의 1~2회기 정도면 충분하다.

종결과정에서 나타나는 이별 감정의 취급, 집단경험의 개관과 요약, 집단원의 성장 및 변화의 평가, 미해결 과제의 취급, 피드백 주고받기, 작별인사, 지속적 성장 또는 문제해결을 위한 계획, 추수집단의 모임 결정 등을 다루게 된다.

종결단계를 어떤 면에서는 하나의 출발로 보고 집단과정에서 배운 것을 미래의 생활에 어떻게 적용할 것인가를 생각하며 행동방향에 대해 주의를 기울이도록 상기시킨다. 자신을 사랑할 수 있고 문제 상황들에 융통성 있게 대처하며 자신의 가치를 신뢰하고 이를 추구할 수 있으면 집단상담을 종결해도 무방하다(이현림 · 김순미 · 천미숙, 2007).

10. 상담자의 역할

한 집단의 상담을 성공하느냐 못하느냐는 그 집단의 상담자가 어느 정도로 자기의 역할을 효과적으로 수행하느냐에 달려 있다. 집단의 목적과 진행계획, 실시기간, 조직형태, 집단상담자의 철학과 이론적 배경 등 여러 가지 변인에 따라 상담자의 역할도 달라질 수 있다. 여기서는 여러 집단상담모형들의 가장 기본적이고 공통적으로 적용되는 역할에 대해서 알아보기로 한다(이형득 외 4인, 2006; 김청자 · 정진선, 2005; 노상우 외 5인 1999).

① 집단활동의 시작을 돕는다

처음으로 집단활동을 시작할 때 집단원들은 서먹함을 느끼고 어떻게 해야 할지를 몰라 당혹감을 느낀다. 이때 집단상담자는 그들이 상호작용을 할 수 있도록 이끌어주어야 한다. 집단상담자가 솔선하여 자신의 느낌을 먼저 털어놓음으로써 모범을 보여야 한다. 즉 집단상담자는 자신이 가지고 있는 불안이나 집단에 대한 기대 등을 이야기함으로써 비교적 낯선 사람들이 처음 만나 느끼는 긴장이나 불안, 수줍음, 갈등 등을 이야기할 수 있는 길을 터놓는 것이다. 경험이 적은 집단상담자는 어떤 조직적 활동을 도입해서 집단을 시작할 수 있다. 예컨대, 첫 모임에서는 두 사람씩 짝을 지어서 각 쌍이 5분쯤 서로를 알게 한 후 전체 집단에 모여서 자기 상대방을 소개하게 하는 것이다.

② 집단의 방향을 제시하고 집단규준의 발달을 돕는다

집단상담자는 초기단계에 그 집단이 나아갈 방향을 제시하고 일반적인 오리엔테이션을 제공해줄 책임을 진다. 이를 위해서 집단상담자는 집단상담의 일반적인 목적과 목표, 그리고 간략한 이론적인 면을 적당한 기회에 이야기해주어야 할 것이다. 그리고 집단상담의 효과를 증진시키기 위해서 적절한 집단규준을 발전시켜야 하는데, 집단상담자는 솔선해서 규준의 발달과 유지에 도움을 주어야 한다. 집단규준은 집단구성원이 그 집단에서 느끼고 행동해야 할 표준을 말하는 것으로, 이는 집단의 목표달성을 돕고 또한 집단 자체의 유지와 발전을 돕는 기능을 한다(노상우 52).

③ 집단의 분위기 조성을 돕는다

집단상담의 목적은 집단구성원들이 자신의 문제를 스스로 해결해서 보다 생산적인 인간으로 성장 · 발달하도록 돕기 때문에 집단상담자의 과업은 주로 그러한 발달을 이룩하는데 도움이 되는 집단의 분위기를 조성해주는 것이다. 즉 집단상담자는 집단구성원이 자유롭게 자신의 내면세계를 탐색하고 대인관계의 효율성을 검토할 수 있도록 허용적인 분위기를 조성해야 한다. 그리고 이러한 집단 분위기는 집단과정의 발전에 활력소의 역할을 하며, 특히 집단의 초기 단계에서 매우 중요하다.

④ 행동 모범을 보인다

바람직한 행동의 모범을 보이는 것이 집단상담자의 중요한 기능 중 하나다. 집단원에게 바라는 그러한 행동을 집단상담자 자신이 먼저 모범을 보임으로써 집단원도 그렇게 하도록 돕는다. 집단상담자는 집단원의 행동은 집단상담자 자신이 모델을 보인 그 행동들의 직접적인 결과라는 사실을 항상 명심하고 집단원에게 바라는 여러 행동을 스스로 해보이려고 노력해야 한다. 어떤 경우에는 스스로 모범을 보이는 대신에 다른 모델들(녹화된 모델이나 동료모델 등)을 활용할 수도 있다.

⑤ 의사소통 및 상호작용을 촉진시킨다

집상담집단의 유지와 발전에 중요한 조건은 적절하고 효과적인 의사소통 체제의 확립이다. 따라서 집단상담자의 중요한 역할들 중 하나는 집단으로 하여금 의사소통을 방해하는 요인을 극복하고 원활한 상호관계를 발달시키도록 도와주는 일이다. 집단상담자는 항상 주의 깊은 관찰로서 집단원의 비언어적 메시지를 정확히 파악해야 할 뿐만 아니라 예리하게 귀를 열어 집단원의 말의 참뜻을 정확하게 포착해야 한다.

⑥ 집단원을 보호한다

집단상담자의 중요한 역할들 중 하나는 심신의 위협으로부터 집단원을 보호하기 위하여 보살피는 일이다. 즉 집단상담자는 어떤 집단원이 어떤 활동에 참여하기를 원치 않거나 특별한 개인적인 문제를 깊이 파헤치는 일을 꺼려한다면, 집단상담자는 그의 거절의 권리를 인정해주어야 한다. 그리고 집단원 중 몇 사람 혹은 전원이 그 집단원에게 부당하게 압력을 가할 때 집단상담자는 즉시 개입해서 그 집단원을 보호해주어야 한다. 또한 여러 명의 집단원이 고의로 부당하게 특정인을 공격하거나 소외시킬 때 부당한 희생자가 되는 것을 막아야 하고 때로는 전체적인 활동에서 부상을 당하지 않도록 해야 한다.

⑦ 적극적인 경청을 한다

집단상담에서 적극적인 참여와 경험을 하고 다른 성원들의 관심 있는 청중이 된다. 또한 다른 사람의 생각을 받아들여서 반대의사가 없는 한 집단의 의사에 따른다.

⑧ 신뢰감을 형성한다

다른 집단성원의 개방성을 수용하고 지지하고 모험적 행동을 강화하고 개별성을 격려한다.

⑨ 대인관계 문제를 해결한다

갈등을 해소하고 집단의 공동체의식을 증진시키기 위해 집단성원 간의 갈등에 관해서 개방적 논의를 촉진시킨다.

⑩ 집단활동의 종결을 돕는다

정해진 시간에 집단을 시작하고 종결하는 일은 집단구성원에게 신뢰감을 형성하고 집단규범을 유지하는 데 매우 중요한 역할을 한다. 집단상담자는 한 회기를 시작하고 끝맺을 때에나 집단 모임의 전체 회수를 정해진 대로 지킬 수 있도록 노력해야 한다.

집단상담자는 한 번의 모임이나 집단 전체의 종결 시에는 다음과 같은 내용들을 다룸으로써 집단원들이 종결을 준비할 수 있도록 하는 것이 바람직하다. 집단원들이 집단에서 학습한 것을 실제의 삶에 적용하는 데 대한 시사를 주고 모임과 모임의 사이와 집단 전체가 끝난 후에도 계속적인 노력을 기울이려는 계약을 맺게 한다. 집단을 떠난 뒤에 그들이 맞닥뜨리게 될 심리적 문제들을 위해서 준비를 시키며 추후지도를 위한 집단모임을 계획하게 하며, 추가적인 집단상담을 받을 수 있는 곳을 알려주고, 집단이 종결된 후에도 개인상담의 가능성을 시사해주는 것이 바람직하다. 집단의 마지막 모임에도 돌아가면서 한 마디씩 이야기할 수 있는 기회를 제공하며 평가활동의 기회를 갖는다.

11. 집단상담기법

집단상담은 집단을 상대하는 것이므로 상담자의 역할이 더 다양하고 복잡하다. 상담자는 집단 분위기, 집단역동의 관찰, 복잡한 상호작용의 파악, 개인감정에 대한 공감 등을 다룰 수 있어야 한다. 상담자가 집단상담에서 활용할 수 있는 일반적인 기술에는 다음과 같은 것들이 있다.

① 관심기울이기

의사소통을 할 때 내담자에게 관심을 나타내며 전하고자 하는 메시지를 경청하는 기술이 있어야 한다. 상담자는 자신의 태도나 행동이 내담자에게 어떤 인상을 주는지에 민감해야 한다.

② 경청하기

적극적인 경청을 통해 의사소통의 내용은 물론 감정의 변화 같은 비언어적 행동의 의미까지 파악할 수 있어야 한다. 효과적인 경청은 내용의 재진술과 감정 반영의 두 가지 기술로 구성되어 있다. 경청은 신뢰감을 형성하고 상담자가 내담자를 수용하고 있다는 것을 전달한다.

③ 지각확인

지각확인은 상담자가 내담자의 감정을 지각하고 있다는 것을 확인시키는 것이다. 지각확인 과정에서 상담자는 지각된 내담자의 감정을 나타내어 자신이 지각한 내용이 정확한가를 확인해야 한다.

④ 피드백

집단상담의 중요한 목적 중 하나는 타인들이 자기를 어떻게 보고 있으며 어떻게 반응하고 있는가에 대해 학습할 기회를 제공하는 것이다. 이러한 목적을 위해 상담자는 내담자에게 피드백을 제공한다. 또 내담자 서로가 타인의 행동에 대한 자신의 반응을 솔직하게 이야기할 수 있어야 한다.

⑤ 연결짓기

한 내담자의 문제나 진술을 다른 내담자와 연결한다. 이러한 연결은 내담자 사이의 의사소통을 고무하기 위한 것으로 내담자들이 가진 경험의 공통점을 지적하는 것이다.

⑥ 개방적 유도

개방적인 유도나 질문을 통해 내담자의 감정을 구체적으로 표현하게 하고 감정의 근원을 밝히도록 한다.

⑦ 직면

내담자의 행동이 집단의 기능을 방해하거나 말과 행동이 일치하지 않을 때 이를 지적하는 기술이다. 자신을 돌아보고 각성하게 하는 기술로 주의를 기울여 잘 사용하면 강력한 기술이 될 수 있다.

⑧ 요약

상담자는 집단의 모든 상호작용을 주의 깊게 관찰하여 다른 측면의 상호작용이 가능하도록 요약해준다. 요약을 통해 집단이 나아갈 방향을 바로잡는 데 도움을 줄 수 있고, 집단과정이 교착상태에 빠졌을 때 계속 진행될 수 있도록 기본적 논의사항을 요약한다.

⑨ 행동 제한하기

상담자는 내담자의 바람직하지 못한 행동을 제한할 책임이 있다. 그러나 개인을 비난하거나 공격하는 것이 아니라 비생산적인 행동만을 제한할 수 있다. 예를 들어 제삼자의 험담을 할 때 그 당사자에게 직접 일대일로 이야기하게 한다.

⑩ 해석

내담자들의 행동, 사고, 감정에 대해 설명하는 것으로 내담자가 새로운 관점이나 대안을 볼 수 있게 해준다.

⑪ 모델링

상담자가 내담자의 모델이 되어주는 것이다. 상담자의 행동을 관찰함으로써 내담자가 학습할 수 있다. 즉 상담자의 행동이 집단의 규범이나 참여 방법의 실제적인 예가 될 수 있다.

⑫ 자기노출

상담자가 자신에 대한 정보를 내담자에게 노출하는 것이다. 이를 이용하여 내담자에게 유사성과 친근감을 전달할 수 있고, 보다 깊이 자기 탐색의 모범을 보여줄 수 있다. 상담자 개인의 과거사 노출이나 지금 여기의 개인적 감정, 생각에 대한 노출이 가능하다.

⑬ 촉진하기

집단과정을 촉진하기 위해 집단 내 저항에 초점을 두고, 구성원들이 저항의 이유를 알도록 한다. 구성원들의 기대와 감정을 개방적으로 표현하도록 격려하고, 자신과 자신의 감정에 초점을 두도록 가르친다. 또한 구성원들끼리 직접적으로 순수하게 이야기하도록 하기 위해 안전한 분위기를 만들며, 모험을 격려하고 새로운 행동을 시도하는 구성원을 지지한다.

⑭ 보호하기

집단에 참여한 내담자에게 심리적 · 신체적 위험이 있을 때 내담자를 보호하는 것이다. 집단의 감정이 한 사람에게만 쏠린다거나 공정하지 못하게 다루어질 때 상담자의 보호가 필요하다.

제 09 장

학습상담

학습개요

우리나라 부모들은 자녀가 해야 할 가장 중요한 일은 공부라고 생각하며, 자녀의 공부를 위해 기꺼이 자신의 모든 것을 희생하는 것을 당연한 것으로 이해한다. 이처럼 자녀의 공부에 관심이 높다보니 학생들이 가장 많이 고민하는 문제도 학습문제이다. 학습문제로 고민하는 학생들이 공부를 잘 못하는 원인을 보면 열심히 공부를 하지 않는 이유 외에 학습방법이 나쁘거나 효과적인 학습방법을 잘 몰라서, 부모나 교사나 또래와의 관계가 원만하지 못한 경우 등을 들 수 있다. 이런 이유로 인해 학업에 심한 스트레스와 심리적 문제가 발생하며 나아가서는 부적응적인 행동을 유발할 수도 있으므로 학생들이 의욕적으로 학습에 전념하고 나아가 자기 스스로 공부 방법을 개선하여 성적을 향상시킬 수 있도록 도와줄 수 있는 학습상담이 필요하다. 따라서 이 장에서는 학생들의 학습문제에 관한 고민과 갈등을 해결하도록 도와줄 수 있는 학습상담에 관해서 살펴보기로 한다.

학습목표

1. 학습문제의 유형과 학습문제와 관련된 변인들에 대해서 설명할 수 있다.
2. 학습부진아와 학습지진아의 개념, 특성 및 지도방법에 대해서 설명할 수 있다.
3. 집중력 향상방법 및 독서지도방법에 대해서 설명할 수 있다.
4. 학습부진에 따른 학습상담방법에 대해서 설명할 수 있다.

1. 학습문제의 이해

우리나라 학생들이 정신적 부담감과 압박감을 가장 많이 느끼고 있는 것은 학업문제이고(김동일, 1998), 황정규(1990)도 고등학생을 대상으로 청소년 스트레스를 연구한 결과 학업성적에 대한 스트레스가 가장 큰 것으로 보고하였다.

학습상담에서 상담자가 해야 할 가장 중요한 일은 내담자와의 관계를 형성하고 내담자의 학습문제를 유발한 주요 원인을 찾아내는 일이다. 학습이 부진한 학생들을 살펴보면 반드시 그에 따른 원인이 있으므로, 학습상담이 효과적으로 진행되기 위해서는 가장 먼저 학습이 부진한 원인을 찾고 그에 적합한 상담 접근이 이루어져야 한다(천성문 외, 2009). 학습부진을 유발한다고 알려진 원인으로는 선행학습 부족, 학습동기의 결핍, 시험불안, 부모와의 관계 악화, 또래집단의 영향, 주의집중 곤란, 비효율적인 학습방법, 낮은 지능수준이 있다(김계현 외, 2000; 이장호 외, 2005). 실제 상담 장면에서 학생들이 호소하는 문제를 정리해 보면 〈표 9-1〉과 같다(김창대 외, 1994).

표 9-1 학업의 호소문제 유형

유형	예
① 시험불안(시험에 따른 불안감과 압박감, 스트레스 등)	(청소년)대학입시가 무섭다. 떨어지면 이 세상이 끝날 것 같다. 시험에 대한 압박감에 싸여 있다. 고입시험으로 인한 압박감을 느낀다. 고입시험을 못 보면 고등학교에서 차별한다고 한다. 시험시간에 문제를 다 못 풀까 봐 중압감을 많이 느낀다. (부모)시험 때만 되면 너무 경쟁적이고 예민해진다. 시험이 걱정되어 잠을 못 잔다. 시험 볼 때마다 아플 때가 많다. 시험기간을 두려워한다.
② 공부 자체에 대한 회의와 의문(공부의 필요성에 대한 근본적인 의문과 회의)	(청소년)공부를 왜 해야 하는지 몰라서 고민을 한다. 왜 공부하는지 잘 모르겠다. (부모)공부를 책임감, 의무감으로 한다.
③ 집중력 부족(주의산만, 잡념 등으로 인해 집중력이 부족해서 공부나 성적에 영향을 주는 경우)	(청소년)공부를 하려 해도 집중이 되지 않는다. 정신이 산만해서 공부 집중도가 떨어진다. 공부할 때 잡생각이 많이 나서 공부가 잘 안된다.
④ 성적 저하 및 저조로 인한 걱정과 스트레스(성적이 떨어지거나 오르지 않아서 걱정과 스트레스를 겪는 경우)	(청소년)중학교와 비교해서 성적이 많이 떨어졌다. 성적이 떨어지면 내가 장래에 뭐가 될까 걱정하게 된다. 성적이 자꾸 떨어져 걱정이다. (부모)성적이 떨어졌을 때 지나치게 자신감을 잃는다. 성적이 오르지 않아 불안해 한다.

유형	예
⑤ 공부방법문제(효과적으로 공부하는 방법을 모르거나 부적절한 방법으로 공부함으로써 공부나 성적에 영향이 있는 경우)	(청소년)공부를 해야 하는데 어디서 어떻게 해야 하는지 모르겠다. 공부를 하겠다고 마음은 먹지만 무엇부터 해야 할지 모르겠다. 공부하는 방법을 몰라서 방황한다. (부모)체계적으로 공부하지 않는다.
⑥ 공부에 대한 반감(공부에 대한 의문은 별로 없이 공부하는 것 자체에 대한 반감과 반발심을 갖는 경우)	(청소년) 공부가 하기 싫다. 모든 일이 대학입시를 위해서만 이루어진다. 공부한다는 것에 대해서 모두 반감을 가지고 있다. (부모) 시험은 왜 치러야 하는 가 지겨워한다. (교사) 공부, 공부하라는 소리에 싫증을 많이 낸다.
⑦ 노력을 했는데 성적이 안 오름(나름대로 공부를 하려고 하고 실제로 했음에도 불구하고 뚜렷한 원인을 알 수 없이 결과가 좋지 않아 고민하는 경우)	(청소년)노력을 해도 성적이 오르지 않는다. 내가 노력한 만큼 성적이 안 나온다. 열심히 한다고 하는데 성적이 떨어진다.
⑧ 능력부족(실제 능력, 즉 지능이나 기억력이 낮거나 부족하여 공부나 성적에 영향을 받는 경우)	(청소년)머리가 나쁜 것 같다. 성적이 떨어졌을 때면 내 머리를 의심하게 된다. 기억력이 나쁘다.
⑨ 공부습관 미형성(공부를 하고자 하는 마음은 있는데 단지 그것이 체계적인 습관으로 형성되지 않은 경우)	(청소년)공부하는 버릇이 안들었다. 공부하는 것을 자꾸 미룬다. 계획을 짜 놓고 실천을 안하게 된다. 공부 계획을 제대로 실천하지 못한다.
⑩ 공부에 대한 동기 부족(공부에 대한 반감이나 반발심과 같은 부정적인 감정은 없고 단지 공부하려는 마음이 형성되어 있지 않은 경우)	(청소년)밤에 공부만 하면 잠이 온다. (부모)건성으로 공부한다. 공부는 안하고 놀기만 한다.
⑪ 성적에 대한 집착(공부의 질적인 면에 치중하기 보다는 점수와 등수에 얽매여서 경쟁심을 느끼고 심지어는 죽고 싶다는 생각까지 하는 경우)	(청소년)성적, 등수가 자꾸 떨어지니까 다른 사람과 비교를 한다. 성적 때문에 어떤 때는 죽고 싶다는 생각이 든다. (부모)자신에 대한 평가를 성적에 둔다. (교사)점수에 너무 얽매인다.
⑫ 성적으로 인한 관계에서의 문제(위에서 언급된 공부 및 성적에 대한 문제들로 인해 친구나 부모, 교사와의 관계에서 문제를 겪는 경우)	〈친구와의 관계〉 (청소년)성적에 치우치다 보니 친구들을 잃어 항상 외톨이인 친구가 있다. 성적을 속인다. (부모)자기 외에 다른 아이가 공부를 못하게 방해한다. 〈부모와의 관계〉 (청소년)어머니나 선생님이 공부를 하라고 해서 고민이다. 성적이 올랐어도 부모님이 바라는 만큼 못해서 자신있게 못 보여 드린다. 성적이 나빠 부모님께 혼날까봐 고민이다. 학교 성적이 나빠서 부모님께 꾸중들어 공부가 싫어진다. 〈교사와의 관계〉 (청소년)성적이 부진하면 선생님께 듣는 꾸중이나 체벌이 두렵다.

출처: 김창대 외 3인, 1994.

2. 학습문제 관련 변인

학습에 영향을 주는 변인들을 살펴보면 다음과 같다(이철웅, 2006).

1) 학습자 개인적 변인

(1) 인지능력

학생들의 학습능력과 관련이 가장 높은 요인은 인지적 능력이며 개인이 가지고 있는 능력을 총체적으로 이야기할 때 지능이라는 개념을 사용한다. 지능은 일반적으로 학습에 어느 정도 잠재능력을 갖고 있는지를 추정할 수 있는 지표로 이용되고 있다. 이는 많은 연구에서 지능과 학업성취도 간에는 상당한 상관이 있다는 것이다. 일반적인 지능검사는 평균 100을 근거로 지능이 경계선 수준(IQ 71~80)이나 정신지체수준(IQ 70 이하)에 해당되어 학업성취도가 떨어지는 경우를 '학습지진' 이라고 정의한다. 그러나 지능은 양호하더라도 학습상황에서 한 두 가지의 기능의 결함이나 발달 지체가 학업성취도에 큰 영향을 줄 수도 있다. 예를 들면 언어 이해력이 부족할 경우에는 국어, 수학 등 전체 과목에 걸쳐 학습을 수행하는데 어려움을 갖게 된다. 따라서 학습에 관련하여 인지적 능력을 평가할 때 단지 지능 수준만을 고려해서는 안되며 다양한 인지적 과정과 기능에 대하여 정밀한 평가가 이루어져야 한다.

(2) 학습동기

동기란 어떤 일을 할 때 추진력을 제공하는데 학습도 마찬가지이다. 자기 스스로 하고 싶어서 공부를 한다면 당연히 학업성취도가 올라갈 것이며, 동기가 부족하면 집중도 잘 안되고 재미도 없게 되며, 나아가서 학업성취도도 떨어질 수 밖에 없다. 따라서 학습상황에서 학습동기는 학업성취도에 영향을 미치는 중요한 요인이 되는 것이다.

취학전 아동들이나 초등학교 아동의 경우 학습동기는 내부의 요인 보다는 외부의 요인에 더 많은 영향을 받는다. 즉 부모나 교사들의 칭찬과 격려가 강화로 작용하여 학습동기를 불러 일으키지만, 반대로 공부를 못한다고 야단을 맞을 경우에는 학습동기를 잃어버리게 되기도 한다. 학년이 올라갈수록 성취감 등의 내재적 동기에 따라 학습에 영향을 받게 된다는 주장이 일반적이다. 흔히 공부에 관심이 없고 의욕이 없어 노력을 기울이지 않을 때, 부모나 교사는 학생에게 의지력이 약하고 인내심이 없다고 비난하기 쉽다. 그러나 이는 학습동기를 저하시키는 원인이 되기도 한다. 공부를 안한다고 야단칠수록 더욱 의기소침해지고 결국에는 학습에 대한 불쾌한 반응과 연합될 수 있음을 인지해야 한다.

(3) 정서불안

학습에 어려움이 있는 아동들에게 많이 나타나는 것이 정서적 문제이다. 우울, 불안, 분노 감정과 같은 정서가 강할 때에는 주의집중이 어려워진다. 그러면 책상 앞에 앉아 있어도 다른 생각만 하게 되고 낙서를 하는 등 학습효율성이 저하되며, 또한 매사가 귀찮아져서 조금이라도 힘든 일을 하지 않으려는 경향을 갖게 되는 경우도 종종 볼 수 있다. 경우에 따라서는 컴퓨터 오락이나 TV 등을 하루 종일 보면서 학습과제를 자꾸 미루게 되어 정상적인 학습을 수행할 수 없게 되기도 한다. 정서적인 문제나 대인관계의 어려움으로 인하여 학업성취도가 낮을 경우는 일반적으로 학습부진아라고 한다. 이런 아동들은 항상 게으르고 할 일을 미루며 아무런 노력도 하지 않으려고 하여 성인들이 보기에는 답답하게 보인다. 따라서 어른들은 이런 아동들을 질책하게 되고 이를 반복하게 되면 결국에는 학습에 대한 흥미를 상실하기도 한다.

(4) 주의집중 장애

학습에 많은 영향을 주는 것이 주의집중력이다. 인간은 주의를 기울이지 않으면 제대로 듣거나 기억하기도 어렵다. 주의집중에 영향을 주는 요인으로는 학습동기, 정서적 불안 그리고 신경생리적 문제 등이 있다. 신경생리적인 문제는 뇌의 각성중추와 관련된 것으로 밝혀져 본인의 의지와는 무관하게 주의집중을 유지하지 못하는 경우이다. 이들은 주의력 장애와 더불어 지나치게 부산한 행동, 공격적인 행동, 충동적인 행동을 같이 보이는 경우가 많다.

(5) 학습전략과 습관

학습에 영향을 주는 또 다른 요인은 학습전략이다. 암기 기술이나 시간 계획해서 지키기 등의 다양한 학습전략이 있다. 특히 학년이 올라갈수록 공부할 양이 많아지고 복잡해지기 때문에 학습전략이 중요해진다. 대부분의 아동들은 초등학교 3~4학년 무렵부터 단순한 학습전략을 적용하기 시작하고 중학생이 되면 능숙하게 사용한다. 그러나 효과적인 학습전략을 모르거나 활용하지 못하는 아동들이 있는데, 이들은 지능, 주의력, 정서 등에 문제가 없어도 학업성취가 떨어진다. 이러한 경우에는 올바른 학습습관을 배우고 자기에게 맞는 방법을 선택하도록 지도해 주어야 한다.

(6) 학습장애

학습장애는 1962년에 Kirk가 이질적인 아동들의 특정 장애를 기술하기 위하여 학습장애라는 용어를 처음으로 제안한 이래로 학습장애의 정의와 관련된 논의가 많았지만 아직까지 합의된 정의는 없는 실정이다. 그러나 대부분의 공식적 · 조작적 정의는 NJCLD(National Joint Committee Learning Disabilties)의 1988년 정의를 바탕으로 하고 있는데, 학습장애는 듣기, 말하기, 읽기, 쓰기, 추론, 수학적 능력 또는 사회적 기능의 습득과 사용에 심각한 곤란을 나타내는 이질적 장애집단을 말하는 일반적인 용어이다. 이러한 장애는 중추신경계의 기능 장애로 인하여 발생되는 것으로 추정되며 생애 전반에 걸쳐 나타날 수 있다. 학습장애는 다른 장애조건(예: 감각 손상, 정신지체, 사회 및 정서적 장애), 사회환경적 영향(예: 문화적 차이, 불충분하거나 부적절한 교수, 심인성 요인), 주의집중 결함 등과 함께 나타나기도 하지만 이러한 조건이나 환경이 학습장애의 직접적인 원인이라고 할 수는 없다.

2) 환경적 요인

가정환경의 빈곤에서 오는 열등감, 결손가정, 가정 내의 불화와 부모의 비교육적 태도 등 가정적인 요인과 교사의 편애 등에서 오는 학교환경의 요인과 학생이 거주하는 지역적 · 문화적 환경의 영향으로 기인할 수도 있다.

(1) 가정환경 요인

가정환경 요인은 부모의 관심과 가정의 분위기가 중요한 영향을 미치게 된다. 부모가 자녀학습에 무관심하거나 성적 또는 학습활동의 노력 정도 등에 관심이 없을 때 학습의욕은 떨어지게 된다. 상대적으로 과잉관심을 가지고 공부만 강요하게 되면 학습에 대한 노력보다 성적에 대한 부담으로 불안감이나 열등감에 빠지기도 한다.

가정의 안정성과 분위기는 학습자의 안정을 얻을 수 있는 요인이므로 중요하다. 학습자는 부모가 가정에서 어떻게 돌보아주느냐에 따라서 지능, 성격, 정서 발달과 신체발달 까지도 영향을 받으므로 학습결과와 관련이 깊다. 따라서 안정된 분위기에서 침착하게 차분한 마음으로 공부를 할 수 없게 된다면 학습부진 현상이 나타나게 된다.

(2) 학교환경 요인

학습자는 개인차가 있으므로 교사는 개인차를 고려해서 지도해야 한다. 집단지도라는 이름으로 개인은 전체 속의 한 부분이기 때문에 무시되거나 관심 밖으로 되어서 학습부진이 될 수 있다. 학교시설의 채광, 소음 등의 정도도 학습자의 학력에 영향을 미치며, 교사의 교수방법 또한 학습자에 적절하지 못할 때 학습부진에 작용하게 된다. 학습부진의 원인은 학습습관에 관련된 조건, 개인의 인성에 관련된 조건, 객관적인 환경조건, 신체 건강상태, 학습결손의 누적 등을 들 수 있다.

3. 학습부진의 유형 및 특성

학습부진의 유형을 제시하기 전에 먼저 학습부진과 혼돈하기 쉬운 혹은 비슷한 개념들에 대해서 일아보면 다음과 같다(김동일 · 이대식 · 신종호, 2003).

① 학습지진(slow learner) : 지능으로 대표되는 지적능력의 저하로 인하여 학업성취가 뒤떨어지는 아동을 말한다.

② 학업저성취(low achievement) : 학습부진과 자주 중복하여 쓰는 개념으로서 일반적으로 성취수준을 집단별로 구별하였을 때 하위집단에 속하는 아동을 일컫

는다.

③ 학업지체(academic retardation) : 국가적으로 혹은 지역적으로 규정된 학년 · 학기의 학습목표를 달성하지 못하여 뒤처지는 아동을 지칭한다.

④ 학습부진(underachievement) : 학업영역에서 나타나는 학업성취 수준이 학생이 지닌 잠재적 능력(지적능력수준)에 미치지 못하고 현격하게 뒤떨어지는 상태를 가리킨다. 이는 소위 불일치기준에 의해 설명하는 능력-성취의 불일치이다.

1) 학습부진아의 개념

학습부진아란 학업성적이 보통 수준보다 낮아 학급에서의 지도가 곤란한 학습자를 말한다. 그리고 지능에 비해서 학력이 뒤떨어졌거나 학업성적이 부진한 경우에 해당된다. 학습부진아는 지적능력이 보통 수준 이하로, 지능은 70～89 정도의 범위에 속하며 학생들의 약 20% 정도가 낮은 지능을 가지고 있다. 여러 학자들의 견해를 종합해 보면, 학습부진아는 연령에 비해서 지적능력이 떨어지고 기대하는 학업성취가 이루어지지 않으며 학습속도도 떨어진다(공석영 · 권형자, 2005; 권형자, 2005).

학습부진아는 교사의 관찰력 뿐만 아니라 지능검사와 표준화된 학력검사 등을 통해서 진단할 수 있다. 단지 지능검사 점수가 낮은 것만으로 학습부진아로 진단하는 것은 아니며, 학습부진의 구체적인 요인을 파악하고 학습부진의 원인을 탐색하여 그 원인을 제거하고 보충교육을 실시하여야 할 것이다.

(1) 학습부진아의 특성

첫째, 주의력이 부족하고 지속시간이 짧아 일정한 흥미를 가질 수 없다. 학습부진 학습자의 학습속도가 느린 것은 적절한 변별을 하는데 요구되는 결정적인 자극에 주의를 집중하지 못하는 데 있다. 즉 학습속도가 느린 것은 학습을 시작하는 것이 느리기 때문이다.

둘째, 상상력, 창의력, 사고력이 부족하고 기억력이 뒤떨어진다. 학습부진아들은 보고 들은 것과 경험한 것을 기억하는 능력이 부족하다. 효과적인 기억은 시각적, 청각적인 영상을 형성하여 서로 연결시키면서 저장하고 또 파지를 위해 여러 번 되풀이하여 기억활동을 하는 것이 필요하다. 그런데 학습부진아들은 대개 단기암기력에 결함을 나타낸다.

셋째, 학습부진아들은 미루는 버릇이 있다. 미루는 버릇을 가진 학습자는 자기의 학습과제 읽기를 시험 직전까지 미루다가 때가 임박해서야 벼락치기로 준비를 하려고 한다.

넷째, 학습흥미의 변화가 심하다. 자신의 감정에 따라서 흥미의 정도가 달라진다. 그래서 일관되고 안정적인 학습태도를 가지지 못한다. 예를 들면, 시험 때는 집중적으로 시험공부를 한다 하더라도 학습내용의 연결성이 결여되어 성적이 좋을 수가 없다.

다섯째, 일상생활이 무질서하다. 학습준비물을 제대로 챙기지 못하거나 빠뜨린 상태에서 수업에 참여하는 경우, 책가방은 있으나 준비물이나 책은 제대로 챙기지 못하는 등 학습환경이 제대로 준비되어 있지도 않다.

여섯째, 추상적 개념과 어휘력이 부족하다. 인지발달 단계의 특성에 따라서 추상적인 개념이 발달되어야 구체적인 학습내용을 정리할 수도 있다. 학습부진아들은 기본적으로 어휘력이 짧아서 구체적인 개념 보다는 추상적인 개념을 정리하는 것이 매우 어렵다.

일곱째, 정서적 발달이 미숙해서 쉽게 감정적으로 반응하며 감정조절능력이 떨어진다. 실제 나이에 비해서 정서나이가 어려서 또래들보다 감정처리나 감정반응의 정도가 어렵고 뒤떨어져서 쉽게 행동통제력을 가지고 사고하고 이해하는데 적절하게 자신의 학습에 에너지를 투입하기가 어렵다.

(2) 학습부진아의 지도방법

첫째, 학습부진아에 대한 정확한 진단이 필요하다. 지능검사나 표준화된 학력검사 등과 환경적 이해를 위한 자료수집이 필요하다.

둘째, 능력별 편성제로 학력의 정도가 비슷한 학생끼리 모아 한 학급으로 편성하게 하여 능력별 교육을 실시하는 방법이 고려될 수 있다. 이는 교육계에서 찬반양론으로 논쟁이 되고 있다.

셋째, 보충지도제 실시이다. 기본능력의 보충수업이나 뒤떨어진 교과의 촉진을 위해서 정규수업 전이나 방과후에 실시되는 방법 등이 고려될 수 있다. 개인별로는 교정교육이 고려될 수 있다.

넷째, 학생의 가정환경을 살펴보는 것이다. 이는 ① 반에서 각 아동의 배경과 가정생활에 관한 유용한 정보를 얻기 위하여, ② 아동의 정서적 욕구의 측면에서 이 정보를 해석하기 위하여, ③ 각 아동이 자기의 문제를 해결하도록 돕거나 곤란한 사태에서 학습을 돕기 위한 것이다.

(3) 학급에서의 지도전략

학습부진아의 지도를 위한 학급에서의 지도전략으로는 다음과 같다.

- 학습부진아가 이해할 수 있는 수준으로 각 수업시간에 도달해야 할 학습목표를 제시한다.
- 각 단원별, 차시별 수업개요를 제시해 수업진행에 대한 안내를 한다.
- 전문적 용어나 어휘목록 및 추상적인 개념에 대한 해설자료를 제공한다.
- 특별교재 또는 학습자료를 활용한다.
- 학습계획서를 작성해 주고 이를 실천할 수 있도록 계속적으로 점검한다.
- 학습부진학생을 위한 다양한 교육 프로그램을 개발 · 참여하도록 한다.
- 이밖에도 기억방법, 독서방법, 시험준비요령, 노트필기 방법과 같은 학습기술을 익히도록 지도한다.

2) 학습지진아

(1) 학습지진아의 개념 및 요인

학습지진아(slow learner)란 낮은 지적능력으로 인하여 일반 아동과 같은 학습의 보조나 성취를 기대할 수 없는 아동으로서 특수교육이 요구되는 이른바 정신지체아 혹은 정신박약아 집단에 적용될 수 있는 용어이다. 학습지진아란 성적이 나쁘고 지능발달이 늦은 아동이나 학습의 지체가 눈에 띌 정도의 아동을 말한다. 대체로 '학습이 잘 안되는 아이', '학습을 따라가지 못하는 아이', '학습하고자 하는 마음이 없는 아이' 등으로 표현하고 있다.

학습지진의 요인으로는 지능의 정도 등의 소질적 요인, 흥미 · 의욕 · 습관 · 성격이라는 인격적 요인, 학교 · 가정 · 지역사회 등의 환경적 요인, 시력 · 청력 · 질병

등의 신체적 요인이 있다.

① 소질적 요인

지능이 부족하거나 현저하게 불균형한 경우가 여기에 속한다. 어느 정도 학습이 가능한가, 새로운 학습을 잘 해내는 조건은 정비되어 있는가, 아이들에게 알맞은 학습내용은 어떤 것인가, 교육활동을 하는 데 있어서는 항상 아이의 지능 수준과 지능의 구조를 올바로 파악하는 일이 필요하다.

② 성격적 요인

학습은 지적능력만이 관계되는 것이 아니고 과제에 대해 정면으로 대하려는 의욕과 정서적 안정성, 새로운 욕구불만에 대해 견디어 내는 힘이나 타인과 협력하는 사회적 능력 등 비지적 요인의 기능도 관계되고 있다. 성격적 요인은 지능 이상으로 학습지진과 관계가 있다.

③ 환경적 요인

소음, 원거리 통학 등 물리적인 환경적 요인의 영향도 무시할 수 없으나 학습지진과 직결되는 환경적 요인은 가정환경과 학교환경이다.

첫째, 가정환경요인으로 부모의 교육에 대한 관심이 부족하면 학습을 촉진시키는 데 큰 영향을 미친다. 무관심과 방임상태의 가정환경에서 자란 아이는 적절한 학습습관이 형성되지 않으며 학력의 지체, 학습 흥미의 결여라고 할 수 있는 학습지진의 조건이 만들어지기 쉽다. 반대로 과잉기대의 환경에서는 아이에게 높은 긴장이나 불안 등의 심리 상태를 야기 시켜 정서적 불안정과 집중력 저하를 가져오게 됨으로 학습을 방해하기도 한다. 또한 TV나 라디오의 자극에 대해 어느 정도 잘 요령있게 시청하느냐는 가정의 문화적 · 교육적 분위기에 따라 결정된다. 경제적 빈곤이나 가정의 불화 등도 상상 이상으로 학습지진과 깊은 관계가 있다.

둘째, 학교환경을 보면 교육목표나 방침이 아이의 심신의 발달에 따라 설정되지 않았다든지, 합리성이 부족한 지도방법이 행해진다든지 하여 학습지진아가 되는 경우가 있다. 특히, 동료들과 잘 어울리지 않고 고립되어 있는 아이는 대인관계의 불안에 따라 학습활동에 대한 집중력이 방해를 받아 협력이나 공동체험을 얻지 못하고 학교에 대해 적응도 못하여 더욱 학습지진아로 되기 쉽다.

④ 신체적 요인

감각기관의 결함, 지체부자유, 허약, 언어 장애 등이 속하며, 근시, 약시, 난청 등의 감각 장애는 지능 자체에는 관계가 없어도 학습에 관련된 정보를 입수하는데 지장을 발생하는 일이 적지 않다. 병약이나 영양 불량, 코나 편도선의 이상 등도 주의력의 산만이나 지속력의 저하로 연결되기 쉽다.

(2) 학습지진아의 특징

뇌손상(brain damage) 등과 같은 신체적 결함에 의한 경우를 제외하면, 대부분의 학습지진아들은 정상의 평균 아동이나 높은 지적능력을 가진 아동들과 동일한 발달유형을 갖고 있다. 다만 가족적 또는 환경적 결핍으로 인하여 발달의 속도가 늦고 발달수준이 낮을 뿐이다. 따라서 학습지진아들은 정상아들이 어릴 적에 보이던 것과 유사한 특징을 보이는 경향이 있다. 학습지진아들의 특징을 정리해보면 다음과 같다(김광웅 · 김숙경, 2009).

첫째, 학습지진아들은 대체로 일상생활의 여러 장면에서 좌절감을 많이 느낀다. 즉 좌절에 대한 내성이 낮다. 마찬가지로 성공에 대한 기대감이 낮고, 반면 실패에 대한 기대감이 높은 경향을 보인다.

둘째, 학습지진아들은 자신감이 결여되어 있고 낮은 자아존중감을 갖고 있다. 즉, 학습지진아들은 다른 또래들이 쉽게 해내는 과제를 자기는 잘 해내지 못하고 곤란을 경험하기 때문에, 자신의 능력에 대해 의심을 갖게 되고, 결국 자신감이 결여되어 낮은 자아존중감이 형성된다.

셋째, 학습지진아들은 개념에 대한 이해가 지나치게 단순하고 한 가지 사실이나 원리를 다른 사태에 적용하는 일반화 능력이 낮다.

넷째, 학습지진아들은 주의집중 지속시간, 주의집중의 범위와 초점, 선택적 주의에서 심한 어려움을 가지며 또한 기억하는 기간이 짧다. 또한 학습상황에서는 한 가지 측면에만 몰두하고 다른 측면의 것들은 제대로 지각하지 못하거나, 지각을 하더라도 고려하지 않는다.

다섯째, 학습지진아들은 언어발달에서 지체를 나타낸다. 언어의 발달은 대개

2세경부터 놀라울 정도로 급속하게 이루어지는데 학습지진아들은 4~5세가 되어도 언어의 습득이나 활용에서 두드러진 발달을 보이지 않는다. 유아기 때에는 주로 언어 발달의 양상이나 지각운동능력으로 학습지진의 가능성을 가늠해 볼 수 있고, 6세 이후가 되면, 언어능력이나 분류 능력 등 여러 측면의 인지발달 수준을 평가하여 학습지진의 가능성을 추측해 볼 수 있다.

(3) 학습지진아의 지도방법

학습지진아의 발달이나 학습을 도와주는 방법에는 여러 가지가 있으나 대체로 다음과 같은 원칙과 입장에서 도와주는 것이 효과가 있다(김광웅 · 김숙경, 2009).

첫째, 우선적으로 중요한 원칙은 학습지진의 가능성을 될수록 조기에 발견해내는 일이다. 학습지진이나 발달적 지체는 연령의 증가에 따라 누적되기 때문에 조기 발견과 조기교육이라는 원칙은 학습지진아를 도와주는 일차적인 전제가 된다. 초등학교 입학 전 유아기에 그 가능성을 발견하면 그만큼 그 아동을 도와줄 수 있는 방법도 많고 효과도 크게 기대할 수 있다.

둘째, 학습지진아들에게는 가능한 한 좌절을 경험할 것 같은 상황으로부터 피하게 해주어야 한다. 부모나 교사의 이러한 노력에도 불구하고 학습지진아들이 스스로 이겨낼 수 있는 한계를 벗어나는 좌절을 경험할 수 밖에 없는 경우에는, 그들을 격려해주고, 보다 쉬운 과제나 다른 신체적 활동에 참여하도록 학습상황을 변화시켜야 한다. 학습지진아들은 능력있는 다른 아동들과 달리 쉽게 좌절을 느끼기 때문에 학급에서는 이러한 좌절의 경험을 최소화시키도록 도와주어야 한다. 가장 좋은 방법의 하나는, 학습지진아들에게 별도의 학습과제를 주어서 그들이 다른 아동과 비교되지 않으면서 자기에게 주어진 과제를 수행하도록 도와주는 것이다.

셋째, 학습지진아들의 자아존중감을 고양시키는 데 부모나 교사는 최선을 다할 필요가 있다. 학습지진아들은 여러 가지 과제를 수행하는 데 또래들보다 능력이 부족하다는 인식 때문에 자기 자신의 인간적 가치를 낮게 평가하는 경향이 있다. 그래서 이런 아동들에게는 교사가 긍정적 감정을 가지고 있다는 점을 자주 그리고 명확히 표현해 줄 필요가 있다. 부모나 교사가 그렇게 지각해 주고 대우해 주면 아동도 자기 자신에 대해 긍정적 감정과 태도를 갖게 되는 것이다. 또한 그보다 더욱 중요한 것은 학습지진아들 스스로 주어진 학습과제를 해결하도록 도와주어 스스로 자기 자신을 존중하는 마음을 조성하게끔 하는 일이다.

넷째, 학습지진아들에게는 그들의 능력에 적당하고 친숙한 단순학습 과제를 많이 제공해 줄 필요가 있다. 학습지진아들은 개념을 지나치게 단순화시켜 이해하는 특성을 갖고 있어서 복잡한 문제는 제대로 소화를 하지 못하고 좌절해 버리기 때문이다. 따라서 그들이 이미 습득하여 친숙하고 성취가능성이 높은 단순한 과제로부터 단계적으로 차츰차츰 어려운 과제에 접하도록 하는 것이 효과적이다.

다섯째, 학습지진아들에게는 될수록 짧은 시간 내에 완수할 수 있는 과제를 줄 필요가 있다. 그들은 주의집중 시간이 짧기 때문에 오랫동안 집중해야 하는 종합적 사고를 요구하는 과제는 감당하지 못하고 좌절한다. 또한 학습지진아들은 만족의 지연에 잘 적응하지 못하기 때문에 시간을 오래 끌거나, 즉각 보상이 주어지지 않는 경우 곧 싫증을 내게 된다. 그래서 학습지진아들에게는 가능한 한 즉시 피드백과 강화자극이 주어지는 과제를 주는 것이 좋다. 먼 미래의 목표를 제시하면서 학습동기를 유발시키려는 노력은 성과를 거두지 못할 가능성이 크다.

여섯째, 학습지진아에게는 일단 학습한 과제라도 계속 반복시켜 줄 필요가 있다. 그러나 학습방법이나 내용을 조정하여 계속해서 흥미를 갖고 즐길 수 있도록 도와주지 않으면 안 된다. 학습지진아들은 기억기간이 짧고 오래전에 학습한 것을 재생해 내는데 장애를 받기 때문이다. 따라서 계속 반복해서 학습하지 않으면 기억되지 않는다.

일곱째, 학습지진아에게는 프로그램 학습이 효과적일 수 있다. 프로그램 학습자료는 학습과정이 아주 작은 단계로 세분화되어 있고, 각 단계마다 즉각적인 피드백이 제공되기 때문에 학습지진아의 특성에 잘 맞는다고 할 수 있다. 자신감이 없고, 한 번에 한 가지만을 생각하고, 일반화시키지 못하고, 주의집중과 기억기간이 짧은 학습지진아의 특성에 프로그램 학습은 적절한 방법과 자료가 될 수 있다.

여덟째, 학습지진아의 교육에서는 과제 수행의 진척 상황을 면밀히 분석하고 기록해 두는 것이 중요하다. 학습지진아들은 실패기대가 높고, 쉽게 좌절하기 때문에 그들에게 그들 자신의 성취를 가시적으로 명확하게 보여주는 것이 대단히 중요하다. 프로그램 학습자료처럼 문제 하나를 풀 때마다 책자의 빈칸이 채워지고 답을 잘 맞추었다고 격려를 하고, 다음으로 넘어가라는 지시가 있는 경우에는 문제가 자연스럽게 해결되기도 한다. 이러한 방식의 접근과 처리는 모든 학습지진아의 학습에 중요한 의미를 갖는다.

또한 완전학습 방법을 적용하는 것도 필요하다. 세분화된 목표를 설정하고 그에 맞는 작은 과제를 주고 성취도를 평가하고 보충학습을 시키고, 다시 성취의 정도를 평가하는 방식이 학습지진아의 학습에 큰 도움이 될 것이다. 각 단계의 평가시마다 성공적으로 과제를 수행하면 점수를 부여하고 단원별로 총점을 계산하여 명확한 강화체계를 만들고, 이러한 일련의 과정을 일목요연하게 학습지진아들에게 보여 줄 수 있는 기록 차트를 만든다면 보다 높은 학업성취를 이룩하는 데 도움이 될 것이다.

4. 학습상담프로그램 : 학습전략

1) 집중력 향상

교사가 학생을 지도할 때 가장 어려운 문제 중의 하나는 주의가 산만하여 주의집중 시간이 짧으며, 자기에게 부여된 과제를 끝마치지 못하거나, 수업시간에 친구와의 잡담으로 수업분위기를 어수선하게 만드는 학생에 대한 지도이다.

집중력 부족의 원인이 어떤 것이냐 하는 것은 학생마다 다를 수 있으나, 집중력을 향상시키기 위해 학습습관을 변화시키는 것이 집중력을 키우는 데 도움이 된다는 사실을 학생에게 주지시켜야 한다. 시간을 계획하기, 공부계획 세우기, 무엇을 어떻게 해야 하는 지를 알기 위해 과제물에 대한 지시문을 주의깊게 듣기, 질문을 통해 과제물 학습의 목적과 절차를 명료화하기 등 이 모두가 학습집중력을 높이는 데 기여한다. 학생의 집중력을 향상시키는 방법에 대해서 알아보면 다음과 같다(김영진, 2003).

(1) 배우려는 열망

학급에서 주변의 친구를 관찰해보면, 장난을 치지 않고 열심히 수업에 집중하는 학생도 볼 수 있고 다른 한편에는 장난을 치거나 먼 산을 바라보는 학생도 있다. '정말로 배우려고 하는가?'에 대한 답은 학생 스스로 내려야 할 결정이다. 아무도 학생 대신 배울 수 없다. 학생의 정신은 항상 적극적으로 새로운 개념을 받아들일 준비가 되어 있는데 학생 자신이 그 사실을 모르고 있는 것뿐이다. 배우려는 열망이야말로 집중력 향상의 제1조건이다.

(2) 흥미를 지니기

교과내용이 잘 알고 있는 내용이거나 이해가 쉽게 되는 내용이라면, 그 과목에 흥미를 느낄 수 있다. 학교생활에서 흥미있는 과목을 발견하도록 노력하고 교사가 학습흥미를 도와준다는 생각은 하지 않는다. 교사는 학생들의 조력자일 뿐 책임은 결국 자신에게 있는 것이다. 수업내용을 이해할 수 있고, 각 과목에 관심을 갖게 된다면 이것은 집중력을 향상시키는 데 도움이 될 것이다.

(3) 수업내용 이해하기

학생이 수업시간에 교사의 설명을 이해하지 못한다면 집중할 수 없다. 교과내용의 70-80%를 이해하지 못한다면 집중하려는 노력에 한계가 있기 마련이다. 그러므로 수업을 이해하지 못한다면 어느 부분에서 이해가 안되는지를 확인하여 그 부분의 기초 학력을 유지할 수 있도록 노력해야 한다.

(4) 자신과 경쟁하기

공부가 어렵다는 걱정을 하기보다는 지금 무엇을 하고 있는가에 집중한다. 그리고 자신이 학습을 끝낼 수 있는 시간을 스스로 설정하고 주어진 시간에 과제를 완성할 수 있는지 스스로 확인한다. 자신이 스스로 목표를 설정하면 비록 실패할지라도 자신과의 경쟁을 통해서 더 잘 집중하게 될 것이다.

(5) 학습을 조직하기

주간 학습계획표를 융통성있게 작성하여 우선적으로 결정하기 보다는 일일 학습량을 정해 매일 복습한다. 과제를 위한 자료를 준비하고 다음의 요령에 의해서 해결한다면 학습에 대한 자기통제력을 기를 수 있다.

책상에 앉자마자 학습을 시작하도록 노력해야 한다. 책상에 앉아서 학습이외의 시간표 짜기, 책상서랍 정리하기, 책상 정리하기 등 다른 일로 시간을 보내면 집중력이 저하되는 수가 있다. 이 경우는 오히려 책상에 앉아 있지 않는 편이 효과적일 수 있다. 그리고 학습이 계획대로 수행되고 나면 스스로 자신에게 작은 보상을 한다.

(6) 질문하기

수업내용이나 과제를 이해하지 못했다면 교사에게 좀더 자세히 설명해 달라고 요청한다. 잘 이해되지 않는 내용은 집중하기도 어려우며 기억하기도 힘들다.

(7) 실제적 학습하기

학기 초 다소 산만할 것을 예상하되 지속적인 집중력을 보이는 학생은 흔하지 않다. 공상에 빠질 때 혹은 잡념이 떠오를 때 신체적 움직임을 통해서 주의를 환기시키면 집중력 향상에 다소 도움이 될 수 있다. 예를 들면, 책상을 가볍게 치면서 일어난다거나, 몸을 좌우로 흔들면서 목운동을 하는 등의 동작은 도움이 된다.

(8) 집중력을 향상시키는 해결전략 찾아보기

학생 자신의 집중력에 어떤 문제가 있고 가능한 해결점들은 무엇인지를 생각하여 다음의 표에 기록하게 한다(〈표 9-2〉 참조). 그런 후 소집단에게 서로의 생각을 공유하게 한다. 토론한 결과 학생들은 집중력 향상에 도전하는 새로운 방법을 알게 된다.

표 9-2 집중력을 방해하는 요인 및 해결점

집중력을 방해하는 요인들	가능한 해결점 찾기
1. 시끄러운 음악, TV소리	1. 가능하면 끄도록 한다.
2. 친구와 잡담하기	2. 공부를 혼자하려고 노력한다.
3.	3.
4.	4.
5.	5.
6.	6.
7.	7.
8.	8.
9.	9.
10.	10.

출처: 김영진(1998)

2) 시간관리

학습을 수행할 수 있는 시간은 무한정 주어지지 않는다. 똑같은 학습시간을 할애하더라도 보다 효과적으로 학습의 능률을 향상시키기 위해서는 시간을 관리하는 전략이 필요하다. 즉, 시간을 효율적인 형태로 사용하고 자신의 인생에 긴장과 이완을 주는 올바른 기술을 일상 생활에서 효과적으로 계속 실천하는 것이 학습에 있어서도 필수적이다. 시간관리란 넓은 의미로 보면 주어진 모든 시간을 최선으로 활용하여 최대의 효과를 거두는 것이다. 즉, 시간관리는 효과적인 활동을 하기 위해 시간을 잘 조직하는 것이며 자신의 삶 전체를 관리하는 것이다. 효과적으로 학습하기 위해 시간관리를 하고자 할 때 점검해야 할 몇 가지 요소를 살펴보면 다음과 같다(천성문 외, 2009).

첫째, 학습의 목표를 구체적으로 세운다. 시간을 어떻게 사용할 것인가에 대한 구체적인 목표를 수립한 후, 목표에 따라 시간을 할당하고 이를 평가하는 것으로 이루어져야 한다. 학습목표는 학생들로 하여금 자신의 노력과 학습동기를 하나로 집중하게 한다. 목표를 세울 때에는 구체적이고 측정할 수 있으며, 연관성이 있도록 마감일을 정하여 자기 목표가 되도록 정해야 한다. 예를 들면, '매일 아침 1시간씩(구체적이고) 교육방송 토익강좌를 수강하여(연관성이 있도록), 1년 이내에(마감일을 정하여), 토익점수를 800점까지 향상시켜(측정할 수 있으며), 영어를 자유롭게 구사할 수 있게 된 이후에 향후 해외 자원 봉사활동과 해외인턴쉽 프로그램에 참여하여 다양한 사람과 새로운 경험을 갖고 싶다(자기목표)'는 방법으로 학습목표를 세울 수 있다.

둘째, 학습의 중요도와 긴급도를 고려하여 학습의 우선순위를 정하고 변화시키기로 결정한 것은 반드시 실행한다. 중요하고 복잡한 일은 가능한 최적의 시간에 실시하도록 한다. 처음부터 많은 학습량에 욕심내지 말고 천천히 시작하며, 학습계획에 차질을 줄 것으로 예상되는 일을 하지 않는다. 처음에 잘 되지 않는다고 학습에 대해 좌절감을 갖거나 포기하지 않으며 학습의 작은 성공도 귀하게 여기고 자기 자신에게 적절히 보상한다.

3) 시험관리

시험관리 능력과 시험불안과의 관계는 부적인 관계에 있다. 즉 시험관리 능력이 부족하면 불안이 높게 나타나는 경향이 있다는 것이다. 시험불안은 학생의 학문적 요구가 자아에 위협적인 것으로 판단될 때나 대처능력이 부족하다고 판단될 때 생긴다.

시험불안의 요소는 첫째, 시험불안에 대한 자신감 결여와 시험결과에 대한 지나친 걱정에서 나타나는 인지적 요소, 둘째, 불안, 초조 등 극심한 불안장애로 나타나는 정서적 요소, 셋째, 너무 긴장되어 기억력이 감소되거나 소화장애로 나타나는 행동적 요소로 구분할 수 있다.

따라서 시험불안에 대한 인지적, 정서적, 행동적 측면의 문제를 진단하고 이에 대한 해결방안을 모색해야 한다. 시험을 준비하는 방법에 대해 소개하면 다음과 같다(김영진, 1998).

(1) 합리적이고 효율적인 학습계획표를 작성한다.

- 학습할 교재를 조리있게 구성한다.
- 학습계획표를 작성하여(〈표 9-3〉 참조) 구체적인 시험준비 일정을 계산한다.
- 시험시간표에 의해서 역순계획으로 매일의 학습과목을 결정한다. 역순계획이란 시험시간표에서 제일 나중에 시험보는 교과목을 가장 첫날 공부하는 것을 말한다.
- 같은 날의 학습과목은 기억의 간섭을 최소화하기 위하여 성격이 다른 교과목

표 9-3 학습계획표 예시

요일	일	월	화	수	목	금	토	계
학습가능시간								
과목별 학습소요시간	국어 과학		영어 사회		수학 도덕		한문 기술 · 가정	
과목별 시간당 표준학습량								

출처: 김영진(1998)

으로 학습계획을 작성한다.

(2) 학습할 영역에 어떤 것이 있는가를 확인한다.

과목별로 학습해야 할 주제에는 어떤 것들이 있는 가를 확인하면서 정리한다. 내용이 정리되면 훨씬 준비가 용이하다.

(3) 문제를 예상한다.

공부할 방향을 잡고 선생님이 강조한 부분과 구별하기 위해 다른 표시를 해놓는다. 예상문제가 시험에 나온다고 확신할 수 없지만 자신의 강조점이 잘못되었다는 것을 지적할 수 있어 바람직하다.

(4) 크게 생각한다.

세세한 작은 내용을 기억하려고 하기보다는 중요한 개념과 일반화에 중점을 두어 학습하라. 필기한 내용과 참고서의 내용을 순서대로 정리한 후 중요한 개념들을 상세하게 공부한다.

(5) 긍정적으로 생각한다.

시험준비를 하다가 불안하면 '나는 자신있게 학습했으며 내가 준비한 만큼 쓰겠다는 마음가짐으로 시험을 볼 것이다' 라는 말을 중얼거리면서 자신을 다스린다.

4) 독서지도

학습은 독서로부터 시작된다. 그러므로 독서할 때 어떻게 핵심을 잡아내고 이해하는가가 중요하다. 여기에서는 SQ3R 읽기방법과 CSQ3RM 방법을 적용하는 학습기술 향상 프로그램을 소개한다(조봉환 · 임경희, 2007;한숙경 · 오인수, 2002).

(1) 회기목표

- 효과적인 읽기를 위하여 SQ3R 읽기 기술 읽히기
- CSQ3RM 방법을 적용하여 읽어보기

(2) 주안점

• 똑같은 시간에 똑같은 내용을 읽어도 그 내용의 핵심을 파악하는 학생이 있는가 하면 중심내용을 모른 채 단편적인 사실만을 기억하는 학생이 있다. 바로 '읽기기술'의 차이이다. 똑같은 시간에 효과적으로 읽기 위하여 SQ3R기술을 익혀 훑어보고-질문하고-읽고-외우고-복습하는 과정을 연습함으로써 학습에서 상당 부분을 차지하는 읽기를 보다 효과적으로 할 수 있도록 도울 것이다.

(3) Warm-up : 스피드 읽기

• 1분 동안 시간을 주고 사회책이나 그 밖의 교과서 한 단원(1분 동안에 읽을 수 없는 많은 분량)을 읽게 한 후 간단한 퀴즈를 낸다.
• 퀴즈의 내용은 단원명과 단원목표 그리고 단원의 구성(소단원)에 관한 내용으로 제시한다.

(4) 활동 Ⅰ : SQ3R 읽기방법

SQ3R 읽기방법에서는 계속적으로 학생들이 사용하는 교과서를 교재로 사용하면 효과적이다.

① Survey : 훑어보기

이 과정을 통해 왜 제목이 단원의 주요 개념들의 윤곽을 나타내는지 이해하게 되며 이 내용에 대한 인지지도(cognitive mapping)가 형성되고 제목을 그냥 지나쳐 버리지 않게 된다.

• 제목을 읽어보고 목차를 본다.
• 글쓴이가 왜 이 제목과 목차를 넣었을지 생각해본다.
• 일정한 부분을 읽은 후에는 책의 옆 부분에 작은 제목을 붙여본다.
• 나의 제목과 친구가 정한 제목을 서로 비교해 본다.

② Question : 단원 목표와 중요한 내용들을 질문으로 바꾸어 보게 하기

• 먼저 학생들에게 제목이 있는 교재의 한 단원을 4～5분간 읽게 한다.

- 그 후 2～3분간 그 단원에서 중요한 내용들을 질문으로 만들어 보게 한다.
- 학생들이 만든 피상적인 질문과 교사가 준비한 깊이 있는 질문의 차이점을 비교한다.
- 응답한 질문을 모두 모아 제목과 어떤 관련이 있는지 정리한다.

③ Read : 위의 '질문' 단계에서 만들어낸 질문에 대한 답을 찾는 과정

효율적인 읽기란 문단 속에 담겨있는 개념과 내용들의 관계를 찾는 것이다. 따라서 문장별 독서법이 아니라 문단별 독서법을 깨닫고 실습하게 된다.

④ Recite : 중요하고 핵심적인 내용들을 암기하기

- 먼저 한 문단을 읽고 책에서 눈을 뗀 후 빠르게 암송한다.
- 그 후 20초를 주어 그 문단에서 무엇을 기억하고 무엇을 잊었는지 확인한다.

⑤ Review : 다시 한번 전체적인 내용을 생각하며 중요한 부분을 중심으로 정리하기

예습이 '학습'의 효과를 높인다면 복습은 '기억'의 효과를 높인다고 볼 수 있다. 기억할 때에는 자기만의 기억 방법을 만드는 것이 좋으며 우뇌가 발달한 학생은 그림이나 Mapping을 이용하여 복습할 수 있다.

(5) 활동 Ⅱ : CSQ3RM 방법 적용하기

관점 바꾸기 → 훑어보기 → 질문하기 → 읽기 → 암송하기 → 복습하기 → 문제만들기의 단계를 학생들이 실제 사용하는 교과서를 사용하여 각 단계별로 연습한다.

CSQ3RM은 Robinson의 'SQ3R' 방법의 문제점을 극복하기 위하여 두 가지를 보완하였다. 첫 번째인 C(change perspectives)는 관점바꾸기 즉 독자시각에서 교사시각으로의 변환을 말하며, 두 번째인 M(making test inventories)은 시험문제 만들기를 의미한다.

(6) Warm-up : 퀴즈대회

CSQ3RM 방법의 마지막 단계에서 실시하는 문제만들기 과정을 통해 참여한 학생

들이 읽은 내용에 대해 한 가지의 문제를 출제하고 그 문제를 모두 모아 퀴즈대회의 문제로 생각하고 퀴즈대회를 한다.

5. 학습상담의 방법

내담자의 학습이 부진한 이유가 파악되면 다음으로 그 이유에 따른 개입이 이루어져야 한다. 구체적으로 학습부진 이유에 따른 상담개입 방법을 살펴보면 다음과 같다(천성문 외, 2009).

1) 학습동기가 부족한 경우

Maslow(1971)에 의하면 인간은 결핍욕구가 충족된 다음에 좀 더 높은 성장욕구를 충족하기 위해 동기화된다고 하였다. 학습욕구는 성장욕구(자아실현 욕구)에 해당되므로 상담자는 학생의 학습동기를 점검하여, 학습동기가 낮다면 어떤 요인이 결핍되어 낮은지 알아내고 그 부분을 채워주도록 해야 한다. 최상위 욕구인 자아실현의 욕구, 즉 학습에 대한 욕구는 하위 욕구들이 충족되었을 때 생겨날 수 있기 때문이다. 예를 들어, 자녀가 공부를 하지 않는다고 부모가 자녀에게 위협을 가하기보다는 자녀를 사랑으로 대함으로써 자녀의 안정 또는 소속의 욕구를 먼저 충족시켜주어야 공부하고 싶은 욕구가 일어날 수 있다는 것이다.

2) 인간관계가 잘 안되어 공부를 하지 못하는 경우

부모와의 문제, 친구와의 문제, 선생님과의 문제로 공부하기 싫다는 학생도 의외로 많다. 부모와의 문제의 경우 내담자의 학습문제를 다루기 전에 부모와의 관계를 개선시켜야 하는데 필요한 경우에는 내담자 뿐만 아니라 가족을 모두 참석하게 하여 가족상담을 하는 것도 도움이 될 것이다. 친구와의 관계가 문제일 경우 내담자 스스로 대인관계를 잘 해낼 수 있는 능력을 길러주는데 주력해야 한다. 담임교사나 교과담당교사와의 관계가 좋지 않다면 왜 관계에 문제가 생겼는지 구체적으로 파악하고 그것을 해결해 나갈 수 있는 상담접근이 이루어져야 한다.

3) 효과적인 학습방법을 활용하지 못하는 경우

인간의 학습과 기억에 관한 많은 연구보고에 의하면 공부를 잘하는 학생과 잘하지 못하는 학생 간에는 그들이 사용하는 학습기술에서 뚜렷한 차이가 있다는 것이다. 학습상황에 맞게 학습기술을 적절히 사용한다면 학습내용을 효과적으로 암기할 수 있을 뿐만 아니라 학습행동을 체계적으로 관리하는 데에도 도움이 된다. 효과적으로 학습상담을 진행하기 위해서 상담자는 내담자의 학습방법을 검토하고, 필요하다면 보다 효과적인 학습기술을 가르쳐야 한다.

수많은 학습전략이 개발되어 활용되고 있지만 단순히 특정기술만을 사용하도록 지시하는 것은 효과적이지 못하다. 그러므로 상담자는 예습과 복습을 잘 할 수 있는 구체적인 방법을 제시해주고, 적절한 점검과 피드백을 통해서 학생들이 효과적인 학습기술을 몸에 익혀 습관화하도록 하는 일이 중요하다.

4) 자기효능감과 감정조절능력 등이 부족한 경우

내담자는 자신의 학습능력에 대해 부정적인 생각을 가지고 있다면 공부를 효율적으로 할 수 없다. 이러한 경우 상담자는 내담자로 하여금 자신감을 가지고 공부에 임할 수 있도록 자기효능감을 높여주어야 한다. 또한 공부를 한다는 것은 즐겁기만 한 일이 아니라 힘들고 인내력을 요구하는 일이며, 공부보다 재미있는 일들도 너무나 많다. 공부를 잘하기 위해서는 공부보다 재미있는 일이나 놀고 싶고 편안히 쉬고 싶은 욕구를 떨쳐 버릴 수 있어야 한다. 자신의 감정도 조절할 줄 아는 자기통제능력이 필요하다. 감정조절능력이 부족한 내담자에게는 먼저 자신의 감정조절능력을 높일 수 있도록 상담이 이루어져야 한다.

5) 집중력이 부족한 경우

주의집중을 어렵게 하는 원인으로는 시선을 끄는 사건, 물체, 소음과 같은 외적인 원인과 걱정거리, 공상과 같은 내적인 원인이 있다. 내담자가 공부에 집중하기 어렵다면 무엇 때문에 주의가 산만한지를 알아내어 그 원인을 제거해 주어야 한다. 외적인 원인에 의하여 집중하지 못하는 경우에는 주변 환경을 개선하여 집중력을 높일 수 있다. 그러나 공상이나 불안과 같은 내적인 원인에 의한 것이라면 주변환경의 개선만으로는 집중력이 향상되기 어려우므로 공상을 하는 원인이나 불안요소를 제거해주어야 한다.

6) 시험전략 부족이나 시험불안이 있는 경우

어떤 학생들은 시험 기간이 가까워지면 계획없이 닥치는 대로 공부하여 결과가 좋지 못하다. 이런 학생들은 시험전략이 부족하기 때문에 계획 세우기, 시험불안 다루기, 시험치르는 방법 가르치기 등의 시험전략을 점검하고 적절한 전략을 가르쳐야 한다. 또 어떤 학생들은 평소에는 공부를 잘하다가도 시험만 치르면 당황하여 결과가 좋지 못하다. 이와 같은 시험불안은 시험을 망치게 할 뿐만 아니라 공부 과정에서도 집중력을 떨어뜨리고 사회성발달에도 부정적인 영향을 미친다. 시험불안 때문에 시험을 망친 학생들 가운데는 우울증을 겪는 학생들이 있으며, 심한 경우에는 자살로 이어진다(조창섭, 2004). 이와 같이 시험결과에 큰 영향을 미치는 시험불안을 줄이기 위해서는 시험을 효과적으로 치르는 방법을 알아야 하며 체계적인 학습관리 또한 필요하다. 체계적인 학습관리를 위해서는 우선 계획을 잘 세우고 그 계획대로 실천해 나가는 공부습관을 들이는 것이다. 다른 하나는 단순 암기보다 내용의 의미를 함께 공부하는 계획을 세우고 점검하는 한편, 배운 내용을 정확하게 이해하고 넘어가는 학습습관을 길러주어야 한다.

7) 환경적인 문제가 있는 경우

새로운 방 배치, 효과적인 공부장소의 선택, 주변의 정리 정돈, 학원수강이 성적 향상에 도움이 되는지의 여부 등 여러 학습환경을 점검해야 한다.

6. 학습상담프로그램예시

초 · 중 · 고등학교에서 사용할 수 있는 학습상담프로그램 중 몇 가지만을 제시한다.

수업준비방법

<table>
<tr><th>구 분</th><th colspan="3">내용</th></tr>
<tr><td>활동영역</td><td>학업발달</td><td>활동범주</td><td>기본적인 학습기술 익히기</td></tr>
<tr><td>활동목표</td><td colspan="3">수업을 준비하는 방법을 알 수 있다.</td></tr>
<tr><td>활동대상</td><td>초등학교 1～3학년</td><td>소요시간</td><td>40분</td></tr>
<tr><td>준 비 물</td><td>없음</td><td>집단크기</td><td>소집단 또는 학급전체</td></tr>
<tr><td>활동소개</td><td colspan="3">학교 수업과 학습을 성공적으로 이끌기 위해서 수업준비가 필요함을 알려주는 데 목적이 있다.</td></tr>
<tr><td>활동절차</td><td colspan="3">1. 오늘 학교에 오면서 필요한 준비물을 잘 준비해 왔는지 질문을 하면서 활동을 시작한다.
- 오늘 수업에 필요한 준비물에는 어떤 것들이 있었나요?
- 만약 준비물을 챙겨 오지 못했다면 그 이유는 무엇인가요?
- 준비물을 챙겨 오지 못했을 때 느낌은 어땠나요?
2. 수업준비를 제대로 해 오지 않는 친구들을 볼 때 어떤 기분이었는지에 대해서도 질문한다.
3. 과목별로 예를 들어 수업시 필요한 준비물에 관한 이야기를 나누도록 한다.
4. 수업준비를 잘 해 온 경우와 그렇지 못한 경우의 예를 들어 역할극을 꾸미도록 한다.
5. 역할극이 준비되면 시연하도록 한다.
6. 위의 활동들을 통해 수업준비를 위한 바람직한 행동을 칠판에 기록한다.
7. 시간이 허락한다면, 학교에 갈 때의 올바른 준비방법을 행동으로 시범을 보인다.</td></tr>
<tr><td>유의사항</td><td colspan="3">학교에 갈 때 필요한 것들을 미처 인식하지 못하는 아동에게 관심을 기울여야 할 것이다. 이들은 학습기술습득을 위한 집단으로 몇 회의 지도가 요구된다.</td></tr>
</table>

출처 : 강진령, 유형근(2004 a)

효율적인 시간활용방법

구분	내용		
활동영역	학업발달	활동범주	기본적인 학습기술 익히기
활동목표	시간을 계획하는 방법을 알 수 있다.		
활동대상	초등학교 4~6학년	소요시간	40분
준 비 물	교사: '바람직한 공부(학습)습관' 참고자료, '꼭 해내고야 말거야!' 활동지	집단크기	학급전체
활동소개	성적향상을 위한 좋은 학업습관에는 많은 요인들이 영향을 미친다. 그 중에서 가장 중요한 요인이 시간을 계획하는 것임을 안다.		
활동절차	1. 좋은 학습습관을 형성하는 방법 중의 하나로 시간을 계획하는 것이 왜 중요한지 토론한다. 1) 토론을 돕기 위해, 아동들에게 '바람직한 공부(학습)습관' –참고자료를 나누어준다. 2) 시간계획에 중점을 두어 각 항목들을 강조한다. 2. '꼭 해내고야 말거야!' 활동지를 나누어 주고 이를 완성하도록 한다.		
유의사항	'꼭 해내고야 말거야!' 활동지를 어려워하는 아동들에게 주의를 기울이고, 내용을 완성할 수 있도록 도와준다.		

출처 : 강진령, 유형근(2004 b)

학습습관 개선하기

구분	내용		
활동영역	학업발달	활동범주	공부 및 학습기술 향상하기
활동목표	효과적인 공부 방법을 안다.		
활동대상	중학교 1~3학년	소요시간	45분
준 비 물	교사: '나의 학습습관 설문지' 활동지	집단크기	소집단, 학급전체
활동소개	이 활동은 학생들이 자신의 학습습관을 알고 개선이 필요한 부분을 확인하여 효과적인 학습습관을 갖도록 하는 데 목적이 있다.		
활동절차	1. 학생들에게 학습습관에 관한 설문지를 작성할 것임을 설명하고, 가능한 한 정직하게 질문에 답하게 한다. 2. '나의 학습습관 설문지' 활동지를 나누어 주고 작성하게 한다. 이때 활동지를 완성하는 시간을 약 20분 정도 주도록 한다. 3. 설문지 작성이 끝난 후, 자신의 활동지에 점수를 매기게 한다. 이때 홀수 문항에 대해서는 '예'라는 응답에 1점을 주고, 짝수 문항에 대해서는 '아니요'라는 응답에 1점을 주도록 한다. 4. 자신의 점수를 계산하여 기록하도록 한다. 5. 소집단별로 바른 학습습관을 갖기 위한 방법을 이야기하도록 한다. 6. 이 활동을 통해 알게 된 점과 느낀 점을 이야기 나누도록 한다.		
유의사항	점수가 매우 낮은 학생에게는 학습방법에 관한 개별적인 도움을 준다.		

출처 : 강진령, 유형근(2009 a)

효과적인 공부

구 분	내용		
활동영역	학업발달	활동범주	공부 및 기본적 학습기술의 향상
활동목표	공부하는 방법을 알고 공부시간에 최선의 효과를 거두는 방법을 안다.		
활동대상	고등학교 1~2학년	소요시간	50분
준 비 물	교사: '효과적인 학습방법' 읽기자료	집단크기	학급전체
활동소개	학생들이 어떻게 공부하는지 조사하고, 학생들의 발표 내용 중 유용한 것을 학급전체와 공유한다.		
활동절차	1. 학생들에게 "자신의 학습방법에 대해 얘기해 볼까요?" 라고 질문해 본다.(구체적인 학습방법에 대한 질문 및 전반적 학습 스타일에 관한 질문일 수 있다.) 2. 학습에 있어 구체적으로 어떤 어려운 점들이 있는지 이야기해 보도록 한다. 3. '효과적인 학습방법' 읽기자료를 나누어 주고, 학습에 관련된 전반적인 방법을 설명해 준다. 4. 학습방법과 관련된 학생들의 질문을 받고 함께 생각해보는 시간을 가진다. 5. 학생들 각자에게 자신만의 공부방법을 찾을 수 있도록 안내해 준다.		
유의사항	자신만의 공부방법을 찾은 학생들에게는 더 심화된 공부방법에 대한 안내 제시가 필요하며 학습방법은 각자 다를 수 있음을 인지시킨다.		

출처 : 강진령, 유형근(2009 b)

제 10 장

진로상담

학습개요

학생들의 고민사항으로 학습문제만큼 높은 비중을 차지하는 것이 진로문제이다. 그러나 대부분의 학생들은 이러한 고민을 부모나 교사와 상의하지 않는 실정이며, 학교 또한 체계적이고 합리적으로 지도해주지 못하고 있는 현실이다. 최근에 이르러 교육개혁이 지속적으로 이루어짐에 따라 진로선택의 중요성에 대한 인식이 높아져 진로상담에 대한 관심과 기대도 커지고 있다. 아동 · 청소년들이 점차 성장하여 한 사회의 구성원으로서 충분한 자질을 갖추고 책임감있는 성인으로 살아가기 위해서는 초등학교부터 발달단계에 맞는 진로교육과 진로지도가 이루어져야 한다. 즉 진로에 대한 인식과 탐색, 선택 및 결정을 할 수 있도록 돕는 체계적 활동인 진로상담이 필요하다. 따라서 이 장에서는 진로문제와 진로상담에 관해서 살펴보기로 한다.

학습목표

1. 진로상담의 개념, 필요성 및 목적에 대해서 설명할 수 있다.
2. 진로선택이론의 종류와 각 이론들의 특징에 대해서 설명할 수 있다.
3. 진로발달이론의 종류와 각 이론들의 특징에 대해서 설명할 수 있다.
4. 진로상담의 원리와 과정에 대해서 설명할 수 있다.

1. 진로상담이란

우리나라에서 진로지도 및 진로상담은 1970년대 이전까지는 단지 미국에서 들여온 생활지도의 한 영역에서 다루어져야 하는 것으로 생각해왔다. 그러나 1970년대 경제발전과 농경사회에서 도시산업사회로 변천으로 산업인력의 수급을 위한 직업교육이 강화됨으로써 진로교육의 필요성도 높아지게 되었다. 1981년 이정근의 '진로지도와 진로상담' 이라는 책이 출간되어 우리나라 처음으로 진로지도와 진로상담에 관한 체계적 개관을 소개하였다. 그리고 1980년대에는 진로상담보다는 진로교육의 이론적 소개와 진로의식이나 진로성숙에 관한 경험적 연수 및 프로그램의 개발이 활발하였다. 1990년대에는 진로지도 및 진로상담에 관한 활동이 더욱 발전되어, 1993년에 김충기를 중심으로 한국진로교육학회가 창설되고, 1995년에는 진로판단 권고제에 관한 특집호를 발간하게 되었다. 그리고 이현림을 중심으로 1995년 한국진로상담학회가 창설되어 진로상담 전문학술지와 진로상담 자격증을 수여하고 있는데, 이는 중등학교 중심의 진로교육의 한계를 벗어나서 보다 체계적이며 전문적인 진로상담의 학문적 접근을 시도하고 있다고 볼 수 있다(안창규, 1997).

1) 진로상담의 개념

진로(Career)의 어원은 '수레가 다니는 길을 따라간다(to roll along on wheels)' 는 뜻을 가진 ' carro' 에서 유래된 것이다. 진로는 여러 가지 의미로 다양하게 사용되고 있는데, 사전에서는 '한 개인의 생애의 전 과정' 이라고 정의하고 있다. Hoyt(1974)는 진로란 인간이 일생을 통하여 하는 일을 총칭하는 말로서, 그것은 삶의 중핵이며 인간이 목표를 이루는 길이라고 정의하고 있다. 진로는 임금을 받는 직업에만 국한되지 않으며, 유년기에서 시작하여 나이가 들어 직장에서 은퇴한 후에도 계속되는 모든 활동을 포함한다. McDaniel(1978)은 진로를 개인의 직업 혹은 직무 이상의 개념으로, 자신의 인생 전반에 걸쳐 수행하게 되는 연속적인 일이나 여가 모두를 포함하는 '생활방식'이라 정의하고 있다. 그리고 Hansen과 Keierleber (1978)에 의하면, 진로란 역할 통합에 영향을 주는 상호관계적인 현상으로써 개인이 자신의 가족, 일, 교육과 관련되는 선택을 할 때 그 개인을 도와주는 모든 행위를 뜻하는 개념이다. 또한 Rayner와 Entin(1982)은 진로란 지각적 개념과 행동적 개념을 모두 포함하는 것이며, 한 개인이 가지는 사회적 환경 즉, 미래에 대한 계획, 과거의 성공과 실패 그리고 현재의 적성 혹은 재능으로서 자기 자신을 어떻게 보느냐로 정의하고 있다. 결국 진로란 자아와 직업세계에 대한 이해를 통하여 개인의 일생을 체계적으로 선택해 나가는 일의 개념으로 볼 수 있다(이현림, 2007).

진로상담은 진로교육의 이론과 실제를 현실적응에 필요한 실천적 활동으로 내담자의 정의적 성숙과 진로발달의 과정을 도와주는 체계적이고 전문적인 활동이다. Super(1951)는 진로상담을 "일의 세계에서 적절히 융화된 자신의 역할상과 자아상을 발전시키고 수용하여 그것을 현실에 검토해보고 검토한 자체를 스스로 만족하고 사회에 이익이 되는 현실로 전환하도록 개인을 도와주는 과정"이라 하였다. 미국의 진로발달협회(National Career Developement Association)에서는 "내담자가 가장 적절한 진로결정을 하기 위하여 자신과 환경의 이해를 종합하고 응용하도록 돕는 목적을 가진 상담자와 내담자 사이의 개인과 개인 또는 개인과 소집단의 관계"라고 정의하였다.

김충기(1995)는 진로상담을 "내담자(학생)로 하여금 장래 또는 미래의 불확실한 진로를 개척하기 위하여 치밀한 방법과 계획을 세워 여러 가지 생애문제 즉 교육, 직업, 가정, 신체, 사회, 이성, 성격, 도덕, 도덕적인 문제를 현명하게 선택하고 적응하는 방법과 진로발달과정을 통하여 자기 이해와 자신의 잠재력을 발견할 수 있도록 전문가인 상담자와의 원만한 인간관계 속에서 내담자가 합리적인 진로탐색과 진로결정을 할 수 있는 계기를 적극적인 상담의 종합적인 과정이다"라고 정의하고 있다.

위의 정의들을 종합해보면, 진로상담은 '진로'라는 말이 의미하듯이 한 순간의 진학학교나 직업의 선택만을 위한 활동이 아니라 과거, 현재, 미래를 총괄하는 연속적인 과정이며, 개인의 진로 계획 및 준비, 직업준비와 선택, 진로문제의 해결과 적응을 단계적으로 도와주는 과정이라고 볼 수 있다. 또한 진로상담자는 내담자가 당면하는 진로목표나 진로문제의 해결과 적응을 도와 내담자가 원만한 인격적 통합을 이룰 수 있도록 하는 것이다.

진로와 관련하여 다양한 용어들이 있는데 진로, 직업, 진로발달, 진로교육, 진로지도 및 진로상담에 대해 살펴보면 다음과 같다(조봉환 · 임경희, 2007).

① 진로

사전적 의미의 진로(career)는 한 개인의 전 과정이지만 학자에 따라서 다양한 정의를 내리고 있다. Hoyt(1974)는 인간이 일생을 통하여 하는 일을 총칭하는 것으로 삶의 중핵이며 인간이 목표를 이루는 길이라고 하였으며, 이재창(2005)은 진로란 개인이 일생을 통해서 갖게 되는 일의 개념으로 볼 수 있으며, 진로교육은 개인의 진로선택, 적응, 발달에 초점을 둔 계획된 교육적 경험과 일의 세계에 대한 준비를 의미한다고 하였다.

② 직업

직업(vocation)은 구체적인 직무나 직업 활동을 의미하는 것으로, 매일 매주 매월 주기적으로 행하고 있는 경우, 또는 명확한 주기를 갖지 않더라도 계속하고 있으며 현재 하는 일에 대하여 의사와 능력을 가지고 행하는 것을 의미한다(김봉환 외, 2006).

③ 진로발달

진로발달(career development)은 각 개인이 자기가 설정한 진로목표에 접근해 가고 그 목표를 달성해 가는 과정을 지칭하는 것으로(김봉환 외, 2006), 직업발달과 같은 의미로 사용되고 있다(이재창, 2005).

④ 진로교육

진로교육(career education)이란 학교체제 내에서 일과 직업세계가 중심이 되는 의도적, 계획적, 체계적인 교육을 통해서 학생이 장차 미래의 직업세계에 종사할 진로를 인식, 탐색하여 이를 합리적으로 선택, 준비, 결정할 수 있는 적합한 능력을 길러 주는 종합적인 교육활동을 말한다(김충기, 1998).

⑤ 진로지도

진로지도(career guidance)는 개인의 진로발달을 자극시키고 촉진시키기 위해서 상담가에 의해서 수행되는 전문화된 활동을 의미한다. 이러한 활동은 주로 진로계획, 의사결정, 적응 등에 관한 조력을 포함한다. 특히 학교장면에서는 진로계획, 의사결정, 적응기술 발달, 진로정보, 자기이해 등을 제공하는 능동적인 교육과정의 개입을 통해서 개인의 전 생애의 진로준비를 조력하는 지속적인 발달과정이다(이재창, 2005).

⑥ 진로상담

진로상담(career counseling)은 개인의 진로발달을 촉진시키거나 진로계획, 진로직업의 선택과 결정, 실천, 직업적응, 진로변경 등의 과정을 돕기 위한 활동을 의미한다(김봉환 외, 2006). 다른 상담에서와 같이 개인적인 관계형성이 중요한 역할을 하며, 개인의 가치관과 태도의 탐색 뿐만 아니라 개인에 관한 정보와 자료가 일반상담 보다 더 중시된다(이재창, 2005).

2) 진로상담의 필요성 및 목표

진로란 한 개인이 일생에 걸쳐서 직업과 관련된 일련의 행동과정을 나타내는 것이라고 볼 수 있다. 우리나라의 교육제도에서는 초등학교 시기는 진로인식, 중학교는 진로탐색, 고등학교는 진로준비 단계로 구분한다. 학생들이 자신의 특성을 충분히 고려하여 합리적인 의사결정을 할 수 있도록 도와주는 진로지도 및 상담이 어느 때보다 필요하다(김춘경 · 이수연 · 최웅용, 2006).

(1) 진로상담의 필요성

① 개인적 측면

이현림(2007)은 개인적 측면에서 진로상담의 필요성을 다음과 같이 제시하고 있다.

첫째, 학교교육이 학생들에게 일과 직업세계에 관련된 자아인식 능력을 길러주지 못하고 있기 때문이다.

둘째, 산업사회의 급격한 발전추세에 따라 복잡 다양한 일과 직업의 종류 및 본질에 대한 객관적 이해가 필요한 데 비하여 학교교육이 적절한 대책이나 역할을 하지 못하고 있기 때문이다.

셋째, 학생들에게 일과 직업에 대한 올바른 가치관이나 태도에 대한 교육이 요구되기 때문이다.

넷째, 학생들이 인생의 목표설정과 진로 선택에 있어서 유연성과 다양성이 결여되어 있다.

다섯째, 학교교육에서 교과위주의 주입식 교육과 대학입시를 겨냥한 학력위주의 교육은 학생들의 적성, 흥미, 능력, 인성을 무시한 채 점수따기 경쟁에 혈안이 되어 소신을 가지고 자기의 생애목표를 달성하려는데 큰 장애요인이 되고 있다.

여섯째, 개인의 가정여건과 능력을 고려하지 않고 고학력 선호에 집착하여 개인적으로 많은 손해를 보고 있으므로 자신의 능력에 알맞은 바람직한 진로선택이 요구된다.

② 국가 · 사회적 측면

국가 · 사회적 측면에서 진로상담의 필요성은 다음과 같다.

첫째, 진로지도가 학교에서 실시됨으로써 국가와 사회발전에 필요한 다양한 인력의 균형된 계발을 유도하는 데 기여한다.

둘째, 과열과외 및 재수생 누적에 대한 문제해결의 방편이 될 수 있다.

셋째, 청소년 실업문제를 해결하기 위한 방안이 될 수 있다.

넷째, 국민들의 직업수행에 있어서 생산성과 적응이 긍정적으로 고양될 수 있다.

다섯째, 적재적소에 알맞은 인재를 양성함으로써 건전한 직업인이 될 것이며, 개인 · 사회적 요구를 충족시켜 줄 수 있다.

여섯째, 각자가 타고난 재능을 유감없이 발휘하여 선택한 직업에 만족하고 보람과 긍지를 느끼며, 행복한 인생을 누리면서 자아실현에 이를 수 있다.

일곱째, 바람직한 가치관 및 직업윤리관 형성을 통하여 장래의 원만한 직업 생활과 성공적인 자아상을 정립하여, 인생을 즐기며 복지사회 건설에 이바지할 수 있다.

(2) 진로상담의 목표

진로상담의 필요성에 따라 진로상담의 목표를 제시하면 다음과 같다(김헌수 · 이난 · 장순정, 2009; 이정근, 1988).

첫째, 진로상담은 자아개념을 구체화한다. 일반적으로 자아개념이란 한 개인이 자신의 능력, 인간특성, 적성, 흥미, 대인관계, 외모 등에 대하여 갖는 이미지로서 대부분의 경우 자신의 이미지를 비현실적으로 지각하는 경우가 많다. 따라서 진로상담을 통하여 정확하고 현실적인 자신의 이미지를 형성하도록 도와 주어야 한다.

둘째, 진로상담은 일의 세계에 대한 이해를 돕는다. 일의 종류, 직업세계의 구조, 직업세계의 특성, 변화하는 직업의 요구조건과 필요한 기술, 고용기회 및 경향, 피고용자와 고용자와의 관계 등에 대하여 이해시켜야 한다. 이는 진로상담만을 통해서는 구현하기 어렵기 때문에 별도의 자료와 시간을 할애하여 체계적으로 이해시키는 것이 바람직하다.

셋째, 진로상담은 진로계획에 대한 책임감을 가지게 한다. 인간은 자신의 진로를 스스로 계획하고 추구하는 권리와 의무가 있음을 인식시켜 준다. 이러한 인식을 굳히기 위해서는 주기적으로 진로상담을 실시하여야 하나, 자신의 앞날을 스스로 계획함으로써 그만큼 선택의 자유가 보장되고 아울러 선택의 폭이 확장된다는 점을 인식시켜야 한다.

넷째, 진로상담은 의사결정능력을 함양한다. 자신의 진로를 현명하게 계획하고 이를 추진하기 위해서는 상황을 정확히 판단하고 최선의 것을 선택할 수 있는 수준 높은 의사결정 능력이 요구된다. 의사결정능력을 신장시켜 주기 위해서는 의사결정시 고려하여야 할 요소, 결정의 우선 순위, 필요한 정보 등을 제공하고 연습하도록 도움을 준다. 그러나 최종 결정은 언제나 내담자가 스스로 하도록 배려되어야 한다.

다섯째, 진로상담은 협동적인 사회행동을 함양시키도록 돕는다. 일이란 대부분의 경우 다른 사람과 함께 하기 마련이므로, 이들과 협동적인 관계가 유지되어야 일의 효율성이 증가한다. 따라서 진로상담 과정에서도 협동적인 사회행동의 중요성을 강조하고 이러한 능력이 신장되도록 각종 교육을 통하여 지도한다.

여섯째, 진로상담은 일에 대한 바람직한 태도를 함양하고자 한다. 일에 대한 태도는 상담을 통하여 올바르게 형성되어야 하며, 진로상담에서는 이 세상에 존재하는 합법적인 일은 모두 가치가 있는 것이며, 그것으로부터 우리가 혜택을 받고 있다는 점을 강조하여 일에 대한 긍정적인 태도를 형성하도록 도와주어야 한다.

2. 진로발달이론

진로발달이론은 학자들에 따라 다양한 근거에 의해서 개발되었으며 다양하게 분류되고 있다. Herr와 Cramer(1984)는 특성요인이론, 의사결정이론, 사회이론, 심리이론, 발달이론으로, George와 Cristiani(1995)는 특성요인이론, 구조이론, 발달이론, 의사결정이론으로, Gibson과 Mitchell(1999)은 과정이론, 발달이론, 성격이론, 사회학적 이론으로 분류하기도 한다. 김봉환 · 김병석 · 정철영(2006)은 크게 진로선택이론과 진로발달이론으로 구분하고 진로선택이론에 특성 · 요인이론, 욕구이론, 사회학습이론, 직업적응이론, 사회학적 이론 등을, 발달이론에는 Ginzberg와 Super, Tiedeman과 O'Hara, 그리고 Tuckman의 발달이론과 직업포부 발달이론을 들고 있다(이재창, 2005).

1) 진로선택이론

(1) Parsons의 특성 · 요인이론

특성요인이론은 생활지도와 더불어 시작되었다고 할 수 있는데 Parsons(1909)는 근로자와 직무를 가장 적합하게 연결시키는 3단계 과정을 기술하였다.

1단계는 자기자신, 적성, 능력, 흥미, 자원, 제한점과 다른 자질에 대한 명확한 이해, 2단계는 여러 직업에 따른 자격요건, 성공의 조건, 장단점, 보상, 기회, 전망에 대한 지식, 3단계에서는 1,2단계에서의 자신과 직업 요인간의 정확한 추론이다.

Williamson(1959)은 진로상담의 과정을 다음과 같은 6단계로 설명하고 있다.

1단계 분석(analysis) : 내담자의 이해를 증진시키기 위한 여러 가지 정보 또는 자료를 수집한다.

2단계 종합(synthesis) : 내담자의 강점과 약점을 결정하기 위해서 수집된 정보를 체계적으로 정리한다.

3단계 진단(diagnosis) : 내담자의 문제와 문제의 원인을 밝힌다.

4단계 예후(prognosis) : 특정한 문제해결을 위한 내담자의 성공이나 실패 가능성을 예측한다.

5단계 상담(counseling) : 밝혀진 문제해결을 위해서 직접적인 조력을 한다.

6단계 추후지도(follow-up) : 내담자가 장래에 부딪치는 문제에 대해서 도와주고 상담의 효과를 측정한다.

(2) Roe의 욕구이론

Roe는 욕구와 직업선택 행동의 관계에 초점을 두고 직업을 분류하는 새로운 체계를 개발하였는데, 각 직업에서 요구하는 곤란도와 책무성을 고려하여 직업을 서비스직, 비즈니스직, 단체직, 기술직, 옥외활동직, 과학직, 문화직, 예술직 등의 여덟 가지의 직업군으로 분류하였다. 또한 각 직업군의 책임능력기술의 정도를 기준으로 하여 전문적이며 관리적인 단계 I, 전문적이며 관리적인 단계 II, 준 전문적인 소규모의 사업단계, 숙련직 단계, 반숙련직 단계, 비숙련직 단계 등의 6가지로 구분하였다(김계현외, 2009).

Roe는 서로 다른 직종에 종사하는 사람들은 각기 명확하게 다른 성격을 가지고 있으며 이러한 성격의 차이는 어려서의 부모와 자녀간의 관계에서 기인한다는 사실을 이론화하고 연구하였다. 즉 부모가 자녀를 대하는 양육방식이 자녀의 심리적 욕구와 상호작용하여 직업선택이 이루어질 수 있음을 가정하고, 내담자의 초기 경험은 가정환경에 의해 주로 영향을 받으며 특히 부모와의 관계에 의해 영향을 받는다는 것이다. 이러한 관계를 좀 더 자세히 살펴보면 다음과 같다(김봉환 · 정철영 · 김병석, 2006).

① 자녀에 대한 감정적 집중

- 과잉보호적 분위기 : 부모가 자식을 특별히 소중히 여기고 지나친 보호를 하려하며, 자식도 부모에게 의존하기를 기대한다. 이러한 부모들은 자녀의 낮은 수준의 요구는 즉시 들어주나 상위의 요구는 아이의 행동이 부모나 사회의 기대에 일치할 때에만 들어준다. 이러한 분위기에서 자란 아이들은 훗날 타인에게 의존적이며 일반적으로 동조적인 행동을 많이 나타내게 된다.
- 과잉요구적 분위기 : 자식이 부모의 요구에 부합되고 성취를 한 경우에는 부모는 자녀를 사랑하고 귀히 여긴다. 부모는 자식이 무슨 일을 하든 남보다 뛰어나길 바란다. 그래서 자식에게 엄격한 훈련을 시키게 되고, 취학 후에는 우수한 성

적을 받아오도록 무리한 요구를 하게 된다.

② 자녀회피

- 무시적 분위기 : 자녀와의 접촉 및 자녀에 대한 부모로서의 책임을 회피하려는 경향이 있으며, 자녀의 욕구충족을 위해서 별로 노력하지 않는다. 자녀에 대한 관심이 적으나 감정적으로 거부하지는 않는다.
- 거부적 분위기 : 자녀의 행복을 전적으로 무시하고 자녀들의 신체적 · 심리적 요구를 충족시켜 주려는 노력을 거의 하지 않는다.

③ 자녀 수용

- 무관심한 분위기 : 부모가 자식을 수용하기는 하나 부모-자녀 관계가 별로 밀착되어 있지 않다. 그러나 자녀들의 요구나 욕구에 대해서는 비교적 민감하다.
- 애정적 분위기 : 무관심한 분위기와 유사하나 그보다는 부모-자녀 관계가 더 튼튼하며, 부모는 자녀가 어떠한 것을 요구하든 들어주려고 노력하며 무관심한 분위기에 비하여 자녀에게 더욱 사려깊은 격려를 한다.

직업군의 선택은 부모-자녀의 관계 속에서 형성된 개인의 욕구 구조에 의해서 결정되며, 욕구 구조는 유전적 특성과 함께 어렸을 때 경험하는 좌절과 만족에 의해 형성된다. 예를 들어 따뜻한 부모-자녀의 관계에서 성장한 사람은 사람들과의 접촉을 통해서 필요나 욕구를 만족시키는 독특한 욕구충족방식을 배우게 되는데, 이것이 결국 인간지향적인 성격을 형성하게 하여 나아가서는 직업선택에 반영된다. 그 결과 그들은 인간지향적인 직업(서비스직, 비즈니스직, 단체직, 문화직, 예술직)을 선택한다는 것이다. 반면에 차가운 부모-자녀의 관계에서 성장한 사람은 부모나 주위 사람의 도움을 청하지 않고(청해도 대부분 들어주지 않으므로) 사람과의 접촉이 개입되지 않는 다른 수단을 통해서 해결하는 방법을 터득하게 된다. 그 결과 그들은 자연스럽게 비인간지향적인 직업(기술직, 옥외활동직, 과학직)을 선택하게 된다는 것이다(김계현 외, 2009).

(3) Holland의 인성이론

Holland의 인성이론은 성격에 관한 유형론에 초점을 두고 각 개인을 6가지 성격

유형으로 구분하며, 6가지 성격유형이 있듯이 6가지 환경유형이 있다는 것이다. 환경도 성격과 같이 확실한 속성과 특성에 따라 설명할 수 있다는 것이다. 예컨대 학교에서 근무하고 있는 사람의 성격유형은 일반 사무실에서 일하고 있는 사람들의 성격유형과 다르다(김계현 외 2009). Holland의 6가지 성격유형을 살펴보면 다음과 같다(안창규, 1997).

① 실제적(realistic) 유형

성격특징은 남성적이고, 솔직하고, 성실하며, 검소하고, 지구력이 있고, 신체적으로 건강하며, 소박하고, 말이 적으며, 고집이 있고, 직선적이며, 단순하다. 선호하는 직업활동은 분명하고, 질서정연하고, 체계적인 대상・연장・기계・동물들의 조작을 주로 하는 활동이나 신체적 기술들을 사용하는 활동이며, 교육적・치료적 활동은 좋아하지 않는다. 대표 직업은 기술자, 자동기계 및 항공기 조종사, 정비사, 농부, 엔지니어, 전기, 기계기사, 운동선수이다.

② 탐구적(investigative) 유형

성격특징은 탐구심이 많고, 논리적, 분석적, 합리적이며, 정확하고, 지적 호기심이 많으며, 비판적, 내성적이고, 수줍음을 잘 타며, 신중하다. 선호하는 직업활동은 관찰적, 상징적, 체계적이며, 물리적・생물학적・전문화적 현상의 창의적인 탐구를 수반하는 활동이며, 사회적이고 반복적인 활동에는 관심이 부족한 면이 있다. 대표직업은 과학자, 생물학자, 화학자, 물리학자, 인류학자, 지질학자, 의료기술자, 의사이다.

③ 예술적(artistic) 유형

성격특징은 상상력이 풍부하고, 감수성이 강하며, 자유분방하며, 개방적이다. 감정이 풍부하고, 독창적이고, 개성이 강하고, 협동적이지 않다. 선호하는 직업활동은 예술적 창조와 표현, 변화와 다양성, 모호하고, 자유롭고, 상징적인 활동들을 좋아하지만, 명쾌하고, 체계적이고, 틀에 박힌 것, 구조화된 활동에는 흥미가 없다. 대표직업은 예술가, 작곡가, 음악가, 무대감독, 작가, 배우, 소설가, 무용가, 미술가, 디자이너 등이다.

④ 사회적(social) 유형

성격특징은 사람들을 좋아하며, 어울리기 좋아하고, 친절하고, 이해심이 많으며, 남을 잘 도와주고, 봉사적이며, 감정적이고, 이상주의적이다. 타인의 문제를 듣고, 이해하고, 도와주고, 치료해주고, 봉사하는 활동에 흥미를 보이지만 기계, 도구, 물질과 함께 하는 명쾌하고, 질서정연하고, 체계적인 활동에는 흥미가 없다. 대표직업은 사회복지사, 교육자, 간호사, 유치원 교사, 종교지도자, 상담자, 임상치료가, 언어치료사 등이다.

⑤ 기업적(enterprising) 유형

성격특징은 지배적이고 통솔력과 지도력이 있으며, 말을 잘하고, 설득적이며, 경쟁적이며, 야심적이며, 외향적이고, 낙관적이고, 열성적이다. 조직의 목적과 경제적 이익을 얻기위해 타인을 선도, 계획, 통제, 관리하는 일과 그 결과로 얻어지는 위신, 인정, 권위를 얻는 활동을 좋아하지만 관찰적, 상징적, 체계적 활동에는 흥미가 없다. 대표직업은 기업경영인, 정치가, 판사, 영업사원, 상품구매인, 보험회사원, 판매원, 관리자, 연출가 등이다.

⑥ 관습적(conventional) 유형

성격특징은 정확하고, 빈틈이 없고, 조심성이 있으며, 세밀하고, 계획성이 있으며, 변화를 좋아하지 않으며, 완고하고, 책임감이 강하다. 정해진 원칙과 계획에 따라 자료들을 기록, 정리, 조직하는 일을 좋아하며 체계적인 작업환경에서 사무적, 계산적 능력을 발휘하는 활동을 좋아한다. 대표직업은 공인회계사, 경제분석가. 은행원, 세무사, 경리사원, 컴퓨터프로그래머, 감사원, 안전관리사, 사서, 법무사이다.

(4) Krumboltz의 사회학습이론

Krumboltz(1979)의 사회학습이론은 강화이론, 고전적 행동주의 이론, 인지적 정보처리이론에 기반을 두고 Bandura(1977)의 사회학습이론을 진로의사결정체제에 대한 이론으로 적용, 설명하는 이론이다. 이러한 사회학습이론을 기초로 개인의 성격과 행동은 그의 독특한 학습경험에 의해서 가장 잘 설명할 수 있다고 가정하고,

진로의사결정에 영향을 미치는 요인들의 상호작용을 밝히고 있다.

Krumboltz는 선천적으로 타고난 능력과 특수능력, 환경조건과 사건, 학습경험, 과제접근기술의 4요소가 진로선택과정에 영향을 주는 요인으로 보았다.

첫째, 타고난 능력과 특수능력은 교육적이거나 직업적 선호나 기술을 제한하는 유전적인 자질을 말한다. 타고난 능력과 특수한 능력으로는 인종, 성별, 신체적인 모습과 특징, 지능, 음악적 재능, 예술적 재능, 근육의 기능 등이 포함된다.

둘째, 환경조건과 사건은 각 개인이 통제할 수 없는 요인이지만 진로선택에 영향을 주는 요소이다. 각 개인의 환경에서 특정한 사건과 상황이 기술개발, 활동, 진로 선호에 영향을 미친다는 것이다. 예를 들어, 정부정책과 천연자원의 이용, 자기주변의 교육적 여건 등의 활용가능성의 정도가 각 개인의 진로선택에 영향을 미친다. 또한 경제적 상황에 영향을 미치는 가뭄과 홍수와 같은 자연재앙은 각 개인이 통제 불가능한 영역으로 우리의 진로선택에 영향을 미치는 요인들이다. 환경적 조건과 사건으로는 자기주변의 교육적 여건, 교육훈련이 가능한 분야, 사회정책, 노동법, 천재지변, 천연자원의 공급 및 이용가능정도, 기술의 발달, 사회조직의 변화, 가정의 영향, 교육제도, 그리고 이웃과 사회의 영향 등을 포함한다.

셋째, 학습경험은 개인이 과거에 학습한 경험은 현재 또는 미래의 교육적, 직업적 의사결정에 영향을 미친다는 것이다.

넷째, 과제접근기술은 개인이 환경을 이해하고, 이에 대처하고 미래를 예견하는 능력이나 경향이다. 당면한 여러 가지 문제들을 다루는 기술을 말하기도 한다.

2) 진로발달이론

(1) Ginzberg의 발달이론

"직업선택은 하나의 발달과정이며, 그것은 단 한번의 결정이 아니라 일련의 결정들이 계속적으로 이루어진다. 각 단계의 결정은 다음 단계의 결정과 밀접한 관계를 가지고 있다"라고 하였다. 다시 말하면, 직업선택이란 단일 결정이 아니라 장기간에 걸쳐서 이루어지는 일련의 결정이며, 직업선택 과정에서 나중에 이루어지는 결정은 그 이전의 결정의 영향을 받게 된다. 직업 선택은 가치관, 정서적 요인, 교육의 양과 종류, 실제 상황적 여건의 4가지 요인의 상호작용으로 결정된다. 직업선택과정은 바람과 가능성 간의 타협으로 볼 수 있으며, 타협을 선택의 본질적인 측면으로 본 Ginzberg는 직업선택 과정을 다음의 3단계로 구분하고 있다.

① **환상기**(fantasy period, 6～10세)

이 단계에서는 현실여건, 자신의 능력이나 가능성을 고려하지 않고, 독단적으로 특정 직업을 택해서 그 직업에서 하는 일을 놀이활동을 통해서 표출하려고 한다. 이 연령층의 어린이들은 현실적인 장애를 의식하지 못하기 때문에 자기가 원하는 것은 무엇이든지 다 할 수 있다고 믿는다.

② **잠정기**(tentative period, 11～17세)

- **흥미단계**(interest stage) : 대략 11～12세가 이 단계에 속하며 이 연령층의 어린이들은 자신의 흥미에 입각해서 직업을 선택하려는 경향이 있다.
- **능력단계**(capacity stage) : 대략 13～14세에 속하는 이 단계는 자신이 흥미를 느끼는 분야에서 성공을 거둘 수 있는 능력을 지니고 있나 시험해 보기 시작한다. 세상에는 다양한 직업이 있으며, 직업에 따라 보수도 다르고 필요로 하는 교육, 훈련의 유형도 각기 다르다는 사실을 인식하게 된다.
- **가치단계**(value stage) : 15～16세에 해당하는 이 시기에 와서는 직업을 선택할 때에 고려해야 하는 다양한 요인들을 인정하게 된다. 즉, 특수한 직업선호와 관련된 모든 요인들을 알아보며, 그러한 직업선호를 자신의 가치관 및 생애목표에 비추어 평가해 본다.
- **전환단계**(transition stage) : 고등학교 3학년인 17～18세 전후가 되는데, 이때부터는 점차 주관적인 요소에서 현실적인 외적 요인들로 관심을 돌리게 된다.

③ **현실기**(realistic period, 18～22세)

청소년 중기에 해당되는 이 단계에서는 자신의 흥미, 능력, 가치, 기회뿐만 아니라 직업의 요구조건, 교육기회, 개인적 요인 등과 같은 현실 요인을 고려하고 타협해서 결정에 도달하게 된다. 현실적 직업선택 단계는 정서적 불안정, 개인적 문제, 재정적인 풍족함 등의 원인 때문에 늦어지기도 한다.

- **탐색단계**(exploration stage) : 이 단계는 자신의 직업선택을 위해 필요하다고 판단

되는 교육이나 경험을 쌓으려고 노력하는 단계다.

- 구체화단계(crystalization stage) : 이 단계는 직업목표를 정하고, 자신의 결정에 관련된 내적 · 외적 요소를 종합할 수 있는 단계다.
- 특수화 단계(specification stage) : 이 단계는 자신이 한 결정을 더욱 구체화시키고, 더욱 세밀한 계획을 세우는 단계다.

(2) Super의 발달이론

Super의 진로발달이론은 개인의 전 생애 기간이라는 공간 속에서 통합적이며 포괄적으로 접근하여 아동 · 학생 · 여가인 · 일반시민 · 근로자 · 가정관리자와 같은 생애역할과 진로성숙의 경로와 같은 성장기 · 탐색기 · 확립기 · 유지기 · 쇠퇴기를 통합하여 생애진로무지개를 만들었다(김계현 외, 2009).

Super의 진로발달 단계를 살펴보면 다음과 같다(이재창, 2005).

① 성장기(growth stage, 출생～14세)

가정이나 학교에서 주요 인물과 동일시함으로써 자아개념이 발달한다. 성장기의 하위단계는 〈표 10-1〉과 같다.

표 10-1 성장기의 하위단계와 특성

하위단계	연령	특성
환상기 (fantasy substage)	4～10세	욕구가 지배적이고 환상적인 연출이 중요하게 작용한다
흥미기 (interest substage)	11～12세	취향이 개인의 목표와 활동의 주요 결정요인이 된다.
능력기 (capacity substage)	13～14세	능력을 좀 더 중시하고 직업훈련의 자격요건을 고려한다

② 탐색기(exploration stage, 15～34세)

학교, 여가활동, 파트타임제 일을 통해서 자기검증, 역할수행, 직업적 탐색을 한다. 탐색기의 하위단계는 〈표 10-2〉와 같다.

표 10-2 탐색기의 하위단계와 특성

하위단계	연령	특성
잠정기 (tentative substage)	15～17세	욕구, 흥미, 능력, 가치관, 기회 등이 고려된다. 잠정적인 선택을 하고 이러한 선택이 환상, 논의, 교과, 일, 다른 경험 등을 통해서 시도된다.
전환기 (transition substage)	18～21세	취업을 하거나 취업에 필요한 훈련이나 교육을 받으며 자아개념을 실천함에 따라서 현실적 요인을 더 중시하게 된다.
시행기 (trial substage)	22～24세	자신에게 적합해 보이는 직업을 선택하고 이 분야의 직업을 얻어서 실천에 옮긴다.

③ 확립기(establishment stage, 25～44세)

자신에게 적합한 직업분야를 발견하고 그 분야에서 영구적인 위치를 확보하려고 노력한다. 확립기의 하위단계는 〈표 10-3〉과 같다.

표 10-3 확립기의 하위단계와 특성

하위단계	연령	특성
시행기 (trial substage)	25～30세	자신이 선택한 일의 분야가 적합하지 않을 수 있다. 적합한 진로를 발견하기 전에 한두 번의 변화를 가져온다.
안정기 (stabilization substage)	31～44세	진로유형이 분명해짐에 따라 이를 안정시키고 직업세계에서 안정된 위치를 마련하기 위한 노력을 한다.

④ 유지기(maintenance stage, 45～65세)

직업세계에서 확고한 위치가 확립되어 이를 유지하기 위한 노력을 한다.

⑤ 쇠퇴기(disengagement stage, 65세 이후)

육체적, 정신적 힘이 쇠약해짐에 따라 직업활동에 변화가 오고 급기야 중단하게 된다. 새로운 역할을 개발해야 한다.

Super 이론의 교육적 시사점을 보면 다음과 같다(김계현 외, 2009).

첫째, 진로상담의 최종 목표를 직업선택으로 제한해서는 안된다. 왜냐하면 개인의 진로발달이란 전 생애기간 안에서 이루어지는 연속적인 과정이기 때문에 학생에게 의미있고 만족스런 생애를 영위하기 위하여 각각의 역할수행에 필요한 책임과 의무를 정확히 인식하고 실천할 수 있는 능력을 학교체제 안에서도 학습할 수 있도록 도와주어야 한다.

둘째, 개인의 진로성숙도를 분석하고, 이러한 분석결과를 바탕으로 진로성숙의 취약한 하위 부분들을 보완할 수 있는 구체적인 진로발달 프로그램의 개발과 적용이 요구된다.

(3) Tiedeman과 O' Hara의 발달이론

Tiedeman과 O'Hara(1963)는 직업발달이란 직업 자아정체감을 형성해 나가는 계속적 과정이라고 한다. 직업 자아정체감이란 개인이 자신의 제반 특성을 정확히 파악하고 자신의 자아를 실현시킬 수 있는 일이 과연 무엇인가에 대한 자기 나름대로의 인식 또는 생각을 말하며 직업 자아정체감은 의사결정을 되풀이하는 과정에서 성숙해질 수 있다. 의사결정은 개인이 어떤 문제에 직면하여 의사결정의 필요성을 느낄 때가 되어야 비로소 시작되는 데 그 단계는 다음과 같다.

① 예상기(anticipation period)

- 탐색(exploration) : 자신이 지향할 수 있는 목적들을 전부 고려해보고 각 대안의 목적을 자신이 과연 밀고 나갈만한 능력과 여건을 갖추고 있는지 자신을 예비평가해 본다. 아울러 각 대안이 충분한 가치를 지니고 있는지의 여부도 분석해 본다.
- 구체화(crystalization) : 자기가 나아갈 수 있는 여러 개의 방향(즉, 목적) 및 각 방향을 취했을 때 나타날 수 있는 결과를 충분히 고려하고 또한 자기의 가치관이나 목적 및 실용성에 비추어 적합한 어느 하나를 밀고 나갈 준비를 한다.
- 선택(choice) : 구체화 과정에 뒤이어 어느 하나를 선택하게 된다. 이 단계에 이르면 자기가 하고자 하는 것과 그렇지 않은 것을 분명히 진술할 수 있게 된다. 이 단계에서 행해지는 선택의 적절성 유무는 선택에 이르는 구체화 과정의 적

합성 여부에 의해 죄우된다.

- 명료화(clarification) : 이미 내린 선택을 더욱 신중히 분석, 검토해 보고 미흡한 점이나 의심스러운 사항이 있을 때는 이를 명확히 하는 작업을 한다.

② 실천기(implementation period)

- 적응(induction) : 새로운 상황, 예를 들면 학교나 직장에 들어가서 인정과 승인을 받기 위한 노력을 개시한다. 그래서 새로운 집단이나 조직의 요구 또는 풍토에 적응하기 위해 자신의 일면을 수정하거나 아예 버리기도 한다. 즉 새로운 상황의 요구에 대해서 수용적인 태세가 되는 것이다.
- 개혁(reformation) : 수용적이던 이전 단계에서와 달리 자신의 역할에 대해 강경한 태도를 보이기 시작한다. 일단 새 집단 내에서 인정을 받게 되면 주위 동료나 다른 사람들이 자기와 관점을 같이 할 것이라 믿고 자신의 의견이나 주장을 행사하려 하게 되는 것이다. 따라서 이 단계에 들어서면 개인이 집단에 의해 움직여질 뿐만 아니라 자기가 속한 집단에 대해 개인이 영향력을 미치게 된다. 이러한 독단적 요구가 감소함에 따라 통합기에 들어가게 된다.
- 통합(intergration) : 이 단계에 접어들면 집단의 요구와 개인의 요구 간에 균형이 이루어지게 된다. 개인은 집단에 소속된 일원으로서 자신에 대한 새로운 자아개념을 형성하게 된다. 그러나 이것은 고정적인 것이 아니라 일종의 역동적 평형상태다. 따라서 변화가 가능하며 그 경로가 분화와 통합의 과정을 계속 주도해 나가게 되는데, 이것이 곧 직업적 성숙을 가져오게 한다.

(4) Gottfredson의 직업포부이론

Gottfredson(1981)은 개인의 진로발달은 자신의 자아개념에 따라 직업의 선택지를 좁혀가는 과정으로 이를 수용가능한 진로대안영역이라고 하였다. 개인의 직업포부는 진로자아개념과 직업에 따라 직업에 대한 이미지를 비교하고 그 일치성의 정도를 결정하는 반복적인 과정을 통해 형성되는 것으로 자아와 일 사이의 관계에 대한 규준을 습득하고 직업에 대한 선호도도 분화된다. 크기와 힘, 성역할, 사회적 가치, 자신의 흥미 요소들이 발달단계에 따라 순차적으로 자아개념에 통합되면서 자신이 선택할 직업대안의 범위가 축소되어 가는 것이다.

Gottfredson(1981)은 사람들이 공통적으로 가지는 직업의 이미지가 있으며 그것은 비교적 인생의 초기 단계에 형성된다고 주장하였다. 이미지의 내용은 두 개의 차원으로 이루어지는데, 그 하나는 직업의 성별 유형이며, 다른 하나는 직업의 사회적 지위이다. 개인이 지각하는 수용 가능한 진로대안영역은 두 개의 차원과 함께 그 직업을 얻기 위하여 자신이 노력해야 할 것으로 기대되는 수준을 고려하여 구획된다.

직업포부의 발달은 서열획득단계, 성역할획득단계, 사회적 가치획득단계, 내적 자아확립단계의 4단계로 이루어진다.

① 서열획득단계(orientation to size and power, 3～5세)

대상영속성 개념의 습득, 외형적인 특징으로 인간의 특성을 이해하며 직업의 중요성을 알게 된다. 이 시기는 Piaget의 인지발달단계인 감각운동기와 전조작기에 해당하는 단계로 자기중심적인 사고, 크기와 힘의 지향, 직관적 사고, 신체적 크기에 의해 자신과 성인을 구분하고, '좋다 - 나쁘다'의 이분법적 사고를 하는 특징을 가지고 있다.

② 성역할획득단계(orientation to sex role, 6～8세)

인지적 특성은 사물이나 사태를 이분법적으로 지각하고 모든 것을 좋은 것과 나쁜 것으로 분류하는 것이다. 성역할에 대한 이해를 하고 성역할에 적합한 직업을 선택하려고 한다. 이 시기는 Piaget의 인지발달단계인 구체적 조작기에 해당하는 단계로 직업을 여성적 직업과 남성적 직업으로 이분화하며, 직업에 대한 성역할 유형화가 이루어져 자신의 성에 적합하다고 생각하는 직업을 선택하는 경향이 나타난다.

③ 사회적 가치획득단계(orientation to social valuation, 9～13세)

타인의 사회적 평가에 민감해지고 사회적 계층 및 능력과 같은 보다 추상적인 자아개념이 사회적 행동과 기대의 중요한 결정요인이 된다. 낮은 사회적 지위를 갖는 직업은 직업선호 목록에서 제외시킨다. 사회계층의 차이, 개인의 능력차이, 직업에 대한 사회적 지위나 명성의 차이를 인식하고, 자신의 사회 · 경제적 수준에 알맞은 직업을 선호하며, 직업에는 보상적인 측면과 필요한 교육수준의 정도가 다르다는 것을 인식하기 시작한다.

④ 내적 자아확립단계(orientation of the internal, unique self, 14세경)

자아정체감 혼란을 경험, 내적 특성에 근거한 자아개념을 확립하면서 남들과 차별화되는 자신의 독특성에 관심을 가진다. 자신의 흥미, 능력, 가치 등의 내적이고 고유한 자신의 특성들을 보다 중요한 규준으로 삼아 자신의 직업선택 범위를 축소시켜 나간다. Piaget의 인지발달단계인 형식적 조작기에 해당하는 단계로 동료집단의 평가와 일반적인 사회의 기대나 가치에 민감한 반응을 보인다. 자신의 내적 · 외적 요인을 고려한 직업대안을 선택하고, 직업포부를 현실화 · 구체화시킨다.

3. 진로상담의 실제

학교교육을 통해서 중요하게 준비될 수 있는 것이 진로지도와 진로상담이다. 한 개인의 일생을 방향지어 주는 것은 단지 한 사람만의 삶은 아니다. 왜냐하면 한 사람을 구성하고 있는 주변 인물들과의 상호작용을 통해서 개인과 사회와 국가의 발전을 도모할 수 있기 때문이다. 따라서 학교에서 이루어지는 진로지도와 진로상담은 한 개인에서 출발하여 국가의 발전과 안전을 위한 총체적인 지도라고 할 수 있다.

1) 진로상담의 내용과 원리

진로상담의 내용은 크게 두 영역으로 구분되는데, 일반적인 내용으로는 직업적 역할과 자아인식, 일의 세계에 대한 인식, 일에 대한 적극적이고 긍정적인 태도 함양, 의사결정 능력의 함양, 원만한 인간관계 기술 습득, 일과 직업의 경제적 측면 이해, 교육과 일의 세계와의 관계 인식, 가정 · 학교 · 지역사회에서의 연계체제 수립, 계속교육의 강조가 있다. 다음으로 발달단계에 따른 내용으로는 진로인식단계, 진로탐색단계, 진로준비단계가 있다(김청자 · 정진선, 2005; 이현림, 2007).

개인이 아동 초기부터 진로에 관한 정보를 점진적으로 축적해 왔다면 진로결정에 적지 않은 영향을 주었으리라는 기대에서 진로상담의 출발점이다. 진로상담의 방법은 자신의 환경과 자신에 대해 관찰하고 해석하고 평가하는 방법을 지도함과 동시에 올바른 진로정보를 선택할 수 있도록 돕는 것이다.

진로상담의 일반적인 단계는 자기이해, 직업세계이해, 미래사회이해, 진로계획수립, 진로지도, 추후지도 등으로 구분하며 그 내용은 다음과 같다.

(1) 진로상담의 일반적 단계

① 제1단계 : 자기이해

가. 장기적 목표 및 단기적 목표설정에 관한 활동

나. 자기분석법을 통한 자기이해활동

다. 검사법 등을 이용한 객관적 자기판단의 자료 획득에 대한 준비활동

라. 자신을 통찰할 수 있게 돕기 위한 활동

② 제2단계 : 직업세계이해

가. 실제 직업생활을 관찰하는 활동

나. 개발적 경험을 얻는 활동

다. 직업인과의 면담을 통한 활동

라. 다양한 직업인에 대한 역할연기를 통해 미리 다양한 직업을 접해보는 활동

마. 자료나 일반 대중매체를 통해 성공한 직업인의 모습을 수집 · 분석하는 활동

바. 각종 통계에 의한 직업세계의 현황파악 등의 간접적인 경험을 얻는 활동

③ 제3단계 : 미래사회이해

가. 미래학자들이 제시한 미래사회를 미루어 예측하는 활동

나. 선진국의 직업세계에 대한 현상을 고찰하는 활동

다. 국가에서 제시한 인력수급 및 향후 국가발전계획 탐색에 관한 활동

라. 기술혁신과 기술의 가속화에 따른 영향 등에 관한 분석을 통합하는 활동

④ 제4단계 : 진로계획수립

가. 현재의 위치와 희망하는 위치를 명료화하는 활동

나. 자신에 대한 이해, 직업세계 및 미래사회에 대한 분석을 통합하는 활동
다. 구체적인 진로계획을 수립하는 활동

⑤ 제5단계 : 진로지도
가. 내담자 특성에 관한 정보수집활동
나. 직업세계에 대한 정보제공활동
다. 노동시장에 대한 직업정보제공활동
라. 대안탐색
마. 개인 정보와 사실적 자료의 통합활동
바. 의사결정과정

⑥ 제6단계 : 추후지도
가. 직업적응에 관한 활동
나. 전직 및 진로에 관한 활동
다. 생애설계

(2) 진로상담에 대한 내용

Zunker(1988)는 진로상담에 대한 내용을 중학생과 고등학생을 분류하여 제시하였다. 초등학교 시기는 진로인식단계를 바탕으로 진로탐색이 이루어지며, 중학교 시기는 진로탐색단계에 해당되고, 고등학교 시기는 진로준비단계에 해당되는 시기이다. 따라서 중학생의 경우에는 ① 의사결정 및 문제해결 기술 증진, ② 자아개념과 교육 · 직업목표와의 연계, ③ 개인의 장점과 능력 파악 및 활용, ④ 직업탐색 등의 활동은 중학교 시기에 이루어져야 할 내용으로 제시하였다. 즉, 자기 자신과 직업에 대한 탐색이 이루어지는 기회가 주어져야 할 것이다.

고등학생의 경우에는 ① 의사결정기술과 문제해결력의 심화, ② 직업세계에 대한 구체적인 지식 구비, ③ 직업윤리 및 타인들과 일하는 방법과 기술 등에 대한 학습, ④ 개인의 역할에 대한 이해, ⑤ 개인의 생활양식, 여가활동 등과 일과의 연계방법 학습, ⑥ 취업에 대비한 구체적인 취업활동 등을 주요 내용으로 제시하고 있다. 그러므로 고등학교에서의 진로상담은 자신의 능력, 적성, 흥미, 경제적 여건, 직업

포부 등을 고려하여 자신의 진로를 선택하고 개척해 나갈 수 있는 탐색과 준비를 할 수 있는 기회를 제공해 주는 것이 바람직하다.

진로상담이 효과적으로 이루어지기 위해서는 다음과 같은 기본원리가 적용되어야 한다(김청자 · 정진선, 2010).

첫째, 상담자의 내담자에 대한 신뢰 및 공감적 이해가 필요하다.

둘째, 최종 선택은 내담자 스스로 결정하도록 유도해야 한다.

셋째, 만성적 진로 미결정자를 조기 발견하여 의사결정을 돕는다.

넷째, 내담자로 하여금 합리적인 의사결정 기법을 획득하도록 유도하여야 한다.

다섯째, 상담자는 효과적인 진로관련 정보제공을 위해 직업세계에 관해 숙지하여야 한다.

여섯째, 내담자의 결정수준에 따른 상담자의 차별적인 진단과 처치 등이다.

(3) 진로상담의 원리

진로지도로서의 진로상담의 원리를 살펴보면 다음과 같다(이철웅, 2006).

① 개인차와 직업의 차이성의 원리

인간은 지능, 성격, 신체 기능, 학습능력, 기능, 흥미, 그리고 발전 가능성인 잠재적 능력과 특성이 각기 다르다. 또한 직업도 셀 수 없을 정도로 다양하여, 직업의 다양성 만큼 직업에 적합한 자질과 필요기능도 다양하다. 이와 같이 개인차가 있고 직업에서 요구하는 자질과 기능의 차이가 있기 때문에 진로상담 또한 다양성을 띄지 않으면 안된다.

② 직업적 적응성과 직업적 발달성의 원리

개인과 직업은 각기 차이점이 있기 때문에 개인과 직업의 관계를 생각하면 어떤 인간이 어떤 직업에 적합한가 또는 어떤 목적에 적응하기 어려운 것인가 하는 것이 문제가 된다. 특히 직업에의 적응성은 특정 직업에 대한 것이 아니라 상당히 폭넓은 직업군, 혹은 여러 가지 직업에의 적응성이 되어야 한다. 또한 개인의 적응성은 결코 항구적이거나 고정적인 것이 아니라 점차로 변화하고 발달하는 것이다. 따라서 개인의 직업적 발달에 있어서 특수한 심신의 변화, 교육과 훈련, 흥미의 변화, 직업관의 형성, 그리고 직업경험이 축적되어감에 따라 변화되어 간다.

③ 직업의 발전성 원리

직업은 아주 다양하며 또 시대의 흐름에 따라 변동한다. 인간사회는 변화가 그 바탕이며, 이와 더불어 문화의 발전, 그 중에서도 경제활동의 변화가 가장 현저하다. 한편 여러 가지 발견과 발명은 직업에 많은 영향을 주어 새로운 직업의 창출과 특정 직업의 감소를 가져왔다. 특히 자동화와 기술혁신은 산업현장의 혁신을 가져오고 있는 실정이다. 이에 따라 학교에서의 진로상담은 새로운 시대에 부응하고 보다 미래지향적인 교육이 되어야 한다.

④ 직업선택 자유의 원리

과거 봉건사회에서의 직업은 사회 계급적으로 고정되어 있었으나 오늘날 민주사회의 원칙으로 직업선택의 자유가 보장되어 있다. 따라서 인간의 개인차와 직업의 다양성이 있기 때문에 이를 선택하는 개인에게 보다 많은 교육을 요구하게 되며, 사회적 측면에서는 사회구조의 다양성을 고려하여 다양한 진로상담이 방향을 제시해주어야 한다.

⑤ 개성 발휘를 위한 지원의 원리

민주사회의 교육은 학생의 보편성을 존중하고 또한 차이성을 중시한다. 개성이라는 것은 개인이 갖는 보편성과 차이성을 종합시킨 의미이다. 또 교육은 학생이 민주사회의 일원으로서 필요한 일반적 능력과 자질을 육성함과 동시에 학생 개개인의 독특한 자질을 신장시키는 데 최대의 목적이 있는 것이다.

이와 같이 개인의 보편성과 독특성을 포함한 개성을 장래 직업활동과 관련짓고 신장 · 발달시키고 직업현장에서 개인의 개성을 충분히 발휘할 수 있도록 지원하여 주어야 한다.

2) 진로상담의 과정

진로상담의 과정은 관계수립 및 문제의 평가, 목표 설정, 문제해결을 위한 개입

(내담자의 의사결정 수준에 따른 차별적인 개입), 훈습(working through), 종결과 추후지도(내담자의 변화에 대한 평가, 목표달성 정도의 평가, 남아있는 문제에 대한 예측과 논의, 상담의 종결에 대한 내담자의 태도 평가 등을 수행)의 5단계로 이루어진다.

학교에서 학생들의 진로발달을 촉진하고 도우려 할 때 필요한 것은 학생들의 신체적, 정신적 발달과정이다. 성장과 성숙은 개인에 따라서 다를 뿐만 아니라 학교급별(유치원, 초등학교, 중등학교, 대학 등)에 따라서 차이가 있다. 진로상담이 구체성을 갖기 위해서는 학생들의 성장, 발달의 증진을 위하여 어떠한 목표를 설정할 것인가에 대한 해답을 얻어야 한다는 것이다. 즉 인간의 성장과 발달에 관한 궁극적이며 이상적인 개념과 실천이 필요한 관점에서 곽준규(1985)는 인간의 성숙에 관한 중요성을 제기하고 있다. Allport(1961)는 성숙한 인간에 관한 정의를 다음과 같이 기술하고 있다.

첫째, 자신에 대하여 폭넓게 이해한다.
둘째, 좋고 나쁨에 상관없이 타인과 부드러운 관계를 유지한다.
셋째, 감정이 안정되어 있으며 자신의 수용태도가 갖추어져 있다.
넷째, 외부의 현실에 따라 고상하게 지각하고, 생각하며, 행동한다.
다섯째, 자신의 객관화가 가능하며, 통찰력과 유머를 소유하고 있다.
여섯째, 생의 통일된 철학과 조회된 삶을 유지한다 등이다.

진로인식, 진로탐색, 진로준비단계에 따른 학교급별 진로상담을 살펴보면 다음과 같다.

(1) 초등학교에서의 진로상담

① 발달단계적 특징 : 직업의 세계에 대한 인식

초등학교 아동들은 그들을 안전하게 지켜주고 성장하는 데 기여하는 많은 직업들을 인식한다. 직업의 세계에 종사하는 사람들을 관찰하기 시작하며 월급은 어떻게 쓰는지 등에 관심을 가지게 된다. 그들은 점차로 모든 사람들이 기능 세계의 일원으로서 기여한다는 것을 인식한다. Drummond과 Ryan(1995)은 이러한 직업의 세계에 대한 인식과 더불어 초등학교 학생들에게 나타나는 특징들을 다음과 같이 제시하고 있다.

첫째, 자아개념 및 자아존중감은 부모, 교사, 기타 다른 사람들이 자신에 대해 어떻게 말하고 어떤 기대를 가지고 있는지에 의해 결정적인 영향을 받는다.

둘째, 공감능력이 발달하기 시작하며 여러 단계의 도덕적 발달단계를 거친다.

셋째, 텔레비전은 아동들의 사회성 발달을 억제하며 적극적인 탐구자 보다는 수동적인 정보 수혜자가 되도록 조장한다.

넷째, 자유놀이는 차츰 감소하고 취미, 독서, 조직적인 팀 스포츠 및 기타 활동으로 대치된다.

다섯째, 어떤 아동들은 우월감을 추구하고 행동의 결과에 대한 책임감을 수용하는가 하면, 어떤 아동들은 무력하게 그들의 성공이나 실패를 어쩔 수 없는 외부 요인의 탓으로 돌리며 성공적으로 해냈을 때에도 자신의 능력을 재평가하려고 하지 않는다.

주로 초등학교 고학년 수준에서 이루어지는 진로인식단계의 내용은 일의 고마움(가족과 이웃사람들이 하는 일에 대한 고마움 인식), 일의 세계(일의 목적과 소중함, 직업의 여러 가지, 산업과 직업 등), 나의 소질(나의 흥미 발견, 소질과 직업관의 관계), 장래의 계획(존경하는 인물, 장래 포부 성취방법) 등을 다루도록 하고, 일의 태도, 직업인에 대한 존경심을 기른다. 이 시기에 수행해야 할 영역은 다음과 같다.

첫째, 학습과 사회적 발달의 기본 기능 습득

둘째, 인간으로서의 삶과 개인적 · 사회적 활동에 대한 기본 기능의 고찰

셋째, 사회 속에서 이루어지는 개인적 삶의 기본 특성에 관한 고찰

넷째, 인간이 배우고 활용하는 환경과 자연에 대한 연구

다섯째, 아동의 기본적 흥미와 잠재력에 관한 탐색

② 초등학교에서의 진로상담

환상 속에서 진로를 인식하던 아동들은 대략 10세 정도되면 자신의 흥미에 따라 특정 분야의 활동을 선호하는 경향이 나타나며 이는 장래의 진로를 결정하는데 기초가 된다. 이 시기의 아동들은 자신에 대하여 비교적 분명한 개념을 형성한다.

인식단계에 있는 초등학생들의 진로발달을 돕기 위해서는 이들의 발달과정을 만족시킬 수 있는 일관성있는 프로그램이 필요하다. 이러한 프로그램을 통해 학생들

은 첫째, 자기 자신을 이해하고 현실적이고 긍정적인 자기 개념을 개발한다. 둘째, 자기에 대한 지식, 이해, 태도 그리고 현재의 역할을 효율적으로 해내는 능력을 개발한다. 셋째, 학교와 지역사회에서 그들의 진로발달 인식을 증진시키는 데 이용할 수 있는 기회를 개발한다.

초등학생들을 위한 진로상담은 직업의 세계에 대한 인식 뿐만 아니라 자기 자신에 대한 인식을 증진시키는 데 역점을 두어야 한다. 자신의 강점과 취약점, 가치와 흥미 및 기타 요인 등 자기에 대한 인식을 바탕으로 노동 시장에서 보다 나은 결정을 내리는 능력을 기르는 데 촉진적인 역할을 하기 때문이다.

(2) 중학교에서의 진로상담

① 발달단계적 특징 : 진로의 탐색

중학생들은 진로발달에 있어서 탐색단계에 있다. 이 시기에 청소년들은 특별히 흥미있는 영역에 관하여 구체적인 탐색을 시작한다. 전형적인 탐색활동으로는 관련 직업에 관한 정보활동, 흥미영역에 관한 컴퓨터 조사, 자원봉사활동 등을 포함하며, 또한 개인, 가족 및 사회 발달과 관련지어 교육의 기회를 탐색하기도 한다.

중학교 시기의 청소년들은 다음과 같은 특징을 보인다. 첫째, 자기중심적이며 다른 사람들이 그들 자신에게 보이는 반응에 민감하다. 둘째, 외모에 지대한 관심을 보인다. 셋째, 조숙한 남학생들은 늦게 성숙하는 남학생들에 비하여 보다 높은 자기 존중감과 자신감을 가지고 있다. 넷째, 대부분의 학생들이 모든 문제에서 형식적 조작기 사고를 하는 것은 아니지만 형식적 조작기에 이른다. 다섯째, 남학생들과 비교했을 때 성적 성숙과 사회지향 면에서 여학생들의 급격한 성장이 현저하게 나타난다. 여섯째, 공간, 언어, 기억, 귀납적 결론, 연역적 추론 등의 인지적 하위능력이 급격히 발달하기 시작한다. 일곱째, 자율권을 간절히 바라는 시기이기도 하다(Drummond & Ryan, 1995).

중학교 수준의 시기인 진로탐색단계는 자신의 능력, 적성에 대한 이해, 산업 및 직업분류, 현대 사회와 직업관계, 직업생활을 위한 준비로서의 교육, 장래의 잠정적인 직업계획 수립, 진학 및 직업 준비, 직업의 의미, 필요성, 바람직한 직업 선정의 조건 등을 이해하고 탐색하도록 한다. 수업 진행 과정에서 수행되어야 할 내용은 청년기의 특징, 직업관, 직무분석 및 전망, 직업윤리 교육과 잠정적인 진로계획

수립 등 다양한 직업의 세계와 직업군의 탐색이 주요 활동 내용이다. 이 시기에 수행해야 할 영역은 다음과 같다.

첫째, 기본 기능 활용의 숙달 및 활용력 신장

둘째, 장래 직업, 취미생활, 가정생활, 시민정신, 문화생활 등에 관한 광범위한 고찰

셋째, 취업 기회에 관한 잠정적 가능성의 탐색

넷째, 직업 선택의 능력과 태도의 함양

다섯째, 장래 직업의 보편적 영역에 관한 잠정적 선택

여섯째, 다양한 직업에 요구되는 개인적 · 교육적 요건들에 관한 광범위한 지식

일곱째, 인류의 가치와 신념체계에 관한 고찰

② 중학교에서의 진로상담

Miller(1988)는 학생들이 자신의 학습양식과 능력, 현재와 미래의 직업 흥미 그리고 부모의 기대 등과 같은 정보를 수집하며 진로를 탐색하는 시기에 있는 중학생들의 진로발달을 돕는 활동을 제시한다. 중요한 점은 진로탐색에 중요한 지식과 기술을 습득하고자 하는 이 시기 청소년들의 욕구는 학교활동 뿐만 아니라 가정 및 독립된 그들의 개별 활동에서 비롯된다는 것이다(Herr & Cramer, 1996). Amundson과 Penner(1998)에 의하면 성별, 사회경제적 지위 및 학교성적 보다도 가족의 기능이 청소년들이 진로를 탐색하고 계획하는 데 많은 영향을 미치는 것으로 나타났으며, Ketterson과 Blustein(1997)에 의하면, 부모와 보다 친밀한 관계를 형성하고 있는 청소년들이 자신과 환경을 탐색하는 데 적극적인 것으로 나타나 가정환경의 중요성이 더욱 강조되고 있는 추세이다. 따라서 상담교사는 학교행정가와 동료 교사들과 협력하여 각 학과목은 어떤 직업들과 관련이 있으며, 어떻게 공헌하는가, 학생들의 공부습관을 바람직한 사회 · 직장에서의 작업 습관과 연관지어 보고, 현대 기술의 발달이 직업의 세계에 미치는 효과에 관해 토론해 보는 등의 학교 및 교과 활동, 부모교육, 진로의 밤(Career night) 등 다양한 가정 및 지역사회와의 연계활동을 계획하고 실행에 옮겨야 할 것이다.

이들의 환경 요인과 발달상의 특징을 토대로 한 적절한 진로탐색의 기회를 제공한다면 중학생들이 학교 프로그램과 일의 세계와의 관계를 보다 잘 이해하며 자신

의 진로를 탐색해 나가는 데 큰 도움이 될 수 있을 것이다. 이 시기의 청소년들을 담당하는 교사 혹은 상담교사는 이들의 진로발달을 위한 활동을 계획하고 실행하는 데 좀더 창의적이고 다문화적으로 접근하여야 할 것이다.

(3) 고등학교에서의 진로발달

① 발달 단계적 특징 : 진로결정 및 준비

진로준비단계는 고등학교 교육수준의 과정으로써 학생들로 하여금 그들이 잠정적으로 선택한 직업군을 통해서 취업하는데 필요한 능력을 키울 수 있는 방법과 기술을 습득한다. 고등학교 과정은 진학과 취업 준비로 나누어지는 매우 중요한 전환점으로서 대학에 진학하는 학생은 진학에 필요한 전공학과 선택과 대학 선택에 유용한 방법을 모색하고 공통적으로 직업세계의 변화에 직업 선정을 구체적으로 계속할 필요가 있다. 대학에 가지 않는 학생은 직업에 필요한 특정 기술과 지식을 습득케 하여 직업훈련 계획을 세우고 직업에 대한 긍정적 태도를 발전시켜 준다. 따라서 산업사회를 넘어 정보화사회의 직업 추세와 직업 선정 준비의 중요성을 인식하고 준비하여 취업 선택의 조건을 갖추어야 한다. 그리고 진학 및 취업 정보에 익숙하도록 모든 진로 정보자료를 수집, 열람, 습득할 기회를 제공해준다. 구체적인 진로계획안을 세우고, 작성하도록 하며, 직업 및 직업윤리에 관한 지식을 습득하여 올바른 직업관 형성을 이룩하도록 학습한다. 이 시기에 수행해야 할 영역은 다음과 같다.

첫째, 기본 기능의 계속적인 숙달, 활용, 응용력 강조

둘째, 가정생활, 취미생활, 시민정신, 문화생활을 영위하는 데 필요한 구체적인 지식과 기술 습득

셋째, 특수한 직업군 내지 직업영역 내에 존재하는 취미생활의 기회에 대한 탐색

② 고등학교에서의 진로상담

청소년기는 혼란과 불확실함 속에서 급속한 변화를 경험하는 시기이다. 특히 고등학생들은 부모님에게 의존적이었던 생활에서 벗어나 동료들과 보다 신뢰하는 유대관계를 형성하면서 자주적으로 활동하는 등의 과도기를 경험한다. 이 시기의 청소년들은 형식적인 사고와 가정을 통한 복잡한 정신작용이 가능하다. 한편 현실보

다는 가능성에 집중하는 경향이 있으며 자기중심적이기도 하다.

고등학교 기간 동안 학생들은 대학진학, 기술 훈련을 받기 위해 직업학교에 등록한다거나 취업전선에 입문하는 등 미래 교육 계획과 연관지어 진로를 선택, 결정, 준비하는 등 용의주도하게 진로를 결정하기 위해 노력한다(Herring, 1998). 이 시기에 자신의 능력에 대한 기대가 낮은 청소년들은 진로결정을 하지 못하는 경우가 많다(Betz & Voyten, 1997). 대부분 고등학교에서는 현실적으로 학생들의 요구가 고려되지 않은 채 편파적으로 대학 입학과 관련된 생활지도나 상담이 이루어지고 있다. 학생들의 욕구를 토대로 진로상담이 이루어질 때 학생들이 보다 긍정적인 기대를 가지고 능동적이고 적극적으로 자신의 진로를 개척해 나가는 계기가 될 것이다.

4. 진로상담프로그램예시

초 · 중 · 고등학교에서 사용할 수 있는 진로상담프로그램 중 몇 가지만을 제시한다.

다양한 직업의 세계

구분	내용		
활동영역	진로계획 및 탐색	활동범주	진로탐색
활동목표	지역사회에 존재하는 다양한 직업들에 대해 알 수 있다.		
활동대상	초등학교 1～3학년	소요시간	40분
준 비 물	교사: '우리 가족들의 직업은?' 활동지 아동: 색연필, 사인펜	집단크기	학급전체
활동소개	본 활동의 목적은 아동들에게 친숙한 성인들을 통하여 다양한 직업을 조사해 보게 함으로써 그들의 진로인식을 자극하는 데 있다.		
활동절차	1. 주변사람들(예:가족, 친척, 이웃사람들)의 다양한 직업들에 관하여 서로 이야기하도록 한다. 2. 1의 활동을 통해 각자 그리고 싶은 직업인의 모습을 가족 구성원 중에서 선정하여 '우리 가족의 직업은?' 활동지에 그리도록 한다. 필요하다면 직업과 관련된 물품이나 도구 등도 그리게 한다. 3. 그림이 완성되면 친구들에게 그림을 보여 주면서 직업과 일에 대한 소개를 하도록 한다. 4. 다른 아동들에게 자신의 그림을 공유할 기회를 제공한 다음, 교실 게시판에 그것들을 전시한다. 5. 이어지는 활동으로, 아동들에게 그러한 도구(공구나 장비 등)를 보여 주거나 아동의 가족 즉 부모, 조부모, 삼촌 등에게 그 직업에 대한 소개를 부탁드린다.		
유의사항	직업소개시 아동이 직업과 관련된 물품을 사전에 준비해 와서 친구들에게 소개할 수도 있다. 그리고자 하는 역할모델을 찾지 못하는 아동들을 주의해서 살핀 다음, 누군가를 선택하여 그들의 그림을 그릴 수 있도록 도와 준다.		

출처 : 강진령, 유형근(2004 a)

우리 고장 사람들이 하는 일

구 분	내용		
활동영역	진로계획 및 탐색	활동범주	진로탐색
활동목표	서로 협동하여 일하는 것의 중요성을 알 수 있다.		
활동대상	초등학교 4~6학년	소요시간	40분
준 비 물	교사: '우리 고장 사람들이 하는 일' 활동지	집단크기	소집단 또는 학급전체
활동소개	이 활동은 지역사회 근로자들에 대해 알아봄으로써 사람들은 서로 의존관계에 있음을 깨닫게 한다. 여기서 사람들은 상호의존적이며, 지역사회 유지를 위해 다양한 직업의 일을 하는 사람들이 필요함을 설명해 주어야 한다.		
활동절차	1. 공동체 사회를 유지하기 위해서는 다양하고 많은 일을 하고 있는 사람들이 상호의존하면서 살아간다는 것을 설명한다. 2. 우리 주변에 있는 여러 직업의 예를 발표하게 하고 칠판에 적는다. 3. 지역사회를 위해 노력하는 사람들을 예를 들고, 그들이 우리에게 어떠한 도움을 주는지 발표하게 한다.(예:경찰, 농부, 의사 등) 4. 아동들에게 '우리 고장 사람들이 하는 일' 활동지를 나누어 주고 이것을 완성할 시간을 준다. 5. 자신이 생각한 것을 친구들에게 발표하도록 한다. 6. 활동지를 모은 뒤 '우리 고장 사람들이 하는 일' 의 제목으로 게시판을 마련해 전시한다.		
유의사항	'상호의존'이란 개념을 잘 이해하지 못하는 아동들에게는 개별적으로 설명해 준다.		

출처 : 강진령, 유형근(2004 b)

희망 직업 탐색

구분	내용		
활동영역	진로계획 및 탐색	활동범주	진로탐색 및 계획
활동목표	내가 관심을 가지고 있는 진로를 탐색하는 방법을 안다.		
활동대상	중학교 1~3학년	소요시간	45분
준 비 물	교사: '나의 희망 직업 조사표' 활동지	집단크기	소집단 또는 학급전체
활동소개	이 활동은 자신의 흥미, 능력과 직업 선택 간의 관계를 이해하는 데 목적이 있다.		
활동절차	1. 학생들에게 열 가지 직업군에 관해 얼마나 알고 있는지 질문한다. 2. '나의 희망 직업 조사표' 활동지를 나누어 주고 자신이 희망하는 직업 세 가지를 작성하게 한다. 3. 희망 직업에 대해 구체적으로 알아볼 수 있는 방법(예: 학교 도서관, 지역 도서관, 직업 소개 사이트, 직업 안내 자료, 직업사전, 신문이나 잡지 등의 매체에 의한 정보 등)을 토의하고 각자 자료 조사 계획을 세우도록 한다. 4. 희망 직업에 관해 조사한 자료를 발표한다. 5. 활동지의 2번 문항을 작성하고 서로 이야기하도록 한다. 6. 활동지의 3번 문항을 작성한 후 발표하도록 한다.		
유의사항	교사는 희망하는 직업을 찾지 못하는 학생들을 위해 흥미, 능력을 개별적으로 진단하고 탐색하도록 도와준다.		

출처 : 강진령, 유형근(2009 a)

진로설계

<table>
<tr><th>구 분</th><th colspan="3">내용</th></tr>
<tr><td>활동영역</td><td>진로계획 및 탐색</td><td>활동범주</td><td>진로 계획 및 개발</td></tr>
<tr><td>활동목표</td><td colspan="3">진로계획을 작성하는 방법을 안다.</td></tr>
<tr><td>활동대상</td><td>고등학교 1학년</td><td>소요시간</td><td>100분</td></tr>
<tr><td>준 비 물</td><td>교사: '생애설계' '진로목표' 활동지</td><td>집단크기</td><td>소집단 또는 학급전체</td></tr>
<tr><td>활동소개</td><td colspan="3">인생을 계획하고 진로를 선택하는 것은 중요한 문제다. 단기, 중기, 장기 목표를 정함으로써 학생이 진로를 계획해 나가는 데 도움이 된다.</td></tr>
<tr><td>활동절차</td><td colspan="3">[1차시]
1. 진로설계는 인생설계의 하위개념임을 설명한다.
2. 학생들에게 '생애설계' 활동지를 나누어 주고 작성하게 한다.
3. 소집단별로 이야기를 나누게 한다.
4. 학생들이 발표한 후, 생애설계는 자신이 장래에 무엇을 해야 할지 생각하게 하고 자신의 진로 방향에 대한 장단점을 생각해 볼 수 있게 한다는 것을 요약해 준다.
5. 학생들에게 새롭게 알게 되었거나 느낀 점을 발표하게 한다.

[2차시]
1. 진로계획의 중요성을 설명한다.
2. 학생들에게 '진로목표' 활동지를 나누어 주고 진로목표 달성을 위한 단기목표, 중기목표, 장기목표에 대해 설명한다.
3. '진로목표' 활동지를 작성하도록 한다.
4. 희망 직업을 갖기 위한 장기, 중기, 단기 목표를 소집단별로 발표한다.
5. 예상 장애요인과 대처방안에 대해 학생 상호 간의 피드백을 촉진한다.</td></tr>
<tr><td>유의사항</td><td colspan="3">진로계획에 대해 혼란스러워하는 학생에게는 개별적인 도움을 제공한다.</td></tr>
</table>

출처 : 강진령, 유형근(2009 b)

제 11 장
인터넷 중독

학습개요

최근에 인터넷 보급률이 급속히 증가하면서 청소년들의 일상생활에 필수적 요소가 되면서 개인의 삶에 심각한 영향을 미칠 뿐만 아니라 사회적, 정신적, 육체적 및 금전적으로 지장을 받고 있는 상태이다. 이러한 인터넷 보급률이 확대됨에 따라 여러 가지 부정적이고 역기능적인 현상들이 심각한 사회적 문제를 유발할 수 있다는 우려가 제기되고 있다. 이를 위해 필요한 교육방법 중 하나가 청소년들의 생활지도를 통해 인터넷 중독을 예방하는 것이다. 따라서 이 장에서는 인터넷 중독의 정의와 진단기준, 유형, 원인 및 상담기법에 대해서 살펴보기로 한다.

학습목표

1. 인터넷 중독의 정의에 대하여 설명할 수 있다.
2. 인터넷 중독 진단 기준 및 유형에 대해서 설명할 수 있다.
3. 인터넷 중독의 원인에 대하여 설명할 수 있다.
4. 인터넷 중독 청소년의 상담기법에 대하여 설명할 수 있다.

1. 인터넷 중독의 정의

정신병리에서 중독(addiction)은 알코올, 코카인, 마리화나 등과 같은 각종 중독성 물질의 사용으로 인하여 생리적 의존성과 내성, 금단증상 및 동반되는 사회적 · 직업적 손상이 나타날 때 내려지는 진단이다. 그러나 최근에는 단순한 물질사용의 범위에서 탈피하여 일, 도박, TV, 비디오 게임, 섹스 등 광범위한 행동양상에까지 적용되고 있다. 이러한 맥락에서 최근에 컴퓨터의 급속한 보급과 함께 인터넷 중독에 대한 많은 문제들이 발생하고 있다. 중독이라는 관점에서 보면, 인터넷 중독도 인터넷의 과다한 사용으로 일상생활에서 심각한 신체적 · 정신적 · 경제적 · 직업적 · 사회적응적 기능 손상을 초래하는 상태라고 할수 있다. 이는 약물이나 도박에 중독된 것처럼 병리적인 현상과 강박적인 인터넷 사용에 따른 충동적인 행동상의 문제를 인터넷 중독이라고 한다. 우리나라에서는 1990년대 이후 인터넷의 급속한 발전으로 인해 인터넷 중독이라는 용어가 등장하게 되었는데, 인터넷 중독이라는 용어는 영국의 정신과의사인 Goldberg(1996)에 의해 처음 사용되었으며 Young(1996)이 인터넷 중독척도를 제작하여 미국심리학회(APA)에 발표하면서부터 대중적으로 알려지기 시작하였다. 이와 유사한 용어는 인터넷 증후군(internet syndrome), 가상중독(virtual addiction), 인터넷 의존(internet dependence), 인터넷 관련 질환(internet-related disorders), 병리적 인터넷 사용(pathological internet use), 웨버홀리즘(webaholism), 기술적 중독(technological addiction), 컴퓨터 중독(computer addiction), 강박적 인터넷 장애(compulsive internet disorders) 등으로 불리고 있다.

Goldberg(1996)는 인터넷중독장애(internet addiction disorder: IAD)라는 용어를 처음으로 제안했는데 그는 이를 '병리적이고 강박적인 인터넷 사용'으로 규정하고, 미국 정신의학회의 정신질환 분류「DSM-IV」의 물질남용 장애의 진단기준에 근거하여 인터넷 중독의 진단준거로 내성과 금단현상 그리고 부정적 결과를 제시하였다. 내성은 인터넷을 더 많이 사용해야 만족을 느끼게 되는 것을 의미하며, 금단은 인터넷 사용을 중단하거나 줄이면 정신운동성 초조와 불안 혹은 인터넷 사용에 대한 강박적 사고나 환각 등의 증상을 경험하는 것을 말한다. 또한 부정적 결과는 인터넷 사용으로 인해 사회적, 직업적 활동에 제약을 받거나 부정적인 상황이 나타나는 것을 뜻한다(Egger & Rauterberg, 1996).

인터넷에서 온라인 중독 센터를 운영하는 Young은 1996년에 「DSM-IV」의 '병적 도박' 의 진단기준을 원용하여 인터넷에 대한 강박적인 사고, 내성과 금단, 의도한 것 이상의 과도한 인터넷 사용, 지속적인 욕구, 다른 활동에서의 흥미감소, 과도한 인터넷 사용으로 인한 부정적인 결과에 대한 무시 등을 중독의 진단기준으로 삼았다. 그리고 임상적 경험을 통하여 병리적인 인터넷 사용자로 구분된 사람들이 중독적인 행동양상을 보이고 있다고 하면서 인터넷 중독이란 약물이나 알코올, 도박에 중독되는 것과 같이 인터넷에 중독되는 심리적 장애로서 인터넷에 반복적으로 접속하지 않았을 때 불안감과 초조감 같은 정서장애 등의 금단증상과 내성으로 인해 더욱 인터넷에 접속하게 되고 반복적인 접속으로 인해 학업, 직무상의 소홀과 같은 현실생활에서의 어려움을 나타내는 것으로 정의하였다. 이후 Young(1998)은 인터넷 중독검사 20문항을 제작하였다. 인터넷 중독은 존재하지만 인터넷이라는 매체 그 자체가 중독을 유발하기 보다는 대인간 상호작용 주로 하게 되는 인터넷의 특정 서비스에 몰입하게 될 때 중독적인 이용을 유발할 수 있다는 결론을 내렸다(박상규외 6인, 2009).

Griffiths(1998)는 약물이나 물질에 의한 중독뿐만 아니라 물질이 개입되지 않은 상태에서 도박이나 과식, 성행위, 운동, TV 및 컴퓨터 게임 등 특정 행위에 의한 중독을 행동적 중독으로 개념화하여 인터넷 중독에 대한 이론적 토대를 마련하였다. 이러한 행동중독은 TV나 비디오와 같은 영상매체에 의한 기술중독으로까지 확산되었다. Griffiths는 Goldberg의 인터넷 진단 준거에 돌출행동(salience)의 개념을 추가하여 인터넷중독을 개념화하였다. 돌출행동이란 특정한 행위가 삶에서 가장 중요한 활동이 되고 행위자의 사고, 느낌, 행동을 지배하게 되는 것을 말한다. 이러한 행동적 중독은 약물과 같은 물질에 의한 중독과 거의 유사하게 의존성, 기분변화, 내성, 금단증상, 주변 사람과의 갈등, 재발의 특징을 보인다.

한편, 과도한 인터넷 사용을 병리적 인터넷 사용(pathological internet use: PIU)으로 보는 관점이 있다. 이는 인터넷 중독자가 단순히 인터넷만을 사용하는 것은 드물며 다양한 활동을 포함하고 있기 때문에 인터넷 중독을 병리적 인터넷 사용의 개념으로 확장시켜 사용한다. 이러한 병리적 인터넷 사용은 인터넷에서 제공되는 게임이나 쇼핑, 사이버섹스, 경매와 같은 기능을 중독적으로 이용하는 특정 병리적 사용과 특별한 목적없이 그저 시간을 보내기 위해서 인터넷을 이용하는 일반화된 병리적 사용으로 구분한다.

국내의 경우, 한국정보문화진흥원(2003)은 인터넷 중독을 인터넷 사용에 대한 내성과 금단을 지니고 있으며 이로 인해 일상생활의 장애가 유발되는 것으로 정의하고 있으며, 이순묵 등(2005)은 인터넷 중독의 개념을 개인적인 만족감을 얻기 위해서 시작된 인터넷 사용 행동이 점차 사용시간이 증가되어 동일한 만족을 얻기 위하여 더 많은 시간을 지속하게 되고 중단했을 때, 신체적 · 심리적으로 불쾌감과 불만족을 초래하여 분명하게 사회적 · 심리적 · 신체적으로 부정적인 영향이 발생되고 있음에도 불구하고 자기통제력을 상실하여 부적응적인 인터넷 사용 행동이 지속되고 있을 때라고 정의하고 있다. 그리고 강만철과 오익수(2001) 등은 인터넷 중독의 구성요인에 집착, 강박적인 인터넷 사용, 재발, 내성 및 의존성 그리고 생활상의 장애를 포함시키고 이들 요인을 모두 충족시킬 때 인터넷 중독으로 규정하였다.

이처럼 인터넷 중독은 인터넷으로 인한 부작용이며 일상생활에서 장애가 유발되는 것이다. 즉 병리적이고 강박적인 인터넷의 지나친 사용으로 인해 중독증상의 일반적인 특징인 의존성, 내성, 금단증상이 발생하며 이 증상들의 정도가 심하고 반복적이며 만성화되어 신체적 · 심리적 · 사회적 장애를 유발하는 상태를 인터넷 중독이라고 말할 수 있다.

2. 인터넷 중독 진단

Young(1996)은 미국심리학회 연례회에서 인터넷 중독증상을 보이는 사람이 통제집단에 비해 유의한 행동적 · 기능적 차이가 있음을 보고하였다. 이는 인터넷 중독현상을 보이는 남녀 396명을 조사한 결과 76%가 주당 40시간 이상 컴퓨터 통신에 빠져 있었으며, 이들 컴퓨터 통신 중독자 중 82%는 알코올 중독과 마찬가지로 자신도 모른 사이에 컴퓨터에 서서히 중독되는 현상이 나타난다고 응답하였다. 또한 일상생활에 크게 방해받고 있다고 한 응답자가 58%로 나타나, 이는 직장생활이나 대인관계에서 부정적인 영향을 끼치는 것으로 밝혀졌다. 이러한 결과를 바탕으로 Goldberg(1995)와 Young(1996)은 미국의 정신장애의 통계적 진담편람 DSM-IV(Diagnostic and Statistical Manual of Mental Disorder)의 형식에 준하여 인터넷 중독증(Internet Addiction Disorder: IAD)에 대한 기준을 제시하였다.

Goldberg(1995)는 12개월 동안에 인터넷 중독 진단기준 7가지 항목 중 세 가지 이상의 항목에 부적응적인 인터넷 사용유형을 보이면 임상적으로 유의한 장애 혹은 고통을 유발하고 있는 것으로 정의하였다(〈표 11-1〉 참조).

〈표 11-1〉의 진단기준이 신뢰도와 타당도가 공식적으로 채택된 진단준거는 아니지만, 인터넷 중독자들이 병적 도박과 유사한 집착, 내성과 금단, 조절불능, 일상생활 장애 같은 증상들이 나타나는 것으로 밝혀졌다. 이러한 결과를 바탕으로 한국정보문화진흥원(2002)에서는 인터넷 중독과 관련된 부적응적 행동패턴을 제시하였으며 구체적인 내용은 〈표 11-2〉에서 보는 바와 같다.

표 11-1 Goldberg의 인터넷 중독 진단기준

A. 내성(다음 중 한 항목에 해당되는 경우) 1. 인터넷을 사용하면 할수록 만족을 얻는 시간이 점차 늘어나는 경우 2. 인터넷을 이전과 동일한 시간만큼 하는데도 효과가 저하되는 경우
B. 금단(다음 중 한 항목에 해당하는 경우) 1. 특징적 금단 징후 (1) 장기간의 인터넷 사용을 중지 혹은 감소한 경우. (2) (1)의 발생 후 수일에서 한달 사이에 다음 중 두 항목 이상이 발생했을 때 a. 정신운동성 초조 b. 불안 c. 강박적 사고(인터넷 사용에 대한 생각과 관련된) d. 환상 혹은 꿈(인터넷 사용과 관련된) e. 수의적 혹은 불수의적으로 자판 두드리는 행위와 유사한 행동 (3) (2)의 일들로 인해 사회적 혹은 직업적 그 밖의 중요한 부분에서 고통이나 지장을 유발할 때 2. 금단 증상을 완화, 회피하기 위해 인터넷 혹은 유사한 통신망을 사용하는 행동을 할 경우
C. 본인의 계획이나 생각했던 것보다 인터넷 사용 시간이 길어지는 경우
D. 인터넷 사용을 줄이려는 지속적인 노력이 있었지만 성공하지 못한 경우
E. 상당량의 시간을 인터넷 관련 행동에 사용하는 경우
F. 인터넷 사용에 의해 중요한 사회적 · 직업적 · 여가활동이 포기되거나 감소하는 경우
G. 인터넷 사용에 의해 유발되거나 악화되며 지속적이거나 반복적인 신체적 · 사회적 · 직업적 · 심리적 문제를 갖고 있는데도 인터넷을 사용하는 경우

표 11-2 한국정보문화진흥원의 인터넷 중독 진단기준

A. 강박적 집착
1. 인터넷을 하지 않는 동안에도 인터넷을 할 생각만 한다.
2. 인터넷에서 뭔가 새로운 일이 일어나고 있을 것 같은 생각이 든다.
3. 대부분의 시간을 인터넷을 사용하는 데 보낸다.
4. 처음에 의도했던 시간보다 더 많이 사용한다.

B. 내성과 금단
1. 만족하기 위해서 점점 더 많은 시간을 인터넷 사용으로 보낸다.
2. 만족하기 위해서 점점 더 자극적인 것을 찾는다.
3. 인터넷을 하지 않으면 우울 · 불안 · 초조해진다.
4. 인터넷을 하게 되면 마음이 편안해진다.
5. 수업 중에도 게임소리가 귓전을 맴돈다.
6. 밤에 잠자리에 들어도 눈이 말똥말똥해지며 다음에 인터넷을 할 생각에 빠진다.
7. 밤에 잠자리에 누우면 천장이 인터넷 화면으로 보이고, 그 속에 장면이 어지럽게 펼쳐진다.
8. 인터넷을 하고 있지 않는 동안에 자신도 모르게 자판을 두드린다.

C. 일상생활장애(이차적 증상)
1. 인터넷에 한번 들어가면 그만두기가 어렵다.
2. 인터넷 사용을 줄이거나 조절하려는 욕구가 지속적으로 있었지만 실패한다.
3. 인터넷을 하기 위해 다른 일을 미루거나 포기한다.
4. 인터넷 사용으로 수면시간이 현저하게 줄어들었다.
5. 인터넷을 하기 위해서 거짓말을 자주한다.
6. 인터넷 사용에 방해를 받으면 몹시 화내거나 때로는 부모에게 반항한다.
7. 인터넷을 하느라 중요한 약속을 어기거나 공부 및 직장일을 소홀히 한다.
8. 인터넷 사용으로 학업성적이 저조하고 학교를 그만두기도 한다.
9. 친구를 만나지 않고 취미활동에도 관심이 없어진다.
10. 가족과 보내는 시간이 줄어들고, 부모에게 불복종하며 심하면 가출한다.
11. 배우자와 갈등을 일으켜 이혼이나 별거로 이어진다.

D. 신체적 증상
1. 밤을 새워 인터넷을 사용하므로 일상생활주기의 리듬이 깨어진다.
2. 만성피로감, 눈의 피로, 시력저하, 근골격계 장애가 온다.
3. 불규칙한 식사로 인한 영양실조, 운동부족과 과식으로 인한 체중증가가 있을 수 있다.
4. 혈압상승, 심장마비, 돌연사 등을 초래할 수 있다.

이러한 인터넷 중독에 빠지면 시간개념이 없어져 자신의 우선 순위를 찾지 못하는 인지적 왜곡현상이 나타난다. 이는 자신이 좋아하는 일을 할 때 시간이 빨리 지나가버리는 현상과 비슷하다고 할 수 있다. 이러한 결과는 개인의 일상생활 장애를 일으키고 대인관계 및 기본적인 생활습관을 손상시키는 중요한 요인이 된다.

3. 인터넷 중독의 유형

인터넷 중독은 인터넷 전반에 대한 중독증상을 포함하는데 사람들에 따라 인터넷 활용 유형 중 어느 하나에만 지나치게 몰두할 수 있다. Young(1999)은 인터넷 중독을 인터넷의 활용 유형들 중 어느 부분에 중독되었느냐에 따라 인터넷 중독의 하위 유형을 다음과 같이 분류하였다.

1) 사이버섹스 중독(Cybersexual Addiction)

사이버섹스를 위해 성인사이트를 충동적으로 이용한다. 이는 사이버 공간에서 음란물을 보거나 성인 채팅방을 통해 사이버섹스에 몰입하는 것을 뜻한다. 이러한 사람들은 공통적으로 온라인 상의 관계가 너무 흥분되고 환상적이기 때문에 채팅방을 통해 반복적으로 사이버섹스를 하게 된다고 말한다. 처음에는 호기심으로 음란사이트를 돌아다니고 음란채팅을 하던 것이 어느 정도 중독에 빠지고, 자기 자신도 모르게 그 수준을 넘어 폰섹스나 실제의 관계로 발전하면서 지나치게 집착한다면 사이버 중독에 빠졌다고 의심해야 할 것이다. 또한 Greenfield(1999)는 사이버섹스는 성적 욕구를 충족시키기 위해 가상공간에서 상대와 성적인 대화를 나누거나 성관계를 맺는 것을 뜻한다고 하였다. 이러한 문제는 성행위 장면을 화상카메라로 서로 보여주면서 사이버섹스를 하는 화상채팅도 성행하고 있으며, 오프라인 상에서 상상할 수 없는 음란한 언행들이 인터넷에서 횡행하고 있다.

2) 사이버 관계 중독(Cyber-relationship Addiction)

사이버 관계에 빠진 사람들은 아침에 일어나자마자 메일, 채팅, 동호회를 검색하는 것으로 하루를 시작한다. 즉 사이버 관계 종류에는 채팅, 게임, 정보검색, 쇼핑 등 여러 가지가 있지만 우리나라 12~19세의 청소년층들은 다른 연령층에 비해 주로 인터넷을 게임과 오락에 이용하는 것으로 나타나 인터넷 게임이 청소년들의 중요한 놀이수단으로 자리 잡아 가고 있다. 이러한 게임 중독적 특성을 가진 청소년들은 대인관계 기술이 부족한 청소년들이 그렇지 않은 청소년들보다 더 게임 중독과 사이버 중독에 과도하게 빠져들 수 있다.

3) 네트워크 강박증(Net Compulsions)

네트워크 강박증은 온라인 쇼핑이나 온라인 경매 등 강박적으로 온라인 매매를 하는 것을 말한다. 즉, 인터넷 상에서 도박, 주식, 쇼핑 등의 사이버 거래에 집착하는 것을 의미한다. 이전에는 도박을 위해 카지노나 경마장에 가고, 주식은 주식거래소, 쇼핑은 백화점이나 할인마트에 갔으나, 이제는 인터넷이 발전하면서 세상이 달라졌다. 무엇보다 컴퓨터 앞에 앉아 클릭 한번으로 모든 것이 간단하게 해결되는 세상이다. 따라서 충동성이 강한 사람들은 네트워크에 쉽게 빠져들게 되면서 학교생활이나 친구관계, 직장생활에서 심각한 문제를 경험하게 된다.

4) 정보과부하(Information Overload)

충동성이 강한 사람들은 웹서핑 및 자료 조사에 지나치게 집중한다. 이는 많은 사람들이 인터넷을 통하여 가장 최신의 정보에 접근하려고 갈망하며, 천천히 정보과부하에 중독되는 증상을 말한다.

5) 컴퓨터 중독(Computer Addiction)

강박적으로 컴퓨터 게임이나 컴퓨터 프로그램 짜기에 몰입한다.

Suler(1996)는 모든 가상현실에 대한 중독을 두 가지로 분류하였다. 즉 사회적 형태와 비사회적 형태로 나누어 살펴볼 수 있다. 첫째, 사회적 형태의 사람은 타인과의 의사소통을 하고 사회전반적인 생활을 영위하는 데 몰입하고, 그 외의 컴퓨터 매체 사용에는 관심이 없는 것을 의미한다. 둘째, 비사회적 형태의 사람은 개인적인 직장, 일, 정보수집, 게임 또는 인터넷에서 무엇을 찾는 일에 컴퓨터를 사용하고 타인과의 연결을 위해 가상공간을 사용하지 않는 것을 의미한다.

4. 인터넷 중독의 원인

인터넷 중독의 원인은 학자마다 다양한 관점으로 해석된다. Greenfield(1999)는 인터넷 이용자와의 강한 친밀감, 인터넷 이용을 중단하기 힘든 탈억제, 현실과의 경계상실, 인터넷에 몰입함으로써 겪는 시간개념의 상실, 통제력의 상실 등으로 보았다. 또한 Young(1999)은 병리적인 온라인 행동에 기저하고 있는 동기를 밝히고 설명하는 모델을 발달시켰다. 접근 가능성, 통제감, 흥미감 등을 중독의 원인으로 지적하였다.

Goldberg(1996)는 인터넷 중독으로 인해 사회적 · 직업적 문제를 유발시키고 여가활동이 줄어들고 수면박탈, 결혼문제, 친구감소, 학교 및 직장을 소홀히 하여 위험수준에 이르는 것으로 보고하였다. 또한 Young(1999)은 인터넷 중독자의 54%가 우울증을 가지고 있었고, 34%가 불안을 경험한 것으로 나타났다. 더불어 과도한 인터넷 이용은 우울감을 증가시킨다고 보고하였다(Gunn, 1998; Kraut, 1998). 우리나라 한국청소년문화연구소(1998)에서 인터넷 중독과 정신건강, 대인관계 지향성 간의 관계를 알아본 결과, 중독적 인터넷 사용자는 통제력이 약했고 인터넷을 통해 행복감을 추구하며 인터넷 사용시간이 점점 더 늘어났으며, 일상생활에 부적응을 보였고 감정조절 능력이 감소하고 대인관계의 장애를 보이는 것으로 나타났다. 김종범(2000)은 인터넷 상에서 네티즌을 대상으로 자존감, 우울, 외로움, 공격성을 중심으로 인터넷의 중독적 사용집단의 특성을 연구하였다. 인터넷 중독적 사용 척도에 의해 상위 25% 집단과 하위 25% 집단으로 나누어 집단 간 차이를 검증한 결과 중독집단이 비중독집단에 비해 외로움과 우울증이 높았으며, 자존감과 공격성은 낮은 것으로 나타났다. 또한 권구영과 이혜자(2002)의 연구에서는 인터넷 중독 청소년이 일반 청소년에 비해 아홉 개 차원의 정신과적 증상이 더 높은 것으로 나타났다.

이러한 인터넷 중독의 원인들은 인터넷 자체 요인, 개인의 심리적 요인, 사회심리학적 요인 등으로 분류되고 있다.

1) 인터넷 자체 요인

사람들을 사이버공간 속으로 끌어들이는 인터넷의 특성은 사람들을 쉽게 중독시키는 요인으로 작용한다. 인터넷 자체가 제공하는 중독 요인으로는 익명성, 동시적 공간, 흥미감, 그리고 대인관계로 볼 수 있다. 그중에서도 가장 대표적인 것이 익명성이다. 익명성은 현실사회에서 하지 못하는 여러 가지 일들을 인터넷이라는 가상공간 속에서 마음대로 할 수 있다. 즉 인터넷이이라는 가상공간에서 자신의 신분을 드러내지 않은 채 자신의 생각을 표현하며 자신이 원하는 정보를 얻을 수 있다. 그러나 이러한 익명성은 사이버섹스에 몰입하거나 대화방에서 음담패설을 하는 등, 그리고 게임을 할 때 상대방에게 욕을 하거나 게임이 끝나기도 전에 일방적으로 게임방을 나와버리는 무례한 행동같은 부작용을 양산한다. 결과적으로 인터넷 공간에서는 정체성이 드러나지 않기 때문에 자신의 감정을 실어서 마음대로 표현할 수 있다는 점이 중독적 행동을 유발하는 주요한 요인이 된다. 또한 인터넷의 동시적 공간은 과도한 인터넷 이용을 유도할 수 있다(패트리샤 월리스, 2001). 우리가 특정한 행동을 반복할 때 바로 보상을 받는 것도 중요한 요소이다. 다른 사람과 동시에 참여가 가능하고 함께 활동할 수 있는 공간을 제공하는 인터넷에서는 보상이 즉각적으로 제공된다. 다시 말하면, 실생활에서는 얻기 어려운 보상을 인터넷의 동시적 공간을 통해 보상이 즉각적으로 이루어지기 때문에 인터넷에 더 깊게 빠져들 수밖에 없는 것이다.

또한 인터넷을 이용하면 새로운 것을 추구하는 가운데 흥미감을 느낄 수 있다(한국정보문화진흥원, 2002). 일반적으로 새로운 것에 익숙해지면 흥미감은 떨어진다. 그러나 인터넷 자체는 항상 새롭고 다양한 흥미감을 제공해주기에 이용자들은 끊임없이 새로운 흥미감을 제공해준다. 또한 새로운 기술과 정보에 대한 유희적이고 탐색적인 경험 그 자체가 자기 보상이 되어 인터넷의 반복적 이용을 재촉하기 때문에 인터넷에 쉽게 빠진다. 또 통제감이란 인터넷 안에서 자신이 온라인 활동에 영향력을 극대화할 수 있다. 게임을 하거나 물건을 구입할 때 타인의 의견보다는 자신의 판단에 전적으로 의지하게 된다. 물건을 살 것인지 말 것인지, 상대방과 게임을 할 것인가 말 것인가 등의 의사결정 문제는 인터넷 상에서 스스로 결정을 하고 실천해야 한다. 자신이 온라인 안에서 영향력을 행사할 수 있다는 개인적 통제감이 인터넷을 더욱 매력적으로 느끼게 한다.

2) 개인의 심리적 요인

인터넷 중독 상담전문가들은 부정적 정서상태, 대인관계, 사회적 압박 등이 중독을 유도할 확률이 71% 이상 된다고 하며, 중독에 빠지는 주요 정신적 요인들로 갈망(hunger), 분노(anger), 외로움(loneliness), 정신적 피곤함(tiredness) 등을 제시하였다(Cummings, Gordon, & Marlatt, 1880). Young(1999)은 인터넷 중독에 영향을 미치는 개인적인 특성으로 현실생활에서 대인관계의 효능감, 우울 및 충동성, 내성적 성격, 의사소통 기술 등을 들고 있다. 즉 자존감 및 자아정체감이 낮고 내성적이며 충동성이 강하고 의사소통 기술이 부족할 때 인터넷 중독 가능성이 높다는 것이다.

성격특성과 인터넷 중독의 연구들을 살펴보면, 우울감과 외로움을 많이 느낄수록, 충동성이 강할수록 인터넷 중독경향이 나타난다고 하였다(한국정보문화진흥원, 2002). 또한 사회불안을 느끼는 사람은 다른 사람들의 관심이 모아지는 사회적 상황이 발생하면 불안이나 신경증같은 강한 정서적 반응을 보이고 있다. 인터넷은 이들의 도피수단이 되며, 자신의 익명성을 유지하면서 다른 사람들과 관계를 유지할 수 있어 중독을 강화시킬 수 있다. 또한 자아개념이 낮을수록 인터넷 중독에 빠지기 쉽다. 인터넷은 사회생활에 잘 적응하지 못하거나 다른 사람들의 인정을 받지 못해 자존감에 상처를 입은 사람들에게 자신감을 갖고 긍정적으로 자기 평가를 가능하게 한다. 즉 일시적 안도감으로 낮은 자존감을 회복하기 위해 쉽게 인터넷에 빠질 수 있다.

인터넷 중독자들은 비중독자들보다 문제해결 능력이 낮으며 충동성이 높다. 중독집단이 문제해결에 대한 태도에서 낮은 점수를 받았는데, 이는 중독집단이 전반적으로 문제해결 능력에 대한 자기평가를 부정적으로 하고 있기 때문이다. 또한 중독집단은 비중독적 집단보다 충동적이며 행동에 대한 제지를 잘하지 못하기 때문에 개인을 인터넷에 빠져들게 한다. 신영철(2001)은 청소년들이 인터넷 중독에 빠지기 쉬운 원인을 〈표 11-3〉에 제시하였다.

표 11-3 청소년이 인터넷 중독에 빠지기 쉬운 원인

- 학업부진으로 학업에 흥미를 잃은 청소년
- 또래관계가 어렵고 사회성이 적은 청소년
- 과중한 스트레스, 부모의 부담을 스스로 받고 있다고 생각하는 청소년
- 외로움을 잘 느끼고 자기표현을 잘하지 못하는 청소년
- ADHD(주의력결핍 과잉행동장애)의 병력이 있거나 충동적인 청소년
- 가족을 비롯한 주변환경으로 말미암아 지루함을 느끼고 있는 청소년
- 경쟁적이고 승부욕이 지나치게 강한 청소년
- 지능은 우수하지만 감성적 발달이 지연된 청소년

3) 가족적 · 사회적 · 문화적 요인

가정과 사회의 적절한 통제력의 결핍은 청소년들을 폭력적 게임이나 음란물 등 해로운 자극에 노출시켜 인터넷 중독의 문제를 폭력적인 일탈문제로 비화시킬 수 있다(윤영민, 2002; 이소희 외, 2003; 한국정보문화진흥원, 2002). 사회환경으로서 가정환경이 인터넷 중독에 미치는 영향은 매우 크다고 볼 수 있다(조춘범, 2001). 가정환경의 원인으로 부모와 자녀의 관계, 주거환경, 부모의 인터넷에 대한 가치관과 통제력이 있다. 서로 바쁘게 살아가는 현대의 핵가족사회에서 부모와 자녀 간의 대화가 줄어들고 부모는 자녀의 고민과 원하는 것을 잘 알지 못한다. 그로 인해 자녀들은 부모를 대신할 수 있는 상대를 인터넷 상에서 쉽게 만나 메일이나 채팅을 통한 의사소통을 할 수 있다. 따라서 가족과 함께 보내는 시간보다 인터넷을 사용하는 시간이 늘어나기 때문에 인터넷 중독에 빠질 수밖에 없다. 가정과 더불어 학교환경 역시 인터넷 중독에 빠지는 원인이 되기도 한다. 많은 학생들이 생활하는 교실에서 모든 학생의 생활지도는 불가능하다. 또한 대학입시에 대한 심리적 압박과 스트레스를 인터넷으로 해소하는 경향이 나타나기도 한다. 학교생활에서 왕따나 집단따돌림을 당하거나 친구와의 관계가 원만하지 못한 청소년들 또한 인터넷 중독에 쉽게 빠진다.

5. 인터넷 중독 청소년의 상담방법

인터넷 중독이 일반인과 청소년의 정신건강을 해치는 심각한 사회문제로 대두되자 많은 연구자들(권희경 · 권정혜, 2002; 복지와 사람들, 2000; 신현명, 2001; 이형초, 2001; Young & Suler, 1998)은 인터넷 중독과 관련된 집단상담 프로그램을 개발하였다.

Young(1998)은 인터넷 중독 회복 전략으로서 현재 상태를 파악하고 미래의 결과를 예측하도록 한 후, 온라인 접속시간 계산, 시간관리 계획을 세우고, 중독 사실을 인정하고, 가족이나 주변사람들에게 적극적으로 도움을 요청하도록 하고 있다. 또한 인터넷에 빠지게 된 원인을 탐색하고 문제점을 해결할 수 있는 대안을 생각한 후 보다 적극적으로 스트레스를 해소할 수 있는 방법을 제시하였다. 끝으로 자신의 긍정적인 측면을 발견하고 고통스러운 감정을 주변사람들에게 알리고 외로움이나 부정적인 정서를 조절할 수 있는 방법을 탐색하도록 하였다(김진희, 2006).

이형초(2001)는 인지행동치료는 다양한 임상적인 문제에 매우 효과적인 치료로 인정받고 있으며, 알코올 중독이나 도박 중독 같은 중독성 행동에도 인지행동치료가 효과적인 것으로 보고 있다. 즉 인터넷을 사용하는 경우 인터넷을 사용하는 상황에서 스트레스가 해소되거나 즐거움이 증진될 수 있다는 자동적 사고가 떠오르게 되고, 이러한 자동적 사고로 인해 인터넷 사용에 더욱 몰두하여 현실 도피적인 행동의 악순환이 된다. 따라서 인터넷 사용자가 가지고 있는 이런 왜곡된 인지를 수정해야 중독행동이 조절된다고 보고하였다.

복지와 사람들 약물상담센터(2000)에서는 중학생을 대상으로 인지적-행동적 접근과 재발현상을 중점적으로 다루는 단기집단프로그램인 게임중독재활프로그램 Net-frees program을 개발하였다. 이 프로그램은 청소년들의 참여를 유도하기 위해 인터넷 게임의 장점과 단점 나누기, 게임을 통한 교육, 야외활동, 인형극 등 다양한 집단 활동을 포함시키고 있다. 또한 효과검증연구에서 이 프로그램은 인터넷 중독지수, 자기통제력에 효과가 있는 것으로 나타났다.

신현명(2001)은 고등학생의 인터넷 게임 중독 치료를 위해 현실치료이론에 기초한 Wubbolding의 자기향상을 위한 현실요법 프로그램을 적용한 결과, 현실요법 프로그램으로 인하여 학생들의 자아존중감, 내적 통제성, 자기효능감에 긍정적인 변화가 나타났음을 확인하였다. 또한 권희경과 권정혜(2002)는 인터넷 사용시간 감소와 자기통제력, 자기효능감을 증진시키는 것을 목적으로 인터넷 사용에 대한 자기감찰, 자극통제법과 시간관리 기술의 훈련, 대안활동의 실행 및 긍정적 자기상 확립을 내용으로 한 집단치료프로그램을 개발하였다. 오익수와 김현희(2005)는 인터넷 중독에 빠져있는 학생들을 위해서는 학생들 스스로 일상적인 생활에서 시간관리를 제대로 할 수 있도록 환경을 조성하고, 구체적인 기대와 지침을 통하여 학생 스스로 자기관리를 할 수 있도록 하는 프로그램 개발이 필요하다고 하였다.

송현종과 조성은(2001)은 인터넷 중독 치료를 위한 집단 상담프로그램을 개발하면서 자기통제력을 기르기 위해 자기관리기법을 활용한 인지행동적 상담기법을 제안하였다. 구체적인 내용으로는 자신의 중독 상태를 인정하기, 자기효능감 높이기, 대인관계 기술을 향상시키기, 목표설정, 자기관찰하기, 자기통제하기, 자기강화하기, 새로운 생활패턴 유지시키기 등을 포함하고 있다. 이러한 인지행동상담은 인지전략과 행동수정 기법을 함께 사용하는 통합적인 치료기법으로서, 인지의 변화가 행동의 변화를 가져오고 변화된 행동이 강화를 받음으로써 인지구조 또한 바뀌는 것을 기본전제로 하고 있다. 또한 박경애(1999)는 인지행동상담의 일반적 특성을 다섯 가지로 제시하였다. 첫째, 상담의 수요가 폭증하는 현대의 상황과 내담자의 욕구에 부응하기 위해 전통적인 장기 모델보다는 시간 제한적인 단기모델을 지향한다. 둘째, 교육적 방법을 적극적으로 활용하여 내담자 자신이 사고와 신념을 찾고, 규정하고, 평가하고 행동변화를 계획하도록 가르친다. 셋째, 상담의 효과를 단기간에 산출해야 하므로 상담과정이 과업지향적이고 문제해결 중심으로 진행된다. 넷째, 내담자가 지니고 있는 모든 문제의 해결을 도와주기보다는 내담자가 호소하는 가장 중요하고 임상적으로 심각한 문제를 선택하여 심리교육을 통해 스스로 해결할 수 있는 능력을 배양해준다. 다섯째, 행동변화는 상담의 회기 중에 일어나기보다는 일상생활 속에서 일어나야 하므로 상담회기 밖의 과제, 즉 숙제를 통한 스스로의 훈습을 강조한다. 이러한 선행연구의 인터넷 중독 치료프로그램의 인지-행동치료 기법을 살펴보면 〈표 11-4〉와 같다.

한편, 게임 조절을 위한 치료적 개입을 구체적으로 제시한 연구로서, 사이버 상에서 인터넷 중독센터를 운영하는 권정혜(2002)는 다음과 같은 예방과 회복방안을

표 11-4 인지-행동 치료기법

구분	내용
인지적 기법	• 자동적 생각을 밀어내고 다른 생각 찾아내기 • 인지 재구성법 • 인터넷 사용에 따른 손익 계산하기 • 일상적 사고 기록하기 • 자기 말기법과 새로운 생각 탄생시키기 • 상상기법 및 하향기법 • 책임감의 재귀인
행동적 기법	• 자기관찰 기법 • 활동계획 세우기 및 스트레스 기대 대처 훈련 • 인터넷 활용일기 쓰기 • 행동실험과 행동계약서 작성하기 • 역할연기와 역할 바꾸기 • 이완훈련 및 점차적인 과제수행 • 문제해결하기 • 운동하기 및 자극통제

제시하였다.

첫째, 지금 잃어가고 있는 것에 대한 문제를 인식한다. 과도한 인터넷 이용으로 인해 잃어버린 활동 중에 현재 이 일을 하지 못하는 것이 장기적으로 어떤 결과를 가져올 것인가 생각해보고, 자신의 인터넷 이용이 미래에 끼치는 영향을 검토해보도록 하는 것이다.

둘째, 인터넷 이용시간을 기록한다. 대부분의 사람들은 자신들이 인터넷에서 보내는 시간이 생각보다 훨씬 많은 것을 알고 놀란다. 따라서 인터넷 접속시간을 기록해보면 자신의 인터넷 이용패턴을 파악할 수 있어 이를 줄여나가기 위한 계획을 짜는 데 도움이 된다.

셋째, 인터넷 이용시간을 줄이기 위한 현실적·구체적인 계획을 세운다. 현재의 이용시간과 패턴을 자세히 검토해보면 처음부터 얼마만큼 줄여나가야 되는지, 또 자신에게 어느 시간과 부분이 취약한지를 발견할 수 있다.

넷째, 계획을 세우고 꾸준히 실천한다. 계획을 치밀하게 세워도 한 번에 그대로 실천에 옮기는 것은 어렵기 때문에 처음 계획을 얼마 동안 실천해본 후 수정해야 할 부분과 어떤 점을 보완해야 할지를 점검해서 재조정하게 한다. 그런 다음 계획을 실천에 옮겨 목표한 만큼 시간을 줄이면 자기 보상을 해주고 일정 기간 실천하여 안정된 상태에 이르면 다음 단계의 목표로 나아가야 한다.

다섯째, 인터넷으로 도피하게 만든 문제를 찾아 해결한다. 대부분 스트레스가 쌓이는 일이나 어려운 사회적 기술을 요구하는 상황을 모면하고 싶을 때 인터넷으로 도피하는 경향이 있다. 따라서 인터넷에 대한 조절력을 가지기 위해서는 인터넷을 하면서 자기가 회피하고 있는 문제가 무엇인지를 파악해 그 문제에 정면으로 대응하여 해결하는 노력이 필요하다.

여섯째, 자기 계발을 위해 노력하고 취미 생활을 찾아 즐기도록 한다. 자신이 인터넷에서 보여주는 모습이 현실의 모습과 어떻게 다른지 살펴보고, 자신이 소망하는 이러한 성격들을 실제 생활에서 발휘하기 위한 계획을 세움으로써 인터넷 외에 재미와 보람을 주는 활동을 현실생활에서 누려 온라인의 삶과 오프라인의 삶을 통합할 때 장기적으로 조절력을 얻을 수 있다.

일곱째, 현실생활 속의 인간관계를 강화하도록 한다. 인터넷에서는 사람들과 쉽게 친해지고 공감대 형성에 오랜 시간이 걸리지 않는다. 그러나 그 관계는 현실에 기초를 두지 않기 때문에 책임감이나 친밀감이 없는 경우가 많다. 자신이 추구하는 인간관계를 얼굴 없는 공동체에 국한시키지 말고 현실 상황으로 옮겨 실제 사람으로부터 호의와 신뢰를 받는 관계로 발전시켜야 한다.

6. 인터넷 중독 도구 설명 및 해석

〈표 11-5〉에 제시된 인터넷 중독 검사지는 Young(2000)의 인터넷 중독척도, Goldberg(1996)의 진단기준 등을 반영하여 정보통신부와 한국정보문화진흥원(2002)에서 전국의 만 9세 이상 18세 미만의 청소년 분포상황을 근간으로 대도시 70%, 중소도시 20%, 농어촌 10%의 남녀공학 학교를 임의로 선정해 2002년 7월에 2300여 명을 대상으로 검사를 실시하여 그 자료를 분석하여 만든 한국형 인터넷 중독 진단검사(K-척도)지이다. 본 검사는 인터넷 중독의 핵심적인 요인을 금단, 내성의 증상과 일상생활장애발생으로 정의하여 전국 초·중고등학생을 표집하여 표준화 작업과 타당성을 검토하였다. 이 척도는 총 40문항과 4점 평정 문항으로 구성되며, 하위영역은 일상생활 장애, 현실구분 장애, 긍정적 기대, 금단, 가상적 대인관

계 지향성, 일탈행동, 내성으로 이루어져 있다.

해석은 점수 결과에 따라 '고위험군', '잠재적 위험군', '일반사용군'으로 분류하며, 각 문항별 요인과 채점기준은 〈표 11-6〉, 〈표 11-7〉과 같다.

표 11-5 인터넷 중독 검사지

번호	내 용	전혀 그렇지 않다	때때로 그렇다	자주 그렇다	항상 그렇다
1	인터넷 사용으로 인해서 생활이 불규칙해졌다.	①	②	③	④
2	인터넷 사용으로 건강이 이전보다 나빠진 것 같다.	①	②	③	④
3	인터넷 사용으로 학교 성적이 떨어졌다.	①	②	③	④
4	인터넷을 너무 사용해서 머리가 아프다.	①	②	③	④
5	인터넷을 하다가 계획한 일들을 제대로 못한 적이 있다.	①	②	③	④
6	인터넷을 하느라고 피곤해서 수업시간에 잠을 자기도 한다.	①	②	③	④
7	요즘 인터넷을 너무 사용해서 시력 등에 문제가 생겼다.	①	②	③	④
8	다른 할 일이 많을 때에도 인터넷을 사용하게 된다.	①	②	③	④
9	인터넷 사용으로 인해 가족들과 마찰이 있다.	①	②	③	④
10	인터넷을 하지 않을 때에도 하고 있는 듯한 환상을 느낀 적이 있다.	①	②	③	④
11	인터넷을 하고 있지 않을 때에도 인터넷에서 나오는 소리가 들리고 인터넷을 하는 꿈을 꾼다.	①	②	③	④
12	인터넷 사용 때문에 부모님이 원하지 않으시는 행위(음란사이트, 사이버머니, 욕설, 현금 훔치기) 등을 저지르게 된다.	①	②	③	④
13	인터넷을 하는 동안 나는 가장 자유롭다.	①	②	③	④
14	인터넷을 하고 있으면, 기분이 좋아지고 흥미진진해진다.	①	②	③	④
15	인터넷을 하는 동안 나는 더욱 자신감이 생긴다.	①	②	③	④
16	인터넷을 하고 있을 때 마음이 제일 편하다.	①	②	③	④
17	인터넷을 하면 스트레스가 모두 해소되는 것 같다.	①	②	③	④
18	인터넷이 없다면 내 인생에 재미있는 일이란 없다.	①	②	③	④
19	인터넷을 하지 못하면 생활이 지루하고 재미가 없다.	①	②	③	④
20	만약 인터넷을 다시 할 수 없게 된다면 견디기 힘들 것 같다.	①	②	③	④

순번	내 용	전혀 그렇지 않다	때때로 그렇다	자주 그렇다	항상 그렇다
21	인터넷을 하지 못하면 안절부절 못하고 초조해진다.	①	②	③	④
22	인터넷을 하고 있지 않을 때에도 인터넷에 대한 생각이 자꾸 떠오른다.	①	②	③	④
23	인터넷 사용 때문에 실생활에서 문제가 생기더라도 인터넷 사용을 그만두지 못한다.	①	②	③	④
24	인터넷을 하다가 누군가 방해를 하면 짜증스럽고 화가 난다.	①	②	③	④
25	인터넷에서 알게 된 사람들이 현실에서 아는 사람들보다 나에게 더 잘해준다.	①	②	③	④
26	온라인에서 친구를 만들어 본 적이 있다.	①	②	③	④
27	오프라인에서보다 온라인에서 나를 인정해주는 사람이 더 많다.	①	②	③	④
28	실제에서보다 인터넷에서 만난 사람들을 더 잘 이해하게 된다.	①	②	③	④
29	실생활에서도 인터넷에서 하는 것처럼 해보고 싶다.	①	②	③	④
30	인터넷 사용시간을 속이려고 한 적이 있다.	①	②	③	④
31	인터넷을 하느라고 수업에 빠진 적이 있다.	①	②	③	④
32	부모님 몰래 인터넷을 한다.	①	②	③	④
33	인터넷 때문에 돈을 더 많이 쓰게 된다.	①	②	③	④
34	인터넷에서 무엇을 했는지 숨기려고 한 적이 있다.	①	②	③	④
35	인터넷에 빠져 있다가 다른 사람과의 약속을 어긴 적이 있다.	①	②	③	④
36	인터넷을 한 번 시작하면 생각했던 것보다 오랜 시간을 보내게 된다.	①	②	③	④
37	인터넷을 하다가 그만두면 또 하고 싶다.	①	②	③	④
38	인터넷 사용 시간을 줄이려고 해보았지만 잘 안 된다.	①	②	③	④
39	인터넷 사용을 줄여야 한다는 생각이 끊임없이 들곤 한다.	①	②	③	④
40	주위 사람들이 내가 인터넷을 너무 많이 한다고 지적한다.	①	②	③	④

표 11-6 문항별 요인

요인	문항번호	요인내용
1	1-9번	일상생활 장애(Disturbance of adaptive Function)
2	10-12번	현실구분 장애(Disturbance of Reality Testing)
3	13-18번	긍정적 기대(Addictive Automatic Thought)
4	19-24번	금단(Withdrawal)
5	25-29번	가상적 대인관계 지향성(Virtual Interpersonal Relationship)
6	30-35번	일탈행동(Deviate Behavior)
7	36-40번	내성(Tolerance)

출처: 정보통신부 한국정보문화진흥원, 2002.

표 11-7 문항별 채점기준

사용자군	채점기준
고위험 사용자군	다음의 조건들 중 하나에 충족하는 집단 - 총점이 108점 이상 - 일상생활 장애 요인의 점수가 26점 이상 - 금단요인의 점수가 18점 이상 - 내성요인의 점수가 17점 이상
잠재적위험 사용자군	잠재적 위험 사용자군 다음의 조건들 중 하나에 충족하는 집단 - 총점이 95~107점 사이 - 일상생활장애 요인의 점수가 23점 이상 - 금단요인의 점수가 16점 이상 - 내성요인의 점수가 15점 이상
일반사용자군	일반사용자군 위의 두 집단 중 어느 하나에도 속하지 않는 집단

출처: 정보통신부 한국정보문화진흥원, 2002.

제 **12** 장

휴대폰 중독

학습개요

최근에 휴대폰은 청소년들에게 없어서는 안 되는 생활필수품이 되어버렸다. 즉, 청소년들에게 있어 휴대폰은 단순한 사무용품이나 전화가 아니라 항상 몸에 부착되어 있는 신체적 부속물 같은 것으로 친구들과 의사소통을 위해, 나아가 시간과 공간의 제약을 넘는 자신들의 커뮤니티 구성을 위한 필수품이다. 이러한 휴대폰 사용률이 확대됨에 따라 여러가지 역기능적인 현상들이 사회적, 경제적, 정치적, 육체적으로 유발하는 우려의 목소리가 제기되고 있다. 따라서 이 장에서는 휴대폰 중독의 정의와 진단기준, 유형, 원인 및 상담기법에 대해서 살펴보기로 한다.

학습목표

1. 휴대폰 중독의 정의에 대하여 설명할 수 있다.
2. 휴대폰 중독 진단 기준 및 유형에 대하여 설명할 수 있다.
3. 휴대폰 중독의 원인에 대하여 설명할 수 있다.
4. 휴대폰 중독 청소년의 상담기법에 대하여 설명할 수 있다.

1. 휴대폰 중독의 정의

최근 휴대폰은 청소년들의 일상생활에서 없어서는 안 될 생활필수품의 하나로 자리잡아가고 있다. 정보통신매체 가운데 휴대폰의 보급률이 급속히 증가하는 가운데 청소년의 휴대폰 보급률 역시 지속적인 증가추세를 보이고 있다. 전국 10개 시 · 도의 중 · 고등학생 2339명을 대상으로 한 청소년보호위원회(2001) 조사에 따르면, 우리나라 중 · 고교생 100명 중 67명이 휴대폰을 가지고 있는 것으로 나타났다. 그 가운데 응답자의 80%가 통화보다 문자메시지를 더 많이 사용한다고 말해, 문자메시지가 청소년들에게 중요한 의사소통 수단으로 자리 잡았음을 알 수 있다. 또한 응답자 75%는 휴대폰이 없으면 불안을 느낀다고 대답하여 휴대폰의 과도한 사용이 청소년에게 미치는 부정적인 영향을 보여주고 있다.

정보통신부(2007)의 조사에서는 우리나라 인구의 84%인 4,100만 명이 휴대폰을 소유하고 있으며, 경제활동 인구의 100%가 휴대폰을 사용하고 있는 것으로 밝히고 있다. 이 조사에 따르면, 비경제활동 인구인 청소년은 물론이고 초등학생의 휴대폰 보급률이 점차 높아지고 있는 추세임을 알 수 있다(이해경, 2008). 청소년들의 휴대폰 사용 증가는 의사소통 및 각종 정보처리 수단의 변화를 의미할 뿐 아니라 개인의 커뮤니케이션 방식과 생활양식 및 사회적 가치체계에 이르기까지 전체적인 변화를 수반한다.

정무관 · 강태윤(2000)의 조사에 의하면 10대와 20대 초반 응답자의 80.3%가 휴대폰을 소유하고 있다. 휴대폰 사용 내역을 보면 친구와의 통화가 85.8%로 가장 높았고 가족과의 통화(79.0%), 친구와의 문자 및 음성 메일(74.6%)의 순으로 나타났다. 박길성(2001)은 청소년들의 휴대폰 요금에 대한 조사에서 14.5%가 휴대폰 요금을 체납한 경험이 있다고 보고하였다. 또한 휴대폰 단말기 가격 및 요금으로 인해 경제적 곤란을 겪거나 통신요금 미납으로 신용불량자가 된 사례가 보고되기도 하였다(한국소비자보호원, 2004).

이러한 경제적 문제 외에도 휴대폰을 지나치게 사용하면 전자파 발생으로 세포와 DNA에 손상을 입을 수 있으며 백혈병, 뇌종양 등의 암이 유발될 수도 있다(Muscat et al., 2000). 또 문자메시지의 과도한 사용으로 문자메시지 통증(TMI: Text

Message Injury) 증후군이 발생할 수 있다(K모바일, 2005). 이러한 문제를 인식하지 못하는 학생들은 수업 중에 문자메시지를 주고받기도 하는데, 하루 평균 13.7건의 문자메시지를 주고받으며, 20개 이상을 교환한다는 대답도 11.9%에 이르고 있다(양심영, 2002). 2005 학년도 대학수학능력 시험에서는 휴대폰을 이용한 대규모 조직적 부정행위가 큰 논란이 되기도 하였다(한국경제신문, 2004). 이는 컴퓨터가 보급된 이후 인터넷 중독이 사회문제가 되었던 것처럼, 휴대폰의 급격한 보급으로 인한 휴대폰 중독이 심각한 문제를 초래하고 있음을 나타내 준다(장성화 · 박영진, 2009).

이정숙과 명신영(2007)은 청소년들이 휴대폰을 폭넓게 사용하는 이유를 다음과 같이 제시하였다. 첫째, 휴대폰은 청소년들의 개성을 표현하는 수단이다. 둘째, 부모님이나 선생님들과 쉽게 연락할 수 있는 도구로 사용될 수 있다. 셋째, 친구들 간의 우애를 돈독히 하는 도구로 사용될 수 있다.

그러나 청소년들이 이렇게 휴대폰을 많이 사용하다 보니 휴대폰이 자신의 손에서 사라지면 불안감을 느끼는 중독증상이 나타나고 있다. 청소년들은 불완전한 정체성을 지니고 있으며, 관계를 맺고 있는 대상보다는 관계 자체에 의존적인 성향이 있기 때문에, 수업시간에 문자메시지를 주고받는 등의 문제 행동에 대해 통제가 어려울 수 있다. 특히 청소년기에는 친구와의 관계를 중요하게 여겨 친구집단에 끼지 못하거나 탈락할지도 모른다는 불안감을 가질 수 있는데, 이 때문에 휴대폰 중독이 더욱 심각해질 수 있다(김영순, 2004). 실제로 성장기에 있는 청소년들은 질풍노도를 경험하면서 자아형성이 미성숙할 수 있으며, 자아정체감 확립에 한계가 있기 때문에 휴대폰 중독에 빠질 개연성이 큰 것으로 조사되었다(권창길 · 장성화, 2009).

한편, 휴대폰을 사용하는 청소년들의 성별에 따른 선행연구를 살펴보면, 김정숙(2003), 이동후와 손승혜(2007), 이정숙과 명신영(2007), 한상훈(2008) 등의 연구에서 여학생의 휴대폰 중독이 남학생보다 더 높은 것으로 나타났다. 또 여학생은 휴대폰의 자기표현 기능이나 카메라, DMB, MP3 기능에 더 큰 가치를 두고 있는 반면, 남학생은 오락과 정보 기능에 더 큰 가치를 두고 있는 것으로 나타났다. 학교급에 따른 휴대폰의 중독적 사용에 관한 선행연구에서는 중학생보다 고등학생의 휴대폰 중독 정도가 높은 것으로 보고되었다(곽민주, 2004; 이정숙과 명신영, 2007). 휴대폰 중독은 휴대폰이라는 매체가 청소년들 사이에서 급속도로 증가하는 가운데 나타나는 하나의 병리적 현상으로 볼 수 있다. 이는 휴대폰 사용이 습관화되면서 사용하는 시간을 조절하지 못하여 점점 더 중독적으로 휴대폰을 사용하게 될 수 있음을 뜻하는 것이다. 장성화와 오은정(2009)은 Goldberg(1996)의 인터넷 중독에 기초하여 다음과 같이 휴대폰 중독을 정의하였다. 휴대폰 중독은 휴대폰을 지나치게 사용함으로써 신체, 심리, 사회적인 면에서 부적응 혹은 일탈을 경험하면서도 휴대폰 사용에 더욱 의존하여, 휴대폰 사용을 중단하였을 때의 금단, 내성, 일상생활 장애, 불안 등을 경험하는 상태를 말한다.

2. 휴대폰 중독 진단

휴대폰 중독에 대한 개념적 정의는 명확하게 이루어지지 않고 있다. 일반적으로 중독이란 일상적인 생활이 제공해 주지 못하는 과도한 쾌락의 추구로써 스스로 쾌락적 만족감을 얻기 위해 특정한 활동에 지나치게 몰입함으로써 쾌락을 주는 중독물질 없이는 기능할 수 없는 특별한 경험에 대한 의존을 말한다(Marie, 1977). 정신의학에서는 중독(addiction)을 술이나 마약, 담배 또는 기타 물질에 대한 심리적 의존이나 생리적 의존 상태로 보는데(이병윤, 1992), 인간의 몸 안에서 흡수되는 화학물질에 의해 발생하는 남용 등의 행동변화, 금단, 내성 등의 증상이 있을 때 중독 상태라고 말한다. 이러한 중독증상이 약물이나 화학물질만이 아니라 특정행위에 대한 과도한 집착이나 이 행위를 하고자 하는 충동조절의 문제에 의해 생길 수도 있다는 주장이 제기되면서 점차 그 개념이 확장되고 있다(이송선, 2000). 실제로 사람들은 일상생활에서 물질에 대한 중독 외에 TV, 도박, 운동, 쇼핑, 일 등에 중독되었다는 표현을 사용하기도 한다.

현재 휴대폰 중독은 DSM-IV(Diagnostic and Statistical Mental Disorders)의 정신장애진단 기준에 의거할 때 최근의 인터넷 중독 등의 의존적인 행동장애 경우처럼 '다른 곳에 분류되지 않은 충동조절장애' 에 적용될 수 있다. 충동조절장애의 가장 두드러진 특징은 어떤 행동이 자기 자신과 다른 사람에게 피해를 준다는 것을 알면서도 그 행동을 하려고 하는 충동이나 유혹을 스스로 견뎌내지 못하고 그 행동을 하게 되는 것이다(양심영 · 박선영, 2005). 현재 기존 연구들에서 휴대폰 중독에 대한 개념 정의가 명확하게 이루어지지 않고 있으나, 일반적으로 휴대폰 중독과 유사한

양상을 보이면서 선행연구가 이루어진 인터넷 중독 개념을 바탕으로 정의를 살펴보고자 한다. 우선 Young(1996)은 DSM-IV의 약물의존 진단준거를 적용하여 과도한 인터넷 사용 결과를 연구하였다. 즉 그는 의존적인 인터넷 이용자들이 알코올 중독을 비롯한 다른 중독들과 마찬가지로 학문적, 사회적, 재정적, 직업적 생활에 명백한 장애를 겪고 있음을 보고 과도한 인터넷 사용으로 인한 약물의존시의 현상적 결과를 중독의 기준으로 삼았다.

Goldberg(1996) 역시 DSM-IV의 약물중독 형식에 준거하여 인터넷 중독의 진단기준을 12개월 동안 연구한 결과 네 가지 증상을 도출해냈다. 이러한 인터넷 중독의 진단기준에 기반하여 휴대폰 과다 사용에 대한 진단기준을 살펴보았다(장혜진 · 채규만, 2006). 첫째, 의존은 휴대폰을 사용하지 않으면 우울하거나 초조하고 답답한 기분을 느끼며, 습관적으로 휴대폰을 사용하게 되는 심리적 의존 상태를 의미한다. 둘째, 내성은 휴대폰 사용에 있어서 더 많은 사용(사용요금, 사용시간)을 해야 만족을 느끼게 되는 증상을 의미한다. 셋째, 휴대폰의 사용을 중단하거나 감소하면 정신운동성 초조 또는 불안이 야기되는 것을 의미한다. 넷째, 금단은 휴대폰에 대한 강박적 사고나 환상을 가지게 되며, 휴대폰을 가지고 있지 않을 때 중요한 전화들이 와 있지 않을까 몹시 궁금해 하고 초조해 하는 증상을 의미한다.

한편, 김진세(2003)는 휴대폰 중독원인을 생물학적 원인, 사회심리학적 원인, 정신분석학적 원인의 세 가지로 제시하고 있다. 첫째, 생물학적 측면에서 볼 때 중독은 대뇌 쾌락 시스템의 결함이 원인이다. 원하는 자극이 생기는 대뇌 변연계의 쾌락중추에서는 강력한 물질이 분비되어 쾌락을 유발하게 되고 고통을 억제하게 된다. 쾌락중추가 취약한 사람은 쾌락을 갈망하는 정도가 강력하기 때문에 계속 같은 자극을 원하게 된다. 즉 쾌락을 맛보고 불안을 덜기 위해 전화를 거는 행동을 계속하게 되는 것이다. 둘째, 사회심리학적 원인으로는 현대인의 고립성을 들 수 있다. 현대인은 과거에 비해 복잡해지는 사회 시스템으로 인해 더욱 복잡하고 불안정한 인간관계를 맺고 산다. 그러므로 전화를 통해 안정된 관계가 있다는 것을 지속적으로 확인하고자 하는 것이다. 셋째, 정신분석학적으로는 아이들이 엄마와 함께 있어야 마음의 안정을 얻는 것처럼 세상과의 분리에 대한 두려움을 억제하기 위해 전화를 사용한다. 따라서 사람들은 현대사회에서 느끼는 불안 및 고립성을 벗어나고, 마음의 안정을 얻기 위해 휴대폰을 과다 사용할 수가 있다.

박순천 · 백경임(2004)은 사회적 상호작용의 목적뿐만 아니라 다른 뚜렷한 목적이 없이 자신의 의지와 통제력으로 조절하지 못하여 휴대폰을 충동적으로 조작하고 과도하게 사용함으로써 현실생활에서 불편을 경험하고, 의존적이고 강박적으로 휴대폰을 사용하게 되는 상태를 휴대폰 중독이라고 정의하였다. 한국정보문화진흥원(2006)은 휴대폰의 지나친 사용으로 신체, 심리, 사회적인 면에서 부적응 혹은 일탈을 경험하면서도 휴대폰에 지나치게 의존하거나 집착하며(강박과 집착), 휴대폰을 점점 더 많이 사용해야 만족하거나(내성), 휴대폰 사용을 중단하였을 때 불안한 증상(금단)이 나타난다고 보고하였다.

결과적으로 휴대폰에 중독된 사람들은 내성, 의존, 집착, 생활장애, 강박증과 같은 증상을 보인다. 이처럼 휴대폰을 습관적으로 과도하게 사용하는 증상으로, 휴대폰이 없으면 불안과 초조한 의존상태가 발생하여 휴대폰을 더 많이 사용해야 만족감을 느끼는 내성이 생기는 상태를 중독으로 볼 수 있다. 강박 역시 일종의 집착으로 인해 일상생활을 하는데 지장을 초래할 수 있는 상태로 이를 휴대폰 중독으로 정의하고자 한다.

3. 휴대폰 중독의 유형

1) 블랙베리 증후군

현대인과 휴대전화는 서로 떼어놓을 수 없는 관계다. 특히 청소년들은 그 정도가 더욱 심해서 청소년들의 휴대전화 사용은 이미 위험수위를 넘어섰다. 이 때문에 중 · 고등학교에 다니는 자녀를 둔 부모들은 휴대전화 요금 문제로 말다툼을 해본 적이 한두 번씩은 있을 것이다. 그만큼 학생들의 휴대전화 사용량이 많다는 뜻인데 엄청난 요금을 감당하지 못해 스스로 목숨을 끊은 청소년도 있었다. 또한 청소년들은 문자 메시지도 많이 이용한다. 이는 통화보다 상대적으로 요금이 싸고, 수업시간에는 통화를 할 수 없기 때문이다. 통계청이 발표한 자료를 보면 15세～19세 사이 청소년이 이용한 문자 메시지는 하루 평균 무려 60.1건으로, 6세 이상 전체 인구의 평균 사용건수 16.9건의 4배 수준이다. 문자 메시지를 과도하게 이용하다 보니 흔히 주부병이라고 알려진 손목터널증후군을 호소하는 청소년들이 급증하고 있다.

손목터널증후군은 손으로 가는 힘줄, 신경 및 혈관들이 손목의 좁은 부분을 통과하는 과정에서 압박을 받아 발생하는 마비현상이다. 손목의 신경은 얇은 외피로 된 관 안을 통과하는데 휴대전화 문자 메시지나 컴퓨터 마우스 조작 같은 반복 동작으로 이 관의 외피가 두꺼워지면 정중신경이 압박을 받아 손이 저리게 된다. 증상은 손가락이 저리거나 감각이 둔화되는 경우가 대부분이다. 하지만 정중신경은 새끼손가락에는 분포하지 않기 때문에 엄지부터 약지까지만 증상이 나타나고 새끼손가락에는 증상이 나타나지 않는다. 주부들의 손목터널증후군은 손이 저린 증상만 있는 데 반해, 청소년들의 손목터널증후군은 손이 저리면서 엄지손가락의 관절 통증까지 함께 나타나는 게 특징이다.

2006년 미국에서는 휴대전화 사용시 문자 메시지로 인한 근육통을 블랙베리증후군이라고 칭하며 정식 직업병으로 인정하였다. 문자 메시지로 인한 각종 근육통이 심각한 수준에 이르렀다고 판단한 사례이다. 우리나라도 예외가 아니어서 특히 휴대전화 문자 메시지 사용 빈도가 높은 청소년들에게 이런 문제가 나타나고 있다. 대부분의 손목터널증후군은 물리치료와 스트레칭만으로 호전되지만 통증이 오래가거나 심하면 병원을 찾아 적절한 처방을 받아야 한다(스포츠 서울, 2009).

2) 휴대폰 관계 중독(Cellular-relationship Addiction)

휴대폰 중독에 빠진 청소년들은 언제 어디서나 휴대폰을 손에 쥐고 있어야 한다. 버스나 지하철을 둘러보면, 전자제품 삼매경에 빠져 있는 청소년들을 흔히 볼 수 있다. 휴대폰을 이용하여 인터넷, 전자사전, 라디오, 영화, 전자계산기, 디지털카메라, 문자 메시지, MP3, 게임, TV 시청 등을 하는 것이 바로 요즘 세대이다. 시간과 장소의 경계를 넘은 과도한 전자제품 사용이 현대인들의 생활 전반을 지배하고 있다.

Michael Darowish, Jeffrey N. Lawton과 Peter J. Evans(2009)는 휴대폰으로 장시간 통화할 때 팔과 손의 위치가 부적절해 발생하는 휴대폰 엘보(cell phone elbow), 즉 주관증후군(cubital tunnel syndrome)에 대해 보고하였다. Darowish 박사팀에 따르면, 이는 임상적으로 약지(네번째 손가락)와 새끼손가락의 지각이상에 가깝다고 한다. 그러나 이러한 증상은 통화 중에 휴대폰을 쥐는 손을 바꾸거나 팔꿈치를 궤는 등 압력을 줄이기만 해도 가벼워지는 경우가 많다. 문제는 자세인데, 무릎 위에 제품을 놓고 사용하다 보니 목은 쭉 빠지고 고개는 저절로 숙여진다. 목은 대략 3~4kg 정도의 무게를 지니는 신체기관으로 7개의 목 부분 척추가 그 무게를 지탱하고 있다. 만성피로에 시달리는 사람들 중 뒷목과 어깨의 뻐근함을 호소하는 이들이 많은 것도 바로 그 때문이다.

척추의 퇴행성 변화는 다른 근골격계와 달리 10대 후반에서 20대 초반부터 시작된다. 즉 목디스크 증상으로 고통받는 연령층도 다양하다. 일반적으로는 중장년 이상에서 많이 발견되지만, 나쁜 자세 때문에 유발된 젊은 층의 목디스크도 늘어나고 있다. 목디스크는 경추 추간판 탈출증이라고도 불린다. 목 부분의 척추를 뜻하는 경추 사이에서 쿠션 역할을 하는 추간판(디스크)의 수핵이 밖으로 밀려나와 신경을 자극해서 통증을 느끼게 만든다. 허리보다 목의 디스크가 작은 데다 주변 인대도 약해서 작은 충격에도 손상이 더 크게 나타난다. 목디스크가 심하게 튀어나오면 목이하 부분에 신경마비가 오는 것도 그 때문이다. 목디스크는 허리디스크와 달리 증상이 없다가 갑자기 나타날 수 있다. 목을 움직이기가 힘들거나 뻐근한 느낌이 들며, 목에 직접적인 통증이 느껴지기보다 어깨나 등 쪽이 묵직하게 아플 수도 있다. 팔과 손가락이 저리거나 시린 느낌이 있을 때도 목디스크를 의심해볼 수 있다. 강남힘찬병원 임효주 소장은 목디스크의 통증은 다양한 부위에서 나타나므로 자가진단에 의지하지 말고 전문병원을 찾아 X-레이 검사나 MRI 검사로 확인하는 것이 가장 확실하다고 설명했다.

목디스크 치료는 비수술적 요법을 우선시 하는 것이 원칙이다. 약물치료를 포함해 온열치료, 심부 초음파 치료, 전기자극치료, 경추부 견인 등 다양한 물리치료는 통증완화에 매우 효과적이다. 또 목을 고정시키는 보조기를 착용해 증상이 악화되는 것을 막을 수 있다. 하지만 근력이 약화되고 밀려나온 디스크에 척수가 압박을 받는 심각한 경우에는 수술적 치료가 필요하다. 나쁜 자세를 취하는 습관을 가진 사람들은 모두 목디스크 고위험군이다. 고개를 숙여서 어깨 앞으로 내미는 독서형 자세, 턱을 치켜들어 목이 과도하게 젖혀진 영화관람형 자세, 고개를 숙인 채 목을 돌려 책상에서 잠자는 자세 등은 목디스크를 유발하는 대표적인 자세이므로 반드시 피해야 한다(머니투데이, 2009).

3) 휴대폰 강박증(Cellular Compulsions)

휴대폰 강박증 증상은 휴대폰 기능안에서 게임, 문자 메시지, 동영상, 쇼핑, DMB(Digital Multimedia Broadcasting) 등에 집착하는 것을 의미한다. 휴대폰이 나오기 전에는 집안에서 인터넷 게임, 삐삐, 쇼핑 등을 하였지만, 휴대폰 사용이 증가하면서 언제 어디서나 간단하게 사용할 수 있다는 간편성 때문에 청소년과 일반인들이 충동적으로 게임이나 동영상, 쇼핑 등에 쉽게 빠져들 수 있다. 이러한 문제들로 인해 친구, 교사, 부모 등과의 관계에서 심각한 사회적 부작용을 경험하게 된다.

4) 휴대폰 전자파 과민증(Cellular Electromagnetic Hypersensitivity)

갑자기 가슴이 두근거리고 통증을 느끼거나 팔 다리가 저리고 쑤시는 고통을 호소하는 사람들이 있다. 하루의 대부분을 컴퓨터와 주변기기 앞에 앉아있는 사람들의 경우 일에 몰두하다가도 심장이 두근거리고, 누우면 두통이 심해지거나 심지어는 찌릿찌릿한 느낌을 받을 때가 있다.

전자파 과민증이란 비교적 강한 전자파를 받거나 약한 전자파에 장기간 노출됨으로써 일반적으로 사람에게 허용될 수 있는 정도의 전자파에도 과민하게 반응해 다양한 주관적 자각증상, 즉 두통, 불면증, 불안감, 피로, 고통, 단시간 기억 상실 등을 호소하는 것을 말한다. 스웨덴과 캘리포니아의 연구조사에 의하면, 전자파 과민증 인구가 각각 1.5%와 3.2%로 조사됐으며 우리나라의 경우에는 이보다 훨씬 높을 것으로 보인다. 현재 우리 주변을 둘러보면 전기 에너지가 아닌 것이 없는데, 전자파는 전기를 사용하는 모든 전기기기에서 흘러넘치고 있다.

휴대폰 보급률이 급증하고 있는 지금 거리에는 무선 LAN과 휴대폰의 기지국이 얽혀 있으며 주택가에도 고압 송전탑이 세워져 있다. 실내에서도 대형 TV나 전자레인지, 특히 전기 카펫이나 전기담요, 전기방석, 돌침대, 인덕션, 밥솥 등의 조리기구 등에서 강한 전자파가 나오고 있다. 이로 인한 '전자파 과민증'의 증세들이 막연한 불안감 때문인지 혹은 전자파 노출로 인한 증상인지에 대해서는 확실한 원인 규명이 되지 않고 있다. 특히 최근에는 휴대폰 전자파가 논란의 중심에 있는데 아직 학술적으로 정리가 되지는 않았지만 전문가들은 전자파에 단기간 노출과 전자파 과민증 사이에 인과관계가 있다고 보기는 어렵다는 입장이다.

지난해 12월 미국 생체전자파학회지에 휴대폰 전자파와 과민증후군 실험결과를 발표했던 연세대학교 의과대학 의학공학교실 김덕원 교수에 따르면, 일반인 그룹과 과민증후군 그룹을 30분간 휴대폰 최대출력인 300mW의 전자파에 노출시켰을 때 혈압, 맥박수, 호흡수, 자각증상 등에서 두 그룹 모두 변화가 없었다. 전자파를 인식하는 정도도 휴대폰 전자파 과민증 그룹이 일반인 그룹에 비해 더 잘 인지한다고 볼 수 없었다. 미국이나 유럽에서 보고된 휴대폰 전자파 관련 논문의 대부분은 전 세계에서 가장 널리 사용되는 개인 휴대 통신 시스템(Global System for Mobile Communications: GSM) 방식의 휴대폰을 대상으로 한 연구들이었고, 우리나라에서 사용하는 코드분할 다중접속(Code Division Multiple Access: CDMA) 방식의 인체 영향 연구는 거의 없는 실정이다.

김덕원(2006)은 청소년 그룹과 성인 그룹의 휴대폰 전자파 노출 영향을 평가했을 때 두 그룹 사이에 심박수나 호흡수는 차이가 없었지만 청소년 그룹에서 땀 분비가 증가했다고 보고하고 있는데 이는 자율신경계에 영향을 미치고 있다는 의미이다. 그리고 그는 이 실험들은 단기간의 노출을 조사한 것이고 휴대폰은 10년 이상 사용해야 암 발생에 영향을 끼칠 것이라고 예측했다. 그러나 특히 태아와 어린이들은 면역체계가 잘 갖춰지지 않은 상태이기 때문에 좀 더 영향이 있을 수 있다고 덧붙였다. 환경부 생활환경과에서도 전자파 과민증에 대한 설문조사를 통해 과민증을 호소하는 그룹에서 전자파에 대한 영향을 찾아보기는 어렵다는 결론을 내린 바 있다. 방송통신위원회 전파연구소 관계자도 실제로 민원이 많이 들어오고 방문도 하지만 전자파가 나오지 않는 방에 들어가서도 전자파가 나온다고 인지하는 경우가 많아 심리적 요인이 작용하는 것으로 보인다고 평가했다. 그렇다고 하더라도 휴대폰을 10년 이상 사용할 경우 종양 발생과 상관관계가 있을 수 있다는 것에는 전문가들의 의견이 거의 일치하였다. 국립암센터 암예방검진센터 명승권 교수팀은 휴대폰 사용과 종양의 위험성이라는 연구논문에서 휴대폰을 사용하는 사람이 그렇지 않은 사람에 비해 종양 발생률이 더 높았으며, 10년 이상 사용한 경우에는 암 발생 가능성이 30%로 더 높아졌다고 밝힌 바 있다.

명승권 교수는 휴대폰 전자파의 유해성을 명확하게 말할 수 있는 단계는 아니지만 미국의 메인 주나 샌프란시스코 시에서는 휴대폰에 경고 문구를 삽입하고 있다고 전하며, 사전예방의 원칙이 필요한데 어떤 요인이 특정한 질환이나 공중보건학적으로 문제가 있다고 완전히 입증되지 않더라도 정책적으로 조치를 취해야 한다고 조언했다(메디컬투데이, 2010).

4. 휴대폰 중독의 원인

문자 메시지, 게임, MP3, 인터넷 등 다양한 부가적 기능들로 인해 청소년들은 휴대폰을 더욱 선호하고 있다. 정보교류와 상호연결 강화를 위한 개인 간 의사소통 기능보다는 문자, 인터넷 연결을 통한 오락이나 사행성 게임 등 오락 매체적 기능들이 더욱 커지면서 청소년들의 휴대폰 중독 증상이 증가되고 있다. 이러한 휴대폰 중독의 원인은 휴대폰 사용동기, 개인의 심리적 요인, 사회심리학적 요인 등으로 분류할 수 있다.

1) 휴대폰 사용동기

김영기와 한선(2005)은 휴대폰 사용동기 유발을 세가지로 제시하였다. 첫째, 즉시성과 휴대성으로 즉각적인 피드백이 가능해 마치 얼굴을 마주보고 있는 듯 실시간으로 상호작용하는 대인 커뮤니케이션 매체이다. 즉 동시적이고 휴대가 간편해서 필요할 때 신속하게 활용할 수 있다. 즉시성의 특성에서는 공간과 시간의 장벽을 뛰어넘는 문자 메시지가 음성통화보다 더 뛰어난 기능을 수행한다. 둘째, 사용동기 측면에서는 도구적 사용보다 상징적인 표현을 위한 도구로서의 목적이 더 크다. 즉 또래집단과 동질감을 느끼고 교류하며, 자신들만의 정체성을 표현할 수 있는 정서적 도구로서 중요한 역할과 기능을 수행한다. 따라서 휴대폰의 통화 품질 성능보다는 기기의 외형적 특성과 디자인 등이 중요한 의미를 갖게 된다. 셋째, 지극히 사적이고 주관적이며 정서적인 의사소통의 통로이다. 휴대폰은 잡담이나 수다를 위해 사용되는 경우가 많았는데, 이는 상대방을 인지하고 있는 관계가 중시된 상황에서 대화를 나누고 교감하기 위해 사용하는 것이다. 따라서 의사소통 양식도 사적인 구어체를 주로 사용하고 있다. 이처럼 휴대폰은 청소년들의 긴밀한 상호작용과 자아표현을 가능케하는 수단으로 보았다. 또한 Leung과 Wei(2000)는 무선호출기의 사용동기에 대한 연구결과를 토대로 휴대폰의 사용이 패션과 지위, 감정과 사회성, 휴식, 이동성, 즉시성, 도구성, 안심 등 일곱 가지 동기에서 비롯되며, 사용자들이 패션과 사회적 지위를 표현하기 위해 휴대폰을 사용한다고 보고하였다. 이러한 동기 중 이동성과 즉시성은 이전의 무선호출기나 유선 전화의 이용 동기에서는 나타나지 않았던 것으로, 이동성을 통해 공간적 제한을 극복하고 원하는 대상에 즉각적으로 접근할 수 있다는 욕구가 반영된 것이라고 할 수 있다.

나은영(2001)은 휴대폰 사용집단이 비사용 집단에 비해서 개성이 강하고, 즉각성과 직접성이 높다는 결과를 발견하였다. 또한 이인희(2001)는 대학생의 휴대폰 사용동기를 사회적 차원, 기능적 차원, 심리적 차원, 그리고 문화적 차원으로 나누고, 이에 따라 사회성, 즉각성, 이동성, 도구성, 정보습득, 시간관리, 안심, 체면 및 동조, 흥미 및 휴식, 과시, 패션 및 사회적 지위 등 열한 가지 요인을 제시하였다. 이러한 동기들은 시간과 장소에 구애받지 않고 친구들과 연락을 하고자 하는 청소년들의 욕구뿐 아니라 이러한 연락으로부터 소외되었을 경우 느낄 수 있는 불안감 등 친구 집단에 속하기 위해 동질적인 정체성이 중요시되는 청소년 집단의 특성이 반영된 것이라고 할 수 있다. 이는 청소년들이 사회성, 즉시성, 이동성, 패션 및 사회적 지위, 체면, 도구성, 정보습득, 휴식, 오락, 과시, 시간관리, 안심, 시간보내기, 습관, 현실도피, 사교 등을 위해서 휴대폰을 더 자각 증상 없이 사용하게 될 수 있음을 의미한다.

2) 개인의 심리적 요인

휴대폰 중독에 영향을 미치는 개인 심리적 변인으로는 크게 자아존중감, 자기효능감, 자기통제력, 충동성, 우울, 불안 등을 들 수 있다. 휴대폰 중독은 인터넷 중독과 마찬가지로 그 행위로 인한 부정적인 영향이 있음에도 불구하고 스스로 충동을 조절하지 못하고, 충동을 억제할수록 정신적 긴장이 더 커지며, 행위를 수행했을 때 기쁨이나 안도감, 충족감 등을 경험하는 충동조절장애의 일종으로 볼 수 있다(이진영, 2006). 따라서 휴대폰 중독과 충동성은 관련성이 매우 높다. 정진영과 김동현(2005)에 의하면, 휴대폰 중독집단이 비중독집단에 비해서 자아존중감이 낮고 우울, 충동성이 더 높은 것으로 나타났으며, 양심영과 박영선(2005)은 휴대폰 중독의 주요 영향요인에 대해 자아존중감, 충동성, 우울, 학교생활, 사회적 지지측면을 조사한 결과 중독집단이 충동성과 우울에서 유의하게 높게 나타났지만 반면에 학교생활은 유의하게 나타나지 않았다고 보고하였다(장성화 · 박영진, 2009).

또한 휴대폰 중독의 원인을 생물학적 측면에서 살펴본 김진세(2003)는 대뇌 쾌락시스템의 결함으로 인해 중독이 나타난다고 하였다. 즉 쾌락중추가 취약한 사람은 쾌락을 갈망하는 정도가 강력하기 때문에 계속 같은 자극을 원하게 되는데, 이는 전화 거는 행동이 처음에는 자의적이었으나 쾌락을 맛보고 불안을 덜기 위해 계속 전화를 걸게 되는 것이 중독으로 이어진다는 것이다. 이는 충동성과 유사한 개념으로 충동을 억제하지 못하고 쾌락을 추구할 경우 중독으로 이어질 가능성이 크다는 것을 의미한다. 이와 관련하여 장혜진과 채규만(2006)도 휴대폰 중독적 사용과 관련이 있는 요인 중 하나로 충동성을 꼽고 있다. 즉 충동성의 점수가 높을수록 휴대폰을 중독적으로 사용하는 것으로 보고하였다. 양심영과 박영선(2005)의 연구에서도 휴대폰 중독에 크게 영향을 미치는 위험요인 중 하나로 충동성을 들고 있는데, 강한 충동성향 여부에 따라 휴대폰 중독에 빠질 수 있는 정도가 3배 이상이 된다고 보고하였다.

외로움도 휴대폰 과다사용이나 중독과 밀접한 관련을 갖는다고 할 수 있다. Griffiths(1999)와 Young(1998)에 의하면 사회적으로 고립되고 외로움을 많이 타는 사람일수록 휴대폰에 중독되는 것으로 나타났다. 이러한 맥락에서 우울도 휴대폰 중독에 의미있는 영향을 미친다고 볼 수 있다. 우울은 복잡하고 경쟁위주의 물질만능적인 현대사회에서 가장 많이 나타나는 정서 중 하나로 정상인이 스트레스에 의해 흔히 겪게 되는 가벼운 우울에서부터 정도가 심해지고 증상 지속기간이 길어져 치료를 요하는 정신병적 우울에 이르기까지 다양하다. 이진영(2006)에 의하면, 중학생을 대상으로 한 연구에서 우울점수가 높은 상집단에서 휴대폰 중독이 가장 높았고, 우울이 중상인 집단, 우울이 중하위권 집단, 그리고 우울이 하위인 집단에서 휴대폰 중독 점수가 낮은 것으로 나타났다. 정신건강과 충동성과 마찬가지로 우울 역시 휴대폰 중독 집단이 비중독 집단에 비해 높게 나타났으며(양심영 · 박영선, 2005; 장성화 · 박영진, 2009; 장성화 · 진석언, 2009; 한상훈, 2008), 우울과 상반되는 정서인 낙관성은 중독집단이 비중독 집단에 비해 낮게 나타났다(한주리 · 허경호,

2004).

또한 김진세(2003)는 매사에 의욕이 없고 초조해서 누군가와 이야기하지 않으면 불안해서 견딜 수 없는 불안장애나 우울증, 또는 너무 기분이 들떠 쉴 새 없이 떠들어야만 하는 조증, 특정한 생각과 행동에 병적으로 집착하는 강박장애도 휴대폰 중독의 원인이 된다고 보았다. 양심영과 박영선(2005)의 연구 역시 휴대폰 중독에 크게 영향을 미치는 다섯 가지 위험 요인 중 하나로 강한 우울성향을 들고 있다. 즉 강한 우울성향을 갖고 있는지의 여부에 따라 휴대폰 중독에 차이를 보인다고 하였다. 이는 정신건강이 휴대폰 중독에 영향을 미치고 있는 것을 의미한다.

자아존중감과 휴대폰 중독의 관계를 살펴보면, 장혜진과 채규만(2006), 오은정과 장성화(2009)에 의하면, 휴대폰을 중독적으로 사용하는 청소년들은 정체성 형성에 중요한 자기개념과 자아정체감이 낮고, 또래와의 애착관계에서 의존적이며, 불안감을 보이고 자기통제력이 낮으며, 충동성이 높은 경향을 보였다. 곽민주(2004)의 연구에서도 휴대폰 과다사용 집단이 비과다사용 집단에 비해 자아존중감이 낮았다. 청소년의 휴대폰 중독과 자아개념의 관계를 살펴본 권창길과 장성화(2009)의 연구를 살펴보면, 휴대폰 중독은 자기통제력, 자아존중감, 자기효능감과 밀접한 관계가 있으며, 이러한 자아개념이 낮을수록 휴대폰 중독에 빠질 가능성이 높은 것으로 나타났다. 나은영(2001)은 대인커뮤니케이션 상황에서 상대방의 즉시적 반응을 기대할 뿐만 아니라 자신도 전달할 메시지가 떠오르자마자 즉시 커뮤니케이션 과정에 돌입하고자 하는 성향이 큰 사람일수록 휴대폰을 자주 사용한다고 보았다. 즉 자아개념이 낮은 청소년일수록 의사소통의 욕구를 지연시키지 못하는 특징을 지닌 것으로 보인다. 결과적으로 자아개념, 우울, 불안 등이 낮은 청소년일수록 그렇지 않은 청소년보다 휴대폰에 더 몰입하는 것으로 나타나 개인변인이 휴대폰 중독에 큰 영향을 미치는 것임을 알 수 있다.

3) 가족적 · 사회적 · 문화적 요인

휴대폰 중독에 영향을 미치는 사회 환경적 변인으로는 크게 부모 및 친구와의 관계, 학교생활, 가정의 경제력 등을 들 수 있다. 청소년기는 아동기에서 성인기로 넘어가는 과도기로 심리적으로 많은 갈등과 불안감을 지니게 되는 시기이며, 인간관계의 확장이 이루어지는 시기이기도 하다. 따라서 부모와는 분리되어 독립적으로 행동하고 싶어 하고, 반면에 친구집단을 가장 중요하게 여겨 친구들과 더욱 어울리기를 원하며, 혹 소외를 당하지는 않을까 하는 불안을 지니고 있기 때문에 친구집단의 행동 기준에 동조하거나 똑같이 생각하고 행동하려는 특성이 있다(이진영, 2006).

장혜진과 채규만(2006)은 청소년기의 특성이 청소년들의 문화로 자리매김한 휴대폰과 맞물려 휴대폰을 더욱 중독적으로 사용하게 하는 원인이 된다고 보았다. 친구관계는 휴대폰 중독과 관련이 있는데, 긍정적 요인은 우의, 친밀 · 공감대가 그리고 부정적 요인에서는 갈등과 대립, 일방적 주도, 철회와 고립, 무시, 친구관계 불만족 등 모든 요인에서 휴대폰 중독이 심하게 높았다(이정숙 · 명신영, 2007). 즉 대부분의 청소년들은 친구들과의 관계증진을 위해 휴대폰을 사용한다고 인식하고 있지만 휴대폰 중독이 심할수록 친구관계의 질은 긍정적 요인보다 부정적인 요인이 더 높은 것으로 나타났다.

한편 부모와 휴대폰 중독의 관계에서 김정숙(2003)은 사회경제적 조건 가운데 휴대폰 사용 요금으로 인한 부모의 꾸지람, 자신에 대한 부모의 존중감 등이 휴대폰 중독 현상과 밀접한 관련이 있었다고 보고하였다. 즉 휴대폰 요금으로 인하여 부모의 꾸지람을 많이 듣거나, 부모가 자신을 존중하지 않는다고 생각하는 청소년들에게서 휴대폰 중독현상이 특히 두드러졌다(이진영, 2006). 또한 장혜진과 채규만(2006)에 의하면, 부모와의 애착관계 차원에서도 휴대폰을 중독적으로 사용하는 집단의 경우, 애착 의존성과 애착 불안 차원에서 유의미하게 높은 점수를 나타냈고, 애착친밀감 차원에서는 낮은 점수를 나타냈다. 즉 부모-자녀 관계가 원만하지 못하고 의사소통이 역기능적일 때 휴대폰에 집착하여 중독적으로 사용하게 된다는 것을 보여주고 있다.

학교생활과 휴대폰 중독의 관계를 살펴본 장성화와 오은정(2009)의 연구에서는 휴대폰 중독과 학교생활 만족도 간에 유의한 부적인 상관이 있었는데, 휴대폰 중독이 높을수록 학교생활 만족도가 낮았다. 정진영과 김동현(2005)도 상위권과 중상위권에서는 비중독적 사용집단이, 중위권과 중하위권, 하위권에서는 중독적 사용집단이 더 많은 비율을 차지하고 있다고 하였다. 장혜진과 채규만(2006)의 연구에서는 중독적 사용집단이 비중독적 사용집단에 비해 성적이 유의하게 낮은 것으로 나타났다. 학교생활에서의 학업, 교사, 친구, 성적, 학교환경에 대한 인식 등은 청소년의 위험행동에 긍정적 혹은 부정적 영향을 미치므로 위험행동의 한 결과로서 휴대폰 중독이 높을수록 학교생활 만족도가 낮음을 알 수 있다.

가정의 경제력과 휴대폰 중독에도 밀접한 관련이 있었다(김선남 · 김현욱, 2002). 즉 용돈이 지나치게 많거나 부모의 경제력이 높다고 생각하는 경우 휴대폰 중독현상이 두드러졌다. 양심영과 박영선(2005)의 연구 역시 비슷한 결과를 보고했는데, 휴대폰 중독 군에서 생활수준이 상인 학생이 가장 많았다. 이는 경제적 수준이 높을수록 인터넷 중독 성향이 높다고 보고한 이현주 외 9명(2004)의 연구와 일치하는 것이다.

이상에서 살펴본 결과, 친구들과의 관계가 원만한 사람일수록 휴대폰과 같은 매체를 사용하는 데 있어서 더 중독적으로 휴대폰을 사용을 할 수 있음을 보여주고 있다. 그리고 부모와의 관계에서도 자신이 존중받지 못한다고 느끼거나 의사소통이 역기능적이며, 부모와의 관계가 부정적이고 거부적-통제적으로 양육되어 가족의 지지가 낮을수록 중독성향이 높게 나타남을 알 수 있다. 학교생활에 따라서는 대부분 성적이 낮고 학교생활 만족도가 낮을수록 중독성향이 높게 나타났으며, 가정의 경제력에 있어서는 경제적 수준이 높을수록 중독성향이 높게 나타났다.

5. 휴대폰 중독 청소년의 상담방법

휴대폰 중독이 청소년의 정신건강을 해치는 심각한 사회문제로 대두되면서 많은 연구자들(김연경, 2007; 장성화 · 박영진, 2009; 장성화 · 진석언, 2009)이 휴대폰 중독과 관련된 프로그램을 개발 및 설명하였다.

현실치료 집단상담은 Glasser(1986)의 선택이론을 기초로 출발하였다. Glasser(1986)는 선택이론에서 인간은 누구나 자신의 삶의 주인이 되어 자신의 삶을 통제할 수 있을 때 행복을 느낀다고 하였다. 즉 자신의 삶에서 중요한 선택을 스스로 할 수 있으며, 선택한 것에 대한 책임을 질 수 있는 사람이 행복한 사람이라는 것이다. 연구자들은 이러한 현실치료가 한 사람이 처한 과거의 상황보다는 현실, 미래 지향적이며, 환경의 변화보다는 개인이 스스로 통제할 수 있는 행동의 변화를 통해 성공감을 맛보게 하므로 자아개념이 낮은 인터넷 중독성의 개선에 적합한 접근 방법이 될 수 있다고 보았다(김성혜 · 김혜온, 2006; 최명상, 2002; 황미구, 1996). 이러한 연구를 바탕으로 휴대폰 중독에 대한 집단상담 프로그램이 시작되었다.

김연경(2007)은 중학생의 휴대폰 중독 치료를 위해 현실치료 집단상담이론인 Wubbolding(1986)의 자기행동 변화를 이끄는데 적용되는 현실요법 프로그램에서 상담환경 가꾸기와 내담자의 행동이나 방향 변화를 목적으로 하였다. 전자인 상담환경 바꾸기는 상담자가 일관성 있는 지지적인 환경을 만들어 그 안에서 내담자들의 삶에 변화가 일어나도록 해야 한다. 그러기 위해서 주의를 기울여 행동하고 신념, 열정, 진실, 예의 등에 대한 변함없는 믿음과 판단을 보류하기, 건전한 유머를 사용하기, 자기 자신을 개방하고 요약하기, 침묵을 허용하고, 윤리적인 상담자의 태도 등을 권장하고 있다. 또 금지 사항으로는 논쟁하지 않기, 처벌하지 않기, 내담자를 쉽게 포기하지 않기 등을 내세우고 있다. 한편 내담자의 행동 변화를 위한 과정은 여섯 가지로 나누어진다.

첫째, 욕구, 바람, 지각 탐색하기(Wants)는 '무엇을 원하는가?', '진정으로 원하는 것이 무엇인가?' 라는 질문을 통해 내담자 자신의 질적 세계를 탐색하고, 자신의 바람을 확실하게 하여 자신 안에 있는 비현실적인 그림과 바꿀 수 있도록 도움을 줌으로써 내담자의 마음속에 있는 근본적인 욕구가 무엇인지를 알 수 있도록 도와준다. 즉 '당신은 상담자에게 무엇을 바라는가?' 라는 질문은 상담자가 내담자에게 어떤 도움을 제공해야 하는지에 대해 내담자가 말하도록 하며, '당신은 어떤 시각으로 사물과 환경을 바라보는가?' 라는 질문은 내담자의 외부로부터의 지각체계를 탐색할 수 있다. 이는 다양한 질문을 통하여 내담자의 욕구와 바람, 지각 등을 탐색하는 과정이다.

둘째, 전 행동 탐색하기(Doing)는 상담초기에 내담자에게 상담의 전반적인 방향, 즉 통제할 수 있는 활동을 스스로 탐색하도록 강조한다. 활동하기, 생각하기, 느끼기, 신체적 반응의 네 가지로 구성된 전 행동을 탐색하여 평가하는 과정이다. 이 네 가지 요소를 배제한 행동은 없고 언제나 전 행동으로만 인간행동이 행해짐을 상기시킨다. 내담자가 행동 원인을 변명하거나 남의 탓으로 돌리는 것을 중단시키며, '지금' 은 현재에 중심을 둔 관점이며 '무엇을' 이라는 의미는 자기의 내면세계로 들어가서 자기행동의 효과성을 평가하거나 자기통제가 가능한 부분을 확인할 수 있는 기회를 제공한다. '하고' 라는 질문은 전 행동의 활동요소를 탐색하는 의미로서 자신의 선택이 중요함을 강조한다.

셋째, 자기평가(Self-Evaluation)하기는 가장 핵심이 되는 부분으로써 내담자의 행동 변화를 위해 그 스스로 내면적인 자기평가를 하여 개인의 행동과 욕구의 관계를 점검해보는 단계이다. '당신의 지금 행동이 당신에게 도움이 됩니까?' 라는 질문은 행동과 계획에 대한 평가를 할 수 있게 한다. '당신이 원하는 것은 현실적이거나 실현가능한 것입니까?' , '도움이 되는 계획입니까?' 라는 등의 질문을 통하여 자기평가를 돕는다.

넷째, 계획하기(Planning)는 내담자들이 실패한 경험 때문에 새로운 계획을 세우고 실행하는 데 두려움을 느낄 수 있기 때문에 내담자가 희망을 가지고 바람과 욕구를 충족시킬 수 있는 계획을 수립하도록 도와주어야 한다. 효과적인 계획은 구체적 행동 변화를 위한 것으로 단순하면서 현실적이고 실현 가능하며 구체적이면서 측정 가능하여야 한다. 반복적이며 진행 중심적으로 계획이 평가와 재평가가 수반되는 단호하고 강화된 계획으로 '어떻게 하면 그렇게 될 수 있을까?', '그럼 네가 할 수 있는 일이 뭘까?' 등의 많은 질문을 할 수 있다.

다섯째, 계획에 대하여 약속하기는 '당신은 정말 이 계획을 실천하시겠습니까?', '지금 당신이 계획해서 하려는 일을 다시 말해 보세요.' 등으로 내담자 자신이 계획을 실행하겠다고 약속했음을 재확인한다. 또 계획을 어길 경우 결과를 경고함으로써 내담자 자신의 선택에 대한 책임을 재확인 할 수 있게 한다.

여섯째, 역설적인 방법은 내담자가 전혀 예기치 않은 행동을 사용하는 것으로 신체적 고통을 호소하면 더 과장하여 그 아픔을 말해주고, 논쟁하기를 기대한다면 논쟁을 하지 않음으로써 내담자가 자기 자신이나 자기 문제를 전혀 다른 방식으로 바라보게 한다. 이러한 연구를 살펴보면, 현실요법 프로그램은 중학생의 자아존중감과 우울증에 긍정적인 변화를 가져다주는 것으로 나타났다.

또한 Williamson(1992)은 낮은 학업성적, 원만하지 않은 가족 관계, 불안정한 정서, 불충분한 대인관계, 과체중 등의 문제를 가지고 있으며, 자아존중감이 낮은 청소년을 대상으로 자아존중감을 향상시키는 집단프로그램을 실시하고, 낮은 자아존중감을 보고한 집단과 높은 자아존중감을 보고한 집단 사이에 그들의 욕구충족 정도를 자기보고하게 했다. 4주간 현실요법 집단과정을 통해서 현실요법의 원칙을 나눈 후에 그들의 욕구충족 정도를 표시하게 했다. 훈련을 실시한 결과 집단훈련 이전보다 욕구충족도가 높아졌으며, 자아존중감도 높아진 것으로 나타났다. Thatcher (1983)는 시설에 수용되어 있는 비행 청소년들의 자아개념과 내적 통제성이 현실요법을 배운 후에 어떻게 변화했는가를 연구했다. 즉 각기 다른 세 지역의 비행 청소년 집단을 구성하고 실시한 결과, 현실요법 훈련을 위해 원생과 직원 양쪽에 8주간 훈련이 행해진 첫째 집단에서만 자아개념과 내적 통제가 유의하게 상승되었고, 다른 두 집단에서는 전반적으로 유의미한 변화가 없었음을 보고하였다. 이 결과는 비행 청소년들에게 직접적으로 현실요법을 적용했을 경우에만 자아개념과 내적 통제성에 긍정적인 변화가 있다는 것을 보여주고 있다.

한국정보문화진흥원(2006)에 의하면, 휴대폰 중독을 예방하기 위해 가장 중요한 것은 휴대폰 중독에 대한 인식과 이해의 확산이다. 휴대폰도 '중독이 될 수 있다'는 사실을 알고, 휴대폰 중독이 유발하는 각종 폐해를 인식하는 것이 휴대폰 중독을 예방하는 첫걸음이기 때문이다. 특히 나이가 어린 청소년일수록 휴대폰 중독에 쉽게 노출되고 쉽게 빠져든다는 사실과 휴대폰 중독은 초 · 중 · 고등학생은 물론이고 성인들에게까지 경제적인 문제, 정신건강의 문제, 학교생활의 문제 등 다양한 폐해를 유발한다는 사실을 인식시키기 위한 노력이 필요하다. 이를 위해서 청소년들을 대상으로 휴대폰 중독에 대한 예절과 문화를 교육시켜야 할 필요성이 있다. 초 · 중 · 고등학생에 이르기까지 윤리과목, 사회과목 등을 통해서 올바른 휴대폰 사용방법과 예절 교육 등과 함께 휴대폰 중독이 유발하는 각종 문제, 휴대폰 중독에 대한 상담과 치료 등을 교육시키는 프로그램이 필요하다.

다시 말해서 학생들의 중독문제를 검증할 수 있는 프로그램이 마련되어야 하며, 이러한 중독 경향이 있는 청소년들에게 직접적으로 개입할 수 있는 학교시스템이 구축되어야 할 것이다. 또한 자아개념이 낮은 초 · 중 · 고등학생들이 휴대폰 중독에 빠지기 쉽고 충동성과 밀접한 관계가 있는 것으로 나타났다. 따라서 휴대폰 중독의 내용이 충동성과 친교적인 내용 이외에 관계적인 행동을 증진시키고 인지적 자극을 행동할 수 있으며, 휴대폰 중독을 통하여 내재된 충동성이 표출되고 있는 것으로 추측된다. 이들에 대한 개입은 현실치료와 인지적 방법이 효과가 있을 것이다. 이러한 학생들의 휴대폰 중독은 잘못된 인지적 왜곡과 비합리적 사고방식에 의해 나타나는 것으로 보인다. 즉 초 · 중 · 고등학생들은 스트레스 대처방식처럼 휴대폰을 과다사용하면 자신의 욕구가 해소될 것이라는 강박적인 습관이 나타나므로 이러한 변화를 조절할 수 있는 현실치료적인 상담기법이 있어야 한다.

한국정보문화진흥원(2006)은 중 · 고등학생들이 휴대폰 중독에 빠지게 되는 큰 이유가 교사의 무지, 부모의 무관심이라고 보고하였다. 휴대폰 중독을 예방하기 위해서는 부모가 자녀에게 바람직한 휴대폰 사용법을 교육시키고, 휴대폰 사용예절과 바람직한 활용법 등을 교육하고 계도하는 것이 필요하다. 이를 위한 방안의 하나로서 청소년이 휴대폰을 구입할 때, 청소년과 보호자가 휴대폰 사용법과 예절에 대한 소정의 교육을 받도록 하는 제도를 도입하는 것을 고려해 볼 수 있다.

휴대폰을 중독적으로 사용하는 또 다른 이유는 사교나 대인관계 유지 등 개인적 목적을 위해서이다. 반면에 학업이나 업무처리 등을 위해 과도하게 사용하는 경우는 거의 없는 것으로 나타났다. 청소년이나 대학생들을 중심으로 사교와 만남을 위한 개인적 필요에 의해 휴대폰 중독이 발생하는 것은 우리나라 중 · 고등학생 집단이 갖고 있는 특성에 기인한다고 생각된다. 대입학력고사 위주의 교육제도 아래서 대부분의 청소년들은 과도한 정규수업과 방과 후 학원 등으로 친구들과 만나서 어울려 놀거나 즐길 수 있는 시간적 여유가 없다. 따라서 청소년기에 크게 증가하는 또래의식과 친구들과의 관계를 위하여 시도 때도 없이 휴대폰 문자 메시지를 주고받게 되는 것이다. 청소년들이 한자리에 모여서 서로 즐기고 놀 수 있는 기회가 많아진다면 그만큼 휴대전화 사용의 필요성이 줄어들 것이다. 그러므로 장기적으로 볼 때 청소년들의 문화를 이해하고 욕구를 해소시켜 줄 수 있는 놀이공간을 제공하고, 여가문화를 보급하는 것이 필요하다. 이와 함께 과도한 입시위주의 교육제도를 개선하는 노력도 병행되어야 할 것이다.

6. 휴대폰 중독 검사 척도 및 해석

〈표 12-1〉에 제시된 휴대폰 중독 검사 척도는 한주리와 허경호(2004)가 한국형 인터넷 중독 척도(KIAS), 인터넷 중독 자가진단검사(K-척도), 장혜진(2002) 등의 연구에서 사용한 휴대폰 과다사용 설문지에서 휴대폰 중독을 측정할 수 있는 문항을 선별한 후 안면타당도를 고려하여 '한국형 이동전화 중독 척도'를 개발한 것이다.

표 12-1 휴대폰 중독 검사 척도

번호	내 용	전혀 그렇지 않다	대체로 그렇지 않다	보통 이다.	대체로 그렇다	매우 그렇다
1	휴대폰 사용 시간을 줄이려고 노력해 보았지만 실패한다.	①	②	③	④	⑤
2	휴대폰 사용에 대한 기분좋은 생각을 하면서 괴로운 생각을 잊는다.	①	②	③	④	⑤
3	단지 기분을 좋게 하기 위해 휴대폰을 사용한 적이 있다.	①	②	③	④	⑤
4	만약 휴대폰을 다시 사용할 수 없게 된다면 견디기 힘들 것이다.	①	②	③	④	⑤
5	휴대폰을 사용하고 있지 않을 때에도 휴대폰에 대한 생각이 떠오른다.	①	②	③	④	⑤
6	실제로 사람을 만나서 말하는 것보다 휴대폰으로 통화하는 것이 더 좋다.	①	②	③	④	⑤
7	휴대폰이 없다면 내 생활에 재미있는 일이란 없다.	①	②	③	④	⑤
8	휴대폰을 사용하고 있을 때가 제일 마음이 편안하다.	①	②	③	④	⑤
9	휴대폰을 사용하고 있지 않을 때에도 휴대폰에서 나오는 소리가 들리는 것 같다.	①	②	③	④	⑤
10	가족과 있는 것보다 휴대폰을 사용하는 것이 더 즐겁다.	①	②	③	④	⑤
11	주위 사람들이 내가 휴대폰을 너무 오래 사용한다고 많이 이야기한다.	①	②	③	④	⑤
12	휴대폰 사용을 줄여야 한다는 생각이 끊임없이 든다.	①	②	③	④	⑤
13	휴대폰 사용으로 인해 돈을 더 많이 쓰게 된다.	①	②	③	④	⑤
14	휴대폰을 사용하다가 그만 두면 다시 휴대폰을 쓰고 싶다는 생각이 든다.	①	②	③	④	⑤
15	다른 할 일이 많을 때에도 휴대폰을 사용하게 된다.	①	②	③	④	⑤
16	휴대폰을 쓰기 시작하면 처음에 생각했던 것보다 더 오랜 시간동안 사용한다.	①	②	③	④	⑤
17	생각했던 것보다 2~3배 많은 휴대폰 요금을 낸 적이 있다.	①	②	③	④	⑤
18	휴대폰을 갖고 있지 않을 때 중요한 전화가 오지 않을까 하는 생각에 불안하고 초조하다.	①	②	③	④	⑤
19	밤새 휴대폰을 사용하느라 잠을 못 잔 적이 있다.	①	②	③	④	⑤
20	휴대폰을 사용할 수 없는 곳에 있으면 왠지 불안하다.	①	②	③	④	⑤

본 척도는 내성 · 의존, 집착, 생활장애, 강박의 네 가지 영역에서 각 5문항씩 총 20문항이며, Likert 5점 척도이다. 점수범위는 20점에서 100점까지이며, 점수가 높을수록 휴대폰 중독이 심한 것을 의미한다. 구체적인 하위요인별 문항번호 및 척도기준은 〈표 12-2〉와 같다.

표 12-2 휴대폰 중독 척도의 문항번호 및 척도기준

요인	문항번호	요인내용
1	1, 2, 3, 4, 5	내성 · 의존
2	6, 7, 8, 9, 10	집착
3	11, 12, 13, 14, 15	생활장애
4	16, 17, 18, 19, 20	강박

또한 장성화와 진석언(2009)의 연구에서는 휴대폰 중독 실태를 파악하기 위해 휴대폰 중독 척도 20문항을 합산한 후 청소년 집단을 사분순위로 나눠서 휴대폰 비중독군 하위 25%(31점 이하), 휴대폰 의존군 하위 26%～상위 74%(32-52점), 휴대폰 중독군 상위 25%(53점 이상)의 세 개 집단으로 유형별 척도기준을 제시하였다.

제 13 장

사이버상담

학습개요

오늘날 인터넷은 네트워크를 통해 정보와 지식이 자유롭게 공유되므로 정보를 전달하거나 개인의 학습에 도움이 될 뿐만 아니라 시간과 공간의 제약을 벗어나 협동적으로 학습하거나 팀 학습도 가능하게 만들었다. 또한 상담분야에서도 인간의 정서적인 긴장, 심리적 문제를 해결하는 데 활용되는 도구로 사이버상담이라는 새로운 영역이 등장하게 되었다. 따라서 이 장에서는 사이버상담의 개념, 특징, 유형, 절차 및 발전방안에 대해 간단히 살펴보기로 한다.

학습목표

1. 사이버상담의 개념 및 특징에 대해서 설명할 수 있다.
2. 사이버상담의 종류와 장 · 단점에 대해서 설명할 수 있다.
3. 사이버상담의 절차와 발전방안에 대해서 설명할 수 있다.

1. 사이버상담의 개념

인터넷과 컴퓨터의 발달이 가져온 커다란 영향 가운데 하나는 의사소통 방식의 변화이다. 매스미디어 사회라고 할 만큼 다양한 의사소통 방식의 등장은 사람들의 인식과 지식의 범위를 넓혔을 뿐만 아니라 사고에도 영향을 주었다. 즉 인터넷으로 정보를 공유하게 됨으로써 원하는 상대와 정보를 주고받기 위해서는 동일한 시간에 동일한 공간으로 가야 했던 예전의 방식에서 네트워크로 연결되어 있는 컴퓨터를 켜기만 하면 아무리 지리적으로 멀어도 원하는 상대와 메시지를 주고받을 수 있는 방식의 컴퓨터 매개 의사소통(compuer-mediated communications: CMC)으로 바뀌어 가고 있다(문성원, 1998).

이러한 시대적 · 사회적인 상황에서 상담 분야 역시 예외가 아니어서 사이버 공간을 이용하는 상담활동에 대한 관심이 점점 높아가고 있다. 컴퓨터 매개 의사소통 방식을 사용하여 상담자와 내담자가 서로 관계를 맺고 상담활동을 수행하는 것을 사이버상담이라고 한다. 현재 사이버상담의 이용률이 급속히 증가하고 있는데 이는 사이버상담이 지니는 여러 가지 효율성이 큰 역할을 하는 것으로 보인다. 이러한 효율성은 신속성, 편리성, 시공의 초월성, 경제성(임은미 · 김지은, 1999) 등으로 정리해 볼 수 있다. 상담은 개인과 그 개인이 처한 환경을 대상으로 하는 것이기 때문에 그 사람이 처한 환경에 변화가 있으면 상담도 이에 상응하는 변화가 따르는 것이 당연한 일일 것이다. 사이버상담은 언제 어디에서나 이용이 가능하고 익명성을 보장받으며 신속하게 서비스를 받을 수 있기 때문에 현대 사회가 요구하는 필연적인 상담방법이라고 할 수 있다(박성익, 1998).

사이버상담이라는 용어 자체에 대하여 아직 합의된 바가 없기 때문에 컴퓨터를 통해 행해지는 상담을 가리킬 때 사이버상담이라는 용어 외에도 PC통신상담, 온라인상담, 웹상담이라는 용어들이 함께 사용되고 있다. PC통신상담은 PC통신을 이용하여 상담을 한다는 의미에서 사이버상담과 거의 동일한 의미로 사용되는 용어라고 할 수 있으며, 온라인상담은 전화나 팩스를 활용한 상담을 포함할 수 있으므로 사이버상담으로 통칭되기에는 보다 제한적이라 할 수 있다. 또한 웹상담은 인터넷을 통한 상담이라는 의미를 내포하므로 사이버상담보다는 좁은 범위의 개념으로 구분하고 있다(임은미 · 김지은, 1999).

정보화시대가 도래하면서 컴퓨터 통신의 사용은 폭발적으로 확산되고 있다. 이미 컴퓨터는 대부분의 사람들에 의해 정보제공자, 학습보조기제, 대화의 창 등으로 다양하게 활용되고 있으며, 몇 년 전부터는 컴퓨터를 활용하는 상담서비스를 제공하기 위해 사이버상담이라는 용어까지 등장하게 되었다. 사이버상담은 사이버(cyber)와 상담의 합성어이다. 이렇게 볼 때 사이버상담의 가장 기본적인 정의는 사이버 공간에서 이루어지는 상담이 될 것이다. 사이버는 '가상의' 라는 뜻을 가진 말로, 실제 세상에 존재하는 것이 아니라 인간이 상상 속에서 가짜로 만들었다는 내용을 함축하고 있는 용어이다. 사이버 공간이란 컴퓨터와 통신기술이 결합되어 의사소통과 정보교환의 새로운 공간을 형성하게 된 것으로(박성익, 1998), 컴퓨터를 매개로 한 통신이 이루어지는 가상의 공간을 말한다. 따라서 사이버상담은 컴퓨터를 이용하여 상담활동을 하는 것을 가리킨다. 사이버상담은 컴퓨터 통신이 단순한 정보교환이나 의사소통의 수준을 넘어 인간의 내면세계까지 다루게 되면서, 내담자의 문제를 해결하고 성장 촉진을 돕는 과정까지 담당하게 된다(이재창 · 문미란, 2000).

사이버상담도 도움이 필요한 사람이 일상생활에서 겪는 문제를 해결하고 자신의 생각, 감정, 행동 측면의 인간적 성장을 위해 노력하는 학습과정이지만 관계를 맺는 방식이 전통적 상담의 개념과는 달리 사이버 공간에서 컴퓨터를 매개로 이루어진다는 점에서 차이가 있다. 전통적인 상담에서는 도움이 필요한 사람과 전문적인 훈련을 받은 상담자의 관계가 물리적으로 실재하는 현실에서의 실제적 만남을 통해 형성되었으나 사이버상담은 실제 공간이 아닌 인간이 만들어낸 가상의 공간에서 이루어지며, 상담자와 내담자는 서로 얼굴을 볼 수 없고, 특히 문자채팅을 사용할 경우에는 목소리도 들을 수 없는 가상의 만남을 통해 관계를 맺는다.

2. 사이버상담의 특징

많은 상담 종사자들은 전자매체를 이용한 상담활동에 부정적인 입장을 드러내고 있다. 그럼에도 정보화 사회에서 사이버상담이 상담의 한 장르로 자리를 잡아가게 되리라는 점은 부인하지 못한다. 사이버상담이 활성화되면서 사이버상담에 대한 탐구 역시 계속되고 있다. 이러한 사이버상담은 상담자와 내담자가 직접 대면하지는 않지만 만남과 대화가 가능하도록 하는 물리적 환경이 전통적인 의사소통(상담)과 구별되는 사이버상담의 몇 가지 특징이 있다. 이 특징들을 알아보면 다음과 같다(김계현 외 6인, 2009, 503-507).

1) 각종 제한에서 자유로운 편의성

시간이나 공간의 제한없이 의사소통할 수 있다. 위치나 시간에 제한없이 상담을 받고자 하는 사람들이 상담실을 방문하지 않고도 원하는 시간에 상담을 받을 수 있다. 이런 특징은 내담자뿐만 아니라 상담자에게도 동일하게 적용된다. 내담자가 상담실을 방문할 때까지 기다리는 것이 아니라 상담자가 다른 일을 하는 과정에서 상담을 요청할 때 임하면 되므로 훨씬 편리하다. 즉 상담자와 내담자가 동일한 시간, 동일한 장소에 있지 않으면서도 각자 가장 편안한 시간을 이용해 상담이 이루어질 수 있다. 신체적인 장애 때문에 컴퓨터를 이용하는 데 불편한 경우가 아닌 모든 사람이 컴퓨터가 있고 컴퓨터를 조작할 수 있다면 내담자는 상담실을 직접 방문하지 않고도 상담을 받을 수 있다.

2) 익명성과 다중 정체성

자신의 신분을 노출하지 않고 상담할 수 있다. 사이버 공간에서 상담자와 내담자는 자신이 원한다면 실명을 사용하지 않고도 상담을 진행할 수 있다. 사이버상담에서는 실명이 아닌 컴퓨터 ID나 닉네임을 사용하기 때문에 개인적인 신분을 노출하지 않을 수 있다. 따라서 현재 발생한 문제만이 아니라 과거에 발생해서 지금까지 영향을 주는 문제를 지금의 문제처럼 상담 받을 수 있다.

또한 다른 ID를 이용하여 여러 가지 문제를 상담받을 수 있기 때문에 내담자는 자신에게 일어나고 있는 많은 문제가 공개된다는 부담을 갖지 않고 상담을 받을 수 있다.

3) 경제성과 효율성

경제적인 비용으로 이용할 수 있다. 사이버상담을 처음 시작할 때는 대면상담과 같이 준비해야 할 것이 많다. 통신상에서 IP를 받아 운영하거나 인터넷에 홈페이지를 만들고, 전용회선과 여러 전산장비를 갖추어야 하는 등 상담이 이루어지기 위해 기본적인 환경을 마련하는 데 많은 비용이 든다. 내담자 역시 상담을 받기 위해서는 컴퓨터가 있어야 하고, 인터넷이나 기타 컴퓨터 통신을 할 수 있도록 통신장비가 갖추어져야 한다. 그러나 일단 장비나 환경이 갖추어지고 나면 사이버상담은 훨씬 경제적이고 효율적이다.

현재 사이버상담료는 대면상담에 비해 상대적으로 상당히 저렴한 편이다. 국내에서 제공되고 있는 사이버상담의 경우는 무료로 실시되고 있는 경우가 많다.

4) 문자중심의 의사소통

음성언어가 아닌 문자를 통해 소통한다. 사이버상담에서는 문자를 통해 의사소통을 하는 경우가 많기 때문에 대면상담에서처럼 많은 내용을 주고받거나, 내담자의 언어적 표현이 아닌 비언어적인 표현이나 외모에서 도움을 얻을 수 있는 단서를 찾기는 어렵다. 그래서 사이버상담에서는 일상 언어와 다른 통신언어가 발달하고 사용된다.

- 축약되어 좀 더 경제적이고, 변형시켜 문자만으로도 상대방에게 감정이나 의사를 전달한다.
  - '어서 오세요' '어서 오십시오' → '어솨요' '어솹셔'
  - '반가워요' → '방가'
  - '중학생' → '중딩'
  - '컴퓨터' → '컴'
  - '메일(전자우편물)' → '멜'
  - '기쁘지' → '기쁘쥐'
  - 생각중이거나 망설이는 등 침묵의 정도 → '. . . . . . .'

- 궁금함의 강도 → 물음표(?)의 개수

• 특수문자를 활용하여 문자로 표현하기 어려운 감정을 이미지로 만들어 표현한다.
- 반가움이나 기쁨 → · ·
- 슬픔 → ㅠㅠ
- 어이없음 → @@

문자언어에 의한 의사소통은 대면상담과 달리 문자를 입력하는 동안 생각할 수 있는 시간적 여유를 가질 수 있지만, 대면상담에 비해 세부적인 정보를 충분히 구할 수 없다는 한계가 있으므로 대면상담에서보다 더 현명한 판단과 임기응변이 필요하다.

5) 심리적 편안함

서로 마주 보지 않아도 되므로 편하게 상담할 수 있다. 사이버상담은 직접 찾아가서 상담실 문을 노크하는 것을 부담스러워 하거나 상담에 대한 인식이 별로 없는 사람들이 상담 서비스를 편안한 마음으로 받을 수 있도록 해준다. 특히 상담자와 얼굴을 마주 대하거나 직접 말을 주고받아야 하는 부담없이 문자에 의지해 의사소통을 하므로 자신의 감정이나 어려움을 더 솔직하게 표현할 수 있으며 상담의 효과도 높일 수 있다. 즉 내담자가 상담자와 직접 얼굴을 마주 대하지 않기 때문에 자신의 행동이나 감정에 대한 즉각적인 비판을 염려하지 않아도 되며, 자신의 인적 사항을 대면상담에서보다 덜 공개해도 상담이 가능하다. 또한 심각한 심리적 갈등에 대해서나 개인의 경험에 대해서도 말로 표현할 때보다 문자로 표현할 때 더 솔직하고 자세하게 표현할 수 있다.

6) 내담자의 주도성

내담자에 의해 상담이 진행된다. 사이버상담은 대면상담에 비해 내담자의 자의에 의해 상담이 진행되는 경우가 압도적으로 많다. 특히 청소년상담에서, 대면상담의 경우 부모나 교사에 의해 억지로 상담실에 오게 되는 경우가 많지만 사이버상담에서는 청소년 내담자 본인이 스스로 문제의식을 가지고 문제를 해결하기 위해 상담을 요청한다. 그렇기 때문에 사이버상담에서의 내담자들은 문제해결에 대한 동기가 높다고 할 수 있다.

이런 자발성 속에서 내담자는 상담과정에서 보다 많은 통제력과 주도성을 갖게 된다. 자신에 대한 정보를 선택적으로 공개할 수 있고 언제든지 상담을 중단해버릴 수도 있다.

7) 관계 형성 및 단절의 융통성

시작과 끝이 너무 쉽고 자유롭다. 사이버상담은 대면상담보다 상담관계 형성이나 종결이 훨씬 쉽고 간단하다. 사이버 공간에서는 낯선 사람과의 관계가 게시판이나 대화방, 전자우편을 통해 쉽게 형성될 수 있는 반면, 강제적인 결속력은 대면상담보다 약하기 때문에 한쪽이 원한다면 언제든지 관계를 끝낼 수 있다. 대화방에서 원치 않는다면 인사 한마디 없이 접속을 끊고 나가버릴 수 있으며, 원치 않는 사람에게 메일이 계속 오거나 대화방으로의 초대가 계속되는 경우라도 대응을 하지 않으면 연락은 쉽게 끊어질 수 있다.

8) 상담기록 저장, 가공, 유통의 용이성

클릭 한 번으로 정리와 저장까지가 가능하다. 전통적인 대면상담에서는 상담내용을 저장하고 활용하기 위해서 녹음기와 마이크, 녹음테이프를 준비하고 상담이 끝난 뒤에는 상담시간의 몇 배를 투자해 그 내용을 문서화한다. 그러나 사이버상담은 상담을 하는 동안 간단한 단축키나 클릭을 통해 상담내용을 쉽게 저장할 수 있고, 축어록을 만들기 위해 시간과 노력을 들이지 않아도 저장한 내용 자체가 문서화되어 남는다. 그러므로 사이버 공간에서의 상담내용은 저장, 유통 및 가공이 용이하며 영구적으로 보관할 수도 있다. 또한 상담사례를 모아 DB화함으로써 상담사례 검색 및 조회를 통해 많은 사람이 직접 상담을 받지 않고도 간접적으로 자신의 문제에 대한 해결을 할 수 있는 방법을 도모할 수 있다. 이렇게 모아진 사례들은 상담 연구자들이 보다 효과적인 상담이론과 방법, 기술의 발전을 위한 연구자료로 유용하게 활용할 가치가 있다.

3. 사이버상담의 유형

사이버상담의 유형에는 실시간 상담서비스인 채팅상담과 영상상담, 그리고 비실시간 상담서비스인 이메일상담, 게시판상담, 데이터베이스, 심리검사, 상담카페, 온라인 지지그룹 등이 있다. 사이버상담의 유형들에 대해 간단히 살펴보면 다음과 같다(임은미, 2006).

1) 채팅상담

실제 공간에서 이루어지는 면대면 상담에서 상담자와 내담자가 나누는 일대일의 대화방식을 사이버매체에 그대로 옮기려는 의도로 나온 방법이다. 상담이 실시간으로 진행되고, 상담자와 내담자가 동시에 접속하고 있다는 점은 면대면 상담의 시간개념과 같다. 다만 상담자와 내담자가 서로에 대한 시각적인 단서를 확보하지 않은 상태에서 상담이 이루어지기 때문에 문자중심으로만 상담이 이루어져야 하는 특성이 있다.

내담자의 음성, 표정, 제스처 등 비언어적인 단서를 확보하기 어려우므로, 사이버상담이 갖는 제한적인 의사소통 채널이라는 단점도 피할 수 없다. 따라서 내담자에 대한 전체적인 진단이나 심층적인 이해, 내담자 진술에 있어서의 현실성 여부 등을 판단하는 데는 상당한 어려움이 따른다.

2) 영상상담

영상상담은 채팅상담의 기능에다 컴퓨터 화면을 통해 상대방의 모습을 보면서, 음성 메시지를 나눌 수 있는 기능을 첨가한 상담방법이다. 사이버상담의 메뉴 중 대면상담과 가장 흡사한 형태를 가지고 있다. Window XP가 대중화되면서 개인용 컴퓨터에 소형 카메라와 스피커를 설치하는 것이 기본 사양이 될 만큼 영상상담을 위한 기술적인 준비는 갖추어진 상황이다. 하지만 아직도 컴퓨터 매체를 통한 대화는 문자기반으로 이루어지는 것이 대체적인 경향이며, 실시간 사이버상담에서는 영상상담보다 문자기반의 채팅상담이 주종을 이룬다.

그 이유는 사이버상담을 원하는 내담자들에게 영상상담이 신속성이나 익명성 확보에 있어서 문자중심의 채팅상담보다 불리하기 때문이다. 문자중심의 상담에서는 자신의 성, 나이, 얼굴 등을 보이지 않은 채 편안하게 자신이 원하는 대화를 할 수 있다.

3) 이메일상담

이메일상담은 기존의 편지상담 방식을 사이버매체에 옮겨 놓은 것이다. 많은 청소년들이 미니 개인 홈페이지인 블로그 이용자로 옮겨가고 있지만 여전히 청소년층은 가장 열광적인 이메일 사용자들로 알려져 있다. 우리나라에서 행해지는 이메일상담은 주로 내담자가 자신의 어려움을 호소하는 메일을 사이버상담실에 보내는 것으로 이루어진다. 회원제로 운영되는 사이트에서는 내담자가 자신의 신분을 회원 가입 시에 남겨놓으면 내담자의 실명과 기본적인 인적 사항을 상담자가 확보한 상태에서 이메일상담을 시작할 수 있다. 그러나 대개는 내담자의 ID와 편지내용으로 내담자를 식별하게 된다.

4) 게시판상담

게시판상담은 자신의 고민을 상담사이트의 게시판에 올려놓으면 상담자뿐 아니라 여러 이용자들이 보고 답변할 수 있는 상담메뉴다. 공개 게시판과 비밀 게시판이 나누어져 있기도 한데, 비밀 게시판의 경우 제목은 사용자 모두 볼 수 있지만 내용은 글쓴이와 운영자만이 볼 수 있다. 게시판상담은 내담자가 답변을 요청하는 글을 올리면, 상담자가 대답을 해 준다는 면에서 형식은 이메일상담과 같다. 공개 게시판의 경우는 남들이 내용을 볼 수 있다는 점에서 다르지만, 여러 사람이 함께 보는 것을 전제로 하는 메뉴이므로 많은 이들의 피드백을 받을 수 있다는 장점이 있다. 내담자는 자신의 주소나 신분을 밝히지 않은 채 많은 사람들의 조언이나 정보를 얻을 수 있다.

게시판상담이 이용하기 쉽고 응답하기 쉬운 특성을 가지고는 있으나 상담내용과 응답시간 등이 모두 공개되기 때문에 상담사이트의 이미지에 큰 영향을 미친다. 모든 사이버상담의 내용이 신속한 응답을 중요한 요건으로 하지만 상담사이트의 이미지 관리를 위해서 특히 게시판 상담에 대한 신속한 응답 및 질 관리가 중요하다. 상담자와 내담자의 상호작용이 활발히 이루어지지 않는 게시판을 운영하는 사이트에는 내담자가 관심을 보이지 않는다.

5) 데이터베이스상담

데이터베이스 프로그램은 IP(Information Provider)나 CP(Contents Provider)가 가지고 있는 문서, 프로그램 등과 같은 유용한 자료를 수많은 다른 이용자들과 공유할 수 있게 해주는 서비스다. 일종의 게시판 형식인데 자료를 작성하는 사람이 상담운영진이고, 내담자의 글에 대한 대응이 아니라 특정 내담자의 직접적인 요청을 받지 않은 상태에서 운영진의 판단에 의해 필요하다고 생각되는 자료를 제공한다는 점이 게시판상담과는 다르다.

관리자가 상담에 관련된 자료를 문자, 그래픽, 음성 또는 동영상으로 제작하여 상담사이트에 올려놓으면 많은 사람들이 시간적 · 공간적 제약을 받지 않고 동시에 사용할 수 있다. 내담자는 데이터베이스 프로그램 덕분에 상담자가 근무하지 않는 시간이라 하더라도 상담사이트를 방문하여 자신에게 도움이 되는 정보나 상담자료를 접할 수 있다.

결론적으로 데이터베이스상담은 기존에 자주 접했던 각종 내용과 상담 사례를 사안별로 유목화하거나 키워드로 입력된 데이터베이스로 구축하여 원하는 정보를 쉽게 얻을 수 있도록 한다(천성문 외 6인, 2009).

6) 심리검사

사이버공간에서 심리검사를 실시하고 결과를 전달하는 것은 여러 가지 면에서 경제적이다. 우선 정신과 의사, 간호사, 심리학자, 심리상담자, 사회복지사, 일반상담자, 기업가, 교육자 등 서비스 제공자들은 심리검사의 실시, 채점, 해석절차가 쉽거나 자동화되기를 원한다. 일반인들 역시 보다 쉽고 값싸게 양질의 심리검사를 받기를 원한다. 사이버공간과 컴퓨터 프로그램을 통한 심리검사는 이런 요구에 적합하다. 아직은 보편적인 현상이 아니지만 현재 우리나라에서는 사이버공간을 통해 심리검사를 받을 수 있는 사이트들이 많이 있으며, 그 중에서는 양질의 검사를 무료로 제공하는 곳도 있다.

7) 상담카페와 온라인 지지그룹

최근 들어 사이버카페 중심의 동호회가 활발하게 운영되고 있다. 아직은 사이버상담 카페 사이트에서 내담자들을 위한 카페를 운영하는 곳은 찾기 어렵다. 그러나 사이트별로 상담주제별 카페를 운영하는 것은 내담자들의 소속감을 증진하고, 유사한 경험을 가진 사람들 간의 해결방식 노하우 교환과 집단원 간의 응집력 확보에 유리할 것으로 예상된다.

8) 사이버공간에서 글쓰기

실제로 이메일이나 게시판을 통해 상담할 때 글을 작성하는 순서에 대해 알아보면 다음과 같다.

(1) 글을 쓰는 목적 정하기

교사 스스로 전달할 내용이 있어서인지, 아니면 학생의 도움 요청에 대한 답변인지에 따라 내용이 달라질 수 있으나 가장 중요한 것은 무엇을 쓸 것인가에 대한 생각의 정리다. 교사가 글을 먼저 작성한 경우는 글의 성격이 안내인지 교육인지 정보전달인지 먼저 파악해야 한다. 학생의 글에 답변을 쓸 경우에도 정보전달이 중심목적인지, 정서적 위로나 지지가 중심목적인지 분명히 파악해야 글의 내용이 일관성 있게 전달될 수 있다.

(2) 제목 정하기

써야 할 글의 성격이 분명해지면 내용을 요약하여 제목을 정한다. 제목은 글의 얼굴인 만큼 글의 내용을 요약하여 담고 있으면서 핵심이 명료하게 나타나야 한다.

(3) 글쓰기

글은 써야 할 내용을 빠뜨리지 않고 일목요연하게 적어야 하며, 읽는 학생들의 수준에 맞추어 너무 긴 문장이나 어려운 낱말은 사용하지 않는 것이 좋다. 부정적이고 지시적인 내용이더라도 긍정적인 표현을 통해 마음의 문을 열고 전달하고자 하는 내용을 받아들일 준비를 하도록 한다.

답변인 경우는 학생의 심정이나 마음의 상태를 잘 공감해주고, 가지고 있는 문제의 핵심을 잘 요약해주어야 한다.

(4) 마무리하기

마무리에서는 내용에 대한 요약과 학생에 대한 격려가 나타나야 한다. 또한 추후 상담의 가능성을 언급하며, 사이버 생활지도가 지속적으로 이루어지거나 혹은 직접 대면하여 도움을 줄 수 있다고 알려 주는 것도 필요하다.

4. 사이버상담의 장점

사이버상담의 장점은 다음과 같다(임은미, 2006. 198-208).

1) 공간 제약의 초월

사이버상담은 상담자나 내담자가 자신의 생활공간을 떠나지 않고도 진행될 수 있다. 이러한 공간 제약의 초월성은 대개가 직장이나 학교 일과시간과 동일한 근무시간을 갖고 있는 상담기관 소속의 상담자와 내담자의 만남의 기회를 증가시켰다. 이동을 위한 준비, 실제 이동거리에 드는 시간을 소비하지 않고도 상담자와의 접촉이 가능해졌다. 교통 혼잡 등으로 장소 이동에 부담을 느끼는 도시 생활인이나 하교 후 사교육기관으로 이동해야 하는 청소년 내담자들에게도 상담에 손쉽게 접근할 수 있는 기회를 주고 있다. 사이버상담이 갖는 공간적 제약의 초월성은 상담기관이 없는 소도시나 산간벽지 지역의 내담자, 공간이동에 불편을 겪는 장애인 내담자에게 더욱 유익한 특성이다.

2) 시간 제약의 초월

사이버상담의 여러 가지 메뉴 중에서도 비실시간 상담메뉴는 상담이 시간적 제약을 초월하여 이루어질 수 있다. 데이터베이스를 이용한 상담의 경우에는 상담 자료들이 24시간 연중무휴로 내담자에게 제공될 수 있다. 게시판상담의 경우에도 상담내용이 공개되기 때문에 내담자는 언제라도 자신의 문제와 유사한 이전 상담의 내용을 보면서 도움을 받을 수 있다. 이메일상담의 경우 내담자는 자신에게 도움이 필요한 시간에 편지를 작성할 수 있다. 편지를 부친 후 상담자의 응답을 받기까지 어느 정도 기다려야 한다는 점에서 이메일상담은 기존의 편지상담과 동일하다. 그러나 이메일상담은 발송절차가 지극히 간단하며 발송과정에 걸리는 시간이 거의 몇 분 이내라는 신속함을 지닌다. 컴퓨터가 네트워크에 연결되어 있기만 하면 용량이 크거나 사양이 최신식일 필요도 없고, 또한 자신의 고민을 남에게 공개하지 않고 상담자에게만 알리는 등 비밀보장이 가능하기 때문에 많은 이용자에게 접근이 용이한 방법이다.

3) 영구적인 기록 가능

사이버상담의 내용들은 별도의 큰 노력이 없이도 저장할 수 있으며, 통신기술과 컴퓨터 기술의 발달로 인해 저장수준은 점차 완벽해지고 있다. 상담자와 내담자 모두 상담과정을 저장할 수 있고 필요할 때 다시 읽어 보며 사용할 수 있다.

상담기록은 내담자에게 큰 가치를 가지며, 내담자는 기록된 상담내용을 반복해서 다시 보면서 통찰상태를 유지하고 상담의 성과를 지속적으로 유지시킬 수 있다. 재독은 여러 면에서 의미가 있는데, 내담자는 자신이 상담을 받을 당시에 비해 얼마나 많이 변화했고, 얼마나 많이 진행되었는지를 볼 수 있다. 또한 이전의 문제를 극복하는 과정에서 사용했던 기법과 접근들을 보는 것은 후에 발생할 문제에 대처하는 데도 도움이 된다. 중독 문제로 고통 받았던 내담자가 회복과정에 있는 경우 그는 과거에 심한 문제 상태를 극복하기 위해 사용했던 기술을 다시 읽고 사용할 수 있다. 이에 반해 대면상담은 기록하는 것이 쉽지 않으며, 특히 축어록 모두를 기록하기 위해서는 녹음을 하고 녹음된 내용을 글로 옮기는 번거로움을 감수해야 한다. 이와 같은 일이 사이버상담에서는 쉽게 자동적으로 이루어질 수 있다.

4) 슈퍼비전과 자문의 용이성

기록이 문자로 보관되면 슈퍼비전을 하는 것도 용이하다. 이메일상담에 대한 슈퍼비전에서 저자는 서로를 지도감독해 줄 수 있다. 내담자가 쓴 편지와 상담자가 응답한 내용 전체를 서로에게 보내줄 수도 있다. 그러면 내담자는 상담자에게 그러했듯이 슈퍼바이저 앞에서도 현존하는 것이다. 이로 인해 슈퍼바이저는 내담자의 말을 직접 경험할 수 있는 기회를 얻게 되며, 상담자의 입장을 취할 수 있게 되고, 상담자의 선택에 대한 인식을 하지 않을 수 없다. 게다가 이메일 메시지는 비동시적으로 교환되기 때문에 상담자는 슈퍼바이저에게 지도감독을 받고 나서 내담자에게 응답 메시지를 보냄으로써 실수를 줄일 수 있다.

5) 문제의 외재화 용이

외재화란 '짓누르고 있는 문제를 대상화시키고 형체화시키도록 내담자를 격려하는 치료적 접근' 이다. 외재화는 내담자로 하여금 자신의 문제를 멀리 떨어져서 볼 수 있도록 해주고 자기 자신을 문제 자체와 분리시켜서 볼 수 있도록 해준다.

상담편지를 쓰는 과정은 그 자체가 내담자의 문제를 외재화하는 것이다. 그들은 입력을 하면서 쟁점에 대한 추상적 표현을 그들 앞에 있는 컴퓨터 모니터에서 바라본다. 이러한 과정은 문제를 자기로부터 분리시켜 들여다보는 외재화 작업을 촉진시키고 그럼으로써 치료적 변화를 촉진시킨다.

6) 편지내용을 스스로 읽으며 영향 미치기

편지쓰기는 회귀과정이다. 사람들은 대개 글을 쓰면서 자신이 쓴 것을 읽는다. 즉 쓰는 동안 스스로가 영향을 받는다. 이메일을 쓰면서도 앞의 내용을 자꾸 읽어 볼 수 있으며 그것들을 남에게 보이기 전에 전체적 맥락을 바꿀 수 있다. 사람들은 언어적 의사교환과는 달리 쓴 것에 대해 생각하고 모든 부분이 다른 부분에 영향을 미쳐 글 자체가 일관성을 갖도록 한다. 저술의 회귀적인 특성이 내담자로 하여금 자신과 자신에 대한 이야기에 의미를 주기 위해 노력하게 한다. 그들은 상담자의 관찰이나 처치를 받기 전에도 미리 자신의 모순을 볼 수 있고 통찰을 얻을 수 있다. 이는 내담자의 돈과 시간을 아껴주는 것이다.

7) 상담과정에서의 평등성 확보

치료적 체제 안에서 힘의 불균형에 대처하는 것은 중요한 일이다. 실제적, 윤리적으로 볼 때 내담자가 그들의 전문성을 공유하고 발달시키도록 하며 전문가로서의 치료자 위치를 낮추는 접근이 더 우월한 접근이라고 볼 수 있다. 근래의 치료법 중 이야기치료와 해결중심 접근법은 상담자와 내담자 사이의 힘을 균형 있게 해주는 대표적인 접근법이다. 특히 이야기치료법의 경우, 치료적 변화는 내담자가 자신의 이야기에 주의를 기울이고 그것을 스스로 말하게 될 때 일어날 가능성이 가장 많으며 또한 강력하게 일어난다는 핵심적인 신념을 갖고 있다.

인터넷을 통한 대개의 의사소통 양식, 특히 이메일은 이러한 평등화를 지지하고 강력하게 한다. 내담자는 단지 회원으로 가입만 하면 된다. 이메일 회원그룹들의 연령이나 학력 분포는 신입생부터 박사과정에 이르기까지 매우 다양하다. 대학 신입생 중 상담소에 직접 들려서 상담자와 대면하여 자신의 이야기를 하는 경우가 얼마나 될까? 그러나 이메일상담에서는 기꺼이 쓰고 기꺼이 질문하며, 정보를 요청한다. 이메일의 속성은 개인 간의 힘의 차이를 평등화하는 경향이 있으며, 적어도 낮은 교육적 사회경제적 신분의 사람이 더욱 과감하게 행동하도록 해준다.

8) 현재 경험하는 감정의 기록 가능

이메일상담의 비동시성은 또 하나의 큰 장점이다. 내담자는 사건이 생길 당시의 상황과 감정 상태를 기록해 놓을 수 있다. 면대면 상담에서 예약된 상담시간까지 내담자가 기다리는 경우, 상담시간에 관련 사건에 대해 이야기를 하다 보면 자신이 왜 그렇게 흥분했었는지를 이해하기 어려운 경우가 있다. 그러나 이메일상담에서는 내담자가 자신의 감정이 일어날 때마다 세부적인 기록을 해놓을 수 있다. 나중에 자신이 쓴 것을 보고 놀라더라도, 그 기록들을 함께 검토할 수는 있다. 이는 대면상담에서 내담자가 왜 그랬는지를 종종 잊어버리는 것과는 대조적이다. 대면상담에서는 내담자가 스스로를 더 잘 이해하도록 하기 위해 검토할 자료를 얻을 수 있는 시점을 놓치는 경우가 많다.

9) 익명성으로 인한 자유로운 자기노출

사이버상담에서는 메시지의 내용에 집중하여 대화가 이루어지고, 대화과정에서 익명성을 확보할 수 있기 때문에 신분이 노출될 것에 대한 불안에서 벗어날 수 있다. 이러한 효과는 실명제 회원가입 사이트에서도 동일하게 일어난다. 상담자가 원하면 내담자의 아이디로 실명을 알아낼 수 있음을 내담자 자신도 알고 있지만, 상담과정 동안 단말기와 마주하기 때문에 익명적이라는 인상을 바꾸지 않게 된다. 이는 대면상담에서 꺼내놓기 어려운 문제를 가졌거나 또는 남 앞에서 자신을 잘 드러내기 어려워하는 내담자에게 자유로운 의사표현의 기회를 준다. 채팅상담의 사례 중에는 처음 만난 상담자와 내담자가 이루어가는 단회 상담임에도 불구하고 대면상담에서보다 훨씬 깊은 자기노출이 적절하게 행해지는 순간들을 종종 볼 수 있다.

10) 문화적 경계의 초월

Gary(2001)는 사이버상담의 여러 가지 메뉴 중 온라인 그룹의 문화적 이점을 다음과 같이 정리하였다.

① 가상연계성(cyber connections)

외딴 곳이나 서비스가 닿지 않는 곳에 사는 거주자들의 소외감을 줄여준다.

② 세분화된 온라인 지지그룹(specialized online support group)

몇몇 주제들은 특정 문화에서는 면대면으로 토의되는 것을 금기시하는 것일 수 있다(가정폭력, 성폭력 등). 그렇기 때문에 몇몇 온라인 지지그룹은 문화적 관습에 적응하기 위해 연령 특정적 또는 성 특정적으로 운영될 수 있다. 이런 면에서 지역적인 경계선의 제한을 받지 않으므로 광범위한 인구들로부터 성공적으로 구성될 수 있다.

③ 인터넷 시간(internet time)

인터넷 시간은 타임존을 넘어서서 온라인 지지그룹을 기획하는 것을 촉진해야 한다는 새로운 세계적 시간개념이다. 온라인 지지그룹은 타임존을 초월하며 모든 타임존에 대하여 시간을 동일하게 만들 수 있다.

④ 보편성(universality) 확보

보편성은 참가자들이 유사한 생각, 감정, 두려움 또는 가상의 공동체에서의 반응들을 공유하게 함으로써 참가자들을 연합시켜 준다.

⑤ 프라이버시(privacy)

온라인 지지그룹은 참가자들의 프라이버시를 보호해준다. 문화적인 오명으로 생각될 수 있는 행동에 대한 도움을 요청하게 하고, 자신의 신분이나 성이 알려져서 부끄러움을 당하는 일이 없도록 해 준다. 참가자들은 사회적 장벽들을 극복할 수 있고, 조롱당할 두려움에서 벗어날 수 있으며, 그들의 지역사회 내에서도 문화적 오명이나 상처받을 가능성 때문에 두려워할 필요가 없다(Day & Schneider, 2000).

5. 사이버상담의 단점

생활지도에서 사이버상담이 활용되었을 때의 단점 또는 한계점으로는 어떤 것이 있는지 살펴보면 다음과 같다.

1) 내담자의 문제에 대한 깊이있는 접근의 어려움

사이버공간에서 이루어지는 생활지도는 교무실이나 상담실을 방문하지 않고도 원하는 시간에 할 수 있다는 장점이 있지만, 문자언어를 통해 의사소통이 이루어지기 때문에 문제에 대해 충분히 이해하는 데 시간적인 제한이 있을 뿐만 아니라 내용의 이해에도 어려움이 따른다.

교사는 학생과의 사이버상담을 통해 학생의 문제를 파악하고 정보전달이나 정서적 지지를 전달해 주어야 한다. 그러나 실시간으로 이루어지는 채팅상담이 아닌 경우 학생과 교사 간의 메시지 전달과 교류가 신속하게 이루어지지 않기 때문에 문제 이해에 대한 어려움을 겪을 수 있다. 채팅상담의 경우에도 학생과 만나는 짧은 시간 안에 문제를 파악하고 그 문제가 채팅시간 안에 다룰 수 있는 것인지 판단해야 한다. 뿐만 아니라 주어진 시간 안에 문제를 구체화하여 지식이나 정보전달, 감정 이해 등이 적절하게 이루어지지 않으면 학생의 문제를 듣기만 하고 아무런 해결책 없이 상담이나 생활지도가 끝나버릴 수 있다. 문제는 이렇게 상담이나 생활지도가 종결될 경우 사이버공간에서 이루어지는 상담이나 생활지도에 대한 신뢰성이 떨어져서 어려움이나 문제가 발생하더라도 학생들이 다른 방법으로 문제해결을 모색함으로써 사이버상담의 효율성이 떨어진다는 점이다.

상담은 도움을 필요로 하는 사람(내담자)이, 전문적 훈련을 받은 사람(상담자)과의 대면관계에서 생활 과제의 해결과 사고행동 및 감정 측면의 인간적 성장을 위해 노력하는 학습과정이다(이장호, 2005). 이 정의를 통해 보면, 상담에서는 상담자, 내담자 그리고 대면관계의 세 가지가 필수요소이다. 그런데 사이버 세계에서는 대면관계가 존재하지 않는다. 상담자는 내담자를 볼 수 없고, 내담자의 말을 들을 수 없다. 내담자 역시 상담자를 볼 수 없고, 상담자의 말을 들을 수도 없다. 만나지 않기 때문이다. 사이버상담이 활성화되고 있는 현재에도 관계 형성의 한계는 미해결 과제로 남아 있다.

2) 상담관계에 대한 책임성과 신뢰성 낮음

사이버상담은 위치나 시간에 제한없이 상담을 받고자 하는 사람들이 원하다면 언제, 어디서든 상담을 받을 수 있다. 이 말을 반대로 이해하면 원하는 경우 언제, 어디서든지 상담을 받지 않을 수도 있다는 말이 된다. 교사나 학생 사이에 신뢰관계가 형성되고 상담이나 생활지도에 대한 효과를 인정하는 경우라면 그렇지 않겠지만, 대부분의 경우 익명성을 이용하여 상담공간의 접속이나 단절이 용이하기 때문에 상담에 대한 책임감이 떨어지게 된다.

예를 들어, 진로나 학교생활에 어려움을 겪는 학생이 상담자인 교사에게 도움을 요청하는 메일을 보냈는데, 교사가 메일을 확인하고 답장을 주는 데 소요되는 시간 동안 학생은 혼자서 자신의 문제와 싸워야 하거나 문제해결의 적절한 기회를 놓칠 수 있다. 또한 교사의 답장을 기다리는 동안, 학생은 자신의 문제뿐 아니라 자신까지도 거절당하는 느낌을 가질 수 있어 사이버공간에서 이루어지는 생활지도에 대한 신뢰성이 낮아질 수 있다.

교사의 경우에도 문제해결을 요구하는 학생들이 자신의 문제를 진솔하게 이야기하는 것이 아니라, 재미나 호기심으로 지속적인 메일이나 쪽지, 게시판을 이용한다면 교사는 시간과 노력을 소비하게 되므로 점차 사이버공간을 이용한 생활지도의 필요성을 느끼지 못하거나 학생들이 도움을 요청하는 문제에 대한 신뢰성이 떨어질 수 있다.

3) 내담자의 반응에 신속한 대처의 불가능과 응급 상담의 한계

사이버공간에서 진행되는 생활지도는 서로의 메시지를 전달하고 확인하는 과정에서 시간차이가 발생하기 때문에 원활한 의사소통에 어려움이 있다. 그런데 즉각적인 상담이 필요하거나 생활지도를 해야 할 경우가 있다. 예를 들면, 신체적인 피해를 입었거나 다른 주변인들의 도움이 필요한 경우는 신속한 대처가 중요하다. 그러나 사이버 공간은 학생이 위급하거나 어려운 환경에 처해 있을 때 즉각적이고 신속한 대처에 한계가 있다.

4) 비언어적 메시지 감지의 어려움

사이버공간에서는 비언어적 표현에 대한 의사소통이 어렵다. 교사는 자신의 메시지를 전달받은 학생의 몸짓이나 표정 또는 학생이 전달하고자 하는 메시지의 어투 등에 대한 정보를 얻지 못하기 때문에 원활한 의사소통이 어렵게 된다. 이것은 나아가 서로에 대한 이해에도 영향을 미칠 수 있다.

5) 상담의 연속성이 떨어짐

사이버공간의 익명성과 학생 중심의 주도성 때문에 발생할 수 있는 단점이다. 학생은 교사의 생활지도에 대해 불만이 있거나 적절하지 않다고 생각할 경우 상담을 일방적으로 중단할 수 있기 때문에 지속성에 대한 어려움이 있다. 이런 단점을 극복하기 위해서는 사이버상담을 통한 생활지도 과정 중에 대면하여 생활지도를 할 수 있도록 연계해야 한다. 사이버상담은 대개 단회 상담을 위주로 진행된다. 이러한 현상은 상담자가 상담적인 개입을 하는 데 큰 걸림돌로 작용하고 있다. 대체로 상담에서 상담자의 처치는 단회보다는 여러 회기를 가정하고 실시된다. 사이버상담에서는 상담자가 행할 수 있는 처치 가운데 단회로 가능한 것들만을 선택해야 하기 때문에 내담자에게 필요한 개입을 실제로 시행하는 데 제한을 받을 수밖에 없다.

또한 상담의 효과가 내담자의 실제 생활에서 어떻게 나타나고 있는지를 검증하기가 어렵다. 한 번 상담을 받은 내담자가 계획적으로 재접속하여 상담을 지속하는 경우가 소수이기 때문에 상담자의 처치가 내담자에게 어떤 영향을 미치고 있는지, 상담자의 처치 중 내담자에게 적용되기 어렵거나 효과를 발휘하기 어려운 요인들은 무엇이 있는지를 엄밀하게 검증할 수 있는 기회를 찾기가 어렵다.

6. 사이버상담의 절차

일반적으로 이루어지고 있는 사이버상담의 절차에 대해 알아보면 다음과 같다(이성진 외 7인, 2009, 503-505).

1) 내담자와 같은 눈으로 호소 읽기

내용을 읽으면서 자신이 가진 모든 민감성을 끌어올려 내담자의 느낌이나 상황, 고민과 아픔이 어떻게 전해지는지 느껴보려고 노력할 필요가 있다. 이때 그 느낌이 전해지는 통로가 시각인지, 청각인지, 촉각인지, 그저 인지적인지 등도 파악할 수 있다면 이후에 내담자의 코드에 맞추어 상담 답변을 진행할 수 있어서 상담을 더욱 효율적이고 내담자 친화적으로 진행해 나갈 수 있다. 예를 들어 앞날이 회의적이고 절망스러운 상황에서 도움을 필요로 하는 내담자가 시각중심적인 표현을 한다면 "앞날이 깜깜해요", 혹은 "앞이 안 보여요"라고 호소할 것이다. 또한 청각중심적인 내담자는 "도움의 외침은 허공 속에서 아무런 메아리도 없네요"라고 할 수 있고, 촉각중심의 내담자는 "손을 뻗어보아도 지푸라기 하나 잡히지가 않아요"와 같이 표현할 수 있을 것이다. 시각 코드의 내담자에게는 시각 코드로 조율해서 언어 표현을 하는 것이 더 효율적일 것임은 쉽게 예상할 수 있다.

2) 상담 답변의 방향 정하기

상담의 방향을 어떻게 정하느냐에 따라 문제를 풀어나가는 구체적인 과정도 달라질 것이다. 내담자의 호소를 읽으면서 상담자가 해야 할 또 하나의 중요한 일은, 내담자가 상담에서 가장 바라는 것이 '정서적 지지와 위안', '대안 점검과 의사결정', '문제의 해결', '정보 제공과 조언' 중 어느 것인지를 파악해 내는 일이다. 많은 경우 이 네 가지 가운데 한 가지를 바라기보다는 두 가지 이상이 섞여 있다. 따라서 '강하게 무엇을, 그리고 그다음으로는 무엇을?' 이라는 질문으로 내담자가 원하는 바를 파악하는 연습이 필요하다. 이 작업은 첫 번째 일과 밀접하게 연결되어 있어서, 내담자와 같은 눈으로 내담자의 호소내용을 읽고 성공적으로 그의 상황과 어려움, 감정 상태를 파악하게 된다면 상담의 주된 방향을 파악하고 결정하는 일도 성공하기 쉽다.

3) 상담방향에 따라 상담의 초안 잡기

다음으로는 설정한 상담의 방향에 맞추어 상담의 초안을 잡는 작업을 해야 한다. 상담의 방향이 무엇이든 관계없이 대체로는 ① 내담자에게 인사하기 ② 상담자에 대한 간략히 소개하기 ③ 내담자의 주요한 감정을 반영하고 내담자가 호소한 핵심 문제 명료화하기 ④ 추가 정보 요청과 상담자의 의견 제시하기 ⑤ 칭찬과 힘 북돋우기 ⑥ 과제와 조언주기 ⑦ 마무리 인사하기의 순으로 작업을 하게 된다. 상담의 방향이 '지지중심'으로 잡혔다면 내담자의 주요한 감정의 반영이 대폭 강화되도록 초안을 잡아야 할 것이다. 칭찬과 힘 북돋우기 역시 강화되어야 할 필요가 있을 것이다. 초안을 잡을 때 먼저 위의 항목들을 배열하여 순서를 정하고 강화될 필요가 있는 항목에 밑줄을 치면서 각 종목별로 자신이 표현하게 될 핵심단어나 문장을 적어두면 도움이 될 수 있다.

4) 초안에 살 붙이기

초안이 잘 잡히면 살을 붙이는 일은 상당히 쉬워진다. 초안을 잡는 일이 과학의 영역이라면 살을 붙이는 작업은 예술의 영역이라 할 만큼 섬세하고 복잡할 수 있는 것이 살 붙이기 과정이다. 상담자 고유의 색깔과 향기가 입혀지고 내담자에게 전해지는 메시지 자체보다 그것을 감싸고 풍겨 나오는 색깔과 향기가 더 강하고 깊은 영향을 줄 수 있다는 점에서 살을 붙이는 과정은 매우 중요한 작업이 된다. 이 단계에서는 상담자가 평소에 갈고 닦은 문장력과 어휘력, 은유 능력이 빛을 발하게 된다. 상담자가 인지적·정서적으로 정돈되어 있되 온화함과 유머 감각을 가지고 있다면 살 붙이기 작업을 더 잘할 수 있다. 이 일을 더 잘할 수 있으려면 무엇보다 자주 해보아야 한다. 또한 매 작업마다 자신의 글을 보고 또 보면서 검토를 하고, 마지막으로 경력 상담자에게 슈퍼비전을 자주 받아야 한다.

5) 다듬기

다듬는 작업은 모든 작문에서 반드시 필요한 과정이다. 그러나 인터넷 상에 올려지는 글은 대체로 이런 마지막 검토작업없이 올려져서 오타도 생기고 부적절한 표현도 생기곤 한다. 내담자는 몰라도 상담자는 이 작업을 중요시할 필요가 있다. 자신이 설정한 상담방향대로 잘 쓰였는지, 초안으로 잡은 항목의 순서가 자연스럽고 적절한지, 글에서 나타나는 사고의 전개과정이 자신이 전달하고자 하는 요지를 가장 효과적으로 표현하는지, 내담자의 인지적, 정서적 코드에 잘 맞도록 표현되었는지 등을 다시 한 번 점검해야 한다. 마지막으로, '연애편지는 밤에 쓰면 안 된다' 는 세간의 충고처럼 상담 답변 역시 밤에 써서 보내면 안 된다. 내담자가 보낸 내용에 정서적으로 압도되거나 고양되어서 정서적인 강도상 부적절한 답변을 하게 될 가능성을 고려해야 할 필요가 있다. 따라서 밤에 상담답변을 작성했다면 이튿날 아침에 두 번 이상 다듬기 작업을 거친 다음에 보내기를 권장한다.

7. 사이버상담의 발전방안

현재 사이버상담은 상담의 한 영역으로 자리매김하고 있는 과정이며, 앞으로 10년 이내에는 가장 애용되는 상담 방법의 하나로 활성화될 것이다. 이재창(2005)은 사이버상담의 발전방안을 다음의 다섯 가지로 제시하고 있다.

1) 하드웨어

인간 내면의 정서와 생각을 다루는 대화를 진행하기에는 컴퓨터라는 기계의 제약이 많이 의식되고 있는 실정이다. 인간이 인간에게 보내는 메시지를 자연스럽게 전달하기 위해서는 보다 접근하기 쉽고, 다루기 쉬우며, 속도가 빠르고, 소음이 적으며, 안정감 있는 컴퓨터가 개발되어 널리 보급될 필요가 있다. 컴퓨터 하드웨어 분야의 빠른 발전을 참고로 할 때 이러한 진전은 곧 이루어질 것으로 기대된다.

2) 소프트웨어

상담과정을 충분히 담을 수 있는 컴퓨터 소프트웨어의 개발이 시급하다. 현재도 인터넷 웹 브라우저를 이용한 문자 채팅 기술이 개발되어 있다. 그러나 상담의 경우에는 보다 정교한 대화방 프로그램, 즉 오랫동안 대화를 나누어도 기능이 보존되고 유지되는 견고한 대화방 모듈이 필요하다. 상담과정을 기록으로 남겨 보관할 수 있는 장치, 상담기록이 상담 당사자인 내담자와 상담자를 제외한 사람에게는 공개되지 않도록 하는 보안장치, 어떠한 브라우저로도 접근 가능한 범용 언어로 짜인 대화방 등이 필요하다.

음성상담 시스템의 경우 지금도 사용할 수 있는 수준이며, 음성 상담 도중에 상담자가 필요한 자료를 화면상에 제시하는 것이 가능하다. 하지만 그 내용을 우리나라 상담 전문가들이 좀처럼 사용하지 않는 html 방식으로 작성해야 한다. 홈페이지에서 상담자료를 제시하려면 상담자가 html을 별도로 배워서 자료를 작성해야 하는 번거로움이 따르고 있다. 화상상담 시스템도 개발되어 있기는 하지만 컴퓨터 용량과 속도의 지원을 받지 못해 충분히 활용되지 못하고 있다. 인터넷에 올리는 자료들을 hwp 파일로 작성하고 상담 진행 중에 시기적절하게 전송할 수 있는 소프트웨어가 개발된다면 상담자들에게 무척 편리한 도구로 사용될 수 있을 것이다.

3) 전문적 상담기법

사이버상담을 위한 상담기법이 개발되어야 한다. 컴퓨터의 발전은 빠르게 진행되는 데 비해 상담기법의 발전은 더디게 이루어진다. 사이버상담이라는 새로운 접근 방법이 활성화되어 가고 있는 시점에서 사이버상담의 적절한 상담기법들을 발전시키는 것은 상담 전문가들의 몫이다.

사이버상담 특유의 관계 형성과 처치 전략 등에 대한 심도 깊은 분석 및 사이버상담의 과정과 성과에 관한 연구들을 축적하여 사이버상담의 독특하면서도 효과적인 기법들이 개발되어야 한다. 아울러 사이버상담의 단회 상담적 한계를 극복하고, 보다 넓은 범위의 상담 문제에 적용할 수 있도록 장기 상담도 가능하게 할 수 있는 방안을 모색해야 한다.

4) 지속적인 홍보

사이버상담 사이트를 지속적으로 홍보하여, 청소년들에게 사이버상담이 운영되고 있다는 사실을 알리는 것이 필요하다. 이를 통해 청소년들이 일상생활에서 경험하는 스트레스나 학업 · 진로 · 성 · 교우관계 등의 고민에 부딪히거나, 전문가의 도움이 필요한 심각한 상황이 닥쳤을 때 손쉽게 접근하여 도움을 받을 수 있도록 유도할 필요가 있다.

5) 흥미롭고 새로운 자료의 보충

네티즌들이 교육적인 내용을 보다 친근하고 매력적으로 느낄 수 있는 흥미유발 방법도 중요하다. 마음을 터놓을 수 있는 친구나 재미삼아 찾을 수 있는 휴식처처럼 늘 내담자를 기다리는 듯한 인상을 주는 사이트를 갖추고 양질의 자료들을 지속적으로 구비해 가는 노력이 필요하다.

8. 사이버상담의 실제

참고로 국내 사이버상담자료 사이트를 제시하면 다음과 같다.

1) 청소년상담

한국청소년상담원(www.kyci.or.kr)은 문화관광부 산하 한국청소년상담원에서 운영하고 있는 청소년전문상담 사이트로 이외에도 14개 시 · 군 · 구 청소년 상담실에서 사이버상담사이트를 운영하고 있다.

2) 종합 상담

카운피아(www.counpia.com)는 남녀노소 누구나 이용할 수 있는 종합상담사이트로 민간 사업체이며 각종 상담관련 연수사업을 병행하고 있다.

3) 성 상담

인구보건복지협회(www.ppfk.or.kr)에서 운영하는 전문가 상담사이트로 청소년을 대상으로 피임, 임신, 성발달 관련 정보들을 제공한다. 전문가들이 중심이 되어 청소년 성의 건전한 발달을 위하여 상담서비스를 실시하고 있다. 이외에도 청소년을 위한 다음과 같은 성 상담 사이트가 있다(김현정, 2004).

구성애의 아우성(www.ausung.net)
내일청소년상담소(www.youth-n.com)
성교육전문사이트(www.ahsex.org)
소아청소년정신건강클리닉(drchoi.pe.kr)
아하! 청소년성문화센터(aha.ymca.or.kr)
알고싶은 성(www.guidance.co.kr/newsite/clinic/sex05.asp)
정광자의 성상담교실(www.niceyou.pe.kr)
청소년 세계(www.youth.co.kr)
청소년폭력예방센터(www.jikim.net/indexintro.asp)
한경숙의 청소년상담(www.myrest.co.kr/htm/frm_main.htm)
한국성문화연구소(www.yline.re.kr)
한국성폭력상담소(www.sisters.or.kr)
한국여성의 전화 연합(www.hotline.or.kr)
한국청소년상담원(www.kyci.or.k)
한국성폭력위기센터(www.rape119.or.kr)
함께 풀어가는 성이야기(www.edugender.or.kr)

4) 응급상담

생명의 전화 사이버 상담실(www.lifeline.or.kr)은 자원봉사 상담원을 주요 인력으로 하여 게시판 상담 중심의 사이버상담을 시행하고 있다. 생명의 전화 사이트에게재된 호소문제를 전국 지부의 자원봉사자에게 발송하여 응답내용을 수합하고, 수합된 응답메일의 질을 검토하여 중앙 생명의 전화에서 내담자에게 발송한다.

5) 진로상담

커리어넷(www.career.re.kr)은 한국직업능력개발원에서 운영하는 사이트로 학교급별 진학정보, 진로관련 무료 표준화 심리검사를 제공하며 진로상담 서비스도 실시한다.

워크넷(www.work.go.kr)은 노동부산하 중앙고용정보원에서 운영하며, 성인을 위한 구인 · 구직사이트에서 출발하여 현재는 대상을 청소년과 노년에게까지 확대시켰으며, 구인 · 구직뿐만 아니라 무료 표준화 심리검사와 심리상담 서비스도 제공한다.

6) 인터넷중독예방상담

인터넷중독예방상담센터(htttp://www.iapc.or.kr)는 한국정보문화진흥원에서 운영하며 인터넷 중독 관련 정보를 폭넓게 제시하고 있다. 전국에 지부를 설치하여 내방 상담서비스와 함께 학교 파견 집단상담을 실시하기도 하고, 사이버 인터넷중독치료센터를 운영하기도 한다.

제 **14** 장

성격상담

학습개요

성격장애는 환경과 자신에 대해 지각하고 연관시키고 생각하는 데 있어서 지속적으로 융통성이 없는 부적응형태이다. 이러한 성격장애는 사회적 또는 직업적인 면에서 볼 때 현저한 장애나 주관적인 고통을 초래할 수 있을 정도로 심각하다. 이 장에서는 상담에서 흔히 볼 수 있는 성격장애 유형을 열 가지로 알아보고 성격장애의 임상적인 특징과 원인과 상담기법에 대해 살펴보기로 한다.

학습목표

1. 성격장애의 주요개념과 임상적 특징에 대하여 설명할 수 있다.
2. 성격장애에 대한 DSM-Ⅳ 진단기준을 설명할 수 있다.
3. 성격장애에 대한 상담 장면에서의 원인과 상담기법을 알아보고 설명할 수 있다.

1. 성격장애의 개념

성격장애(personality disorder)란 이상성격 즉 한 개인이 고통을 받거나 한 사회에 고통을 주는 그런 성격을 모두 포함한다. 성격장애의 기본양상은 비교적 평생동안 변함없으며 일정한 행동양상을 나타내는데 그 행동양상이 현실에 적응함에 있어 자신에게나 혹은 사회에 고통을 주는 이상성격을 뜻한다. 이들의 일정한 행동양상은 광범위한 개인적 및 사회적 상황에서 나타나는데 늦어도 사춘기에서부터 나타나서 거의 평생을 지속한다(강봉규 외, 2006).

심한 형태의 성격장애는 정신병리적 성격이다. 이런 유형의 성격장애자는 정상인이 갖고 있는 양심이나 사회적 책임감이 결여되어 있고 다른 사람들에 대해 아무런 감정도 못느낀다.

2. 성격장애의 유형

1) 편집성 성격장애

(1) 편집성 성격장애의 개념과 진단기준

편집성 성격장애란 다른 사람들에 대한 불신과 의심으로 타인의 동기를 지속적으로 의심하며 왜곡하여 해석하는 것을 말한다. 편집성 성격장애의 주요 특성은 사람에 대한 부당한 의심과 불신이다. 이 유형은 항상 배신당하지 않을까 하는 두려움에 사로잡혀 어느 정도 이상 친밀관계를 유지하지 못한다. 심지어 인간관계가 긴밀해지고 관계가 급속도로 가까워지면 의심이 심해지고 고통이 생기기도 한다. 일반적으로 이러한 편집적 성격장애자들은 고집도 강하고 가족 등을 지속적으로 의심하고 괴롭히며 때로는 병적인 질투심을 보이기도 한다.

편집성 성격장애의 진단기준을 보면 〈표 14-1〉과 같다.

표 14-1 편집성 성격장애 DSM-IV 진단기준

편집성 성격 장애	다음 7가지 특성 중 4개 이상의 항목을 충족해야 함
①	충분한 근거도 없이 타인들이 자신을 착취하고 해를 주거나 속인다고 의심한다.
②	친구나 동료의 성실성이나 신용에 대한 부당한 의심에 집착한다.
③	정보가 자신에게 악의적으로 사용될 것이라는 공포 때문에 터놓고 이야기하기를 꺼린다.
④	타인의 말이나 사건 속에서 자신을 비하하거나 위협하는 숨겨진 의미를 찾으려 한다.
⑤	원한을 오랫동안 풀지 않는다. 예를 들면 자신에 대한 모욕, 상해 혹은 경멸을 용서하지 않는다.
⑥	타인에게는 그렇게 보이지 않는데도 자신의 성격이나 명성이 공격당했다고 느끼고 즉시 화를 내거나 반격한다.
⑦	이유 없이 배우자나 성적 상대자의 정절에 대해 자꾸 의심한다.

출처: 정신장애의 진단 및 통계편람 제4판(1995), 재인용.

(2) 편집성 성격장애의 임상적 특징

편집성 성격장애의 임상적인 특징은 상담에서 부모님이나 동생, 친구 등을 의심하여 아주 심할 경우 너무 불안하고 혼란스러워 집을 가출하고 싶다고까지 한다. 어떤 내담자는 자신이 친구를 믿지 못하고 늘 의심하여 인터넷활동, 친구들 모임 등에 잘나가지 않고 만약에 모임에 참석했어도 그들을 항상 감시하여 자신이 너무 힘들다고 하면서 이러한 자신의 문제를 상담받기 원하였다. 이러한 내담자를 대할 때마다 얼마나 가족과 친구들을 불신하는지 알 수가 있다.

이러한 특징을 종합해보면 편집성 성격장애자들은 표정과 태도, 사고방식에 경직성과 정서에 메마름이 있고 쉽게 상처받고 과도한 비밀주의가 있다. 또한 의심이 많고 상대방을 화나게 만들며 상대의 반응을 의심의 합리화 증거로 사용하고, 주위 사람들을 조정하거나 지배하려는 욕구가 강하다. 심한 스트레스 상황에서는 망상장애나 정신분열증으로 발전할 가능성도 있다.

(3) 편집성 성격장애의 원인

편집성 성격장애는 어린 시절 부모의 불합리한 분노에 짓눌려 성장하면서 자신과 부모를 동일시함으로써 그 분노를 다른 사람에게 투사하게 된 결과로 나타난다(민성길 외, 1999). 이와 같이 기본적인 신뢰 부족과 부모의 가학적인 양육이 편집성 성격장애를 만든다고 볼 수 있다.

(4) 편집성 성격장애의 상담접근

부모에 대한 기본적인 신뢰가 부족한 내담자이기 때문에 상담관계에서 신뢰를 기반으로 한 관계형성이 중요하다. 상담자가 위압적이거나 위협적인 태도를 취하면 내담자는 위축당하기 때문에 언제나 지지적이면서 개방적이고 존중하는 태도가 중요하다. 상담자로서 내담자의 의심과 분노, 적대감을 수용하고 공감해주어야 한다. 또한 의심과 불신, 갈등의 근본원인이 자신에게 있음을 이해시키고 변화를 위한 실제적인 노력을 하도록 하는 것이 중요하다. 때로 의심하는 태도를 보일 때에도 현실성을 갖도록 하는 동시에 자존심을 손상시키지 않는 범위에서 배려하면서 문제를 다루어야 한다.

2) 분열성 성격장애

(1) 분열성 성격장애의 개념과 진단기준

분열성성격장애란 늘 혼자 고립되고 의심이 많은 모습으로 나타나며 특이한 사고를 지니고 있고 사회적으로 철수된 형태를 말한다. 분열성 성격장애의 주요 특성은 대인 관계와 사회적인 관계를 잘 형성할 수 없다는 것이다. 사회적으로 고립되어 있고, 타인에 대한 따뜻하고 다정한 감정이 없으며, 타인의 칭찬과 비판이나 감정에 무관심하고 차갑고 냉담하다. 일반적으로 이러한 분열성 성격장애자들은 지나치게 내향적이며 감정표현이 부족하고 사회적인 적응에 어려움을 보이기도 한다.

분열성 성격장애의 진단기준을 보면 〈표 14-2〉와 같다.

(2) 분열성 성격장애의 임상적 특징

분열성 성격장애의 임상적인 특징은 상담 중에 다른 사람과의 관계를 이야기 하라고 하면 어색해하고, 극히 제한적인 사람을 만나며 이들도 가끔 만날 뿐 대부분은 집에서 고립된 생활을 한다. 이들은 친구가 거의 없으며 학교모임 등도 거의 참

표 14-2 분열성 성격장애 DSM-IV 진단기준

분열성 성격 장애	다음 7가지 특성 중 4개 이상의 항목을 충족해야 함
①	가족의 일원이 되는 것을 포함하여 친밀한 관계를 바라지도 즐기지도 않는다.
②	거의 항상 혼자서 하는 활동을 선택한다.
③	다른 사람과 성 경험을 갖는 일에 거의 흥미가 없다.
④	만약 있다고 하더라도 소수의 활동에서만 즐거움을 얻는다.
⑤	직계가족 이외에는 가까운 친구나 마음을 털어 놓는 친구가 없다.
⑥	타인의 칭찬이나 비평에 무관심해 보인다.
⑦	정서적인 냉담, 고립 혹은 단조로운 감정반응을 보인다.

출처: 정신장애의 진단 및 통계편람 제4판(1995), 재인용.

석하지 않는다. 혼자 많은 시간을 보내며 여가시간도 학교에서나 친구들과 지내기보다는 컴퓨터게임이나 만화를 보면서 지낸다. 심한 경우 일주일에 한두 번 그것도 만화를 빌리러 갈 때만 바깥출입을 한다는 내담자도 있었다.

이러한 특징을 종합해보면 분열성 성격장애자들은 감정적으로 냉담하고 타인에 대한 관심이 거의 없으며 행동은 무기력하고 외부활동을 하지 않는다. 또한 인지능력은 저하되어 있다.

(3) 분열성 성격장애의 원인

분열성 성격장애는 어린 시절 양육자의 무관심과 감정 철회가 유아에게 상실감을 심어준 결과이다. 양육과정에서 경험하는 부적절감이 타인과 관계를 맺는 능력의 결함을 초래한 것이다. 이와 같은 양육태도는 자아영역을 발달하지 못하게 하고 내면구조의 빈약으로 분열성 성격장애를 만든다고 볼 수 있다.

(4) 분열성 성격장애의 상담접근

대인관계 능력이 부족한 내담자이기 때문에 상담관계에서 무리하게 사교적으로 많은 대인관계를 하기보다는 먼저 마음에 맞는 소수의 학교 친구들과 긴밀한 관계를 맺도록 하는 것이 좋다(유인경, 2006). 또한 대화기술은 사회적 행동의 필수 조건이기 때문에 개인상담과 더불어 가족상담을 통하여 적절한 의사소통을 할 수 있도록 해주어야 한다. 상담관계에서 내담자가 생활에서 즐거움을 경험하도록 하여주고 정서적 경험을 서서히 확대해 결국 인간관계 형성 유지 기술을 습득할 수 있도록 배려하면서 문제를 다루어야 한다.

3) 분열형 성격장애

(1) 분열형 성격장애의 개념과 진단기준

분열형 성격장애란 인간관계에 대해 두려움과 불안을 느끼며 사회적으로는 고립되어 있고 여러 가지 심각한 왜곡과 기이한 행동을 하는 것을 말한다. 분열형 성격장애의 주요 특성은 대인관계에 대한 현저한 불안감을 가지고 있고 관계 맺는 능력이 제한되어 있다. 가끔 기이한 행동으로 생활전반에서 대인 관계와 사회적 적응에 현저한 손상을 가지고 있다. 일반적으로 분열형 성격장애자들은 분열성 성격장애자보다 더 심각한 증후를 보인다. 가끔씩 가벼운 정신증적 증상(예. 망상, 환각)을 보이기도 한다(최정윤 외, 2006).

분열형 성격장애의 진단기준을 보면 〈표 14-3〉과 같다.

(2) 분열형 성격장애의 임상적 특징

분열형 성격장애자들은 혼자 있으면서 마치 다른 사람이 있는 것처럼 행동하기 때문에 주변사람들의 눈에는 이상하고 엉뚱하게 보일 수도 있다.사고와 언어에서 괴이한 공상이 나타나기도 한다. 상담에서 한 내담자는 집근처를 지날 때마다 고등학교 시절 만났던 깡패 형들이 주변을 서성이며 마치 자신을 감시하며 위협하는 이상한 지각 경험 때문에 불안하고 두려워서 도망을 갔다고 하였다. 이러한 특징을 종합해보면 대인관계에 대한 현저한 불안감을 가지고 있고 관계 맺는 능력이 제한되어 있다. 또한 기이한 행동으로 생활 전반에서 사회적 적응에 현저한 손상을 가지고 있다고 말할 수 있다.

(3) 분열형 성격장애의 원인

분열형 성격장애는 유아기 시절 냉담한 가족 분위기 속에서 부모의 관심을 받지

표 14-3 분열형 성격장애의 DSM-IV 진단기준

분열형 성격 장애	다음 9가지 특성 중 5개 이상의 항목을 충족해야 함
①	관계망상과 유사한 사고(분명한 관계망상은 제외)
②	행동에 영향을 미치는 괴이한 믿음이나 마술적 사고(예. 미신, 천리안에 대한 믿음, 텔레파시나 육감, 소아나 청소년에서 보이는 기이한 환상이나 집착)
③	신체적 착각을 포함한 유별난 지각 경험
④	괴이한 사고와 언어(예. 애매하고 우회적이고 은유적이고 지나치게 자세하게 묘사되거나 상동증적인)
⑤	의심이나 편집증적인 사고
⑥	부적절하거나 메마른 정동
⑦	괴이하고 엉뚱하거나 특이한 행동이나 외모
⑧	직계가족 외에는 가까운 친구나 마음을 털어 놓을 수 있는 사람이 없다.
⑨	과도한 사회적 불안(이러한 불안은 친밀해져도 줄어들지 않으며 자신에 대한 부정적인 판단보다는 편집증적 공포와 연관되어 있다)

출처: 정신장애의 진단 및 통계편람 제4판(1995), 재인용.

못하여 필요한 애착행동을 학습하지 못한 결과 부모자녀 관계가 불안정한 애착관계를 형성한 데에서 기인한다고 볼 수 있다.

(4) 분열형 성격장애의 상담접근

상담에서의 원칙은 지지적이어야 한다. 이들은 착각이지만 뚜렷한 자신만의 신념체계를 갖추고 있기 때문에 내담자의 내적인 경험을 우습게 여기거나 서툴게 대하지 말아야 한다(민성길 외, 1999). 또한 사회적 고립을 줄임과 동시에 사회적 기술훈련과 적절한 언행의 모방학습을 통해 사회적으로 적절한 행동을 증가 시켜야 한다. 더불어 상담자와 신뢰관계를 형성함으로써 어린 시절의 불안정한 애착관계를 안정된 애착관계로 재경험하게 하는 것도 중요한 과제이다.

4) 반사회성 성격장애

(1) 반사회성 성격장애의 개념과 진단기준

반사회적 성격장애란 고집스러우며 공격적이고 타인의 능력을 믿지 않을 뿐만 아니라 자신의 욕구 충족을 위하여 타인의 권리를 무시하는 행동을 하는 것을 말한다. 반사회적 성격장애의 주요 특성은 사회적응의 여러 면에 걸쳐서 지속적이고 만성적으로 비이성적, 비도덕적, 충동적, 반사회적 또는 범죄적 행동, 죄의식 없는 행동, 남을 해치는 행동을 나타내는 이상행동이다. 이들은 거짓말, 도둑질, 물질남용, 불법행위, 사회적 규범의 무시, 다른 사람에게 해를 끼치고도 후회하지 않는 행동들을 보인다(전석균 외, 2003).

반사회성 성격장애의 진단기준을 보면 〈표 14-4〉와 같다.

(2) 반사회성 성격장애의 임상적 특징

반사회성 성격장애의 임상적인 특징은 자신의 욕구 충족을 위해서 타인의 권리를 무시하고 침해하는 행동을 거리낌 없이 자행하는 모습을 보이며, 그러면서도 타

표 14-4 반사회성 성격장애의 DSM-IV 진단기준

반사회성 성격 장애	다음 7가지 특성 중 3개 이상의 항목을 충족해야 함
①	법에서 정한 사회적 규범을 지키지 못하고 구속당할 행동을 반복하는 양상으로 드러난다.
②	개인의 이익이나 쾌락을 위한 반복적인 거짓말, 가명을 사용하거나 타인들을 속이는 것과 같은 사기를 일삼는다.
③	충동성 또는 미리 계획을 세우지 못한다.
④	빈번한 육체적 싸움이나 폭력에서 드러나는 과흥분성과 공격성
⑤	자신이나 타인의 안전을 무시하는 무모성
⑥	일정한 직업을 갖지 못하거나 채무를 청산하지 못하는 행동으로 드러나는 지속적인 무책임성
⑦	자책의 결여, 타인에게 상처를 입히거나 학대하거나 절도 행위를 하고도 무관심하거나 합리화하는 양상으로 드러난다.

출처: 정신장애의 진단 및 통계편람 제4판(1995), 재인용.

인의 감정이나 그들에게 입힌 피해에 대해 반성하거나 후회하는 모습을 보이지 않는다(최정윤 외, 2006). 상담에서 한 내담자는 길을 가다가 자신을 쳐다봤다는 이유 하나만으로 그 사람을 쫓아가 때려주었는데, 그 당시 자신의 행동을 합리화하는 것을 보면서 이들의 충동적이고 공격적이며 비이성적인 모습을 확인하게 되었다. 이러한 특징을 종합해보면 반사회적 성격장애자들은 사회적인 규범을 준수하지 않으며 양심과 수치감이 없고 즉각적이고 충동적으로 즐거움을 느끼려 하고 대부분 남성 내담자에게 많이 나타난다.

(3) 반사회성 성격장애의 원인

반사회성 성격장애는 어린 시절 거칠고 거절을 잘하는 지배적인 부모와 변덕스럽고 일관성 없는 부모의 영향에서 기인한다고 할 수 있다. 초자아가 발달하지 못함으로써, 도덕성과 타인에 대한 공감능력의 부족, 배려능력의 결여가 나타난다. 특히 출생 전후에 부모를 잃거나 유아기 시절 심한 박탈 경험을 한 경우에 더욱 심해질 수 있다.

(4) 반사회성 성격장애의 상담접근

상담에서의 원칙은 상담자가 내담자에게 수용적인 태도를 전달함으로써 자기 가치감을 증진시켜야 한다. 또한 자극적인 환경은 초조한 마음을 증가시키고 공격적인 행동을 초래할 가능성이 있기 때문에 자극이 적은 환경을 유지한다(고성희, 2003). 이 유형의 내담자들 가운데는 강제적으로 상담을 받으러 오는 경우가 많고, 특히 권위적인 인물에 반항하는 경향이 강하기 때문에 상담동기를 부여하는 것과 상담자와의 관계형성이 대단히 중요하다. 또한 충동성과 공격성에 대한 구체적인 부적응 행동을 적응행동으로 변화시키기 위한 행동적 상담접근을 하는 것이 중요하다.

5) 히스테리성 성격장애

(1) 히스테리성 성격장애의 개념과 진단기준

히스테리성 성격장애란 타인의 애정과 관심을 끌기 위하여 겉으로만 친밀한 것처럼 행동하고 심한 경우 남을 이용하기 위하여 연극적인 행동과 과장되고 변덕스러운 정서를 보이는 형태를 말한다. 히스테리성 성격장애의 주요 특성은 흥분을 잘 하며 감정적이고, 외향적이고 자기 주장적 · 자기 과시적이며 허영심이 많다(민성길, 1999). 때로는 유혹적이기도 하며 타인의 관심을 갈망하고 끌어당기지만, 공격성이 두려워질 때 위험한 행동을 하기도 한다(장우성, 2003). 대인관계 시 연극화, 연극조의 과장된 감정표현을 한다. 자신에게 관심을 가지도록 지속적으로 외모를 치장하며 지나치게 인상적으로 말하지만 종종 구체적인 내용이 없는 대화를 하기도 한다.

히스테리성 성격장애의 진단기준을 보면 〈표 14-5〉와 같다.

(2) 히스테리성 성격장애의 임상적 특징

히스테리성 성격장애의 임상적 특징은 지나치게 감정적으로 타인의 관심을 끌려고 한다는 점이다. 감정표현이 많아서, 조그마한 일에도 화를 내며 일상적인 생활에 있어서 곧 싫증을 내는 경향이 있다. 대인 관계에서 항상 문제를 안고 있는데 특히 남에게 요구하는 것이 많다. 상담에서 이러한 유형의 고등학교 여학생 내담자를 만난 경우가 있었다. 상담자가 자기만을 봐주기를 바라고 지나칠 정도로 감정표현이 극적이며, 조그마한 일에도 화를 내면서 상담의 과정을 지루해함으로써 상담상

표 14-5 히스테리성 성격장애의 DSM-IV 진단기준

히스테리성 성격 장애	다음 8가지 특성 중 5개 이상의 항목을 충족해야 함
①	자신이 관심의 초점이 되지 못하는 상황에서 불편해 한다.
②	다른 사람과의 관계에서 상황에 어울리지 않게 성적으로 유혹적이거나 도발적인 행동이 특징적이다.
③	빠른 감정의 변화와 피상적 감정표현을 보인다.
④	자신에게 관심을 끌기 위해서 항상 육체적 외모를 사용한다.
⑤	지나치게 인상적으로 말하면서도 내용은 없는 대화 양식을 갖고 있다.
⑥	자기 연극화, 연극조, 과장된 감정표현을 한다.
⑦	피암시성이 높다(예. 타인 또는 환경에 의해 쉽게 영향을 받음).
⑧	대인관계를 실제보다 더 친밀한 것으로 생각한다.

출처: 정신장애의 진단 및 통계편람 제4판(1995), 재인용.

황을 힘들게 하였다. 이러한 특징을 종합해보면 히스테리성 성격장애자들은 관심이 다른 사람에게 향하면 시기, 질투, 강한 분노를 느끼며 지나치게 요구적이고 끊임없는 인정을 바란다. 타인을 조정하는 능력도 뛰어나 자신의 중요 요구가 좌절되는 상황에서는 자살 위협을 하거나 상식을 벗어난 행동을 하는 경우도 있다.

(3) 히스테리성 성격장애의 원인

히스테리성 성격장애는 유아시절의 오이디푸스 콤플렉스에 기인하는 것으로 보고 있다. 또한 어린 시절에 아버지와 딸의 관계에 문제가 있었다고 보는 견해도 있다. 인지적인 측면에서 보면 "나를 돌보아줄 사람을 찾아야 하고, 모든 사람으로부터 사랑을 받아야 한다"는 비합리적인 사고가 문제를 야기한다고 보는 견해도 있다.

(4) 히스테리성 성격장애의 상담접근

상담에서의 원칙은 내담자가 참다운 느낌을 모르고 있기 때문에 상담자가 내담자의 내적인 느낌을 명료화 해주는 것이 중요하다(민성길 외, 1999). 이러한 내담자에게는 개인상담과 더불어 집단상담을 병행하여 대인관계의 과민성이나 관계역동을 다루면 효과적일 수 있다. 특히 상담자에게 의존하고 조정하거나, 성적인 연인으로 전이될 때는 이를 상담자가 자각하고 상담에 임해야 한다. 더불어 내담자로 하여금 사랑을 주고받을 수 있는 현실성을 갖게 하고, 인지상담을 통하여 "반드시 모든 사람으로부터 사랑을 받아야 한다"는 비합리적 사고를 다루어 나가야 한다.

6) 자기애성 성격장애

(1) 자기애성 성격장애의 개념과 진단기준

자기애성 성격장애란 자신의 가치를 과대평가하고 애정을 다른 사람이 아닌 자신에게 쏟으며 타인에 대한 시기와 질투의 감정이 강하며 지나친 자기중심성을 가지고 있는 것을 말한다. 자기애성 성격장애의 주요 특성은 자기의 중요성에 대한 과장된 감정을 갖고 있으며, 학업성공, 권력, 뛰어난 재능에 대한 환상에 사로잡혀 있고, 칭찬과 주위의 집중을 끊임없이 요구하며, 자신의 욕구를 성취하기 위해 타인을 착취하고, 감정이입을 잘 하지 못한다(고성희, 2003). 과도한 찬사를 요구하거나 특권의식을 가지고 흔히 타인들을 질투하면서도 오히려 타인들이 자신을 질투한다고 믿으면서 거만하고 방자한 태도를 보인다.

자기애성 성격장애의 진단기준을 보면 〈표 14-6〉과 같다.

(2) 자기애성 성격장애의 임상적 특징

자기애성 성격장애의 임상적인 특징은 자기 자신이 중요하다고 믿으며 특별대우를 기대한다. 자존심이 불안정하여 남들이 자기를 얼마나 좋게 보고 있는지에 항상 집착하고, 타인에게 계속적인 관심과 칭찬을 요구한다. 끊임없이 존경과 관심의 대상이 되고자 애를 쓰며 내부의 충실보다는 표면에 나타나는 모습을 더 중요시 한다(민성길 외, 1999). 학생 내담자를 상담한 적이 있는데 그 내담자는 늘 자신이 최고이어야 하고 친구에게는 관심도 없으며, 전교 1등을 해야만 한다고 스스로 생각하기에 이로 인하여 늘 불안을 겪고 있었다. 이러한 특징을 종합해보면 자기애성 성격장애자들은 늘 자신이 최고라고 생각하며, 최고의 성적, 무한한 성공과 총명함, 끊

표 14-6 자기애성 성격장애의 DSM-IV 진단기준

자기애성 성격 장애	다음 9가지 특성 중 5개 이상의 항목을 충족해야 함.
①	자신의 중요성에 대한 과장된 지각을 갖고 있다(예. 자신의 성취나 재능을 과장함. 뒷받침할 많은 성취도 없으면서 최고로 인정되기를 기대함).
②	무한한 성공에 대한 공상과 권력, 탁월함, 아름다움 또는 이상적인 사랑에 대한 공상에 자주 사로잡힌다.
③	자신이 특별하고 독특하다고 믿고, 특별한 사람이나 상류층의 사람들만이 자신을 이해할 수 있으며, 또한 그런 사람들(혹은 기관)하고만 어울려야 한다고 믿는다.
④	과도한 찬사를 요구한다.
⑤	특권의식을 갖는다. 예를 들면, 특별대우를 받을 만한 이유가 없는데도 특별대우나 복종을 바라는 불합리한 기대감을 가진다.
⑥	대인관계가 착취적이다. 예를 들면, 자신의 목적을 달성하기 위해 타인들을 이용한다.
⑦	감정이입 능력이 결여되어 있다. 타인들의 감정이나 요구를 인정하거나 확인하려 하지 않는다.
⑧	흔히 타인들을 질투하거나 타인들이 자신에 대해 질투하고 있다고 믿는다.
⑨	거만하고 방자한 행동이나 태도를 보인다.

출처: 정신장애의 진단 및 통계편람 제4판(1995), 재인용.

임없는 권력의 추구, 아름다움, 이상적인 사랑 등에 몰두한다.

(3) 자기애성 성격장애의 원인

자기애성 성격장애는 유아시절 양육자와의 관계 결함이 자기애성 성격의 문제로 발전했다고 본다. 표면적으로 볼 때는 자아가 과장되어 보이지만 내면으로는 만성적인 공허감과 수치심 속에 싸여 있다. 또한 유아가 거대한 자기상에 대한 지나친 좌절을 경험하게 되면 더욱 더 타인의 인정과 칭찬에 집착하게 되고 자기애성 성격장애가 진행되는 것으로 보인다.

(4) 자기애성 성격장애의 상담접근

상담에서의 원칙은 상담자와의 관계에서 과거에 실패한 부모와의 관계를 충분히 공감해 주는 것이 필요하다. 또한 열등감과 수치감을 무의식에 묻어 두고 긍정적인 점을 과시하고자 하는 양극단의 통합이 필요하다. 더불어 거대한 자기상을 유연하고 현실적인 자기상으로 대치하는 것도 필요하다. 자기애성 성격장애자들은 남의 말을 잘 듣지 않기 때문에 상담에서 남의 말을 잘 경청하고 소중히 여길 수 있도록 해주어야 하고, 상담을 통하여 타인과 함께하면서 남을 배려할 수 있는 경험을 늘리는 것도 매우 중요한 과제이다.

7) 경계성 성격장애

(1) 경계성 성격장애의 개념과 진단기준

경계성 성격장애란 여러 영역에서 불안정성을 보일 뿐만 아니라 특히 자아상에 현저한 혼란과 대인관계를 형성할 때 갑작스럽고 예측 불가능한 행동이 일어나는 형태를 말한다. 경계성 성격장애의 '경계성' 이라는 말은 그 밖의 다른 것과 인접해 있는 것을 시사한다. 원래 이 용어는 가벼운 형태의 정신분열증을 기술하는 데 사용되어 왔다. 한 연구에서는 경계성 성격장애자들이 성격장애와 기분장애의 경계선을 나타낸다고 보고하기도 하였다(김은정 외, 2002). 주요양상으로는 대인행동, 정서, 자아상에 있어서 현저한 불안정성이 나타난다. 불안정성은 "정신분열증의 경계선상에서 맴돌 정도"라고 말할 만큼 심각하다.

경계성 성격장애의 진단기준을 보면 〈표 14-7〉과 같다.

(2) 경계성 성격장애의 임상적 특징

경계성 성격장애의 임상적 특징은 의존성 또는 히스테리성 성격장애가 악화 된 유형으로 볼 수 있다. 이 장애는 대인관계, 행동, 기분, 자아상을 포함하여 여러 영역에서 불안정성을 보이며, 심한 충동성을 나타낸다. 만성적인 공허감에 시달리며, 불안정하면서 격렬한 애정과 분노가 교차하는 강렬한 대인관계를 형성하는 특징을 보인다(최정윤 외, 2006). 경계성 성격장애자를 상담한 적이 있는데 자기가 누구인지 혼란이 심하고 만성적인 공허감과 권태감을 이기지 못하여 성에 과도하게 탐닉하거나 폭식을 하는 경우도 있었다. 이러한 특징을 종합해보면 경계성 성격장애자들은 안정된 자아상이 확립되지 않아 늘 혼란을 경험하고 버림받는다고 느끼면 심한 감정, 사고, 행동에 동요가 일어난다.

표 14-7 경계성 성격장애의 DSM-IV 진단기준

경계성 성격 장애	다음 9가지 특성 중 5개 이상의 항목을 충족해야 함
①	실제적인 가상적인 유기를 피하기 위한 필사적인 노력
②	극적인 이상화의 평가 절하가 반복되는 불안정하고 강렬한 대인관계 양식
③	정체감 혼란: 심각하고 지속적인 불안정한 자아상 또는 자기 지각
④	자신에게 손상을 줄 수 있는 충동성이 적어도 두 가지 영역에서 나타난다(예. 낭비, 성관계, 물질남용, 무모한 운전, 폭식).
⑤	반복적인 자살행동, 자살시늉, 자살위협, 자해행위
⑥	현저한 기분의 변화에 따른 정서의 불안정성(예. 간헐적인 심한 불쾌감, 과민성, 불안 등이 수시간 정도 지속되지만 수일은 넘지 않음)
⑦	만성적인 공허감
⑧	부적절하고 심한 분노 또는 분노를 조절하기 어려움(예. 자주 울화통을 터뜨림, 항상 화를 내고 있음, 자주 몸싸움을 함)
⑨	일과성으로 스트레스에 의한 망상적 사고 또는 심한 해리증상을 일시적으로 나타낸다.

출처: 정신장애의 진단 및 통계편람 제4판(1995), 재인용.

(3) 경계성 성격장애의 원인

경계성 성격장애는 유아시절 부모와의 관계에서 혼란된 초기관계를 경험하여 초기에 충분한 애착관계가 형성되지 못한 데에서 기인한다. 특히 Mahler(1975)는 분리-개별화 단계에서 심한 갈등을 경험하여 이 단계에 고착되었다고 설명한다. 다른 면에서 보면 아동기에 부모로부터 성적 신체적 학대를 받았거나 부모의 이혼이나 알코올 중독, 그 밖의 스트레스가 경계성 성격장애의 원인으로 보인다. 생물학적인 면에서는 뇌의 신경 인지적 결함으로 자기 조절기능이 손상되고 세로토닌의 낮은 활동수준이 원인이라고 보고 있으며, 인지적인 면에서는 "세상은 위험하고 악의에 가득 차 있다."는 내면의 비합리적인 신념 등이 원인이라는 관점도 있다.

(4) 경계성 성격장애의 상담접근

상담에서의 접근은 매우 어려운 과정이다. 왜냐하면 강렬하고 불안정한 대인관계 양상이 상담 장면에서도 계속되기 때문이다. 상담자는 상담시간을 준수하고 특히 자살의 위협으로부터 내담자를 보호해야 한다. 상담의 전략은 내담자의 자아를 강화시키고 자아정체감을 형성시키는 것이다. 불안과 충동 통제력을 향상시키고 긍정적 · 부정적 내용이 분리된 내담자의 표상을 통합시키는 것이 중요하다. 특히 기분이나 생각이 극단으로 치우칠 때 완충지대를 만드는 것도 필요하다. 예를 들면 비합리적인 사고를 "뜻대로 될 때도 있고 안 될 때도 있다."는 합리적 사고로 변화시키는 것이다.

8) 강박성 성격장애

(1) 강박성 성격장애의 개념과 진단기준

강박성 성격장애란 지나치게 정리정돈을 잘하며 완벽주의 적이고 자신의 마음을 통제하거나 대인관계를 통제하기 위하여 애쓰는 행동 양식을 보이는 것을 말한다. 강박성 성격장애의 주요 특성은 따뜻하고 다정한 감정을 표현하는 능력이 부족하다는 점이다. 대인관계는 공식적이고 심각한 성격을 띠고 있어, 다른 사람들은 흔히 이들을 거드름피우고 격식만 차리는 사람으로 지각한다. 또한 즐거움을 희생하면서까지 일이나 공부에 몰입하고, 완벽주의적이며 사소한 일에 집착하고 자신이나 타인에 대해 판단적인 태도를 보인다(고성희, 2003). 주요 양상으로는 정리정돈, 완벽성, 그리고 통제에 대한 과도한 집착 등을 들 수 있다.

강박성 성격장애의 진단기준을 보면 〈표 14-8〉과 같다.

표 14-8 강박성 성격장애의 DSM-IV 진단기준

강박성 성격 장애	다음 8가지 특성 중 4개 이상의 항목을 충족해야 함
①	사소한 세부사항, 규칙, 목록, 순서, 시간계획이나 형식에 집착하여 일의 큰 흐름을 잃고 만다.
②	일의 완수를 방해하는 완벽주의를 보인다(예. 지나치게 엄격한 자신의 표준에 맞지 않기 때문에 계획을 마칠 수가 없다).
③	여가 활동과 우정을 나눌 시간도 희생하고, 지나치게 일과 생산성에만 몰두한다(분명한 경제적 필요성 때문이 아니다).
④	도덕, 윤리 또는 가치문제에서 지나치게 양심적이고 고지식하며 융통성이 없다(문화적 또는 종교적 배경에 의해서 설명되지 않는다).
⑤	닳아빠지고 무가치한 물건을 감상적인 가치조차 없을 때라도 버리지 못한다.
⑥	타인이 자신의 방식을 그대로 따르지 않으면 타인에게 일을 맡기거나 같이 일하기를 꺼린다.
⑦	자신과 타인 모두에게 인색하다. 돈은 미래의 재난에 대비해서 저축해야 한다고 생각한다.
⑧	경직성과 완고함을 보인다.

출처: 정신장애의 진단 및 통계편람 제4판(1995), 재인용.

(2) 강박성 성격장애의 임상적 특징

강박성 성격장애의 임상적 특징은 융통성과 자발성이 부족하고 고집스러우며 창조력이 부족하다는 점이다. 규칙과 절차에 경직되어 있고 우유부단하다. 정형화된 방식으로 친구를 사귀며 인지적인 면은 경직된 사고를 한다. 감정은 억제되어 있고 자기표현에 인색하다(최정윤 외, 2006). 강박성 성격장애자를 상담한 적이 있는데 이 학생은 부모의 강박적 행동을 따라함으로써 강박성 성격을 대리적으로 학습한 경우였다. 아버지 역시 완고하고 규칙과 완벽주의를 고집하는 분이었다. 이 학생 역시 상담에서 늘 얼굴 표정이 경직되어 있고 고집도 센 편이었다. 그는 자기 말을 안 듣는다고 다른 사람들이 보는 길에서 3시간이나 동생을 비난해서 부모를 당황하게 만들기도 했다. 항상 정리정돈하는 데 시간을 보내느라 정작 공부하는 데 시간을 제대로 쓰지 못한다고 그는 자신을 묘사하였다. 결과적으로 강박성 성격장애자들은 사소한 세부규칙이나 목록 등의 형식에 집착하여 큰 흐름을 잃거나 고집이 심하며 완벽주의적인 태도를 보이는 것이 주요한 특징이다.

(3) 강박성 성격장애의 원인

강박성 성격장애는 부모와의 관계에서 과잉통제를 받은 경우에 발전되기 쉽다. 완벽주의적이고 처벌적인 부모의 양육을 통해 인정받지 못하는 것에 대한 강한 공포와 처벌에 대한 두려움을 갖게 되는 것이 강박성 성격의 원인이 된다. 인지적인 면에서 보면 "나는 주변 환경을 완벽하게 통제해야 한다."거나 "나는 실수를 절대로 하지 말아야 한다."는 비합리적인 신념이 원인이라고 볼 수 있다. 환경적인 면에서는 부모의 강박적인 측면을 자녀가 직간접적으로 배우게 되어 대리적으로 습득된다고 보는 관점도 있다.

(4) 강박성 성격장애의 상담접근

경직되고 정서적 표현이 적은 내담자와 관계형성이 쉽지 않기 때문에 급하게 친밀한 관계를 형성하기보다는 약간의 시간을 가지고 관계를 형성하는 것이 필요하다. 상담의 전략은 개인상담이나 집단상담을 병행하여 감정표현을 하게 해주고, 또한 강박적 행동을 보일 때 역설적으로 "더 많이 그 행동을 해보라"고 하면서 행동적 기법으로 상담한다. 특히 청소년 내담자들은 성장해가면서 스스로 불완전한 인간임을 수용하고 통합해 나갈 때 개방적이 되며, 애정 있는 성인으로 변화해 나갈 것이다.

9) 의존성 성격장애

(1) 의존성 성격장애의 개념과 진단기준

의존성 성격장애란 자기비하적이고 스스로 열등하다고 느끼며 타인의 기분을 상하지 않게 하기 위하여 자신의 개성과 자율성을 포기 하면서 자기 책임을 다른 사람 손에 의존하는 것을 말한다. 의존성 성격장애의 주요 특성은 스스로 독립적인 생활을 하지 못하고 다른 사람에게 과도하게 의존하거나 보호 받으려는 행동을 특징적으로 나타내는 성격장애이다. 이러한 성격장애를 가진 내담자는 의존상대로부터 버림받는 것에 대한 지속적인 불안을 경험하게 되며, 지나친 의존행동으로 인해 상대방을 부담스럽게 하여 인간관계를 유지하지 못하는 경우가 많다(권석만, 2004). 주요양상으로는 자신의 삶의 중요부분에 대한 책임을 타인에게 지우며, 자신감이 결여되고, 혼자 있을 때 심하게 괴로움을 느낀다. 또한 의존성, 비관적, 자기의심, 수동성, 인내심 결여 등의 특징도 보인다.

의존성 성격장애의 진단기준을 보면 〈표 14-9〉와 같다.

(2) 의존성 성격장애의 임상적 특징

의존성 성격장애의 임상적 특징은 독립적으로 기능을 하지 못하기 때문에 생활의 중요영역에 대한 책임을 소극적으로 떠넘긴다. 자기 신뢰가 결여되어 있고 의사결정을 할 수 없으며, 자신을 무기력하고 어리석은 존재로 지각한다. 혼자 있게 되는 것에 대한 공포나 두려움을 가지고 있으며 타인의 끊임없는 승인이나 칭찬을 구

표 14-9 의존성 성격장애의 DSM-IV 진단기준

의존성 성격 장애	다음 8가지 특성 중 5개 이상의 항목을 충족해야 함
①	타인의 많은 충고와 보장 없이는 일상적인 일에서도 결정을 내리지 못한다.
②	자기 삶의 중요한 영역까지도 떠맡길 수 있는 타인을 필요로 한다.
③	지지와 칭찬을 상실할 수 있다는 두려움이 크기 때문에 타인, 특히 의지하고 있는 사람에게 반대의견을 말하기 어렵다.
④	자신의 일을 혼자서 시작하거나 수행하기가 어렵다(동기나 활력이 부족해서라기보다는 판단과 능력에 대한 자신감이 부족하기 때문이다).
⑤	타인의 보살핌과 지지를 얻기 위해 무슨 행동이든 다 할 수 있다. 심지어는 불쾌한 일도 보호만 얻어 낼 수 있다면 자원해서 한다.
⑥	혼자 있으면 불편하고 무기력해지는데 그 이유는 혼자서 해나가다가 잘못될 것 같은 심한 두려움을 느끼기 때문이다.
⑦	친밀관계가 끝났을 때 필요한 지지와 보호를 얻기 위해 또 다른 사람을 즉시 찾는다.
⑧	스스로를 돌봐야 하는 상황에 처하게 된다는 것에 대한 두려움에 비현실적으로 집착한다.

출처: 정신장애의 진단 및 통계편람 제4판(1995), 재인용.

한다(고성희, 2003). 의존성 성격장애자를 상담한 적이 있는데 이 학생은 중학생인데도 자신의 일을 제대로 하지 못하여 늘 실수를 하고 동생이나 부모님에게 절대적으로 의존하며 도움을 청하곤 하였다. 학교생활에서 문제가 발생하면 같은 학교에 다니던 여동생이 오빠의 일을 처리해 주어 간신히 중학교 생활을 하였다. 이 내담자는 주변에 아무도 없거나 도와줄 사람이 없을 때 혹은 힘든 일이 갑자기 생기면 불안해하고 어쩔 줄을 모르고 당황해 하였다. 의존성 성격장애자들은 동정을 자아낼 만큼 무능력해 보이고, 자세나 목소리, 전반적인 행동에서 자신감이 결여되어 있는 것이 주요한 특징이다.

(3) 의존성 성격장애의 원인

의존성 성격장애는 부모와의 관계에서 선천적으로 겁이 많고 소극적인 기질을 보이기 때문에 부모로부터 지나친 과잉보호를 받음으로써 의존적인 성향이 강화될 수 있다. 어린 시절 독자적으로 어떤 일을 시도할 때에도 부모가 미묘한 방법으로 처벌하면 자율적 행동대처 기술을 전혀 학습하지 못해서 의존적이 될 수도 있다. 정신분석적인 입장에서는 의존적 성격장애를 구강기에 고착된 결과라고 보고 있다. 구강기 성격은 의존성, 혼자됨에 대한 불안, 비관주의, 수동성, 인내심 부족 등의 특성을 나타낸다. "나는 혼자서 세상에 대처할 수 없으며 의지할 사람이 필요하다"는 비합리적 사고가 인지적 원인으로 작용할 수 있다.

(4) 의존성 성격장애의 상담접근

의존성 성격장애자를 상담하기 위해서는 상담자와 내담자가 의존적 관계를 맺어야 하지만 점차 상담자의 도움을 필요로 하지 않는 독립된 사람이 되도록 도와야 한다. 상담의 목표는 내담자의 의존적인 소망을 좌절시키고 독립적으로 생각하고 행동할 수 있도록 돕는다. 또한 인지적인 면으로는 스스로의 문제 해결기술, 의사결정기술을 향상시키고 자기 신뢰와 자기 효능감을 갖도록 한다. 또한 상담을 통하여 자율성과 자기주장 훈련을 시키는 전략도 필요하다. 주의할 점은 상담이 완료될 쯤에 내담자가 독립하려 하면서 일시적으로 심하게 불안해 할 수 있음을 자각하고 이를 상담자가 이해하며 배려해야 한다.

10) 회피성 성격장애

(1) 회피성 성격장애의 개념과 진단기준

회피성 성격장애란 은둔적이고 자신의 생각이나 감정을 거의 드러내지 않으며 타인과 거리를 두고 불편한 대인관계를 회피하는 형태를 말한다. 회피성 성격장애의 주요 특성은 타인의 부정적인 평가를 가장 두려워하며 타인을 비판적, 위협적인 존재로 인식한다. 회피성 성격장애자들은 낮은 자존감과 수치심과 자아의심이 많으며, 늘 소외감과 외로움을 느끼는 것이 특징이다. 또한 무비판적으로 받아들인다는 확고한 보증이 없는 한 인간관계 맺기를 꺼려하고 사회적으로 위축되어 있다. 주요양상으로는 거절과 배척에 대한 극도의 예민함으로 대인관계를 회피한다. 또한 내심 친밀함을 강렬히 원하고 있으나 겉으로는 부끄러워하는 특징을 보인다.

회피성 성격장애의 진단기준을 보면 〈표 14-10〉과 같다.

표 14-10 회피성 성격장애의 DSM-IV 진단기준

회피성 성격 장애	다음 7가지 특성 중 4개 이상의 항목을 충족해야 함
①	비난, 꾸중 또는 거절이 두려워서 대인관계가 요구되는 직업 활동을 회피한다.
②	호감을 주고 있다는 확신이 서지 않으면 상대방과의 만남을 피한다.
③	창피와 조롱을 당할까 두려워서 친밀한 관계를 제한한다.
④	사회상황에서 비난이나 버림받을 것이라는 생각에 사로잡혀 있다.
⑤	자신이 부적절하다고 느끼기 때문에 새로운 사람과 만날 때는 위축된다.
⑥	자신이 사회적으로 무능하고, 개인적인 매력이 없으며 열등하다고 생각한다.
⑦	당황하는 모습을 보일까봐 두려워서 개인적 위험이 따르는 일이나 새로운 활동에는 관여하지 않으려 한다.

출처: 정신장애의 진단 및 통계편람 제4판(1995), 재인용.

(2) 회피성 성격장애의 임상적 특징

회피성 성격장애의 임상적 특징은 혼란스러운 자극을 차단하기 위해 활동의 폭을 제한하는 것이다. 회피성 성격장애자들은 낯선 사람들이나 상황을 만나지 않기 위해 상점이나 식당 등을 단골로 정해 놓고 이용하거나 일상적인 활동이 너무나 힘들고 불편하게 느껴져서 아예 회피하기도 한다. 이들이 사용하는 대처기제는 과잉 경계이다. 그들은 대인접촉에서 기만, 모욕, 부정적인 반응 등을 계속해서 평가한다(김은정 외, 2002). 회피성 성격장애자를 상담한 적이 있는데 이 학생은 방과 후 가끔씩 운동장에서 운동을 하면 누군가 자신의 운동하는 모습을 보고 비웃거나 모욕하지 않을까 두려워서 제대로 운동을 하지 못하고 집으로 돌아와 버리곤 하였다. 친구관계도 극히 제한되어 있었다. 다른 급우들과 친해지고 싶어도 자기가 어울릴 수 없을 것 같고 받아들여질 수 없을 것 같아서 쉽게 포기하고 회피하게 되었다. 종합해보면 회피성 성격장애자들은 대인관계 맺는 것을 꺼려하고 자존감이 낮으며, 사회적으로 위축되어 있는 것이 주요한 특징이다.

(3) 회피성 성격장애의 원인

회피성 성격장애는 어린 시절의 소심한 기질과 연관이 있다. 수치심과 모욕을 줄이기 위하여 내면으로 철수하여 고립 당한 것이 원인이다. 또한 부모들이 자녀를 하찮게 보고 비난하며 거절해버릴 때 아이들은 결과적으로 부끄러움을 많이 타고 자존감이 낮아지며 사회적 회피를 유발한다. 이와 같이 부모에게 거부당한 자녀들은 원래 타고난 낙천주의를 상실하게 되고 대신 자기비하와 사회적 소외감을 습득하게 된다. 인지적 원인으로는 "나는 무가치한 사람이며 거부당할 것이다"라는 비합리적 사고를 들 수 있다.

(4) 회피성 성격장애의 상담접근

회피성 성격장애자를 상담하기 위해서는 상담자로부터 거부당할 것이라는 두려움으로 인하여 내담자가 수동적인 자세로 상담에 임할 수 있음을 자각해야 한다. 또한 상담의 조기 탈락위험도 있다. 이럴 때 상담자는 배려와 관심을 보이며 내담자가 위축되지 않도록 도와야 한다. 내담자로 하여금 자기개방을 많이 할 수 있도록 열린 질문을 사용해야 한다. 행동적 기법으로는 불안 조절 방법으로 이완훈련이 필요하며, 대인관계훈련이나 대화훈련도 병행하는 것이 필요하다. 거절에 대한 내담자의 지나친 민감성이 다른 사람에게 어떻게 나쁜 영향을 미치는지 깨닫게 하는 것도 도움이 된다. 과도한 불안이 있을 수 있으므로 상담자는 이를 이해하고 배려해야 한다.

참고문헌

제1～8장

강갑원(2004). 상담이론과 실제. 서울 : 교육과학사.

강경미(2011). 상담심리학의 이론과 실제. 서울 : 북스힐.

강봉규(1999). 상담이론과 실제. 서울 : 교육출판사.

강진령(2005). 집단상담의 이론과 실제. 서울 : 학지사.

공석영 · 권형자(2004). 생활지도와 상담. 서울 : 동문사.

김계현 · 김동일 · 김봉환 · 김창대 · 김혜숙 · 남상인 · 천성문(2009)). 학교상담과 생활지도. 파주 : 양서원.

김영봉 · 김경수 · 강병재 · 나항진 · 박선미 · 박영래 · 박혜경 · 이덕난 · 이명숙(2008). 신교육학개론. 고양 : 서현사

김영봉 · 최철용 · 강병재 · 박혜경 · 김혜진(2007). 교육심리학. 고양 : 서현사.

김정규 · 김충기(2003). 교육심리 및 생활지도. 파주 : 한국학술정보(주).

김청자 · 정진선(2006). 생활지도와 상담. 서울 : 태영출판사.

김청자 · 정진선(2004). 상담의 이론과 실제. 서울 : 동문사.

김충기(2001). 생활지도와 상담. 파주 : 한국학술정보(주).

김충기 · 강봉규(2001). 현대상담이론과 실제. 서울 : 교육과학사.

김충기 · 김성곤(2007). 생활지도와 상담. 서울 : 한국가이던스

김태호(2004). 학생생활지도와 상담. 서울 : 학지사.

김헌수 · 김태호(2005). 상담의 이론과 실제. 서울 : 태영출판사.

김헌수 · 이난 · 장순정(2009). 생활지도. 서울 : 태영출판사.

김형태(2006). 21세기를 위한 상담심리학. 서울 : 동문사.

김홍규(1984). 신생활지도론. 서울 : 형설출판사.

김환 · 이장호(2006). 상담면접의 기초. 서울 : 학지사.

노상우 · 송재홍 · 천성문 · 이영순 · 이연숙(1999). 아동 · 청소년을 위한 집단상담. 서울 : 문음사.

노안영(2005). 상담심리학의 이론과 실제. 서울 : 학지사.

노희관 · 이용남(1995). 교육심리학 탐구. 서울 : 교육과학사.

박경애(2002). 인지 · 정서 · 행동치료. 서울 : 학지사.

박성수(2002). 생활지도. 서울 : 정민사.

신재흡(2008). 신교육학의 탐구 : 인간과 교육의 만남을 기약하며. 서울 : 학이당.

안창일(1993). 행동주의 상담. 한국대학상담학회편. 상담의 이론과 실제. 서울 : 중앙적성출판사.

유효순 · 지성애(2002). 유아생활지도와 상담. 서울 : 한국방송통신대학출판부.

윤관현 · 이장호 · 최송미(2006). 집단상담 -원리와 실제 - 서울 : 법문사.

윤운성 · 김홍운(2001). 생활지도와 상담. 서울 : 양서원.

이경숙 · 정찬기오(2009). 생활지도와 상담. 서울 : 동문사.

이시용 · 정환금 · 허승희 · 홍종관(2003). 초등학교 생활지도와 상담. 서울 : 교육과학사.

이영덕 · 정원식(1994). 생활지도. 서울 : 교육과학사.

이용남 · 신현숙(2010). 교육심리학. 서울 : 학지사.

이장호(1988). 상담면접의 기초. 서울 : 중앙적성출판사.

이장호(2005). 상담심리학(4판). 서울 : 박영사.

이장호 김경희(1996). 집단상담의 원리와 실제. 서울 : 법문사.

이장호 · 정남운 · 조성호(2005). 상담심리학의 기초. 서울 : 학지사

이재창(1995). 생활지도. 서울 : 문음사.

이재창(2005). 생활지도와 상담. 서울 : 문음사.

이현림 · 김영숙(2005). 새롭게 보는 교육심리학. 파주 : 교육과학사.

이현림(2007). 생활지도. 파주 : 교육과학사.

이현림(2008). 상담이론과 실제. 파주 : 양서원.

이현림 · 김순미 · 천미숙(2007). 집단상담의 이론과 실제. 파주 : 양서원.

이혜성(1980). 완전한 카운슬러. 서울 : 이화여대 출판부.

이형득 편저(1994). 상담이론. 서울 : 교육과학사.

이형득 · 김성회 · 설기문 · 김창대 · 김정희(2006). 집단상담. 서울 : 중앙적성출판사.

장선철 · 문승태(2003). 상담심리학. 서울 : 동문사.

정용부 · 고영인 · 신경일(2001). 아동생활지도와 상담. 서울 : 학지사.

조붕환 · 임경희(2007). 교사를 위한 생활지도와 학교상담. 서울 : 아카데미 프레스

조현춘 · 조현재 공역(2003). 심리상담과 치료의 이론과 실제. 서울 : 시그마프레스.

천성문 · 박순득 · 박원모 · 박명순 · 이영순 · 전은주 · 정봉희(2009). 상담심리학의 이론과 실제. 서울 : 학지사.

황응연 · 윤희준(1983). 현대생활지도론. 서울 : 교육출판사.

홍경자(2001). 상담의 과정. 서울 : 학지사.

Arbuckle, D. S.(1975). *Counseling and Psychotherapy*(3rd ed.). Boston : Ally and Bacon.

Arlow, J. A.(1979). Psychoanalysis. In R. Corsini(Ed.), *Current psychotherapies*(2nd ed.). Itasca, IL : F. Peacock.

Bates, M. M., & Johnson, C. D.(1972). *Group Leadership : a manual for group counseling leaders*. Danver, Colorado : Love Publishing Co.

Brammer, L. (1973). *The helping relationship*. Englewood Cliffs, N. J. : Prentice-Hall.

Burks, H.M., & Stefflre, B.(1979). *Theories of Counseling*(3rd ed.). New York : McGraw-Hill.

Cohn, B., Combs, C. F., Cibian, E. J. & Sniffen, A. M.(1973). Group Counseling : An 0riientation In J. L. Lee, C. J., Pulvino(eds.). Group Counseling : *Theory, Research and Practice*. Washingtion. D. C. : PGA Press.

Corey, G. (1986/2005). *Theory and Pracice of Counseling and Psycho -therapy*. Montery, Calif: Books/Cole.

Corey, G. & Corey, M.S.(1993). *Becoming a Helper*. Pacific Grove. CA: Brooks/Cole.

Ellis, A.(1962). *Reason and Emotion in psychotherapy*. New York : Lyle Stuart.

Ellis, A. (1979). The Practice of rational-emotive therapy. In A. Ellis & J. White ley(Eds.), *Theoretical and Epirical Founding of Rational-Emotive Therapy*. Montery, Calif: Brooks/Cole.

Ellis, A. (1989). Rational emotive therapy. Chapter 6. In R. J. Corsini & D. Wedding(Eds.), *Group Psyche*(4th ed.), itasca, IL: F. E. Peacok.

Gazda, G. M., Duncan, T. A., & Meadows, M F.(1967). *Counseling and Group Procedures* : report of a survey, counseling education and supervision. 6, 305-310.

Gazda, G. M.(1971/1984). *Group counseling.: A Development Approach. Boston*. Allyn and Books.

Gazda, G. M.(1989). *Group counseling*. Boston : Allyn & Bacon.

Gazda, G. M., Duncan, J., & Meadow, M. (1967). Counseling and group procedures: Report of a survey. *Counselor Education and Supervision*. 6. 305-310.

Glasser, W. N.(1992). *Reality Therapy*. New York Staate. *Journal for Counseling and Development, 7*(1) 5-13.

George, R. H., & Cristiani, T. S.(1995). *Counseling theory and practice*(4th ed.). Boston, MA : Allyn and Bacon.

Gibson, R. L. & Mitchell, M. H(1999). *Introduction to counseling and guidance*. New Jersey: Prentice-Hall, Inc.

Gibson, R. L. & Mitchell, M. H., & Basile, S. K. (1993). *Counseling in the elementary school : A comprehensive approach*. Boston : Allyn & Bacon.

Hansen, J. C., Warner, R. W., & Smith, E. J. (1980). *Group counseling theory and process*. Boston: Houghton Mufflin Company.

Harris, T. A.(1973). *I m OK-You re OK*. New York : Avon Books.

Jones, A. J.(1970). *Principle of Guidance*. New York : McGraw-Hill.

Mahler, C. A.(1989). *Group Counseling in the School*. Boston: Houghton Mifflin.

Ohlsen. M. M.(1977). *Group Counseling*. New York : Holt, Rinehart and Winston.

Ospiow, S. H. & Walsh, W. D., Tosi, D. J.(1980). *A Survey of Counseling Methods.* HomewoodIII : The Dorsey Press.

Patterson, C.H.(1973,1980,1996). *Theories of counseling and Psychotherapy.* New York : Haper & Row Publishers.

Peters, H. J., & Farwell, G. F.(1967). *Guuidance : A Developmental Approach*(2rd ed.). Chicago : Ran Mcnally.

Perls, F. S.(1969). *Gestalt Therapy Verbatim.* Moab, Utah : Real People Press.

Perls, F. S.(1976). *The Gestalt Approach & Eyewitness to Therapy.* New York : Bostons Books.

Peterson, J. V. & Nisenholtz, B.(1999). Orientation to Counseling(4th ed.). Boston : Allyn and Bacon.

Pietrofesa, J. J., Bernstein, B., Minor, J., & Stanford, B.(1980). *Guidance : An Introduction.* Chicago : Rand McNally.

Polster, E.(1987). Every Person' s Life Worth a Novel. New York : W. W. Norton & Company.

Rogers, C. R.(1942). *Counseling and Psychotherapy.* Boston: Houghton Mifflin.

Rogers, C. R.(1951). *Client-centered Therapy.* Boston. Houghton Mifflin.

Rogers, C. R.(1961). *On Becoming Person.* Boston. Houghton Mifflin.

Shertzer, B., & Stone, S.(1980). *Foundamental of Counseling*(3rd ed.). Boston : Houghton Mifflin..

Thomson, R.(1968). *The Pelican History of Psychology.* Middlesex. England : Penguin Books.

Traxler, A. B. (1987). *Techniques of Guidance.* New York: Harper & Brothers. 1966.

Williamson, E. G.(1957). Value Orientation in Counseling, *Personal and Guidance Journal.* April.

Williamson, E. G.(1950). *Counseling Adolesscents.* N.Y. : McGraw-Hill Books Co.

Wubbolding. R. E.(1986). *Using Reality Therapy.* N. Y.. : Harper & Row.

Wubbolding, R. E.(1991). *Understanding reality therapy.* New York : Haper & Row.

제9장

강봉규 · 강명희 · 박성혜 · 원종철(2006). 교육심리학 원론. 서울: 교육출판사.

강진령 · 유형근(2004 a). 초등학교 저학년을 위한 학교상담프로그램. 서울: 학지사.

강진령 · 유형근(2004 b). 초등학교 고학년을 위한 학교상담프로그램. 서울: 학지사.

강진령 · 유형근(2009 a). 중학생을 위한 학교상담프로그램. 서울: 학지사.

강진령 · 유형근(2009 b). 고등학교 학생을 위한 학교상담프로그램. 서울: 학지사.

공석영 · 권형자(2005). 생활지도와 상담. 서울: 동문사.

구광현 · 이정윤 · 이재규 · 이병임 · 은혁기(2005). 학교상담의 이론과 실제. 서울: 학지사.

권형자(2005). 생활지도와 상담. 서울: 태영출판사.

김광웅 · 김숙경(2009). 교육심리학. 서울 : 창지사.

김경희(2007). 아동생활지도-사례를 중심으로. 서울: 창지사

김계현(2001). 상담심리학연구II. 서울: 학지사.

김계현 · 김동일 · 김봉환 · 김창대 · 김혜숙 · 남상인 · 천성문(2009). 학교상담과 생활지도. 서울: 학지사.

김동일(1998). 학업발달 상담. 교육학대사전. 서울: 하우.

김동일 · 이대식 · 신종호(2005). 학습장애아동의 이해와 교육. 서울: 학지사.

김봉환 · 정철영 · 김병석(2006). 학교진로상담. 서울: 학지사.

김선 · 김경옥 · 김수동 · 이신동 · 임혜숙 · 한순미(2001). 학습부진아의 이해와 교육. 서울: 학지사.

김영진(1998). 효율적인 학습상담법. 서울: 양서원

김영진(2003). 학습상담연구. 서울: 양서원.

김창대 · 이정윤 · 이영선 · 남상인(1994). 성적이 떨어지는 아이들. 청소년상담문제연구보고서, 9. 서울: 청소년대화의 광장.

김춘경 · 이수연 · 최웅용(2006). 청소년상담. 서울: 학지사.

김헌수 · 이난 · 장순정(2009). 21세기를 위한 생활지도. 서울: 태영출판사.

김현영 · 정영선(2009). 청소년을 위한 학습상담. 서울: 시그마프레스.

김형태 외(1996). 청소년학업상담. 서울: 청소년대화의 광장.

김형태(2007), 상담심리학의 이론과 실제, 서울: 동문사.

노안영(2008), 상담심리학의 이론과 실제, 서울: 학지사.

박교선 (2006). 예비교원 현직교원 등을 위한 생활지도 가이드북. 학생생활지도 이제는 변해야 한다. 서울: 교육과학사.

신윤호 · 오만록(2005). 생활지도와 진로개발. 서울: 교육과학사.

윤운성 · 김홍운(2001). 생활지도와 상담, 서울: 양서원.

이경숙 · 정찬기오(2009). 생활지도와 상담. 서울: 동문사.

이시용 · 정환금 · 허승희 · 홍종관(2000). 아동생활지도와 상담. 서울: 교육과학사.

이장호 · 정남운 · 조성호(2005). 상담심리학의 기초. 서울: 학지사.

이재창(2005). 생활지도와 상담. 서울: 문음사.

이철웅(2006). 교육상담과 생활지도 연구. 서울: 교육과학사.

임규혁 · 임웅(2007). 교육심리학. 서울: 학지사.

임두순(2000). 진로상담과 진로교육. 서울: 원미사

임창재(2005). 교육심리학. 서울: 학지사

조붕환 · 임경희(2007). 교사를 위한 생활지도와 상담. 서울: 아카데미프레스

조선화 · 김혜진 · 이영나 · 이지항 · 조유진 · 허미선(2003). 청소년의 인간관계의 이해. 서울: 도서출판 양지.

조창섭(2004). 학교공부 바로하기. 서울: 황금가지.

천성문 · 박명숙 · 박순득 · 박원모 · 이영순 · 전은주 · 정봉희(2009). 상담심리학의 이론과 실제. 서울: 학지사.

최정원 · 이영호(2006). 학습치료 프로그램 학생용 워크북. 서울: 학지사.

한국초등상담교육학회(2006). 초등학교 생활지도와 상담. 서울: 학지사.

한숙경 · 오인수(2002). 효과적인 학급경영을 위한 집단상담프로그램. 서울: 교육과학사.

허승회 외(2004), 아동을 위한 발달적 생활지도, 서울: 학지사.

황정규(1990). 학교학습과 교육평가. 서울: 교육과학사.

제10장

강진령 · 유형근(2004 a). 초등학교 저학년을 위한 학교상담프로그램. 서울: 학지사.

강진령 · 유형근(2004 b). 초등학교 고학년을 위한 학교상담프로그램. 서울: 학지사.

강진령 · 유형근(2009 a). 중학생을 위한 학교상담프로그램. 서울: 학지사.

강진령 · 유형근(2009 b). 고등학교 학생을 위한 학교상담프로그램. 서울: 학지사.

공석영 · 권형자(2005). 생활지도와 상담. 서울: 동문사.

구광현 · 이정윤 · 이재규 · 이병임 · 은혁기(2005). 학교상담의 이론과 실제. 서울: 학지사.

곽준규(1985). 진로지도를 중심으로 한 생활지도. 학생연구, 14, 83-109.

김계현 · 김동일 · 김봉환 · 김창대 · 김혜숙 · 남상인 · 천성문(2009). 학교상담과 생활지도. 서울: 학지사.

김병숙(2007). 직업상담심리학. 서울: 시그마프레스.

김봉환 · 정철영 · 김병석(2006). 학교진로상담. 서울: 학지사.

김청자 · 정진선(2010). 생활지도와 상담. 서울: 태영출판사.

김춘경 · 이수연 · 최웅용(2006). 청소년상담. 서울: 학지사.

김충기(1995). 진로판단권고제에 관한 연구. 한국진로교육학회.

김충기(1995). 미래를 위한 진로교육: 자기성장을 위한 합리적 접근. 서울: 양서원.

김충기 · 김성곤(2007). 생활지도와 상담. 서울: 한국가이던스.

김태호(2004). 학생생활지도와 상담. 서울: 학지사.

김헌수 · 이난 · 장순정(2009). 생활지도. 서울: 태영출판사.

김형태 외 (1996). 청소년 학업상담. 서울: 청소년 대화의 광장.

신윤호 · 오만록(2005). 생활지도와 진로개발. 서울: 교육과학사.

안창규(1996). 진로 및 적성탐색검사의 해석과 활용. 서울: 한국가이던스

연문희 · 강진령(2003). 학교상담 21세기의 학생생활지도. 서울: 양서원.

이시용 · 정환금 · 허승희 · 홍종관(2000). 아동생활지도와 상담. 서울: 교육과학사.

이정근(1988). 진로지도의 실제. 서울: 성원사.

이재창(2005). 생활지도와 상담. 서울: 문음사.

이철웅(2006). 교육상담과 생활지도 연구. 서울: 교육과학사.

이현림 · 김봉환 · 김병숙 · 최웅용(2003). 현대진로상담. 서울: 학지사.

이현림(2007). 진로상담. 파주: 양서원.

장선철(2006). 아동생활지도. 서울: 태영출판사.

조봉환 · 임경희(2007). 교사를 위한 생활지도와 학교상담. 서울: 아카데미프레스.

지용근 · 김옥희 · 양종국(2005). 진로상담의 이해. 서울: 동문사.

천성문 · 박영숙 · 박순득 · 박원모 · 이영순 · 전은주 · 정봉희(2009). 상담심리학의 이론과 실제. 서울: 학지사.

홍연숙 · 김진선 · 손윤경(2006). 영유아생활지도. 경기: 공동체.

Allport(1961). *Pattern and Growth in Personality.* NY:Holt, Rinehart and Winston.

Amundson, A. E., & Penner, K. (1998). Parent involved career exploration. *The Career Development Quarterly*, 47, 135-144.

Bandura, A. (1977). *Social learning Theory.* Englewood Cliffs, NJ: Prentice-Hall.

Betz, N. E., & Voyten, K. K. (1997). Efficacy and outcome expectations influence career exploration and decidedness. *The Career Development Quarterly*, 46, 179-189.

Drummond, R. J., & Ryan, C. W. (1995). *Career counseling: Developmental approach, Columbus*, OH: Charles E. Merrill.

George, R. L. & Cristiani, T. S. (1995). *Theory, methods, and processes of counseling and psychotherapy.* Englewood Cliffs, NJ : Prentice-Hall.

Gibson, R. L. & Mitchell, M. H.(1999). *Introduction to counseling and guidance.* New Jersey : Prentice-Hall.

Gottfredson, L. S. (1981). Circumscription and Compromise: A developmental theory of occupational aspiration. *Journal of Counseling Psychology*, 28, 545-580.

Hansen, L. S., & Keierleber, D. L.(1978). Born free: A collaborative consulation model for career development and sex role stereotyping. *Personal and Guidance Journal*, 56(7), 395-399.

Herr, E. L., & Cramer, S. H. (1984). *Career guidance and counseling through the life span : Systematic approaches* (2nd ed.). Boston: Little, Brown.

Herr, E. L., & Cramer, S. H. (1996). *Career guidance and counseling and developmental perspectives.* Alexandria, VA: American Counseling Associations.

Herring, R. D. (1998). *Career counseling in schools: multicutural and developmental perspectives.* Alexandria, VA: American Counseling Associations.

Holland, J. L.(1966). The Psychology of Vocational Choice. Waltham, MA: Blaisdell.

Hoyt. K. B. (1974). *An introduction to career education.* Policy paper of the U.S. Office of Education. Washington, DC : Department of Health and Welfare.

Ketterson, T. U. & Blustein, D. L. (1997). Attachment relationships and the career exploration process. *The Career Development Quarterly*, 46, 167-178.

Krumboltz, J. D.(1979). A Social Learning Theory of Career Decision. In A. M. Mitchell, G. B. Jones and J. D. Krumboltz(Eds.), *Social Learning and Career Decision Making.* Cranston, RI: Carroll Press.

McDaniel, C.(1978). The practice of career guidance and counseling, *INFORM*, 7(1), 1-8.

Parsons, F.(1909). *Choosing a Vocation* Boston: Hougton Miffin Co.

Piestrofesa, J. J., Bernstein, B., Minor, J., & Stanford, S. (1980). *Guidance : An introduction.* Chicago : Rand Mcnally.

Roe, A.(1956). The *Psychology of Occupation.* N.Y.: Wiley.

Sharf, R. S. (2004). *Applying careeer development theory and counseling*(3th ed.). Pacific Grove, CA : Brooks/Cole.

Super, D. E.(1951). Vocational adjustment: Implementing a self-concept. *Occupations*, 30, 88-92.

Tiedman, D. V., & O' Hara, R. P.(1963). *Career development: Choice and adjustment.* New York: College Entrance Examination Board.

Tolbert, E. L. (1980). *Counseling for careeer development*(2nd ed.). Boston: Houhton Mifflin.

Tuckman, B. W.(1972). Developmental sequence in small group. In R. C. Diedrich & H. A. Dye(Eds.). *Group Procedures : Purpose and outcomes.* Boston: Houston Miffin.

Williamson, E. G.(1959). *How to Counsel Students.* New York: McGraw-Hill.

Zunker, Vernon G. (1988). *Career Counseling: Applied Concepts of Life-Planning.* Pacific Grove. Calif: Books/Cole Publishing Co.

제11장

강만철 · 오익수(2001). 인터넷 중독척도 개발을 위한 기초연구. **청소년 상담연구.** 제9권, 114-135.

권구연 · 이혜자(2002). 청소년의 인터넷 사용과 정신건강 간의 관계에 관한 연구. **정신보건과 사회사업.** 13, 59-86.

권순희(2010). 초등학생의 인터넷 게임중독에 영향을 미치는 심리적 환경적 변인 탐색. 중앙대학교 대학원 박사학위논문.

권정혜(2002). 사이버중독 대처방안 마련. 인터넷 중독 온라인 센터. http://www.psyber119.com.

권희경 · 권정혜(2002). 인터넷 사용조절 프로그램의 개발 및 효과검증을 위한 연구. 한국심리학회지: 임상, 21(3), 503-514.

김성연(1981). 부모의 양육태도와 어린이의 자아개념 및 학업성취와의 관계연구. 이화여자대학교 교육대학원 석사학위논문.

김선우(2002). 인터넷 중독의 실태와 영향요인에 관한 연구. 서울대학교 대학원 석사학위논문.

김종범(2000). 인터넷 중독 하위집단의 특성 연구. 연세대학교 대학원 석사학위논문.

김진희(2006). 인터넷 중독 대학생을 위한 집단상담 프로그램 개발. 전남대학교 대학원 박사학위논문.

박경애(1999). 인지행동 치료의 실제: 인지행동치료 사례집. 서울: 학지사.

박상규 · 강성군 · 김교헌 · 서경현 · 신성민 · 이형호 · 전영민 공저(2009). 중독의 이해와 상담실제. 서울 : 학지사.

복지와 사람들 약물상담센터(2000). 인터넷 중독 청소년에 대한 개입전략과 실천기법 워크숍 자료집.

신영철(2001). 인터넷 중독 청소년의 임상과 진단. 인터넷 중독 청소년에 대한 개입전략과 실천기법 워크숍 자료집, 37-60.

신현명(2001). 고교생의 인터넷 게임중독 치료를 위한 현실요법 프로그램의 효과. 한국외국어대학교 교육대학원 석사학위논문.

윤영민(2002). 청소년의 인터넷 사용. 어떻게 해설할 것인가? http://netmentalhealth.fromdoctor.com.

오익수 · 김현희(2004). 초등학생 인터넷 중독 상담모형 개발. 상담학연구, 5(1), 177-189.

이소희 외 9명(2003). 인터넷 중독의 이해. 서울 : 학지사.

이순묵 · 반재천 · 이형초 · 최윤경 · 이순영(2005). 성인 인터넷중독 진단척도개발연구. 서울 : 한국정보문화진흥원.

이형초(2001). 인터넷 게임 중독의 진단척도 개발과 인지행동치료의 효과. 고려대학교 대학원 박사학위논문.

조춘범(2001). 청소년의 인터넷 중독과 가정 및 학교환경과의 관계연구. 경희대학교 대학원 석사학위논문.

한국정보문화진흥원(2002). 인터넷 중독 예방상담 및 예방 프로그램 개발 연구. 서울: 한국정보문화진흥원.

한국정보문화진흥원(2003). 인터넷 중독자가진단검사(K-척도)와 예방교육프로그램. 서울: 한국정보문화진흥원.

한국청소년문화연구소(1998). 정보사회와 청소년: 통신 중독증. 서울: 한국청소년문화연구소.

홍윤선(2002). 딜레마에 빠진 인터넷. 서울 : 굿인포메이션.

황상민 옮김(2001). 인터넷 심리학. 서울: 에코리브로.

Cummings, C., Gordon, J. R. C., & Marlatt, G. A.(1880). Relapse: Prevention and Prediction, In W. R. Miller, ed., *The Addictive Behaviors: Treatment of Alcoholism, Drug Abuse, Smoke and Obesity*. New York: Pergamon, 291-321.

Egger, O., & Rauterberg, M.(1996). *Internet Behaviour and Addiction*. http://www.ifap.bepr.ethz.ch/~egger/ibg/res.html.

Goldberg, I.(1995). *IASG(Internet Addiction Support Group) of official criteria*. http://plazal.snu.ac.kr/~psyber/iad.html.

Goldberg, I.(1996). *Internet Addiction*. Electronic message posted to research discussion list. http://www.rider.edu/users/suler/psycyber/supportgp.html.

Greenfield, D. N.(1999). *Virtual Addiction. Help for Netheads, Cyberfreaks, and Those Who Love Them*. New Harbinger Publications, Inc.

Griffiths, M. D.(1998). *Psychologyand the internet*. Academic Press.

Gunn, D. A.(1998). Internet addiction. Project presented to the University of Hertfordshire, UK. http://147.197.152.160/netquest/ALL-VER6.html.

Kraut, N.(1998). Internet Paradox: A Social Technology that Reduces Social Involvement and Psychological Well-being, *American Psycholgist*, 53, 1017-1031.

Suler, J.(1996). The Psychology of Cyberspace. http://www.rider.edu/_suler/psycyber/psycyber htm/.

Young, k. S.(1996). Internet Addiction: The emergence of a new clinical disorder. *Cyberpsychology and Behavior*, 1, 3, 237-244.

Young, K. S.(1996). Caught in the net. 김현수 역. 인터넷중독증. 서울: 나눔의 집.

Young, K. S.(1999). Internet Addition: symptom, evaluation, and treatment. In VandeCreek. L., & Jackson. T.(Eds.). *Innovation in clinical practice: a source book*(pp. 19-31). Sarasota, FL: Professional Resource Press.

제12장

곽민주(2004). 청소년의 휴대폰 이용실태와 중독적 이용. 충북대학교 대학원 석사학위논문.

권창길 · 장성화(2009). 청소년의 자아개념 특성과 휴대전화 중독 수준. 김천대학교 논문집, 30, 85-106.

김선남 · 김현욱(2004). 청소년의 휴대폰 중독에 관한 연구. 한국방송학보, 18(4), 88-116.

김영기 · 한선(2005). 모바일 미디어의 속성평가와 커뮤티케이션 양식차이에 관한 연구. 언론과학연구, 5(1), 83-123.

김연경(2007). 현실치료 집단상담이 휴대폰 중독 중학생의 자아존중감, 우울 및 휴대폰 중독에 미치는 영향. 여수대학교 교육대학원 석사학위논문.

김영순(2004). 고등학생의 휴대폰 중독과 심리성숙도와의 관계. 아주대학교 교육대학원 석사학위논문.

김정숙(2003). 휴대폰 과다사용 청소년의 자아존중감 및 우울, 충동성. 단국대학교 교육대학원 석사학위논문.

김진세(2003). 목적 불분명 통화 많으면 중독자. 뉴스메이커. http://hakburno.netian.com/Preject /telephone/Phone_06.htm

김혜온 · 김성혜(2005). 현실치료 집단상담 프로그램이 인터넷 중독 초등학생의 자아존중감, 내적통제성 및 인터넷 중독 개선에 미치는 효과. 목포대학교 교육연구, 18, 11-22.

나은영(2001). 휴대전화 커뮤니케이션의 의사소통 양식적 특성과 한국문화. 한국언론학회 학술세미나. 우리나라에서의 휴대전화 보급 및 사용문화.

박길성(2001). 청소년의 휴대전화 사용실태 및 영향. 청소년보호위원회 학술세미나 자료집.

박순천, 백경임(2004). 휴대전화 중독적 사용 청소년의 MMPI 특성. 대한가정학회지, 42(9), 137-147.

양심영(2002). 고등학교 청소년의 휴대전화 중독에 관한 연구. 한국청소년개발원.

양심영 · 박영선(2005). 청소년의 휴대폰 중독 성향의 예측모형. 대한가정학회지, 43(4), 1-16.

오은정 · 장성화(2009). 청소년의 사회적 지지와 자아점체감 및 휴대전화 중독의 관계. 한국청소년복지학회, 11(3), 25-44.

이동후 · 손승혜(2007). 휴대전화 잉용의 성별 차이에 관한 연구. 한국방송학보, 21(1), 243-275.

이병윤(1992). 현대정신의학, 서울: 일조각.

이송선(2000). 청소년 컴퓨터 게임중독과 정서적 특성과의 관계 서울여자대학교 대학원 석사학위논문.

이인희(2001). 대학생 집단의 휴대폰 이용 동기에 관한 연구. 한국방송학보, 15(3), 261-293.

이정숙 · 명신영(2007). 청소년의 휴대폰 사용실태 및 휴대폰 중독 정도에 따른 또래관계의 질, 학교생활 부적응에 대한 연구. 한국가정관리학회지, 25(4), 67-86.

이진영(2006). 청소년의 휴대폰 중독에 영향을 미치는 사회 환경적 변인과 개인 심리적 변인 탐색. 한국교원대학교 대학원 석사학위논문.

이현주 · 김미연 · 이희재 · 권소영 · 김민정 · 김민주 · 방은혜 · 이경희 · 김수지 · 이자형(2004). 고등학생의 인터넷 사용정도와 학교적응, 친구관계에 대한 연구. 이화간호학회지, 38, 1-18.

이해경(2008). 휴대폰의 중독적 사용을 예측하는 변인들의 탐색. 한국심리학회: 사회 및 성격, 22(1), 133-157.

장성화 · 박영진(2009 a). 청소년의 휴대전화 이용수준 연구. 용인대학교 논문집, 27, 161-179.

장성화 · 박영진(2009 b). 휴대폰 중독 수준에 따른 청소년들의 정신건강, 자기통제력, 자아존중감의 관계 연구. 한국교육포럼, 8(3), 25-41.

장성화 · 오은정(2009). 학생들의 휴대폰 중독과 우울, 불안, 학교생활만족도와의 관계. 수산해양교육학회, 21(2), 259-268.

장성화 · 진석언(2009). 기독교 청소년과 일반 청소년의 휴대전화 중독, 사회적지지 및 정신건강 비교. 한국기독교상담심리치료학회, 17, 179-202.

정진영 · 김동현(2005). 고등학생의 이동전화 중독적 사용 관련요인. 한국역학회지, 27(1), 140-153.

장혜진 · 채규만(2006). 기술중독에 빠진 청소년들의 심리적 특성에 대한 연구: 휴대폰을 중심으로. 한국심리학회지: 건강, 11(4), 439-452.

정무관 · 강태윤(2000). N세대의 디지털 복합제품 수용. 한국소비자 · 광고심리학회 춘계 심포지움 발표 논문집, 1-20.

청소년보호위원회(2001). 청소년의 휴대폰 활용실테 및 사회학적 고찰. 청소년보호 2001-21.

최명상(2002). 현실치료 집단상담이 인터넷 중독 고교생의 자기존중감, 우울, 자기통제력, 그리고 인터넷 중독 개선에 미치는 영향. 경남대학교 교육대학원 석사학위논문.

한국소비자보호원(2004). 청소년 이동전화 및 무선인터넷 이용실태. 서울: 한국소비자 보호원.

한국정보문화진흥원(2006). 휴대전화중독원인분석. 서울: 한국정보문화진흥원.

한상훈(2008). 중학생의 휴대폰 중독 유형과 정신건강과의 관계. 학습자중심교과교육연구, 8(1), 403-420.

한주리 · 허경호(2004). 이동전화 중독척도개발 및 타당성 검증. 한국언론학보, 48(6), 138-429.

황미구(1996). 현실치료 프로그램이 여중생의 내적 통제성 및 성취동기에 미치는 효과. 서강대학교 교육대학원 석사학위논문.

K모바일뉴스(2005. 6. 25). 담배보다 무서운 휴대전화 중독.

머니투데이(2009, 11. 20). 휴대폰으로 TV보시는 분, 목 디스크 조심하세요.

메디컬투데이(2010. 1. 28). 두통, 두근거림 등 전자파 과민증 있다! 없다?.

스포츠 서울(2009, 4. 27). 문자 메세지 과용 손목터널증후군부른다.

정보통신부(2007). 유 · 무선 통계 가입자 현황.

Glasser, W.(1986). *Control theory.* Haper & Row, Publishers, Inc.

Goldberg, I.(1996). *Internet addition disorder.* Retreived October 2. 2003. from http//:www.rider.edu/~suler/psycyber/supportgp.html.

Griffiths. M.(1999). Internet Addiction. *The Psychologist*, 12(5), 245-250.

Leung, L. & Wei, R.(2000). More than just talk on the move: Uses and gratifications of the cellular phone. *Jourralism and Mass Communication Quarterly*, 77(2), 308-220.

Marie, I.(1977). *The plug-in durg.* New York: The Viking Press.

Michael Darowish, Jeffrey N. Lawton, & Peter J. Evans.(2009). What is cell pnone elbow, and what should we tell our patients?. *Cleveland Clinic Journal of Medicine*, 76(5), 306-308.

Muscat, J. E., Malkin, M. G., Thompson. S., Shore, R. E., Stellman, S. D., McRee, D., Neugut, A. I., & Wynder, E. L.(2000). Handheld cellular telephone use and risk of brain cancer. *JAMA*, 284(23), 3001-3007.

Williamson, S. W.(1992). Using group reality to raise self-esteem in adolescent girls. *Journal of Reality Therapy*, 11(2), 3-11.

Wubbolding, R. E.(1986). Using Reality Therapy. New York: Haper & Row(김인자 역, **현실요법의 적용**, 한국심리상담연구소, 1991).

Young, K. S.(1996). Psychology of computer use: XL. Addictive use of the internet: A case that breaks the stereotype. *Psychological Reports*, 79, 899-902.

Young, K. S.(1998). *Caught in the Net: How to recognize the signs of Internet addiction and a winning strategy for recovery.* New York Wiley & Sons, Inc.

제13장

김계현 · 김동일 · 김봉환 · 김창대 · 김혜숙 · 남상인 · 천성문(2009). **학교상담과 생활지도**. 서울 : 학지사.

김정희 · 이재창(1998). **에듀넷 교육종합상담 발전방안 연구**. 서울 : 멀티미디어교육지원센타.

김현정(2004). 인터넷 게시판 성 상담사례에 나타난 초등학생의 성 상담 문제분석, 전주대학교 석사학위논문.

문성원(1998). 컴퓨터에 의해 매개되는 사회적 유능성 증진 프로그램의 개발 및 효과 검증. 연세대학교 대학원 박사학위논문.

박성익(1998). **사이버 세계와 청소년상담**. 서울 : 청소년 대화의 광장.

윤운성 · 김홍운(2003). **생활지도와 상담**. 파주 : 양서원.

이성진 · 임진영 · 여태철 · 김동일 · 신종호 · 김동민 · 김민성 · 이윤주(2009). **교육심리학서설**. 파주 : 교육과학사.

이장호(2005). **상담심리학입문**. 서울 : 박영사.

이재창 · 문미란(2000). 사이버상담에 관한 연구. **교육연구논총**, 17, 홍익대학교 교육연구소.

이재창(2001). 대학에서의 사이버상담의 활용. **학생생활연구**, 15. 1-20. 홍익대학교 학생생활연구소.

이재창(2001). **이재창 교수의 e-카운슬링**. 서울 : 사랑의 전화출판부.

이재창(2005). **생활지도와 상담**. 서울 : 문음사.

임은미(2006). **사이버상담 이론과 실제**. 서울 : 학지사.

임은미 · 김지은(1999). 청소년 사이버상담의 발전모형. 청소년상담연구. 한국청소년상담원.

천성문 · 박명숙 · 박순득 · 박원모 · 이영순 · 전은주 · 정봉희(2009). 상담심리학의 이론과 실제. 서울 : 학지사.

Day, S. X. & Schneider, P. L.(2000). The subjective experiences of therapists in face-to-face, video and audio session. In J. Bloom & G. Waltz(eds.,), *Cybercounseling and cyberlearning: strategies and resources for the millennium*(pp. 203-218). Alexandria, VA: American Counseling Association.

제14장

강봉규 · 강명희 · 박성혜 · 원종철(2006). 교육심리학원론. 서울 : 교육출판사.

고성희 역(2003). 정신간호진단. 서울 : 하나의학사.

권석만(2004). 현대 이상심리학. 서울 : 학지사.

권석만 · 한수정 (2000). 자기애성 성격장애. 서울 : 학지사.

김은정 · 김향구 · 황순택 역(2002). 이상심리학. 서울 : 학지사.

김정욱 · 한수정 (2000). 연극성 성격장애. 서울 : 학지사.

민병배 · 이한주 (2000). 강박성 성격장애. 서울 : 학지사.

민병배 · 남기숙 (2000). 의존성 성격장애와 회피성 성격장애. 서울: 학지사.

민성길 외 역(1999). 최신 정신의학. 서울: 일조각

손승희 (2008). 성격장애와 심리치료 실제 세미나. 한국전문심리치료원.

신희천 · 신은향 (2000). 반사회성 성격장애. 서울: 학지사.

오무근외 역(1995). 정신장애의 진단 및 통계편람. 서울 : 하나의학사.

유인경 역(2006). 나만 모르는 내성격. 서울: 모멘토.

이훈진 · 이명원(2000). 편집성 성격장애. 서울: 학지사.

장우성 역(2003). 알기 쉬운 인격장애. 서울: 하나의학사.

전석균 · 권구영 · 서미경 역(2003). 정신병리. 서울: 하나의학사.

조성호(2000). 경계선 성격장애. 서울: 학지사.

조성호(2000). 분열성 성격장애와 분열형 성격장애. 서울: 학지사.

최정윤 · 박경 · 서혜희 (2006). 이상심리학. 서울: 학지사.

Mahle, M, S., Pine, F., and Bergman, A.(1975). *The Psychological Birth of the Human Infant.* New York: Basic Books.

Bockian, N, B., and Jongsma, Jr, A. E.(2001). *The Personality Disorders Treatment Planner.* Jone Wiley & Sons, Inc.

《인 명》

《내 용》

저자 약력

◆ 金영봉

중앙대학교 교육학과 졸업후 동 대학원 교육학과에서 교육학 석사학위를 받고 이어 교육학과에서 교육심리전공으로 박사학위를 받았다. 중앙대학교 부설 한국교육문제연구소, 국제여성연구소 및 산업교육원에서 책임연구원과 보육교사교육원 주임교수를 지냈으며, 목원대학교, 백석대학교, 중앙대학교, 인천대학교, 상명대학교에서 교육심리, 교육학개론, 교육과정 및 교육평가, 교육방법 및 교육공학 등을 강의하였다. 현재는 백석대학교, 서일대학교, 인천대학교 학부 및 교육대학원, 청주대학교, 한국사이버 평생교육원에서 외래교수로 재직 중이다. 저서 및 논문으로는 교육학개론(공저, 서현사, 2005), 신교육학개론(공저, 서현사, 2008), 교육심리학(공저, 서현사, 2007), 지시적 수업에 의한 교수행동이 학습몰입시간, 학습태도 및 학업성취도에 미치는 영향(1994)등이 있다.

◆ 권순희

중앙대학교 대학원 교육학과에서 교육학 석사학위를 받고, 동대학원 교육학과에서 교육심리 전공으로 박사학위를 받았다. 한국지역사회교육협의회에서 간사, 사무국장으로 14년간 근무하여 평생교육 실무경험을 쌓았으며, 한양여자대학, 경희대학교 국제캠퍼스, 서원대학교, 강릉원주대학교에서 실기교육방법론, 교육학개론, 교육심리, 유아치료법 외래교수를 역임하였다. 현재 중앙대학교 학부 및 교육대학원, 한국방송통신대학교 경기지역대학, 백석대학교 평생교육원, 청주대학교에서 교육과정 및 평가, 교육심리, 교육평가, 상담심리학 외래교수로 출강중이다. 한국MBTI연구소 MBTI일반강사, Strong직업흥미강사이며, 한국정보문화진흥원 인터넷중독상담사이며, 저서 및 논문으로는 교육학개론(공저, 서현사, 2005), 부모의 양육태도, 학습된 무기력이 컴퓨터게임 중독에 미치는 영향(2008), 초등학생의 인터넷 게임 중독에 미치는 심리적, 환경적 변인 탐색(2010) 등이 있다.

◆ 장성화

건국대학교 동 대학원 교육학과에서 교육학 석사학위를 받고, 이어 교육학과에서 교육심리 전공으로 박사학위를 받았다. 육군통신학교, 대상관계연구소, 용인대학교 학생상담센터 상담원 등을 역임하면서 상담 실무 경험을 쌓았고, 건국대학교 교육대학원, 배재대학교 교육대학원, 경북대학교, 남서울대학교, 청주대학교, 침례신학대학교, 한국정보문화진흥원 등 현장에서 상담이론과 실제를 겸한 강의를 하였다. 현재는 공군사관학교 교수로 재직 중이며, 한국상담학회 1급 상담심리사, 한국진로코칭 1급 전문상담사, 한국상담심리치료학회 수련감독전문상담사, 대한기독교상담학회 수련감독전문상담사 등 다수의 자격증과 교육학개론(동문사, 2008), 쉽게 풀어 쓴 인간관계론(동문사, 2009), 수업심리학(학지사, 2010), 대안학교 학생들의 학교적응 관련변인들의 인과적 구조분석(열린교육학회), 다문화교육에 대한 교사와 부모의 인식(아동교육) 등의 저 · 역서 및 논문이 있다.

◆ 황인호

고려대학교 교육대학원 상담심리전공에서 교육학 석사학위를 받고, 이어 건국대학교 대학원 교육심리전공 교육학박사학위를 받았다. 한국 전문심리치료원에서 인턴과정, 레지던트과정 이수를 통하여 상담실무 경험을 쌓았고 송탄 청소년 수련실 상담실장, 한국 전문심리치료원 임상교수, 법무연수원, 노동행정연수원, 라이프라인 카운슬링 아카데미 강사를 역임하였다. 광운대 교육대학원, 경기대 대학원, 한세대 교육대학원, 한일장신대 대학원, 전주대 상담대학원, 건국대 교육대학원, 고려대 교육대학원 등 현장에서 상담이론과 실제를 겸한 강의를 하고 있다. 현재는 고려대 교육대학원 상담심리교육 전공 겸임교수, 서초전문심리치료원 원장으로 재직 중이며, 미국 AAPC 심리치료전문가, 한국 상담심리학회 1급 상담심리사 자격증과 상담자의 자기효능감과 역전이 행동 및 상담협력관계가 상담만족도에 미치는 영향(한국상담심리 학회), 가치명료화 프로그램이 고등학생의 사회적 문제해결능력과 자아존중감에 미치는 효과(한국 상담심리학회), 상담자의 개인변인과 자기효능감, 상담협력관계 및 역전이 행동과의 관계(한국 좋은 인간관계 학회) 등의 저서 및 논문이 있다.

생활지도와 상담 개정판

2011년 3월 2일 1판 1쇄 인쇄
2011년 3월 7일 1판 1쇄 발행
2013년 8월 10일 2판 1쇄 발행

지은이 김영봉 · 권순희 · 장성화 · 황인호
펴낸이 조재성

펴낸곳 **서현사**
(410-817) 경기도 고양시 일산동구 백석2동 1332-1 레이크하임 206호
전화 031-919-6643 팩스 031-912-6643
등 록 2002년 8월 14일 제03-01392호

ISBN 978-89-94044-54-5 93370
정 가 18,000원

잘못 만들어진 책은 바꾸어 드립니다.